李锦全文集

李锦全 ◎ 著　李宗桂　杨海文 ◎ 编

版权所有　翻印必究

图书在版编目（CIP）数据

李锦全文集/李锦全著；李宗桂，杨海文编. —广州：中山大学出版社，2020.10

（中山大学哲学名家文集）

ISBN 978-7-306-06910-8

Ⅰ.①李… Ⅱ.①李… ②李… ③杨… Ⅲ.①哲学—中国—文集 Ⅳ.①B2-53

中国版本图书馆 CIP 数据核字（2020）第 131017 号

出 版 人：	王天琪
策划编辑：	嵇春霞
责任编辑：	陈　芳
封面设计：	曾　斌
责任校对：	林梅清
责任技编：	何雅涛
出版发行：	中山大学出版社
电　　话：	编辑部 020-84110771，84110283，84111997，84110771
	发行部 020-84111998，84111981，84111160
地　　址：	广州市新港西路 135 号
邮　　编：	510275　　传　真：020-84036565
网　　址：	http://www.zsup.com.cn　E-mail：zdcbs@mail.sysu.edu.cn
印 刷 者：	佛山家联印刷有限公司
规　　格：	787mm×1092mm　1/16　22.25 印张　376 千字
版次印次：	2020 年 10 月第 1 版　2020 年 10 月第 1 次印刷
定　　价：	82.00 元

如发现本书因印装质量影响阅读，请与出版社发行部联系调换

中山大学哲学名家文集

主　编　张　伟

编　委（按姓氏笔画排序）

　　　　马天俊　方向红　冯达文　朱　刚　吴重庆

　　　　陈少明　陈立胜　周春健　赵希顺　徐长福

　　　　黄　敏　龚　隽　鞠实儿

中山大学哲学名家文集

总　序

中山大学哲学系创办于1924年，是中山大学创建之初最早培植的学系之一。1952年逢全国高校院系调整而撤销建制，1960年复办至今。先后由黄希声、冯友兰、傅斯年、朱谦之、杨荣国、刘嵘、李锦全、胡景钊、林铭钧、章海山、黎红雷、鞠实儿、张伟等担任系主任。

早期的中山大学哲学系名家云集，奠立了极为深厚的学术根基。其中，冯友兰先生的中国哲学研究、吴康先生的西方哲学研究、朱谦之先生的比较哲学研究、李达先生与何思敬先生的马克思主义哲学研究、陈荣捷先生的朱子学研究、马采先生的美学研究等，均在学界产生了重要影响，也奠定了中山大学哲学系在全国的领先地位。

日月其迈，逝者如斯。迄于今岁，中山大学哲学系复办恰满一甲子。60年来，哲学系同仁勠力同心、继往开来，各项事业蓬勃发展，取得了长足进步。目前，我系是教育部确定的全国哲学研究与人才培养基地之一，具有一级学科博士学位授予权，拥有国家重点学科2个、全国高校人文社会科学重点研究基地2个。2002年教育部实行学科评估以来，稳居全国高校前列。2017年，中山大学哲学学科成功入选国家"双一流"建设名单，我系迎来了跨越式发展的重要机遇。

近年来，中山大学哲学学科的人才队伍不断壮大，且越来越呈现出年轻化、国际化的特色。哲学系各位同仁研精覃思、深造自得，在各自的研究领域均取得了丰硕的成果，不少著述产生了国际性影响，中山大学哲学系已逐渐发展成为全国哲学研究的重镇之一。

为庆祝中山大学哲学系复办60周年，我系隆重推出"中山大学哲学名家文集"。本文集共六种，入选学者皆为在中山大学哲学学科发展过程中做出重要贡献的学界耆宿，分别为朱谦之先生、马采先生、杨荣国先生、刘嵘先生、罗克汀先生、李锦全先生。文集的编撰与出版，亦为表达对学界前辈的尊重与敬仰。

"中山大学哲学名家文集"的出版，得到中山大学出版社的鼎力支持，在此谨致以诚挚谢意！

中山大学哲学系
2020年6月20日

美成在久：系庆版《李锦全文集》前言

杨海文

2020 年是中山大学哲学系复办 60 周年大庆。系里的纪念活动之一是编辑出版"中山大学哲学名家文集"，《李锦全文集》是其中的一本。这本系庆版《李锦全文集》的署名编者是业师李宗桂教授与我，但目录实际上是由 93 岁高龄的李锦全先生亲自选定的。

系庆版《李锦全文集》的 33 篇文章是从 10 卷本《李锦全文集》（中山大学出版社 2018 年版）析出的。其中，13 篇出自第 4 卷，10 篇出自第 3 卷，5 篇出自第 1 卷，3 篇出自第 2 卷，2 篇出自第 5 卷。《李锦全文集》第 1 卷侧重研讨中国传统思想文化的整体通观及其发展历程，第 2、3 卷侧重中国传统思想文化的个案研究，第 4 卷侧重儒、释、道三家的具体探讨，第 5 卷侧重分析中国社会历史发展过程中出现的各类争鸣。① 这里简单介绍 10 卷本《李锦全文集》前面 5 卷的主要内容，是为了帮助我们更好地理解系庆版《李锦全文集》。

除了第 1 篇文章属于总论之外，系庆版《李锦全文集》包括 4 个板块：第一板块是解读儒、道、佛，有 15 篇文章（第 2～16 篇）；第二板块是探究明清哲学思想，有 6 篇文章（第 17～22 篇）；第三板块是剖析近代文化思潮，有 6 篇文章（第 23～28 篇）；第四板块是反思传统现代化，有 5 篇文章（第 29～33 篇）。

系庆版《李锦全文集》为什么把《矛盾融合　承传创新——论中国哲学、传统思想文化发展的特点》作为首篇文章呢？盖因这篇文章的开头就说："关于中国传统哲学发展的特点，我用'矛盾融合'与'承传创新'八个字来加以概括，这可能是我研究中国哲学的理解和体会。"② 先生接着娓

---

① 10 卷本《李锦全文集》后面 5 卷的主要内容为：第 6 卷收入岭南文化与爱国主义等方面的文章，第 7 卷收入诗、词、联等作品，第 8 卷收入《陶潜评传》《现代思想史家杨荣国》，第 9 卷收入《岭海千年第一相——张九龄》《海瑞评传》，第 10 卷收入《华严原人论》释译和中山大学历史系本科毕业论文《中大历史系文物室入藏〈唐代碑刻目录（附跋文）〉》。

② 李锦全：《李锦全文集》（第 1 卷），中山大学出版社 2018 年版，第 30 页。

娓道来:"先秦诸子在学术思想上开展百家争鸣,构成中国哲学思想史上的黄金时代,但各家在争鸣中尽管相互间开展激烈的批评,甚至加以攻击,而相互间亦并非没有相通之处,即表现为矛盾融合论。""在各家各派思想的交互融合中,亦有个由浅入深的问题。从礼到法,道生法,儒表法里,道本儒末,所讲多是派生或互补的关系,且多就政治层面立论,未到哲学思想的深处。至于佛教儒学化,将五戒与五常简单比附,亦未能进入中国传统文化的深层。到宋明时期理学的兴起,对佛、道吸收其哲学思辨性的一面,使儒学走上哲理化的途径,这样才是真正将三教思想加以融合,在承传传统思想文化的基础上,做出某种程度的创新。"①

这篇文章原载广西人民出版社1996年7月出版的《今日中国哲学》,先生时年70岁。《庄子·人间世》说的"美成在久"②,是说美好的事物需要时光的不断打磨方能日臻至善。我觉得这句格言最适合摹状先生的学思历程。先生学历史出身,早年在文物考古部门工作过,也在历史系当过老师。1960年,先生改行做中国哲学研究。但是,先生那一代人能安心做学问,已是"文革"结束以后。先生的绝大多数文章写于知天命至古稀之间,而"矛盾融合,承传创新"的哲学史观就是在此过程中总结、提炼出来的。

完全可以这么认为,"矛盾融合,承传创新"的哲学史观就是先生美成在久的方法论建构,在其中国传统思想文化研究中足以涵盖乾坤、截断众流。正如方克立先生(1938—2020)2006年3月15日所说:"'矛盾融合,承传创新'的哲学史观是李老师对本学科的最大贡献,是他在长期的中国哲学史教学与科研实践中对历史辩证法的深切体认和总结出来的规律性认识,对该学科的建设发展具有重要的方法论意义。仅此一点,就足以确立李老师作为当代中国最有成就的马克思主义中国哲学史家之一的地位。"③这篇讲哲学史观的文章被系庆版《李锦全文集》当作总论,置于开篇,借以统领全书,是再自然不过的。

第一板块是解读儒、道、佛,属于系庆版《李锦全文集》分量最重的

---

① 李锦全:《李锦全文集》(第1卷),中山大学出版社2018年版,第34、39页。
② 〔清〕郭庆藩辑,王孝鱼整理:《庄子集释》(第1册),中华书局1961年版,第160页。按,杜甫的《戏为六绝句》其一写道:"庾信文章老更成,凌云健笔意纵横。"〔唐〕杜甫著,〔清〕仇兆鳌注:《杜诗详注》(第2册),中华书局1979年版,第898页]写作这篇前言的时候,"美成在久""庾信文章老更成"总是经久不息地回荡在我心头。
③ 方克立:《贺李锦全教授八十大寿》,见黎红雷、李宗桂、杨海文主编《春风讲席——李锦全教授八十寿辰纪念文集》,中山大学出版社2008年版,第40页。

部分。其中，有4篇文章涉及儒家，有6篇文章涉及道家，有5篇文章涉及佛教。

在讲儒家的这组文章中，我想着重介绍《是吸取宗教的哲理，还是儒学的宗教化？》。先生常说他写的文章大致分为两类，最多的一类是为参加会议而写的"门票"文章，另一类是读别人的文章后有感而发的商榷文章。此文属于后者。将近40年前，《中国社会科学》就"儒学是哲学还是宗教"进行讨论：1980年、1982年先后发表任继愈（1916—2009）的两篇文章，明确断言儒学是"不具宗教之名而有宗教之实的儒教"，而南宋的朱熹（1130—1200）正式完成了儒教建立的历史使命①；1983年第3期发表先生的这篇商榷文章，明确指出"朱熹的思想虽与佛、道有关，但他把修仙入道、成佛做祖的宗教思想加以抛弃，而吸收其理论思辨部分为儒家的伦理哲学作论证，并提到哲理化的高度"②。儒学是人文而不是神文，是哲学而不是宗教，这也是先生历来的看法。

在讲道家的这组文章中，我想着重介绍原载《哲学研究》1990年第4期的《道家思想在传统文化中的历史地位》。此前，《哲学研究》有文章认为道家思想在中国传统文化中居于主干地位。③ 在先生看来，中国原始道家思想的发展路向出现了二律背反的现象：一方面，历代不满现实的隐士与避世之人多从道家这里找寻理论资源，成为现实政治的反对派，形成了历史上独树一帜的道家文化传统；另一方面，道家也是"务为治"的一派，可以为统治者出谋献策，并能博采众家之长，成为正宗传统文化的建构者。④ 这篇文章只是隐约提及当时的道家主干说，但显然也是有感而发之作。

在讲佛教的这组文章中，我想着重介绍《佛学、老庄与儒学》。这篇文章认为儒、佛、道三家之所以构成中国传统文化的总体意识，根源在于它们的相通之处，即佛教是泛佛论、老庄是泛道论、儒家是泛仁论；又依据

---

① 参见任继愈《论儒教的形成》，载《中国社会科学》1980年第1期，第61-74页；任继愈《朱熹与宗教》，载《中国社会科学》1982年第5期，第49-61页。

② 李锦全：《是吸取宗教的哲理，还是儒学的宗教化？》，载《中国社会科学》1983年第3期，第124页。

③ 参见周玉燕、吴德勤《试论道家思想在中国传统文化中的主干地位》，载《哲学研究》1986年第9期，第19-22、36页；陈鼓应《论道家在中国哲学史上的主干地位——兼论道、儒、墨、法多元互补》，载《哲学研究》1990年第1期，第100-107页。

④ 参见李锦全《李锦全文集》（第4卷），中山大学出版社2018年版，第226页。

恩格斯（1820—1895）有关泛神论可以走向无神论的论断，进一步指出："泛佛论、泛道论、泛仁论均指人们内在精神的升华，是人的主体意识，只要通过心性的修养，都可以提高人的精神境界，而宗教的神灵是外在的，可以支配人的死生祸福与精神世界。如果人人的精神可以自做主宰，外在的神灵观念自然会逐渐淡化，也就自然会走向无神论的边际。"① 此文很短，加上文末题署"在南京大学学术讲座上一次发言"②，表明以前没有公开发表过。先生的未刊稿极少，而这篇文章选入系庆版《李锦全文集》，另有背后的原因吗？先生多次讲过他的告别游——2003 年下半年北上湘潭、长沙、宁波、南京，此后再也没有离开过广东。及门弟子胡发贵研究员回忆过这件事，还说赖永海教授那次请先生到南京大学做讲座，"学生越来越多，原订的讲堂容不下，于是临时更换大讲堂"③。在我看来，先生珍视这篇未刊的小文章，既是为了给我们即时开示"大道至简"的不二法门④，又是为了给自己再度储存"最后一次外出"的记忆密码。

第二板块是探究明清哲学思想，我想着重介绍《海瑞对朱、陆思想的承传与扬弃——朱、陆对后世思想影响的一个例证》。有明一代，朱子学是官方意识形态，而承传陆九渊（1139—1193）的王守仁（1472—1529）之阳明心学广为流行，两派分庭抗礼。先生认为：海瑞（1514—1587）不像两家后学那样带有门户之见，而是从不同方面撷取各家之长；他虽然有点扬陆抑朱，但其内外兼修、求真求实的思想已经突破心学的藩篱，朝向经世致用转化。⑤ 海瑞是历史上有名的清官，但很少有人把他当作哲学家。先生写过《海瑞评传》《陶潜评传》，收入匡亚明（1906—1996）主编的"中国思想家评传丛书"。先生经常对我们说：像陶渊明（365—427）、海瑞这类"非典型哲学家"，最能具体而微地落实"矛盾融合，承传创新"的哲学史观；文化即人化，只有这些鲜活而充满个性的人物能把抽象的哲学淋漓尽致地表现出来。⑥ 据悉，《陶潜评传》将译成韩文出版。先生的"非典型

---

① 李锦全：《李锦全文集》（第 4 卷），中山大学出版社 2018 年版，第 370 - 371 页。
② 李锦全：《李锦全文集》（第 4 卷），中山大学出版社 2018 年版，第 371 页。
③ 胡发贵：《岁月留痕——师门忆旧》，见黎红雷、李宗桂、杨海文主编《春风讲席——李锦全教授八十寿辰纪念文集》，中山大学出版社 2008 年版，第 87 页。
④ 第二板块中的《对〈船山学刊〉的一点感言》与第四板块中的《民族文化能与现代社会接轨吗？——传统文化与现代化问题的一点思考》也是短文，同样具有开示"大道至简"的深意。
⑤ 参见李锦全《李锦全文集》（第 3 卷），中山大学出版社 2018 年版，第 60 - 65 页。
⑥ 李锦全先生写的个人专著不多，而南京大学出版社 1994 年、1998 年先后出版的《海瑞评传》《陶潜评传》旨在研究"非典型哲学家"，这是令人深思的。

哲学家"理念不断得到认同与传播,这又是一个例证。

第三板块是剖析近代文化思潮,我想着重介绍《中国传统文化与近代解放潮流——读梁启超〈清代学术概论〉与〈中国近三百年学术史〉》。梁启超(1873—1929)是著述等身的政治型思想家,但其真正有学术分量的作品是被先生评论的这两部名作。在先生看来,梁启超认为清代"以复古为解放"的学术思潮离不开以儒家为主体的中国传统文化,中国传统文化可以经过自我调节、自我批判达到某种程度的自我更新,这是极具启发性的思路。① 此文原载《学术研究》1987 年第 1 期。那时我在武汉大学读本科,写过一篇题为《对中国传统文化应持否定态度》的课程作业。老师的评语是:"虽有一些闪光的思想,但是,结论失之偏颇。"② 今天重读先生的文章,我又一次深感"美成在久"是对我们每个人提出的哲学劝谕。先生是这样,梁启超先生何尝不是如此?《清代学术概论》写成于 1920 年,《中国近三百年学术史》出版于 1924 年,梁启超先生就是站在近代的立场而同情地理解古代的精神财富。

第四板块是反思传统现代化,我想着重介绍《全球化与中国传统文化的世界走向》。先生认为世纪之交的中国哲学既能体现文明走向的时代精神,又能保留自身传统文化的持续发展,仍是有待探索的重要问题。自强不息与厚德载物相辅而行,是中国哲学的优良传统。没有自强不息,中国传统文化就不能随着时代步伐向现代转化,没有力量与强势文化平等对话,对于强势文化的开放与包容就会丧失主导而被消融。没有厚德载物,同样不行。在全球化的大趋势之下,任何民族、国家的文化都不可孤立地发展,不能孤芳自赏、夜郎自大,而是必须与世界现代化的发展潮流相适应,循着文明之途走向世界。③ 此文原载《现代哲学》2001 年第 3 期,是我做的责任编辑。写于新千年开局之际的这篇文章是系庆版《李锦全文集》的压轴之作,先生显然是希望我们把它当作全书的结论来读。

系庆版《李锦全文集》的各个板块之间是有内在逻辑的。儒、道、佛三家是中国传统文化的基本组成部分,这是第一板块的内在逻辑。宋明理学是在三教并立之下对中国传统文化进行的综合创新,这是第二板块的

---

① 参见李锦全《李锦全文集》(第 3 卷),中山大学出版社 2018 年版,第 231 页。
② 杨海文:《一个少年与 80 年代的"思想剧场"》,载《社会科学论坛》2006 年第 7 期,第 139 页。
③ 参见李锦全《李锦全文集》(第 1 卷),中山大学出版社 2018 年版,第 178 - 185 页。

内在逻辑。后面两个板块的内在逻辑是时代精神在"启蒙—维新—革命—建设"之路上的历史嬗变,但这要从第二板块说起。具体地说,我们读第二板块中的黄宗羲(1610—1695)、戴震(1723—1777),不妨联想到启蒙的主题;读第三板块中的林则徐(1785—1850)、龚自珍(1792—1841)、魏源(1794—1857)以及康有为(1858—1927)、梁启超,不妨联想到维新的主题;读第三板块中的洪秀全(1814—1864)、孙中山(1866—1925),不妨联想到革命的主题;读第四板块,不妨联想到建设的主题。

显而易见,系庆版《李锦全文集》最大的内在逻辑是"矛盾融合,承传创新"的哲学史观。我曾从矛盾两重性、矛盾融合论、承传创新观3个层面对它做过阐释①,现在觉得有必要添加历史这个维度。系庆版《李锦全文集》有9篇文章的标题用了"历史"二字,这不是偶然的。对于不同时期出现的人物、作品、观点、学派、思潮,如果不从方方面面讲清其历史,不从正面、负面辨明其作用,又如何能够做出恰如其分的评价呢?哲学的本质是爱智慧,而智慧是历史的本质。先生喜欢把"历史进程""历史特点""历史作用""历史地位""历史评价"的字样嵌入标题,就是为了让"矛盾融合,承传创新"的哲学史观借助历史而落到实处。正如先生在最近一次访谈中所说:"儒家文化的现代化,说到底是一个'古为今用'的问题,关键在于怎么'用'。"②

就像《庄子》一样,系庆版《李锦全文集》的文章也是33篇。李宗桂教授曾说:"精神健旺、思维敏锐的李锦全先生,就是以'平常心是道'对待人生的,就是中国优秀传统文化道法自然、止于至善的生动体现。"③至此,我仿佛明白了先生与业师让我写这篇前言的用意:时光不仅打磨每个人的思想,让思想变得深邃而又质朴,而且打磨每个人的人格,让人格变得平实而又高尚。正因美成在久,先生与我们的精神关联需要永恒地敞开:"先生之为学,先生之为人,恰如脚下坚实的大地一样,

---

① 参见杨海文《李锦全教授与中国传统思想文化研究》,载《高校理论战线》2005年第1期,第27-29页;黎红雷、李宗桂、杨海文主编《春风讲席——李锦全教授八十寿辰纪念文集》,中山大学出版社2008年版,第150-155页。

② 李锦全、李宗桂:《孔子思想与儒学的承传发展——李锦全教授访谈》,载《孔子研究》2019年第3期,第9页。

③ 李宗桂:《道法自然 止于至善——李锦全教授的学思和情怀(代序)》,见李锦全《李锦全文集》(第1卷),中山大学出版社2018年版,第9页。

将永远支撑着我们,激励着我们在复杂的人生中为学术、为社会多做一些有益的事情……"①

(2019年8月16日晚写于中山大学哲学系锡昌堂,8月28日晚修订)

---

① 杨海文:《编后记》,见黎红雷、李宗桂、杨海文主编《春风讲席——李锦全教授八十寿辰纪念文集》,中山大学出版社2008年版,第556页。

目　录

矛盾融合　承传创新
　　——论中国哲学、传统思想文化发展的特点……………………………1
论儒家人文思想的历史地位 ………………………………………………15
论孔子思想的包容性与中国儒学的发展 …………………………………25
是吸取宗教的哲理，还是儒学的宗教化？…………………………………36
儒家思想哲理化的历史进程 ………………………………………………52
道家思想在传统文化中的历史地位 ………………………………………62
老子政治哲学的矛盾两重性与道家思想的历史作用 ……………………74
读《老子想尔注》断想
　　——从道家到道教思想接合点的探索…………………………………90
中古时期道家文化的演变与分流 …………………………………………97
徜徉在入世与出世之间
　　——葛洪儒道兼综思想剖析……………………………………………104
陶渊明无神论思想试探
　　——兼论中国古代无神论与有神论的思想界限及其通向……………113
慧能思想与中国传统文化 …………………………………………………121
宗密《原人论》解述 ………………………………………………………127
论儒佛人生观的矛盾与交融
　　——兼评柳宗元"统合儒释"论…………………………………………138
兼综儒道佛　契合理情神
　　——读东坡诗词论苏轼入世与出世思想的矛盾统一…………………148
佛学、老庄与儒学……………………………………………………………163
朱熹理学的历史命运与陈献章的思想关系………………………………165
海瑞对朱、陆思想的承传与扬弃
　　——朱、陆对后世思想影响的一个例证………………………………178
试论李贽的人生价值取向与终极关怀……………………………………186
对《船山学刊》的一点感言…………………………………………………190
论黄宗羲民主启蒙思想的历史地位………………………………………192

如何理解戴震启蒙思想的近代意义…… 201
从中国走向近代化的进程中看龚（自珍）、林（则徐）、魏（源）
　　思想的历史地位…… 213
托古改制与变法维新
　　——读康有为《孔子改制考》《大同书》兼论中国近代化进程的
　　　历史特点…… 223
中国传统文化与近代解放潮流
　　——读梁启超《清代学术概论》与《中国近三百年学术史》…… 233
洪秀全学习西方思想的历史评价…… 241
孙中山的国情观…… 248
对中国近代史几个问题评价的再评价…… 255
近现代中国哲学创新历程的反思…… 263
民族文化能与现代社会接轨吗？
　　——传统文化与现代化问题的一点思考…… 279
正确对待传统文化道德遗产和建设社会主义精神文明的关系…… 282
中国民族文化向何处去？
　　——兼论多元民族文化与世界文化的关系…… 291
全球化与中国传统文化的世界走向…… 301
李锦全学术编年
　　——已刊文稿目录索引…… 311

矛盾融合　承传创新

——论中国哲学、传统思想文化发展的特点

关于中国传统哲学发展的特点，我用"矛盾融合"与"承传创新"八个字来加以概括，这可能是我研究中国哲学的理解和体会，下面试就有关问题进行论证。

一

我认为中国哲学的特点，从先秦各家学派开始，多是带有矛盾的两重性。由于中国传统并不单纯重视研究自然观问题，所探讨的多属有关政治、伦理方面的人生哲学。即使谈到天人关系，也往往是借天意说明人意。如各家较普遍使用"道"这个范畴，是唯心论还是唯物论也是难以判断。我主张要按照各家思想的特点和学术界看法多有分歧的问题进行探讨。

中国儒家从孔子开始有个特点，就是着意研究和解决人际关系问题。"仁"学是孔子伦理学说的核心，"仁"字在《论语》中出现最多，虽然含义不尽相同，但总离不开有关"人"的界说。孔子往往把有完全人格的人称为"仁人"。由于"仁"的字形结构，许慎的《说文》解释为"从人，从二"，《礼记》郑玄注认为仁是"相人偶"之意，即用以协调人与人之间的相互关系。所以，孔子的"仁"也可以说是一种人际关系学。

对孔子的儒家处理人际关系问题如何评价？学术界的看法很有分歧。由于孔子对"仁"所悬标准很高，对处理人际关系要做到正己正人。《论语》中有两段话："夫仁者，己欲立而立人，己欲达而达人。"① "己所不欲，勿施于人。"② 有的学者认为这表现出人与人平等的因素，反映出孔子

---

① 《论语·雍也》。
② 《论语·卫灵公》。

的人与人平等的思想。但也有学者提出：孔子讲"节用而爱人，使民以时"①，对"人"讲"爱"，对"民"讲"使"，那表现出阶级差别，"人"与"民"是否都有这种区别可以研究，但孔子的时代肯定存在等级差别，后来司马谈评述儒家思想要旨时说："若夫列君臣父子之礼，序夫妇长幼之别，虽百家弗能易也。"② 在《论语》中孔子主张维护社会等级秩序的言行也是清楚的，很难说真有人民平等的思想。

这里就产生一个问题，孔子对人格的完善、道德的修养，在要求上是人人平等的，如正己正人、立己立人、达己达人，他要求所有的人都去做，并无等级之分。但由于在现实政治生活中，人们的地位却是不平等的，如以正己正人而论，即使国君或居上位的能"正其身"，下面的臣民"孰敢不正"。就要做到各安其位，各守其分，更不能犯上作乱，在实践效果上仍有利于维护社会等级秩序，孔子对人们在人格道德上的平等要求和在社会政治上对等级的维护，形成儒家在人际关系上的两重性思想矛盾。

在君臣关系方面儒家是尊君的，君臣、父子那一套亲亲、尊尊等级观念是牢不可破的，但又不是无条件忠君。如孔子要"君使臣以礼"，才"臣事君以忠"。③ 否则"天下有道则见，无道则隐"④。对当局可以不予合作，所谓"以道事君，不可则止"⑤。对无道之君就不用尽臣子之责。孟子则说得更清楚，"君之视臣如手足，则臣视君如腹心""君之视臣如土芥，则臣视君如寇仇"。⑥ 臣子对君主能是以德报德，又能以牙还牙，君臣处于对等的地位。孟、荀还将暴君比之独夫民贼，称赞汤、武革命的上下易位。这和尊君、忠君意识，自会构成两重性思想矛盾。

封建社会有个特点，就是普遍存在着人身依附关系，但先秦儒家很强调个人独立人格的尊严，如孔子就说过："三军可夺帅也，匹夫不可夺志也。"⑦ 孟子对此更加以发挥说："居天下之广居，立天下之正位，行天下之大道；得志，与民由之；不得志，独行其道。富贵不能淫，贫贱不能移，

---

① 《论语·学而》。
② 《论六家要旨》。
③ 《论语·八佾》。
④ 《论语·泰伯》。
⑤ 《论语·先进》。
⑥ 《孟子·离娄下》。
⑦ 《论语·子罕》。

威武不能屈，此之谓大丈夫。"① 荀子还提出"从道不从君"②的命题。所有这些强调独立人格的精神，与维护社会等级制度的封建时代意识相比，构成强烈的反差，而这种矛盾的两重性，正显示出先秦儒家对人际关系问题的思想特色。

先秦道家以老、庄为代表，老、庄的政治哲学是变革时代的产物。他们不满现实，对当政者展开猛烈的抨击；但也像先秦各家那样，是"务为治者也"③。要为统治者的长远利益出谋献策，从而表现出道家思想矛盾两重性立场。

《老子》书中反映出的思想，很明显对当时社会现状和统治者是不满的，认为在哲学上不符合天道自然之理，如说："天之道，其犹张弓与！高者抑之，下者举之；有余者损之，不足者补之。天之道，损有余而补不足；人之道则不然，损不足以奉有余。孰能以有余奉天下？唯有道者。"④ 他还将有道与无道做对比，说"天下有道，却走马以粪；天下无道，戎马生于郊"⑤。这里用安定生产和战乱频繁做比较，作为有道与无道的分界线，老子对当时农业生产受到破坏而统治者却忙于搜刮财富极表不满，他指斥那些"服文彩，带利剑，厌饮食，财货有余"的人，"是谓盗夸（竽）"，⑥ 即称之为强盗头子，并发出"多藏必厚亡"的警告。

由于老子对现实统治者的强烈批评，因此近年来，有人主张老子思想是作为人民群众主体的农民阶级思想的流露，也有说成逃亡奴隶的旗帜，更有甚者，认为《老子》是无产阶级前身的革命文献。其实老子并非革命造反派，也不是要推翻当时的统治者，他提出一套道家的治国方术，主张"以正治国，以奇用兵，以无事取天下"，又说："我无为而民自化，我好静而民自正，我无事而民自富，我无欲而民自朴。"⑦ 这就是所谓"道常无为而无不为，侯王若能守之，万物将自化"⑧ 的治国之术，也是将天道自然无为应用到社会政治方面的例证。而对现实统治者思想上则陷入既欲毁之又

---

① 《孟子·滕文公下》。
② 《荀子·臣道》。
③ 《论六家要旨》。
④ 《老子》第七十七章。
⑤ 《老子》第四十六章。
⑥ 《老子》第五十三章。
⑦ 《老子》第五十七章。
⑧ 《老子》第三十七章。

要成之的两重性矛盾。

另外，老子在批判现实社会时还走向一个思想误区，他把人类智慧文明的进步和物质欲望的提高看成社会动乱的根源。如说："民多利器，国家滋昏；人多伎巧，奇物滋起。"① 又说："五色令人目盲，五音令人耳聋，五味令人口爽，驰骋田猎令人心发狂，难得之货令人行妨。"② 他从而提出"罪莫大于多欲，祸莫大于不知足"③。这些论断，如果是针对统治层的骄奢逸乐和无限制的纵欲，当然是对的，但不能走向另一极端。老子从主张"见素抱朴，少私寡欲"④，进而要"常使民无知无欲"⑤，这就使批判社会现实的积极意义走向反面。他把社会纷争变乱从谴责"损不足以奉有余"的统治层，转而归咎于人类知识的文明进化。他公然提出"民之难治，以其智多。故以智治国，国之贼；不以智治国，国之福"，并从而主张"古之善为道者，非以明民，将以愚之"⑥。老子提出天道自然，主张无为而治，这是有与民休息的一面，但又要把人民变得愚昧无知，因此出现两重性的社会效果，这种思想矛盾给后世带来深远影响。

庄子基本上是沿着老子的思路对现实统治者进行猛烈的抨击。老子是反对仁义的，他说"大道废，有仁义"⑦，并主张"绝仁弃义"⑧。庄子则进一步指出"仁义"往往为统治者野心家所利用。比如说："为之仁义以矫之，则并与仁义而窃之。何以知其然邪？彼窃钩者诛，窃国者为诸侯，诸侯之门而仁义存焉，则是非窃仁义圣知邪？"⑨ 他指出在现实社会中，"窃钩"的人不过是个小偷，却被判成死罪；而抢夺了整个国家的大盗，反而登上诸侯高位。那些统治者就是拿仁义做标榜，这岂非仁义圣知都被偷盗了吗？庄子揭露仁义的虚伪性是相当深刻的，但对人类运用智慧所缔造的文明也连带否定，和老子一样也是犯了因噎废食的错误。

先秦墨家的代表人物是墨子，按照一般看法，墨子属于小手工业者阶层，即小生产者的思想代表。为了自身生存，这个阶层的人必须倚靠自己

---

① 《老子》第五十七章。
② 《老子》第十二章。
③ 《老子》第四十六章。
④ 《老子》第十九章。
⑤ 《老子》第三章。
⑥ 《老子》第六十五章。
⑦ 《老子》第十八章。
⑧ 《老子》第十九章。
⑨ 《庄子·胠箧》。

的力量奋斗；但是，这个阶层在社会上的力量又是薄弱的，没有坚强的信念。因此，墨子既提出"非命"，主张"尚力"；但同时又宣扬"天志"，倡导"明鬼"，构成思想上的两重性矛盾。

墨子是个经验论者，他驳斥"执有命者"的根据是历史事实。他说："昔者桀之所乱，汤治之，纣之所乱，武王治之，此世不渝而民不改，上变政而民易教。其在汤武则治，其在纣桀则乱，安危治乱，在上之发政也，则岂可谓有命哉！"①国家和人民都没有变化，但桀纣乱而汤武治，靠的是人力而非天命，这是对的，但对现实的统治者的暴行，自身却又感到无能为力，只能借助上天的权威，因此又说"天子为暴，天能罚之"②，这里又是陷入矛盾的心态了。

还有先秦法家以慎到、商鞅、韩非等人为代表，韩非是集大成者，按一般印象，认为法家是绝对君权论者，只是用严刑峻法实行统治，其实这种看法是片面的，从君臣、君民等人际关系来看，法家思想亦同样带有矛盾的两重性。

法家固然尊君，但君主也要依法行事，如慎到提出要做到"官不私亲，法不遗爱，上下无事，唯法所在"③，商鞅也主张"不贵义而贵法，法必明，令必行"④，韩非讲要做到"法不阿贵""刑过不避大臣，赏善不遗匹夫"⑤，这都带有人人应该遵守法律的意味。

法家对君臣关系，亦非绝对尊君，也有主张合作共事的一面，如韩非承认"凡五霸所以能成功名于天下者，必君臣俱有力焉"⑥，他虽认为"君臣不同道"，只是分工不同，"君操其名，臣效其刑，刑名参同，上下和调也"⑦。当然他也注意到君臣之间是有利害关系的矛盾，但他主张设法去缓和，例如要"明主立可为之赏，设可避之罚"，以便使得"上下之恩结"⑧，这里仍表现出两重性的思想矛盾。

---

① 《墨子·非命中》。
② 《墨子·天志中》。
③ 《慎子·君臣》。
④ 《商君书·画策》。
⑤ 《韩非子·有度》。
⑥ 《韩非子·难二》。
⑦ 《韩非子·扬权》。
⑧ 《韩非子·用人》。

二

先秦诸子在学术思想上开展百家争鸣，构成中国哲学思想史上的黄金时代，但各家在争鸣中尽管相互间开展激烈的批评，甚至加以攻击，而相互间亦并非没有相通之处，即表现为矛盾融合论。

众所周知，孟子对墨家"兼爱"和杨朱的"为我"曾进行猛烈的抨击，指称"杨氏为我，是无君也；墨氏兼爱，是无父也。无父无君，是禽兽也"。据此，他表示要"距杨墨，放淫辞，邪说者不得作"，还说"能言距杨墨者，圣人之徒也"。①

不过，孟子虽痛骂杨墨，究其原因，他说"杨墨之道不息，孔子之道不著"②，似乎是卫道派性在作怪，其实各家思想也不是完全对立的。如孟子也承认"墨子兼爱，摩顶放踵利天下，为之"③，不是对墨子也做了肯定吗？墨家讲兼爱，似与儒家推爱不同，其实只是操作程序上的差别，儒家讲正己正人，推己及人，如孔子讲"夫仁者，己欲立而立人，己欲达而达人"④，孟子说"老吾老，以及人之老；幼吾幼，以及人之幼。天下可运于掌"⑤。墨家在思维逻辑上却倒转过来，讲视人犹己，如墨子就说"为彼者犹为己也"⑥，并大讲"视人之国，若视其国；视人之家，若视其家，视人之身，若视其身"⑦。这和儒家的泛爱、博爱实质上应该是可以融合的。

对杨朱的"为我"，孟子是有误解的。杨朱主要不是讲是否利天下的问题，他所谓"为我"讲的是"全性保真"，实质上是道家式的个人修养，如果与儒家比较，是有点"独善其身"的味道，孟子说杨朱"为我"是无君，那么孔子讲"天下有道则见，无道则隐"⑧，孟子讲"得志，与民由之；不

---

① 《孟子·滕文公下》。
② 《孟子·滕文公下》。
③ 《孟子·尽心上》。
④ 《论语·雍也》。
⑤ 《孟子·梁惠王上》。
⑥ 《墨子·兼爱下》。
⑦ 《墨子·兼爱中》。
⑧ 《论语·泰伯》。

得志，独行其道"①，荀子更是讲"从道不从君"②，那不也是无君思想吗？

先秦道家老子，对儒、墨、法各家都提出批评，如说："大道废，有仁义。智慧出，有大伪。六亲不和，有孝慈。国家昏乱，有忠臣。"③ "故失道而后德，失德而后仁，失仁而后义，失义而后礼。夫礼者，忠信之薄，而乱之首。"④ 他的主张是："绝圣弃智，民利百倍；绝仁弃义，民复孝慈；绝巧弃利，盗贼无有。"⑤ 老子这些批评主要是针对儒家，他认为仁义礼智并不能解决社会问题，只有抛弃这些东西，实行无为而治，才对民众有利。老子还说"不尚贤，使民不争"⑥，这是针对墨家而言的。对法家严刑峻法的统治，老子也表示反对，如说："法令滋彰，盗贼多有。"⑦ "民不畏死，奈何以死惧之？"⑧ 他还同情人民，说"民之饥，以其上食税之多，是以饥"⑨，这是他反对"损不足以奉有余"的"人之道"的又一种表达。

但是，儒、墨、法各家与道家思想并非没有相通之处，儒家亦讲无为而治，并且将其作为最高层次的理想政治，如孔子说："大哉！尧之为君也，巍巍乎！唯天为大，唯尧则之。荡荡乎！民无能名焉，巍巍乎！其有成功也。"⑩ 又说："无为而治者，其舜也与？夫何为哉？恭己正南面而已矣。"⑪ 尧、舜是儒家最崇拜的君主，那么，无为而治当然也是最高的政治理想了。

被称为讲绝对君权的法家，前面说过他们亦主张君臣合作共事关系，不是由君主个人独断。如韩非指出："故古之能致功名者，众人助之以力，近者结之以成，远者誉之以名，尊者载之以势。如此，故太山之功长立于国家，而日月之明久著于天地，此尧之所以南面而守名，舜之所以北面而效功也。"⑫

至于反对"损不足以奉有余"，儒、墨、法各家从不同角度都有所表

---

① 《孟子·滕文公下》。
② 《荀子·臣道》。
③ 《老子》第十八章。
④ 《老子》第三十八章。
⑤ 《老子》第十九章。
⑥ 《老子》第三章。
⑦ 《老子》第五十七章。
⑧ 《老子》第七十四章。
⑨ 《老子》第七十五章。
⑩ 《论语·泰伯》。
⑪ 《论语·卫灵公》。
⑫ 《韩非子·功名》。这里又以尧、舜作为君臣关系的样板，那不是垂拱而治吗？

述。如孔子主张"有国有家者，不患寡而患不均，不患贫而患不安，盖均无贫，和无寡，安无倾"①，故要"因民之所利而利之"②。墨子则主张"有力者疾以助人，有财者勉以分人，有道者劝以教人。若此，则饥者得食，寒者得衣，乱者得治。若饥则得食，寒则得衣，乱者得治，此安生生"③。为此他劝告统治者，"凡足以奉给民用，则止；诸加费不加于民利者，圣王弗为"④。对这个问题，韩非还提醒统治者，认为"有道之君"，是"外无怨仇于邻敌，而内有德泽于人民"，而"人君无道"，"则内暴虐其民而外侵欺其邻国"。对此，他警告说："众人多而圣人寡，寡之不胜众，数也。今举动而与天下为仇，非全身长生之道也。"⑤ 最后一句也是对道家做了回应。

　　墨家和法家亦有非儒的言论，但各家矛盾出现了融合的趋势。或是连接两家的观点，如荀子对"礼"的解释，说"礼者，法之大分类之纲纪也"⑥。礼与法融合成为儒法两家的连接点，又如董仲舒讲德主刑辅的两手，形成儒表法里或称阳儒阴法思想，汉宣帝所谓"以霸王道杂之"⑦，并成为指导统治思想的汉朝国策。在其后2000年的封建社会中，儒法互补的统治方术一直流传不绝。

　　道法思想的结合在战国时期已经出现，如稷下学者曾提出过"法出乎权，权出乎道"⑧ 的观点，韩非也提到"以道为常，以法为本"⑨，并为《老子》书写出《解老》《喻老》篇。但明确讲"道"与"法"关系的，还有1973年在长沙马王堆三号汉墓出土的《黄老帛书》。开宗明义就提出"道生法"的命题："法者，引得失以绳而明曲直者也。故执道者，生法而弗敢犯也，法立而弗敢为也。夫能自引以绳，然后见知天下而不惑矣。"⑩ 这里以"道"为体，以"法"为用，法要遵循"道"的原则，但立法后就不要随便改动废弃。这是先秦道法两家思想的结合，汉初曹参等人执政时推行清静无为与民休息的政策，就是道法结合思想的具体运用。为这个问

---

① 《论语·季氏》。
② 《论语·尧曰》。
③ 《墨子·尚贤下》。
④ 《墨子·节用中》。
⑤ 《韩非子·解老》。
⑥ 《荀子·劝学》。
⑦ 《汉书·元帝纪》。
⑧ 《管子·心术上》。
⑨ 《韩非子·饰邪》。
⑩ 《经法·道法》。

题曹参与汉惠帝有一次对话,惠帝初怀疑曹参当相国"不治事",他回答说:"高帝与萧何定天下,法令既明,今陛下垂拱,参等守职,遵而勿失,不亦可乎?"① 儒家讲尧舜这样理想的君主,才是垂拱而治,亦就是道家的无为,汉初黄老学派的曹参就是推行这一套治术,并深受百姓欢迎,为之歌曰:"萧何为法,讲若画一;曹参代之,守而勿失。载其清净,民以宁一。"②

从汉初黄老之治的道法结合到董仲舒儒表法里的儒法互补,中国学术思想正是沿着矛盾融合的路子向前发展。佛教是外来宗教,汉代传入中国,东汉末年开始出现道教,奉道家老子为教主。佛家、道家加上儒家,世俗上称为"三教",从各家教义来看,当然有矛盾,但发展的趋向仍然是趋于融合。

牟子《理惑论》相传成书于东汉末年,是我国早期一部宣讲佛学的著作,书中采取问答形式,设问者为儒家,牟子用佛理为回答,但书中一方面是以道家思想去理解佛教,同时对"沙门弃妻子""不合孝子之道"的问难做了辩解,认为"尧舜周孔,修世事也;佛与老子,无为志也。仲尼栖栖,七十余国;许由闻禅,洗耳于渊。君子之道,或出或处,或默或语,不溢其情,不淫其性,故其道为贵,在乎所用,何弃之有乎"。这是说,古代的圣贤君子有不同的志向与追求,只要是"不溢其情,不淫其性",就可以说"其道为贵"。据此,"修世事"的尧舜周孔与"无为志"的佛老就能够融合而不应该互相排斥。

汉末到三国吴国的康僧会,他编译有《六度集经》,宣扬"度世"思想。但众生如何才能得救?康僧会寄希望于王者能行"仁道",他反复强调"王治以仁,化民以恕"③,"为天牧民,当以仁道"④。儒家的"仁道"成为用以救世的良药,而救世又是实现自我解脱修成正果的前提,因此他将仁道引入佛教教义中,说"诸佛以仁为三界上宝,吾宁殒躯命,不去仁道也"⑤,这样通过行仁道将儒佛教义融为一体。

魏晋时期出现代替两汉经学的玄学思潮,玄学家们"祖述老庄立论",用来注释《论语》《周易》等儒家经典。他们把《老子》《庄子》《周易》

---

① 《史记·曹相国世家》。
② 《史记·曹相国世家》。
③ 《六度集经·戒道无极章》。
④ 《六度集经·明度无极章》。
⑤ 《六度集经·戒道无极章》。

并称"三玄",综合儒道两家的思想资料,用以构成自己的理论体系。作为玄学主流派,由王弼"贵无"论的"名教本于自然",到裴頠"崇有"论的"自然不离名教",再到郭象的"独化"论终于论证了"名教即是自然"。其中心议题是通过"有无""本末""体用""动静""一多"等关系的思辨推理,来论证自然和名教的统一,即道家和儒家思想的融合,"儒道兼综"成为玄学的基本特征。

东晋时期葛洪作为神仙道教理论的奠基人,他所著《抱朴子》,其中《内篇》言神仙方药、鬼怪变化、养生延年及攘邪却祸之事,属道家。《外篇》言人间得失、世事臧否,属儒家。对两者关系,他说:"道者,儒之本也;儒者,道之末也。"① 这里所讲本末,大概也是体用关系。葛洪认为要治理当今纷乱不已的社会,"必当竞尚儒术"②。他说:"乾坤定位,上下以形,远取诸物,则天尊地卑,以著人伦之体;近取诸身,则元首股肱,以表君臣之序。"③ 由于有受命自天的圣人出现,"备物致用,去害兴利,百姓欣戴,奉而尊之,君臣之道,于是乎生"④。这里把等级秩序和君臣之道看成宇宙和社会进化的必然产物,统治者是受命于天的圣人,这是用儒家观点讲治世之道。但葛洪虽自称"尚儒术",却认为单靠"仁之为仁"是不够的,还要"齐之以威,纠之以刑",说明"明主不能舍刑德以致治",⑤ 同时表现出儒法兼综思想。

儒、佛、道思想的矛盾融合亦非没有波折,特别佛是外来宗教,出家弃俗就没有君臣父子的关系,从东晋到唐初,发生过"沙门不敬王者""沙门不应拜俗"的争辩。佛教徒不拜君亲,违反儒家忠君孝亲之道,是封建统治者所不能容忍的。如唐高祖李渊曾向僧徒提出:"弃父母之须发,去君臣之章服,利在何门之中,益在何情之外?"⑥ 反佛的傅奕也认为"礼本于事亲,终于奉上,此则忠孝之理著,臣子之行成。而佛逾城出家,逃背其父,以匹夫而抗天子,以继体而悖所亲",所以斥之为"无父之教"。⑦

为要缓和与封建统治者的矛盾,同时亦为适应世俗的需要,佛教就明

---

① 《抱朴子·内篇·明本》。
② 《抱朴子·外篇·崇教》。
③ 《抱朴子·外篇·诘鲍》。
④ 《抱朴子·外篇·诘鲍》。
⑤ 《抱朴子·外篇·广譬》。
⑥ 《大正藏》卷五十二。
⑦ 《旧唐书·傅奕传》。

显向儒家所谓周孔之教靠拢。如华严宗的宗密,宣称"佛且类世五常之教、令持五戒"①,将佛教的"五戒"与"五常"相比附,表示佛教徒是拥护儒家"五常"等道德观念。当时佛教徒为表示忠于封建国家,有的把皇帝看成活佛、活菩萨,还有的为封建王朝的国运祈祷,他们又宣扬《孝子报恩经》《父母恩重经》,鼓吹"孝道"是"儒释皆宗之"②,自是佛教的世俗化也即趋向儒学化。

三

从先秦诸子的百家争鸣,到汉晋隋唐逐渐形成的三教并立,各家各派思想的矛盾互补,构成中国哲学、中国传统文化的主流。这里一方面有它的时代性,即随着历史的发展各个时期形成中国哲学和思想文化的时代特点;另一方面也有它的民族性,即逐步形成具有中华民族特色的传统思想文化,这是不同于西方,亦不同于印度的中国特有文明。

在各家各派思想的交互融合中,亦有个由浅入深的问题。从礼到法,道生法,儒表法里,道本儒末,所讲多是派生或互补的关系,且多就政治层面立论,未到哲学思想的深处。至于佛教儒学化,将五戒与五常简单比附,亦未能进入中国传统文化的深层。到宋明时期理学的兴起,对佛、道吸收其哲学思辨性的一面,使儒学走上哲理化的途径,这样才是真正将三教思想加以融合,在承传传统思想文化的基础上,做出某种程度的创新。

从儒佛关系看,慧能创立的南派禅宗,可以算得上佛教的中国化。因为它不是对儒家伦理的简单比附,而是对佛教教义自身做了新的解释。如原来佛教将佛、法、僧称为"三宝",认为是外在于众生并从外部启迪众生使之得以觉悟,而慧能却称"佛者,觉也;法者,正也;僧者,净也"③,即解释为内在于众生的觉、正、净的本性。所谓求佛,只应向心中求;皈依佛,就只皈依自性,慧能常说:"一念悟若平,即众生自佛。我心自有

---

① 《原人论》。
② 《盂兰盆经疏序》。
③ 《坛经·二三》。

佛，自佛是真佛。自若无佛心，向何处求佛？"① 这就否认了心性之外佛、佛法、佛性的客观存在与本体意义，而直认个人心性为本性，并把体认本体的过程归结为心性的修养与觉悟，这正是孔孟儒学并为宋明心学所认同的观念，自是慧能改造过的佛教才真正成为中国传统哲学文化的组成部分。

融合佛老思想使儒学走向哲理化的是宋明理学，在唐代，李翱已开其端。他写了《复性书》，自称是为了"开诚明之源"，提倡《中庸》的思想。其实他这种灭情而复性的观点，是受了禅宗"无念为宗"说的极大影响，他用佛学来解释《中庸》，将儒佛思想结合起来，实开宋明理学将儒学哲理化的先导。当时儒佛合流的情况，白居易曾指称："儒门释教虽名数则有异同，约义立宗，彼此亦无差别，所谓同出而异名，殊途而同归者也。"②

宋明理学与道佛思想的关系。作为宋代理学开山的周敦颐，他写的《太极图说》虽然标榜是对《周易》的阐发，但朱彝尊却在《太极图授受考》中说"自汉以来，诸儒言易，莫有及太极图者，惟道家者流，有上方大洞真元妙经，著太极三五之说"，后"衍有无极、太极诸图"，黄宗炎在《太极图说辨》中也认为太极图来自陈抟的无极图，这些说法有一定根据。陆九渊也是较早怀疑周说以无极加于太极之上，认为不合儒家宗旨。但朱熹却为之辩解，说："周子所谓无极而太极，非谓太极之上，别有无极也，但言太极非有物耳。""无极而太极，正所谓无此形状，而有此道理耳。"③其实朱熹这样解释并不能完全否认周敦颐思想有来自道教的一方，只能说把儒道思想的融合打扮得巧妙一些而已。

作为宋明理学理论基础的"理一分殊"学说，这与佛教华严宗"一多相摄"的观点近似，这一点朱熹亦不否认。他说："释氏云：'一月普现一切水，一切水月一月摄。'这是那释氏也窥见得这些道理。"④其实朱熹关于"理"的理论，也是沿袭华严宗的"理事"说，采取佛学的思辨形式，为儒家的伦理哲学做论证，这是儒佛思想深层次的融合。从儒学思想哲理化的过程来说，宋明理学是对先秦儒学在承传的基础上有所创新，即为中国传统哲学提高到一个新的水平。

关于中国哲学的承传创新问题，近年来学术界不断进行争论。比如中

---

① 《坛经·五二》。
② 《白氏长庆集》卷六十七。
③ 《周子全书·太极图说·集说》。
④ 《朱子语类》卷十八。

国历史上有没有或何时出现了启蒙思想。最早的上推到十六七世纪之间，有的放在鸦片战争前后，也有放在康、梁的戊戌变法，还有下移到五四运动，这是关系到中国哲学和传统思想文化如何向近代转型和与实现现代化的关系问题。

梁启超所著《清代学术概论》，原是为蒋方震写的《欧洲文艺复兴时代史》作的序，后因篇幅过长而独立成书，书中提出"清代思潮"是"以复古为解放"，并与欧洲文艺复兴相比。他将清代思想分为四期，启蒙期代表人物就有顾炎武、黄宗羲、王夫之、颜元等人。与侯外庐《中国早期启蒙思想史》收入人物相类似。梁氏特别称赞戴震的《孟子字义疏证》，谓"与欧洲文艺复兴时代之思潮之本质绝相类"。

中国早期启蒙思想能否与西方相比？西方作为启蒙运动前奏的早期意大利文艺复兴，正是打着复古的旗号开路的，从形式上看，欧洲文艺复兴是复希腊、罗马之古，而实质上却是创资本主义之新。至于在中国的儒学能否创新？唐君毅等人1958年发表《中国文化与世界》这一长篇论文，宣称儒家在"道德上之天下为公、人格平等之思想，必然当发展至民主制度之肯定"，即是说"从中国历史文化之重道德主体之树立，即必当发展为政治上之民主制度"[1]。这称为"返本开新"之论。这种观点其实是儒家从内圣开出外王思想的发挥。树立道德主体是"本"，开出民主制度是"新"，实质上是以道德文化决定论作为理论依据。这个问题后来曾导致林毓生与李明辉的辩难，看来仍可以继续讨论。

当前，我们正在为建设中国特色社会主义新文化而努力，那么，如何对待传统文化，这是不能回避的问题。关于如何对待传统思想文化，我们本来已提出了批判继承的方针，即剔除其封建性糟粕，吸取其民族性的精华，这就是古为今用，但这个方针如何贯彻，多年来并未得到很好的解决。

对传统文化如何区分其精华与糟粕的问题，我认为也并非没有可能，关键是要正确分析从思想矛盾的两重性中所带来的社会效应。比如说儒家是讲究亲亲和尊尊，在社会上就有不同的效应。当处理人际关系时，如能做到尊老爱幼、和睦亲朋邻里、守望相助、疾病相扶这类传统美德，就应加以继承，对领导被领导、上级与下级的关系，则要在民主集中制的基础上，这就有助于稳定社会秩序，维持安定团结的局面。但是，儒家那种为亲者讳、为尊者讳的思想作风，也将会滋长官僚主义和亲情关系网、特权

---

[1] 唐君毅：《中华人文与当今世界》。

思想、家长作风等带有封建性纲常名教思想的残余，这种现象最为群众所非议，就应该进行批判。儒家对道德人格高标准的要求，如讲究正己正人、以身作则、见利思义、先忧后乐等思想行为和立身处世之道，以至不欺暗室的慎独功夫，这是儒学中的民主性精华和优良传统，就应该加以发扬；但对过去称之为伪君子、假道学，今天也有这些言行不一的两面派，就要加以揭露和批判。

据此，我认为传统文化中的某些思想观点，其所包含的两重性对当前社会可以产生不同的影响，关键是"古为今用"时这个"用"字。如上面所说的尊老爱幼，如何应用这个"爱"字就大有文章，有的人严格教育子女，培养下一代成为"四有"新人；而有些人则偏于溺爱，甚至以权谋私，利用自己的权势为子女营造安乐窝，这种现象在当前社会上是不少见的。又如"和为贵"，可以在工作中搞好人际关系，维护安定团结的局面；也可以在工作中不讲原则，随风倒，和稀泥，这种"乡原"式人物连孔、孟也是不赞成的。由于取向不同，"用"的效果就不一样。

总之，中国传统思想文化自身是包含矛盾的两重性，对当前社会可以产生正面或负面的效应。如何认识和运用，似乎可以由人各取所需。我认为，凡是能适应社会主义精神文明建设需要的，都是符合批判继承原则的，也可以说是在承传的基础上有所创新，时代性与民族性从矛盾中得到统一，这就是历史的辩证法。

(原载《今日中国哲学》，广西人民出版社1996年版)

论儒家人文思想的历史地位

中国传统文化有个特点,就是重视对"人"学问题的研究,特别是儒家更是具有比较浓厚的人文思想。学术界有些人对此做出很高评价,认为其提供了天下为公、道德理性的思想基础;但也有持相反意见的,认为中国传统的人文思想,从其主流看,导向的是王权主义和使人不成其为人。对儒家人文思想及其历史地位应如何评价,很值得我们认真研究和探索。

一

要了解儒家的人文思想,需要从孔子的仁说谈起。"仁"是孔子思想的核心,"仁"在《论语》中出现次数最多,内涵总离不开"人"学的探讨,如人性、人道、人生价值、人际关系等问题,即教导人们应该怎样去做人。在《论语》中两段话:"夫仁者,己欲立而立人,己欲达而达人。"① "己所不欲,勿施于人。"② 有人认为这两个命题,典型地表现出人与人平等的思想。另《论语》中记载有孔子对马厩失火时的态度,他只问"伤人乎"而"不问马"。③ 有人认为这是从人道主义角度提出问题,并据此说孔子是我国古代史上主张把劳动者作为人看待的第一个思想家。也有学者说孔子讲"仁",是对人的反思,是表示人类精神的自觉,因而对孔子以"仁"为核心的人文思想给予高度评价。

另一种意见认为:中国古代的人文思想虽然很丰富,但君主专制主义也很发达,而专制主义却恰恰以具有浓厚的人文色彩的儒家思想为统治思想。另外,儒家人文思想的主题是伦理道德,而不是政治上的平等。如孔

---

① 《论语·雍也》。
② 《论语·卫灵公》。
③ 《论语·乡党》。

子讲"克己复礼为仁"①,要求个人的一切言行都要以礼为准,并处处克制自己,使人彻底变为道德工具。这种教人安于封建秩序的道德,不管其中的人文思想多么丰富,它在本质上只能是人的桎梏,有利于封建统治,而不能导致个人思想的解放。

上述两种观点我认为都有点片面,要对儒家的人文思想做出正确的历史评价,应该从"两点论"加以分析。

首先我们应该看到,儒家的人文思想是重视人的价值和尊严的,所以讲"天地之性人为贵"。为什么人的地位最为尊贵?荀子对此解释说:"水火有气而无生,草木有生而无知,禽兽有知而无义;人有气,有生,有知,亦且有义,故最为天下贵也。"②人是自然界的一分子,但人之所以尊贵而不同于水火、草木和禽兽,因为人是有思想意识和能遵守社会道德规范的高等动物,同时只有人过着有社会组织的群居生活,所以才显出有高尚的智慧和力量。荀子又说:"(人)力不若牛,走不若马,而牛马为用,何也?曰:人能群,彼不能群也。"③人之所以能役使体力超过自己的牛马,靠的是有社会组织的群体力量。荀子指出:"人何以能群?曰:分。分何以能行?曰:义。故义以分则和,和则一,一则多力,多力则强,强则胜物,故宫室可得而居也。"④荀子认为人的群体力量是靠"分"(等级秩序)来维持,而社会等级秩序是靠"义"(道德规范)来实现。据此他从反面论证:"人生不能无群,群而无分则争,争则乱,乱则离,离则弱,弱者不能胜物,故宫室不可得而居也,不可少顷舍礼义之谓也。"⑤这是荀子对人为贵所做出的论证和解释。

但是上面所讲的只是问题的一面,因为儒家重视人的价值,认为只有组成社会群体时才能显示出人的力量。可是在封建社会中,组成社会群体的人彼此间的地位并不平等,亲疏贵贱,上下尊卑,在伦理和政治方面都形成森严等级,而专制君主却高踞权力的顶峰。在绝对王权支配下,个人的独立和尊严当然很难保障。正如马克思所说:"专制制度的唯一原则就是轻视人类,使人不成其为人。"⑥人文思想是要重视人的价值,但封建专制

---

① 《论语·颜渊》。
② 《荀子·王制》。
③ 《荀子·王制》。
④ 《荀子·王制》。
⑤ 《荀子·王制》。
⑥ 《马克思恩格斯全集》(第1卷),人民出版社1956年版,第411页。

制度却使人不成其为人，这两者之间必然会出现矛盾。

自是贬低儒家人文思想的一方，就提出这样的解释：既然儒家的人文思想重视的是人的群体价值而忽视个体价值，而封建君主既以社会群体的代表自居，所以天下臣民只能作为他的附属物，在封建等级网络中，各守其分，各安其位。即是说人文思想只能为专制王权服务。所以中国古代的专制主义，恰恰以具有浓厚的人文色彩的儒家思想为统治思想，那就并不奇怪了。

上面对儒家人文思想的历史作用，之所以会有不同估计，我认为有以下几点情况值得注意。

第一，儒家讲尊君，但并非无条件服从君主，如孔、孟、荀就有不少君臣对等的言论。孔子提出要"君使臣以礼"，才"臣事君以忠"。① 孟子说得更清楚："君之视臣如手足，则臣视君如腹心。""君之视臣如土芥，则臣视君如寇仇。"② 他不承认桀、纣是君主，说："闻诛一夫纣矣，未闻弑君也。"③ 荀子也说："桀、纣者，民之怨贼也。""诛暴国之君若诛独夫。"④ 据此他还发挥说："夺然后义，杀然后仁，上下易位然后贞……汤武是也。"⑤ 孟、荀将暴君比之独夫民贼，称赞汤武革命的上下易位。他们还看到人民的力量，如孟子就有"民贵君轻"的议论⑥，荀子将君、民比喻为舟与水的关系，水能"载舟"，也能"覆舟"，⑦ 承认人民有推翻统治者的力量。

第二，儒家既有君臣对等的思想，故以臣事君也有所选择。如孔子就讲："以道事君，不可则止。"⑧ 又说："隐居以求其志，行义以达其道。"⑨ "天下有道则见，无道则隐。"⑩ 即对君主可以采取不合作态度。看来儒家对以臣事君，主张有相对的自由。所谓"良禽择木而栖，良臣择主而事""君不正则臣投外国，父不正则子走他邦"，就反映出这方面的思想。荀子更明

---

① 《论语·八佾》。
② 《孟子·离娄下》。
③ 《孟子·梁惠王下》。
④ 《荀子·正论》。
⑤ 《荀子·臣道》。
⑥ 《孟子·尽心下》。
⑦ 《荀子·王制》。
⑧ 《论语·先进》。
⑨ 《论语·季氏》。
⑩ 《论语·泰伯》。

确提出"从道不从君"①的命题。后来贾谊就曾批评屈原,说他依恋怀王是咎由自取,"历九州而览其君兮,何必怀此都也"②。屈原本来可以到列国去选择君主,何必死抱着楚都不放呢!贾谊对屈原的议论,就是"从道不从君"思想的体现。

第三,儒家既把"道"摆在"君"之上,就有"死守善道"和不怕牺牲的精神。如孔子就说过:"三军可夺帅也,匹夫不可夺志也。"③又说:"志士仁人,无求生以害仁,有杀身以成仁。"④孟子更加以发挥说:"居天下之广居,立天下之正位,行天下之大道。得志与民由之,不得志独行其道。富贵不能淫,贫贱不能移,威武不能屈,此之谓大丈夫。"⑤又说:"生,亦我所欲也;义,亦我所欲也。二者不可得兼,舍生而取义者也。"⑥孔、孟提出不惜牺牲性命以成仁取义,这种高尚情操与正直精神在封建社会中应该是可取的。

第四,儒家讲行天下之大道,也可以说是"王道",这与有道之君的仁政相联系,这里当然要维护君主的利益,但同时也包含对人民的关注。"民惟邦本,本固邦宁",儒家是比较懂得君民利益相互之间的辩证关系的。如黄宗羲对大臣出仕是"为天下"还是"为君"做了严格区别,他说:"故我之出而仕也,为天下,非为君也;为万民,非为一姓也。"他认为"天下之治乱,不在一姓之兴亡,而在万民之忧乐"。所以为"臣"者,对人民处在水深火热之中视而不见,即使能"辅君而兴,从君而亡",还是违背"臣道"的。他把君臣共治天下,看成是共同拉木头的人,是合作共事的关系,而不是做君主的"仆妾"。所以他说:"吾无天下之责,则吾在君为路人。""以天下为事,则君之师友也。"⑦这里黄宗羲发挥了先秦儒家君臣对等和从道不从君的思想。

---

① 《荀子·臣道》。
② 《吊屈原赋》。
③ 《论语·子罕》。
④ 《论语·卫灵公》。
⑤ 《孟子·滕文公下》。
⑥ 《孟子·告子上》。
⑦ 《明夷待访录·原臣》。

二

从上面材料看来，儒家的人文思想并非完全抹杀人的个体价值，应该说在道德的完善和人格的修养方面提出了平等的要求。如孟子回答曹交时，就肯定"人皆可以为尧舜"①，荀子也说"涂之人可以为禹"②，王守仁与学生答问时也承认"满街都是圣人"③，李贽更明确提出"天生一人自有一人之用"④，他还主张"尧舜与途人一，圣人与凡人一"⑤。这里说明儒家并非不重视个人作用，即使是凡夫俗子，也可以堂堂正正做个人。至于出仕做官，则要为天下万民，而不能只为一君一姓。宋代讲"先天下之忧而忧，后天下之乐而乐"这句名言的范仲淹，他强调的是发挥个体作用，但为的是群体利益。他对人生的价值取向是先人后己，先为群体，后顾个体；吃苦在前，享乐在后。这种博大襟怀，对如何处理群体与个体价值取向的关系，即使到今天也会给人以启迪。

不过我们这样分析问题，并非否认儒家有维护封建君权和等级制度的思想。如果没有君主专制和人身依附关系，就不成其为封建社会了，马克思所以说"使人不成其为人"，就是从这个意义上说的。但处在封建等级关系网中的每一个人，除要各安其分，作为社会群体中的一员外，每个个体也应该有自己的人生价值取向。儒家思想的特点，是对人们在人格道德修养上提出平等的要求，而在社会政治地位上又主张对等级的维护，因此形成在人文思想上的两重性矛盾。

对儒家的人文思想，本文前一部分列举过两种意见：一种认为可以与平等、自由相联系；另一种则认为它的主题是伦理道德，而不是政治的平等、自由和人权。从总体看应该说后一种意见是对的，因为主张政治上的平等、自由和人权，这种比较完整的思想，只能产生在近代资本主义社会，如果说中国古代儒家能有这种思想高度，那是超出时代的要求，当然是不

---

① 《孟子·告子下》。
② 《荀子·性恶》。
③ 《传习录》。
④ 《焚书·答耿中丞》。
⑤ 《道古录》卷上。

现实的。但走向另一极端，认为在封建社会中，根本不可能有人的自身意志和理想人格的追求，也未必符合事实。虽然在古代儒家知识分子中间，具有这种思想的人是少数，并且不可避免地带有两重性思想矛盾。但这种人毕竟是有的，他们对社会的发展，包括在政治、经济以至思想文化各方面，都可以做出不同程度的贡献。虽然这些人不可能完全摆脱王权思想的制约，但他们所要求的是能"使天下受其利"的君主，而不是那种"以天下之利尽归于己"的独夫。① 如果说黄宗羲也有王权思想，那么他对君主是有所选择的，即仍然保留孔孟那种君臣对等的思想，他要发挥的却是为君"师友"的作用。

据此我们对封建社会中的王权主义思想也要做具体分析，同时王权与王道也有区别。前者一般是指维护一家一姓的专制君主的权力；后者则是儒家理想的王道政治，仰望的是尧舜或三代的开国之君。儒家认为当臣子的就要做这方面的促进工作，就像杜甫说的"致君尧舜上，再使风俗淳"。朱熹也提出要"正君心"。当然，儒家想要造就行仁政的君主，实际效果不会很大。但它要求后世儒者：上可以致君为尧舜，下可以配德于孔颜，并以此作为人生价值标准的参照系，这对于促进儒者个人为实现人生价值而努力奋斗，当会有一定作用。我国历史上有不少志士仁人，正是在儒家思想的熏陶下，干出一番为国为民的事业。但是，要实现为群体的人生价值，首先要从个人做起，从修身、齐家到治国、平天下，就是实现群体价值的必由之路。今天的社会和过去不同，过去是封建统治者的天下，现在是人民的天下，但儒家先哲对处世的某些格言，还是应当可供借鉴的。刘少奇同志在《论共产党员的修养》一书中，就讲到一个共产党员，如果真正是大公无私，他就可能有很好的共产主义道德。他会"先天下之忧而忧，后天下之乐而乐"。在党内，在人民中，他吃苦在前，享受在后。他能够在患难时挺身而出，在困难时尽自己最大的责任。他有"富贵不能淫，贫贱不能移，威武不能屈"的革命坚定性和革命气节。刘少奇同志的这段话，作为对共产党员的要求，我认为在今天仍有其现实意义。

---

① 《明夷待访录·原君》。

三

为了能正确评价孔子、儒家人文思想的历史地位和作用，我认为还有几个问题，需要进一步加以探讨。

第一，关于中西人文思想的比较问题。中国儒家人文思想是封建时代的产物，而欧洲文艺复兴时期的人文主义是一种资产阶级的思想意识，这种区别为大家所公认。既然如此，我们对两种人文思想的评价，就应该按照不同时代的要求作为评判标准。比如批评儒家人文思想没有政治上的平等、自由和人权。这个批评也许是对的，因为儒家的人文思想的确没有包含这些东西。其实没有才是正常的，如果说有近代的民主、民权观念，那反而是超前的思想意识了。

因此，我们不能将儒家的人文思想与近代西方的人文主义做比较，这是非历史主义的评判标准。要比较就得和欧洲中世纪相比。儒家的人文思想很早就有非神权的色彩。如孔子所仰慕的子产，就发出过"天道远，人道迩"的名言，主张不要去追溯渺茫难知的"天道"。孔子是"不语怪、力、乱、神"①。子贡也说："夫子之言性与天道，不可得而闻也。"② 儒家虽主张虔诚地祭祀祖先，但其用意正如曾子所说："慎终追远，民德归厚矣。"③ 这只不过是提倡孝道的一种形式。儒家后来虽被称为儒教，在两汉的谶纬神学中亦有过将孔子神化的现象，但没有多大影响。宋明理学虽受过佛、道思想的影响，但总的趋向是将儒学引向哲理化而不是宗教化。在中国历史上始终没有出现像欧洲中世纪那样的神权统治人间的宗教化时期，有人认为这正是中国文化特色之所在。如果这种讲法能够成立，我认为主要是由于儒家人文思想所能起到的历史作用。虽然也有人说儒家思想不是人文主义而是伦文主义，即使这样也应该比欧洲中世纪的神文主义进步。

第二，如何正确运用历史唯物主义原理问题。社会存在决定社会意识，

---

① 《论语·述而》。
② 《论语·公冶长》。
③ 《论语·学而》。

这一条历史唯物主义原理我是同意的，但不能机械地硬套。如有的文章根据马克思说的专制制度使人不成其为人的论断，就说建立在专制制度上的儒学，不能不带有轻视人、压抑人的根本特征。并说在儒学的基本框架中，理想人格是残缺不全的，实现"仁"的所谓圣人之境，是对人的潜能和创造力的贬斥和压抑。在这种境界下，人被嵌套在"礼"的规范中，变成"礼"的结构得以巩固的牺牲品，从而导致人的主体性的丧失。

针对上述类似观点，张岱年先生在《再谈中国传统哲学与自我实现》①一文中说：近年以来，国内出现一种思潮，要求全面否定民族的传统，甚至断言"在整体设计上取消主体价值，抹杀独立人格的传统文化，真正的'人'不可能萌芽成长"②。这无异于说几千年的中国文化还没有真正"人"的概念，几千年的中华民族还没有一个真正的"人"！这实际是重复西方殖民主义者诬蔑落后国家的语言：认为有色人种只配接受白种人的奴役。现在西方这种论调已经减少了，而有色人种中间却发出了本民族没有真正的人，本民族的分子都不具备人格的论调，这就未免令人骇怪了！这里张老先生未免有点情绪激动，持这类观点的人未必都是重复西方殖民主义者的老调，他们不过是将马克思的论断绝对化，认为在专制制度下的人不成其为人，并以此做必然性的逻辑推理，才得出"真正的'人'不可能萌芽成年"的结论。

其实，作为社会上的人，所谓主体价值和独立人格只能是相对的。在封建专制时代，理想人格固然是残缺不全的，但即使在西方所谓民主社会，也同样要受到资本主义生产关系的制约，也不会实现无限膨胀的主体价值与绝对自由的独立人格。至于在中国传统文化中，也应该承认有一种刚健有力、自强不息的基本精神，有一种以立德、立功、立言为不朽的人生观，这对人的主体价值和道德人格不能说是取消和抹杀，而正是表现出儒家人文思想在历史上的积极作用。

第三，怎样理解儒家的人文思想与现代化的关系。这是近几年学术界讨论的热门话题，对此也形成两种对立的观点。一种是以港台被称为现代新儒家的人为代表。如唐君毅、张君劢、牟宗三、徐复观四人，1958年元旦在《民主评论》和《再生》杂志上联名发表一篇《为中国文化敬告世界人士宣言》（以下简称《宣言》），其中就提出要发扬传统儒学的人文精神，

---

① 参见《光明日报》1988年7月11日。
② 复旦大学历史系编：《中国传统文化的再估计》，上海人民出版社1987年版，第351页。

内容包括重人德、立人极、人格平等以至仁民爱物、博施济众等方面。按照唐君毅等人的立论，谓中国人文精神发展至今日，理当求与世界之科学思想、民主政治之思想以及宗教思想有一融通。同时也就说明中国人文精神之发展，系于确认中国人德性生活之发展，科学之发达，民主建国事业之成功以及宗教信仰之树立，乃并行不悖，相依为用。由是《宣言》得出结论："中国历史文化之重道德主体之树立，即必当发展为政治上之民主制度。"

与此持相反观点的多为内地（大陆）学者，如有的断言传统文化的价值系统和现代化不相容，认为不打破传统文化价值系统，中国现代化就无法实现。因为科学和民主代表的是近代社会思想和方法原则，它与儒家是两种对立的世界观，所以想把容纳"科学"和"民主"作为儒家向现代转化的"时代课题"，实际上是行不通的。由于儒家把人从日常生活到社会生活的一切活动都伦理化，人的独立人格完全消融在尊卑、长幼、贵贱的名分中，这种伦理本位主义的价值系统与现代化是逆向的精神力量，所以说儒家传统不适应现代化。

以上两种观点，对儒家传统文化，前者称之为重道德主体，后者说是伦理本位主义。这里内涵基本相同，而得出的结论却相反。关键是对儒家人文思想的历史价值做了相反的估计。前者肯定儒家具有道德上之天下为公、人格平等之思想，后者则认为人的独立人格完全消融在伦理纲常之中。不过两方的价值判断虽相反，但道德决定论这一点却又相同，如前者说"道德上之天下为公、人格平等之思想，必然发展至民主制度之肯定"，后者则说"中国古代人文思想的主题是伦理道德"，"只能导致专制主义"。这里"必然"与"只能"都是来自道德决定论的逻辑推理，而不是具体分析其历史价值。

因此，我认为对儒家人文思想的价值判断，要着眼于矛盾两重性的分析。比如与现代化的关系，它既有正面价值，也有负面影响。如当前讲为政清廉，要消除腐败和各种以权谋私现象，建立各行业的职业道德与精神文明，就要继续发扬儒家以身作则、正己正人的精神和不欺暗室的慎独功夫，即充分发挥道德人格修养的自律作用。至于它的负面影响，如重人治传统、亲亲尊尊的等级观念、官本位思想等等，这些都妨碍社会主义现代化的民主、法制建设，就应该随着经济、政治体制的改革，实行变革性的观念转化。因此，儒家人文思想与现代化的关系，是连续性与间断性的辩证统一。

本文上面所列举的一些问题，这里只是初步探讨，随着研究的深入，对儒家人文思想的历史地位和作用，终会得到符合实际的评价，这也是我国学术界应负的任务。

（原载《哲学研究》1989 年第 11 期）

论孔子思想的包容性与中国儒学的发展

春秋战国是诸子百家争鸣的时代。既然是争鸣，所以一般多看到彼此间思想上的分歧，其实相互间也有不少相通之处。如儒家的创始人孔子，我认为他的思想就有较大的包容性。后来中国儒学的发展，在长期封建社会中虽貌似取得独尊地位，而思想内涵却在不断吸取容纳各家之长。传统儒学影响到今天，能否适应开放的形势和现代化社会的需要，是一个有争议的问题。我认为，研究孔子思想的包容性及后来各个时期儒学的发展过程，对当前应如何对待儒学传统，是有重要的历史借鉴意义的。

一

在先秦诸子中，儒、墨两家被称为显学。一般认为双方的观点是对立的。《淮南子·要略》说："墨子学儒者之业，受孔子之术，以为其礼烦扰而不说，厚葬靡财而贫民，服伤生而害事，故背周道而用夏政。"这是说，墨子也曾受业于儒家，后来不满周礼那一套改而师法夏禹，另立门户而与儒家分庭抗礼了。

墨家的中心思想是主张兼爱、非攻、节用、节葬，这与儒家讲爱有差等是不同的，因而提出"兼以易别"。不过我觉得，孔子的思想虽不全同于墨家，但也有它可以包容的一面。比如墨子最核心的兼爱思想，在孔子的仁学中也似有涉及这方面的内容。如"樊迟问仁，子曰：'爱人。'"[1]，这里所爱的人是全称，看不出有等差的区别。这种思想应用到教育方面就是"有教无类"[2]，对所有人都一视同仁。孔子在子贡提出"如有博施于民，而能济众"，能否称为"仁"时，答复说："何事于仁？必也圣乎！尧舜其犹

---

[1] 《论语·颜渊》。
[2] 《论语·卫灵公》。

病诸!"① 这里的"民"和"众"也是全称,并无等差区别。而孔子认为博施济众的行为已进入超仁入圣的境地,连尧舜都难做到。可见,孔子对无差等的爱是虽不能至而心向往之,却并无反对之意。他主张"仁",正面要做到"己欲立而立人,己欲达而达人"②,负面也要做到"己所不欲,勿施于人"③。孔子这种推己及人的思想可以称为"推爱",而墨子讲的"兼爱"也只是视人如己,这两者在处理人际关系的程序上虽有不同,但爱人的实质并无等差的区别。

对于非攻,孔子并无明显的主张。但他对季氏将伐颛臾一事,提出"有国有家者,不患寡而患不均,不患贫而患不安。盖均无贫,和无寡,安无倾"。故主张"远人不服,则修文德以来之",否则"谋动干戈",则恐忧"在萧墙之内"。④ 从这个事例来看,孔子的思想与墨家也似有同调之处。

对节用和节葬问题,孔子也有明确的表态。如提出"节用而爱人,使民以时"⑤。对林放问礼之本,则回答说:"礼,与其奢也,宁俭;丧,与其易也,宁戚。"⑥他还说:"麻冕,礼也;今也纯,俭,吾从众。"⑦ 孔子主张节俭,反对繁文缛节和奢侈浪费。这样的话虽然不多,但与墨家的俭约精神应是不违背的。

对于义利问题,一般认为也是儒墨之间的一大分歧。由于墨家明确提出"义,利也"⑧的界说,用"利"来解释"义",而儒家却提倡"义",反对言"利",所以说两家观点是对立的。其实孔子也并非不言利,他回答子张怎样才可以"从政"时,就提出要"因民之所利而利之"⑨。他还主张"足食足兵"⑩ 和"富而后教"⑪,认为"君子之道","其养民也惠,其使民也义"⑫。可见,以"义"使民与惠利于民也是不可分割的。虽然孔子是

---

① 《论语·雍也》。
② 《论语·雍也》。
③ 《论语·卫灵公》。
④ 《论语·季氏》。
⑤ 《论语·学而》。
⑥ 《论语·八佾》。
⑦ 《论语·子罕》。
⑧ 《墨子·经上》。
⑨ 《论语·尧曰》。
⑩ 《论语·颜渊》。
⑪ 《论语·子路》。
⑫ 《论语·公冶长》。

"罕言利",但并非不言。他反对见利忘义,而是主张"见利思义"①。这对墨家的义利观应该说是有包容性的一面。

关于儒墨行周道与用夏政的分歧。其实孔子对夏禹也是极为敬佩的。他说:"禹,吾无间然矣,菲饮食而致孝乎鬼神,恶衣服而致美乎黻冕,卑宫室而尽力乎沟洫。禹,吾无间然矣。"② 孔子认为,禹为人的完美已经达到无丝毫可指责的地方了。

墨家之外,道家也是批判儒家的一大学派。老子提出"大道废,有仁义。慧智出,有大伪。六亲不和,有孝慈。国家昏乱,有忠臣",因而主张"绝圣弃智""绝仁弃义"。③ 这当然是反对儒家的论调。不过,作为道家最高政治纲领的"无为而治",看来孔子也是肯定的。他曾称赞说:"无为而治者,其舜也与?夫何为哉?恭己正南面而已矣。"④ 看来孔子思想的包容性对道家也是有所涉及的。

另外,道家中还有一些隐居避世之士,也有庄周一类的出世思想。与此相比,儒家思想当然主要是入世的,但也并非绝对。如孔子对出处辞受的问题也有明确的标准。他说:"笃信好学,守死善道,危邦不入,乱邦不居。天下有道则见,无道则隐。邦有道,贫且贱焉,耻也;邦无道,富且贵焉,耻也。"⑤ 又说:"隐居以求其志,行义以达其道。吾闻其语矣,未见其人也。"⑥ 孔子是以邦有道无道作为是否出世的标准,并仰慕隐居以求志,行义以达道的人。可见,孔子对道家的避世思想也有其包容性的一面。

法家成为一个学派,比儒、道、墨各家都晚。在韩非之前,李悝、申不害、慎到、商鞅等人虽被称为前期法家,但这些人多数从事实际政治活动,到韩非才构成有体系的法家理论。一般认为法家和儒家是对立的。"至如商、韩,'六虱''五蠹',弃孝废仁。"⑦ 所谓"六虱",商鞅指的就是儒家宣扬的"仁义""孝悌""诗书""礼乐"等一套⑧,并斥之为"淫佚之

---

① 《论语·宪问》。
② 《论语·泰伯》。
③ 《老子》第十八章、第十九章。
④ 《论语·卫灵公》。
⑤ 《论语·泰伯》。
⑥ 《论语·季氏》。
⑦ 《文心雕龙·诸子》。
⑧ 《商君书·靳令》。

征"和"过之母"。① 韩非则抨击"儒以文乱法"②，主张国君"不务德而务法"，要"举实事，去无用，不道仁义者故，不听学者之言"③，这无疑都是反儒的言论。

不过，尽管法家反儒，但两家亦有其相通之处。司马谈在《论六家要旨》中曾指出，儒者"其序君臣父子之礼，列夫妇长幼之别，不可易也"，法家"然其正君臣上下之分，不可改矣"。这说明两家都要维护封建等级制度，但手段和方法不同。儒家重教化，而法家重刑罚。不过，这个区别也不是绝对的。如韩非认为，君主要控制臣下，要掌握"刑、德"二柄，即罚和赏这两种权柄。儒家虽然重视德，亦并非不用刑。孔子早就说过："道之以政，齐之以刑，民免而无耻；道之以德，齐之以礼，有耻且格。"④ 他还赞成子产讲为政要宽猛相济的观点，说"宽以济猛，猛以济宽，政是以和"⑤。孔子虽然不能预见韩非的观点，但德刑并用、宽猛相济的思想与后来法家有相通之处。

儒、法两家由于都要维护等级制度，所以都主张尊主和忠君。不过君主事业要取得成功，也要靠人臣的拥戴。所以韩非说："人主者，天下一力以共载之，故安；众同心以共立之，故尊；人臣守所长，尽所能，故忠。以尊主御忠臣，则长乐生而功名成。"又说，"至治之国，君若桴，臣若鼓"，"故古之能致功名者，众人助之以力，近者结之以成……此尧之所以南面而守名，舜之所以北面而效功也"⑥。这里韩非认为，君臣关系要做到"上下相得"，就像"形影相随""桴鼓相应"那样，成为一种合作共事的关系。孔子对君臣关系，则提出"君使臣以礼，臣事君以忠"⑦。这是君臣对等的观念，只有这样，才具备合作共事的思想基础。以上说明孔子对后来的法家思想必有其包容性的一面。

儒、墨、道、法是先秦的四大学派，看来孔子思想与其他三家相比，固然有分歧、对立的一面，但也确有能够包容各家的地方。孔子思想的包容性对后来儒学的发展有着深远的影响。

---

① 《商君书·说民》。
② 《韩非子·五蠹》。
③ 《韩非子·显学》。
④ 《论语·为政》。
⑤ 《左传·昭公二十年》。
⑥ 《韩非子·功名》。
⑦ 《论语·八佾》。

二

孔子之后，先秦儒家主要起作用的有孟、荀两大派。孟子活动在战国中期，是各家激烈争鸣的时代，而孟子又是个好辩的人，他以孔子的继承人和儒家正统派自居，而肆意攻击各家。如说："杨朱、墨翟之言盈天下。天下之言不归杨，则归墨。杨氏为我，是无君也；墨氏兼爱，是无父也。无父无君，是禽兽也。"杨朱为我，是发挥道家养生之说，孟子这里是连带痛骂道、墨两家。他又说："争地以战，杀人盈野；争城以战，杀人盈城。此所谓率土地而食人肉，罪不容于死。故善战者服上刑，连诸侯者次之，辟草莱、任土地者次之。"① 这明显是在攻击法家的耕战政策。

孟子这样激烈抨击各家，是否完全抛弃孔子思想的包容性呢？看来也非如此。他和别家争辩，可以说是攻其一点，不及其余。如他反对法家的耕战，其反战言论超过墨家的非攻；至于说辟草莱、任土地有罪，他不是也主张"深耕易耨""不违农时"②，要"易（治）其田畴""民可使富"③吗？可见这里言论也是自相矛盾的。

其实孟子提出"民贵君轻"的观点，宣称"君之视臣如手足，则臣视君如腹心"，"君之视臣如土芥，则臣视君如寇仇"。④ 这种君臣对等的论调似比孔子还要激进。他还肯定"汤放桀，武王伐纣"，说"闻诛一夫纣矣，未闻弑其君也"。⑤ 这比较韩非所批判的"桀纣为高台深池以尽民力，为炮烙以伤民性。桀纣得成肆行者，南面之威为之翼也。……势者，养虎狼之心而成暴乱之事者也"⑥，孟子的反暴君自不会比韩非逊色。还有孟子主张的"老吾老，以及人之老；幼吾幼，以及人之幼。天下可运于掌"⑦，虽然讲的是推己及人，但这里并无爱有差等的意味。孟子曾痛骂墨家的兼爱，

---

① 《孟子·离娄上》。
② 《孟子·梁惠王上》。
③ 《孟子·尽心上》。
④ 《孟子·离娄下》。
⑤ 《孟子·梁惠王下》。
⑥ 《韩非子·难势》。
⑦ 《孟子·梁惠王上》。

我觉得除派性作怪之外,实际上的分歧也并不是那么厉害的。

荀子生于战国末年,当时政治形势已渐趋统一。荀子为人博学精思,颇有点吐纳百家的气势。他写有《非十二子》篇,对墨翟、宋钘、慎到、田骈、惠施、邓析等人,均称为"欺惑愚众",并声讨"子思、孟轲之罪",斥子夏、子游为"贱儒"。他还在《天论》和《解蔽》篇中,用最简约的字句来评论各家的思想特点,而指出其有所"蔽",即存在片面性。

不过,荀子既不满于各家的片面,恰好说明他自身思想的包容。战国末年的思想界随着政治形势的发展也日趋统一,问题是统一在谁家。墨家的兼爱、非攻不适合维护等级制度和进行兼并战争的封建统治者的需要,因而日渐式微。有些人变成打抱不平的侠士,可能被认为会扰乱治安,就像韩非说的"侠以武犯禁"①,变得为统治者所不容了。

至于道家到战国后期,却出现新的变化,即"道"与"法"相联系。稷下学者曾提出"法出乎权,权出乎道"②的观点,韩非也讲到"以道为常,以法为本"③。1973年长沙马王堆出土的帛书《经法》等四篇则表达为"道生法。法者,引得失以绳,而明曲直者也。故执道者生法而弗敢犯也,法立而弗敢废也"④。法为道所派生,而执道者对法又不敢废。这是以道为体,以法为用。并从老子上溯到黄帝,故称之为"黄老道家",或"道法家"。司马迁说韩非"喜刑名法术之学,而其归本于黄老"⑤。正说明当时道法合流的趋势。

先秦儒家传到荀子,同样适应政治形势的发展。他不像孟子那样法先王、道仁义,而是改造孔子的礼学以符合法治的需要。如说:"礼者,法之大分,类之纲纪也。"⑥又说:"故圣人化性而起伪,伪起而生礼义,礼义生而制法度。"⑦这样就把原来礼与法的对立加以调和。他甚至说:"是百王之所同者,礼法之大经也。"⑧"礼""法"也就成为连用的同义语了。当然,由于荀子毕竟是儒家,所以虽然说"法者,治之端也",却又认为"得其人

---

① 《韩非子·五蠹》。
② 《管子·心术上》。
③ 《韩非子·饰邪》。
④ 《经法·道法》。
⑤ 《史记·老子韩非列传》。
⑥ 《荀子·劝学》。
⑦ 《荀子·性恶》。
⑧ 《荀子·王霸》。

则存，失其人则亡"，"君子者法之原也"①，即法治还是离不开人治。但他看到由礼到法发展的必然趋势，并对此做出相应的论述，这也可以看到他思想中具有包容性的一面。

讲"礼义生而制法度"与"道生法"，表明到战国末年，儒、道两家与法家思想的交融，而韩非思想也就成为三家的聚合点。

这里要谈一下先秦儒家与名、阴阳两家思想的关系。名家本来不算一个学派，因为各家都讲到"名"。如孔子讲"正名"，老子重"无名"，墨子要求"取实予名"，《管子·九守》篇提出"名生于实"。战国末年是个"处士横议""辩士云涌"的时代，这些人都着意于名实问题的辩论，被汉人称为名家。如荀子批评惠施，说"惠子蔽于辞而不知实"②。公孙龙则据说由于"疾名实之散乱"③，提出要"审其名实，慎其所谓"④。后期墨家主张"以名举实"⑤。当时由于新旧事物不断更迭，名实关系变得混淆不清。正如荀子所说："今圣王没，名守慢，奇辞起，名实乱，是非之形不明，则虽守法之吏，诵数之儒，亦皆乱也。"⑥据此，他吸取墨家和《管子》的观点，明确提出"制名以指实"⑦。这是对当时的名辩思潮做了批判性总结，同时也体现儒家思想具有包容性的一面。

阴阳五行在中国思想史上起源比较早，但司马谈所称的阴阳家大概是以战国末年的邹衍为代表。司马迁说他"深观阴阳消息，而作怪迂之变……然要其归，必止乎仁义节俭，君臣上下六亲之施"⑧，可见他的思想与儒家有相通之处。与此同时或稍后，出自儒家后学之手的《易传》则提出"一阴一阳之谓道"⑨。在宇宙生成图式中，则以"太极"产生天地、阴阳，这又是受老子思想的影响。《易》后来被公认为儒家经典，但其对阴阳和道家思想都有所包容。

战国末年，随着秦国势力的扩张，法家政治也取得成效。如荀子入秦，

---

① 《荀子·君道》。
② 《荀子·解蔽》。
③ 《公孙龙子·迹府》。
④ 《公孙龙子·名实论》。
⑤ 《墨子·小取》。
⑥ 《荀子·正名》。
⑦ 《荀子·正名》。
⑧ 《史记·孟子荀卿列传》。
⑨ 《易·系辞上传》。

说"治之至也,秦类之矣"①,对此加以赞许,但对秦国"无儒"感到遗憾,认为这不符合王道标准。由于秦始皇统一后,发展法家严刑峻法的一面,"焚书坑儒",大搞文化专制主义,终于二世而亡。西汉初年,各家思想又进入重新组合的时代。

三

汉兴以后,为总结秦亡的教训,对如何确立新的统治思想曾经过较长时期的争论和反复试验。最初刘邦并不喜欢儒家,而以马上得天下自居。陆贾即争辩说:"居马上得之,宁可以马上治之乎?且汤、武逆取而以顺守之,文武并用,长久之术也。"如果秦并天下后,"行仁义,法先圣,陛下安得而有之"。②这里所谓"文武并用",也就是王霸并用,即儒法并用。后来汉宣帝透露说,"以霸王道杂之",乃是汉家制度,即汉王朝的基本国策,从而实践了陆贾的文武并用思想。陆贾还认为,如秦得天下后,"行仁义,法先圣",就不会速亡。贾谊亦持相同的观点,他分析秦亡原因,归结到"仁义不施,而攻守之势异也"③。

陆贾、贾谊并不纯是儒家,但从秦亡的教训中取得共识,认为秦统治者处在攻守异势的地位时,没有做"取与守不同术"的战略转变。秦可以使用"诈力"取天下,但要巩固政权,不能单靠严刑峻法而不施仁义。这就需要刑德并用,也就是孔子早已主张的宽猛相济的两手策略。所以,陆贾、贾谊的共识还是离不开儒家思想包容性的发挥。

汉代儒学的发展过程中,董仲舒是个关键人物。这个被称为"群儒首",又主张"罢黜百家,独尊儒术"的人,自当算是儒家的正统派了。不过,他更多的还是对孔子思想包容性的发挥。他以儒家思想为中心,提出了德刑并用而以德教为主的统治方针,主张既要充分发挥"礼乐教化"的作用,又要建立和统一"法度",以便维护"三纲五常"等封建等级秩序和宗法道德规范,作为化民成俗的根本。由于董仲舒"尊儒"是公开提倡的,

---

① 《荀子·强国》。
② 《史记·郦生陆贾列传》。
③ 《过秦论》。

而刑名法术之学却实际上被容纳，所以有谓董学是儒表法里或阳儒阴法的，这种说法也不无根据。对阴阳五行和五德终始学说，董学也做了多方面的发挥。史称"董仲舒治《公羊春秋》，始推阴阳，为儒者宗"①，说明董学既容纳刑名法术，又与阴阳家言相结合，在儒学的发展中充分体现包容性的一面。

儒学的包容性不但为多数儒家所遵行，同时也为一些反儒的人所接受。如曹操由于在《举贤勿拘品行令》中，提出可以任用"不仁不孝而有治国用兵之术"的人，"文革"时期曾被封为反儒的法家。其实曹操并非有意反儒，他是懂得"取"与"守"是不同术的。在攻取战争中当然首先考虑要找有治国用兵能力的人，而道德上的仁和孝则不作为必备条件。但从长远培养人才来说，曹操却另有一番见解。他称汉末"丧乱以来"，是"后生者不见仁义礼让之风，吾甚伤之"。据此，他颁发《修学令》，要求做到"先王之道不废，而有以益于天下"。曹操这两处的不同做法并不是自相矛盾，而是取与守不同术的具体措施。他提出"治平尚德行，有事赏功能"②，又说："夫治定之化，以礼为首；拨乱之政，以刑为先。"③ 德行与功能、礼与刑，是按照不同情况来考虑其优先地位的。这种思想与其说是反儒，毋宁说是对儒学包容性的具体运用。

从魏晋南北朝到隋唐，玄学与佛教相继盛行，一度对儒学造成冲击，但彼此间的矛盾还是以妥协、融合的方式而告终。这里的原因也可以从儒学的包容性来寻求解释。玄学家们虽从祖述老庄立论，但对注释《论语》《周易》等儒家经典颇感兴趣。他们把《老子》《庄子》《周易》并称"三玄"。从魏晋玄学发展的主流来看，都在力图调和名教与自然的矛盾。由"贵无"论的"名教本于自然"到"崇有"论的"自然不离名教"，再到"独化"论的"名教即自然"，都无非在论证儒家纲常名教的自然合理性。这样就解决了儒道的矛盾，将道家的自然之论容纳到儒学的包容性中去。

魏晋玄学家为论证纲常名教的自然合理性，多是以道释儒，而神仙道教著名人物葛洪却是以儒证道。他说："欲求仙者，要当以忠孝和顺仁信为本。若德行不修，而但务方术，皆不得长生也。"④ 又说："览诸道戒，无不

---

① 《汉书·五行志》。
② 《论吏士行能令》。
③ 《以高柔为理曹椽令》。
④ 《抱朴子·内篇·对俗》。

云欲求长生者，必欲积善立功，慈心于物……如此乃为有德，受福于天，所作必成，求仙可冀也。"① 要做到忠孝仁道，积善立功，才能入道成仙，这可能是葛洪的发明。道术儒修无二致，神仙忠孝有完人，这样来评量葛洪的思想，看来也不无道理。而儒学的包容性却扩大到神仙方外去了。

佛教是外来宗教，佛教徒不拜君亲，与儒家所维护的伦理纲常本来是相违背的。从东晋到唐初，发生过"沙门不敬王者""沙门不应拜俗"的争辩，就表明这种矛盾。唐初的宗教政策虽仍然尊重和利用佛、道二教，而更重要的是以儒家的君父之义来加以约束。如唐高宗李治对僧道是否拜君亲问题明确表示："朕禀天经以扬孝，资地义以宣礼，奖以名教，被兹真俗。"② 在封建帝王的倡导和干预下，佛教也就向儒学靠拢。如华严宗的宗密就说，"佛且类世五常之教，令持五戒"③。将佛教的"五戒"比附"五常"，表示佛教徒拥护儒家的封建道德。他们有的称皇帝为活佛以表忠；也有宣扬《孝子报恩经》《父母恩重经》，鼓吹孝道是"儒释皆宗之"④。这样一来，佛教与封建世俗的矛盾在儒学的包容性里获得了解决。

唐代柳宗元的思想，近年来颇有争议，其实他是一个沟通儒释的人物。他声称"自幼好佛，求其道，积三十年"，但他所好的不是"言至虚之极"⑤ 的佛家出世法，而认为"浮图诚有不可斥者，往往与《易》《论语》合"，"不与孔子异道"。所以，他说："吾之所取者与《易》《论语》合，虽圣人复生不可得而斥也。"⑥ 他送文畅上人，谓其"将统合儒释"，对元暠师，则说"吾见其不违且与儒合也"⑦。可见，当时儒释相互包容的情况是相当普遍的。

儒学发展到宋明时期，理学占据统治地位。理学家们表面排斥佛道，而实际上相互包容。如周敦颐提出"无极而太极"的宇宙生成图式就来自道教，朱熹"理一分殊"的理论则来自佛教华严宗。至于陆王心学固然有渊源于孟子的一面，但亦深受禅宗的影响。有人认为理学是儒、释、道三教合流的产物，而以儒学为主，我看这话也不无道理。这种合流正是儒学

---

① 《抱朴子·内篇·微旨》。
② 《大正藏》卷五十二。
③ 《原人论》。
④ 《盂兰盆经疏序》。
⑤ 《送巽上人赴中丞叔父召序》。
⑥ 《送僧浩初序》。
⑦ 《送元暠师序》。

包容性在封建社会后期发展过程中的表现。

中国传统文化源远流长，儒学基本上是居于主干地位。当然，儒家思想也不是一成不变和一枝独秀的。它在整个封建社会的长河中，是在与各家思想既互相冲突又会通融合的过程中形成，并且随着时代的变化而发展。其间虽然经历过起伏的险滩和曲折的洄流，却终于汇成浩瀚的江海。儒学在中国历史上何以能通贯各家，我认为与儒家创始者孔子思想的包容性有一定的关系。传统儒学到今天又面临新的考验，我们研究孔子与历代儒学对各家思想如何存异求同，对我们怎样根据实际情况，对传统文化进行扬弃和改造，并如何在此基础上容纳外来文化，将会有一定的启迪作用。

（原载《孔子研究》1989年第3期）

是吸取宗教的哲理，还是儒学的宗教化？

近年来，由于任继愈同志坚持使用宗教意义上的"儒教"这个概念，在中国哲学史界引起了大家的关注。他认为在先秦时虽有儒家，但孔子学说经历了汉代和宋代两次大的改造，儒家逐渐成为具有中国特点的宗教——儒教，而宋明理学的建立，则标志着中国儒教的完成。任继愈同志这个观点，曾在多次讲演和连续发表的文章中，反复加以申明。最近看到他在《朱熹与宗教》[①] 一文中更明确指出：儒教的建立，到南宋的朱熹，正式完成了这一历史使命。并说朱熹的为学，不是纯思辨之学，而是指导行为的学问，它是宗教而不是哲学。

对任继愈同志的论断，国内学术界有不同的反应。但对于复杂的思想形态，需要做深入的探索，不可能很快有统一意见。我这里只是谈点个人看法，以供讨论。

一、哲学与宗教有什么联系和区别

为要弄清中国的儒家思想是归属于哲学还是宗教，先秦儒家会不会和怎么样演变、形成儒教的问题，对于哲学和宗教的分野，两者之间如何联系和区别，这是先要弄清楚的。从任继愈同志《朱熹与宗教》一文（下面简称任文）看来，对这个问题的回答是不能令人满意的。如文中举出：社会为什么有灾难，人们为什么有富贵贫贱，世界是什么样子，应当以什么生活态度对待这个世界，人活着为什么，等等，认为这些问题只有哲学和宗教有兴趣来回答，但两者的道路不同，哲学采取思辨的方法，宗教走的是信仰的道路；哲学从理性方面做出解释，宗教从感情方面给以满足。依此说来，哲学和宗教应该是有区别的。但是任文却接着说：就理论上讲，哲学与宗教各有自己的领域，但这种清楚的领域划分，只有人们从中世纪冬眠中觉醒以后才能认识到，才能获得哲学的完全的意义。中世纪的哲学还没有从宗教中独立出来，只是宗教的附庸。中国没有经历像西方那样的产业革命，长期停留在封建社会，哲学没有条件从宗教中分离出来，宗教

---

① 载《中国社会科学》1982 年第 5 期。

仍然统治着哲学，两者划不清界限，这就造成了中国封建时代的哲学、宗教浑然一体的状况。不仅如此，任文还认为西方中世纪的经院哲学，也讲"天理人欲"之辨和"身心性命"之学，东圣西圣若合符节，而中国和印度古代思想也是相近的。这里无非想说明，在西方经历产业革命以前，科学和生产力没有现代化，哲学和宗教也是难以分开的。

按照任文上面的论述，既然在中世纪的封建时代，哲学和宗教只能从理论上加以区分，实际上却难以分开，那么讨论儒家思想归属于哲学还是宗教，不是变得毫无意义了吗？对封建社会中任何一派的思想，不是都可以说成既是哲学又是宗教吗？同时按照任文的观点，哲学要从宗教中分离出来，科学和生产力水平的提高是主要条件。那么，一个学派的思想，应该在早期，宗教的味道浓些，越到后来越多点哲学的味道。但儒家为什么相反，先秦时的孔子及其门徒还可以算是一个哲学流派，但后来的董仲舒直到朱熹，儒家哲学却每况愈下，越来越演变为宗教，难道宋代的科学和生产力发展水平反不如先秦吗？是否中华民族的认识史、中国哲学发展史，越来越向宗教化方面发展？这符合人类理论思维的发展规律吗？上述问题使人不能不感到困惑。

对哲学和宗教两者的区别和联系，我和任继愈同志有点不完全相同的理解。任文说中世纪的哲学还没有从宗教中独立出来，只是宗教的附庸。过去也经常有人说，欧洲中古的哲学只是神学的婢女，这些话意思相同，也是历史事实。但是不管附庸也好，婢女也好，和主人总是有区别的，两者之间是统治与被统治的关系。任文说在中国封建社会，宗教仍然统治着哲学。即使情况属实，也不能因此得出中国封建时代的哲学、宗教浑然一体的结论。其实这个结论，任继愈同志自己也并没有遵循，如果哲学与宗教始终浑然一体，何以说儒学会演变为儒教呢？这不是有点自相矛盾吗？

按照我的看法，在中国封建时代，即使承认宗教仍然统治着哲学，但两者并非没有区分。虽然唯心主义哲学和宗教神学最容易混淆在一起，可是承认创世说的思想，并非都是宗教。恩格斯指出："凡是断定精神对自然界说来是本原的，从而归根到底以某种方式承认创世说的人（在哲学家那里，例如在黑格尔那里，创世说往往采取了比在基督教那里还要混乱而荒唐的形式），组成唯心主义阵营。凡是认为自然界是本原的，则属于唯物主义的各种学派。"① 这里恩格斯用哲学基本问题来区分两大阵营，而把承认

---

① ［德］恩格斯：《路德维希·费尔巴哈和德国古典哲学的终结》，见《马克思恩格斯选集》（第4卷），人民出版社1972年版，第220页。

创世说的归入唯心主义的一方。他列举了黑格尔式的创世说和基督教式的创世说，前者是哲学，后者才是宗教。我们从这里可以得到启发，像儒家从孔子、董仲舒到朱熹，他们是唯物主义者还是唯心主义者，他们是否以某种方式承认创世说，他们坚持的是哲学家的创世说还是宗教界的创世说，这些通过研究是应该可以区分的。

在中国封建社会里，我们不否认有不少唯心主义哲学家是有宗教信仰的，或者说与宗教思想相通；但他们还是被称为哲学家而不是宗教徒。退一步说，即使是名副其实的宗教徒，同样可以有他们的哲学思想。如佛教毫无疑义是宗教，但佛教哲学却是哲学史中不可缺少的部分。玄奘、慧能等人在中国哲学史上总会占有一席之地吧，其原因不是别的，正是由于他们的世界观用一定的方式回答了哲学基本问题，并有一定的特点和代表性，这样就不可能将他们排除出哲学史而只归入宗教史。应该说，从宣传宗教信仰这一个侧面看，这些人是宗教徒；但从阐发了人类认识史上理论思维某些必经环节这个角度看，却又不失为哲学家。宗教观与哲学思想可以并存在一个人的头脑里。情况是复杂的，却不是什么怪事，这说明宗教与哲学两者之间的紧密联系，但也不难看出其中的区别。

二、中国社会的特殊形态给中国宗教带来什么特点

任继愈同志认为中国特殊的社会历史条件决定了中国宗教的特殊表现形式，即儒教不同于佛教、回教、基督教等外来宗教，而是植根于中国特殊社会的一种特殊宗教形态。

那么，所谓中国特殊的社会历史条件是什么呢？任文认为在中国古代，长期存在着以血缘关系为纽带的宗法制度。文中指出：宗法制度产生于氏族公社后期。一般在生产落后、劳动不发达、产品数量极为贫乏的条件下，社会制度更大程度上受血缘关系的支配。世界上许多民族随着社会经济的发展，冲破了血缘关系的束缚，建立了以地区划分的国家组织。在中国却不是这样。国家组织形成后，氏族社会遗留下来的血族关系的旧形式不但没有被摒弃，反而作为一种有效的社会组织形式，对国家社会的活动继续起着调节作用，甚至是支配作用，成为调整社会关系的杠杆。宗法制度在阶级社会里，仍然以自然的血缘纽带把社会成员牢固地联系在一起，共同的风俗习惯、心理状态、行为规范，在社会上仍然具有普遍意义。儒家在维护宗法制度方面，不断地利用旧形式，填充新内容。

任文上面这段表述，无非想说明在中国长期的封建宗法社会中，氏族

社会遗留下来的原始宗教仪式，容易得到保留。如说六经中礼乐部分即包括原始宗教的记录和解释。儒家经典中的"敬天法祖""尊尊亲亲""敬德保民"的教训，都带着原始宗教的遗迹，其中始终具有浓重的宗教性。由于儒家的经典本身已具备了以宗法制为核心的天人观、社会观、宗教观等芜杂的内容，而秦汉统一后，需要维持统一的思想工具，经过70年的探索，武帝时终于定儒家于一尊，董仲舒鼓吹神学目的论，《白虎通》把经学神学化，终于把儒家引向宗教化的道路。经过魏晋南北朝，佛、道二教盛行，到隋唐统一，儒、释、道三教并称，受到朝廷的承认，儒家作为宗教也就在政治上取得合法地位。

对于任继愈同志上述的观点，我也颇有疑问。他所谓中国特殊的社会历史条件，主要指的是我国在进入阶级社会后，氏族公社所遗留下来的以血缘关系为纽带的宗法制度没有被冲破，反而在封建社会中长期起作用。而世界上别的许多民族却随着社会经济的发展，冲破了血缘关系的束缚，建立了以地区划分的国家组织。这些当然是事实，但能否由此得出我国古代的宗教气氛必然比外国浓重的结论呢？古希腊、罗马进入阶级社会的途径和我国是有些不同，它们最早建立了以地区划分的国家组织，但是欧洲中世纪宗教势力迅猛发展，教权高于王权。我国虽然封建宗法势力非常厉害，但王权却始终抑制着教权。至于原始宗教在社会上的痕迹，在民间流传下来的多神崇拜，其中包括祖先崇拜，可能是原始氏族公社中图腾崇拜的孑遗。当然，为着适应封建统治者和宗法制度的需要，这些受崇拜的诸神，也不断经过加工和改造。我认为，祭祀祖先和崇拜鬼神，才真正是封建宗法制度的产物。但是这种鬼神崇拜，既没有统一崇拜的最高神，又没有教主、统一的教义和规定的仪式。至于神职人员，也无非是社会上一些杂七杂八的迷信职业者。因此，我们无法将之概括出一个宗教名称，而往往习惯上称之为封建迷信。我认为在中国特殊的社会历史条件下，民间的多神崇拜，虽然还构不成严格意义的宗教，但它正是中国宗教的一种特殊表现形式。

在中国封建专制主义中央集权的统治下，封建神权是受政权支配的，反过来又为封建政权服务。专制帝王既是世俗的最高统治者，又是天上神权的最高代表。在中国长期的封建社会中，绝不容许宗教权力超出王权之上，而教权只能作为王权的附庸。任继愈同志在文章中也列举了这样的事例：来自外国的佛教，从东晋到唐初，发生过"沙门不敬王者""沙门不应拜俗"的争辩，均以沙门失败而告终，僧众要求治外法权也遭到失败。佛经原著与中国宗法伦理制冲突，则删略不译，或改译，或增字以迎合封建宗法制度的需要。对佛教徒来说，"圣言量"是最高准则，倘故意违犯，将堕地狱、受恶报。中国佛教徒宁肯冒堕地狱、受恶报的后果，也不敢触犯封建伦理、"三纲五常"的尊严。

任文所举事例，正好说明封建王权的独尊，并不容许教权的挑战。外来宗教，如佛教，为了自身生存和发展，不得不走向中国化和世俗化一途。任继愈同志这样分析本来是对的，但他把宗教的世俗化与儒学的宗教化相提并论，还说二者至隋唐之后更呈合流的趋势，以此来证明儒学向儒教的演变，终于成为宗教而不是哲学，这个结论却值得商榷。

按照我的理解，佛教走向世俗化并不是宗教性的加强，相反是削弱了。既然连佛经的教义也可以增删改译，以此来为宗法、纲常名教服务，这不是背叛或违忤了原来的宗教吗？至于根据外来的佛教与中国的儒学都是为封建宗法制度服务这一点断定二者呈合流趋势，并断言儒学的宗教化，我认为这是欠妥的。

从历史事实看，隋唐统一后都面临如何加强思想统治的问题。特别是唐初统治者鉴于隋末农民起义的教训，更需要寻求长治久安之术。他们除在政治思想上讲求所谓"安人之道"，借以缓和社会矛盾外，对佛教所讲"因果轮回""出世解脱"等一套，由于它可以起到欺骗和麻醉劳动人民的作用，因而也加以重视。但佛教是外来宗教，对君臣父子之义起码在表现形式上是与封建宗法制度相违背的，所以唐高祖李渊曾向僧徒提出："弃父母之须发，去君臣之章服，利在何门之中，益在何情之外？"① 傅奕也认为，"礼本于事亲，终于奉上，此则忠孝之理著，臣子之行成。而佛逾城出家，逃背其父，以匹夫而抗天子，以继体而悖所亲"，所以斥之为"无父之教"②。正因为这样，唐初的宗教政策虽仍然尊重和利用佛教，但同时抬高道教，使之与佛教平分秋色；而更重要的是以儒家的君父之义来约束二教，使之纳入"周孔之教"的范围。李治曾说："父子君臣之际，长幼仁义之序，与夫周孔之教，异辙同归，弃礼悖德，朕所不取。"③

唐太宗李世民也说："朕今所好者，惟在尧舜之道，周孔之教，以为如

---

① 《大正藏》卷五十二。
② 《旧唐书·傅奕传》。
③ 《唐会要》卷四十七《议释教上》。

鸟有翼，如鱼依水，失之必死，不可暂无耳。"① 唐高宗李治对僧道是否拜君亲问题也明确表示："朕禀天经以扬孝，资地义以宣礼，奖以名教，被兹真俗。"② 在封建帝王的倡导和干预下，佛教明显向周孔之教靠拢。如华严宗的宗密，宣传什么"佛且类世五常之教，令持五戒"③。将佛教的"五戒"与"五常"相比附，表示佛教徒是拥护儒家"五常"等道德观念的。当时佛教徒为表示忠于封建国家，有的把皇帝看成活佛、活菩萨，还有的为封建王朝的国运祈祷。他们又宣扬《孝子报恩经》《父母恩重经》，鼓吹"孝道"是"儒释皆宗之"④，表示佛教徒也拥护儒家提倡的孝道。忠君和孝亲是封建宗法制度的根本要求，而佛教徒的出家这方面易为世人所诟病，因此他们对此极力加以修补，所谓佛教的世俗化也就是趋向于儒学化。

这里值得注意的是，隋唐时发生所谓宗教的世俗化，主要表现为援释入儒；似不见有儒家代表人物主张援儒入释，或将儒学加以神学化的情况。任文提到，隋唐统一，儒、释、道并称三教。国家大典，召三教代表人物讲论于宫廷殿上。儒学被公认为宗教，自此时始。这里讲的虽有历史事实的一面，但结论还要做分析。关于"三教"的提法，早在三国时，《吴书》中就有"吴主问三教"的记载，南朝时梁武帝也有"三教同原"之说。隋代王通在《中说》一书中，当学生问他"三教如何"时，他回答说"三教于是乎可一矣"。唐白居易也著有《三教论衡》。上面这些指的就是儒、释、道三教。所谓三教九流，后来社会上一直都在沿用。但能否据此说儒家已被公认为宗教呢，似难得此结论。即如王通本人也是以"继周公""绍宣尼"的正统儒宗自命的，他赞扬孔子说："大乎哉！君君臣臣，父父子子，兄兄弟弟，夫夫妇妇，夫子之力也。"他强调儒家礼乐教化的作用，认为"仁"为"五常之始"，"性"为"五常之本"，这里丝毫看不出他把儒家看成宗教的意味。唐太宗提倡儒学，也是"尧舜之道"与"周孔之教"并提。我的理解，这不是说周公、孔子创立了宗教，指的仍然是儒家的礼乐教化作用。至于说，遇到国家大典，召三教代表人物讲论于宫廷殿上，用现代的话说，那是邀请了宗教界（佛、道）和教育界（儒）的知名人士来参加座谈。这里的所谓儒教，只是个教育团体，而不是宗教。

---

① 《贞观政要》卷六。
② 《大正藏》卷五十二。
③ 《原人论》。
④ 《盂兰盆经疏序》。

按照我的理解，中国特殊的社会历史条件，长期推行专制主义中央集权的封建宗法制度，是不容许产生具有独立权力的宗教的，即使是外来的宗教，也要按照中国的国情来加以改造。中国儒家在其所本之六经中，即使带有较多原始宗教的遗迹，但其创始人孔子，并不将之发展为宗教的教义。他虽然也相信天命，但"不语怪、力、乱、神"。对于祭祀父母祖先，他只是主张"祭如在"，为的是"慎终追远"，使"民德归厚"。正因为这样，所以儒家创始时并没有形成一个带有神秘性的宗教团体，它建立的只是一个教育阵地。当然，孔子和儒家也曾主张"神道设教"，这为的是恐吓、欺骗、愚弄劳动人民。毛泽东同志所概括的由阎罗天子、城隍庙王以至土地菩萨的阴间系统以及由玉皇上帝以至各种神怪的神仙系统，从某种意义上说也可以算是儒家神道设教的指导思想的产物，但儒家本身却不是宗教。

三、从先秦到汉唐儒学的演变说明什么

任继愈同志也不是主张开始就有儒教的。他说过儒教的形成曾经历了上千年的过程，从周、程、张、邵到南宋朱熹，才逐渐把这个宗教思想体系完善化。至于儒教为什么到宋代才最后建成，他认为除了封建后期由于碰上不可避免的社会困境外，儒家哲学也面临着思想危机，这是来自佛教和道教的威胁。危机非解决不可，而努力的结果就是建立了儒教，到南宋朱熹，才正式完成了这一历史使命。总的来说，认为从汉代到宋代，儒学的发展是一个造神运动。

中国儒学的发展，是否一场造神运动呢？这要做具体分析。先秦儒家从孔子以后，虽被说成是儒分为八，但重要的是孟、荀两派。荀子是坚持唯物主义自然观的，当然谈不上搞造神运动。孟子虽然是个唯心论者，也有天命思想，但孟子的思想核心，是要发挥人的善性和良知良能，把"四端"扩而充之①，从尽心、知性到知天，讲修身以立命②。他并不强调要人崇拜和信仰天神，而是要发挥先验的主观精神，加强道德修养，以求做到天人合一。从整个思想体系看，孟子的造神运动是不明显的。

要说儒家中真正有人搞过一点造神运动，那么，汉代的董仲舒似乎可以算上一个。任继愈同志在《论儒教的形成》一文中曾说："汉代的儒家，

---

① 《孟子·公孙丑上》。
② 《孟子·尽心上》。

先按照地上王国的模特儿塑造了天上王国,然后又假借天上王国的神意来对地上王国的一切活动发指示。这就是汉代从董仲舒到白虎观会议的神学目的论的实质。"

董仲舒的思想体系是鼓吹"天人感应"的神学目的论,这为国内学术界所公认,似无异议。但能否因此说,他是把儒学向着儒教的方向演变呢?似不能简单作答。因为塑造天上王国并不是汉代儒家或董仲舒所能独力搞成的。由于汉武帝已经统治着一个空前的大帝国,实现了集权和统一,为加强王权,重建天上神权的工作就提上日程。当时一方面把五行即土、木、金、火、水,塑造成人格神的黄、青、白、赤、黑五帝,同时又把阴阳说加以附会,塑造出阳神天一、阴神地一和产生天地阴阳的泰一神。让泰(太)一取得天神中最尊的地位,而成为汉代的上帝。董仲舒在对策的时候,泰(太)一至上神已经建立了,这是地上王权在天上的投影,但是神权和王权之间的联系,还缺乏系统的理论说明。汉武帝为要解决这个问题,在举贤良文学之士的策问中,特别提出"天人之应"的"垂问",而董仲舒的对策正是回答了这个问题。他提出天人感应的神学目的论,就是为汉武帝的王权神授做论证的。从这里可以看出,汉代的最高神并非董仲舒"造"出来的,但他的确参加了这个运动,他还把儒家的伦理道德学说和神学目的论联系起来,变成神权、王权、父权三位一体,为巩固中央集权的封建统治服务。

董仲舒鼓吹天人感应、王权神授等,的确包含有宗教神学的思想内容;而儒家经典中维护伦理纲常的道德说教,因之也带上了神秘的色彩,这些都是事实。但能否说儒学就因而变成儒教了,似还值得研究。因为作为宗教,创始人变成了教主,地位往往是至高无上的,如佛教的释迦牟尼,伊斯兰教的穆罕默德,都是受到教徒顶礼膜拜的佛祖或真主。基督教的最高神虽是上帝,但耶稣是上帝的儿子,其地位是无可争议的。董仲舒讲"天者百神之大君"① 虽有点最高人格神的味道,但天子只能是世俗的封建君主,唯有"天子受命于天"②,"王者上谨于承天意"③,作为上帝的代表。如果说这也算教主的话,教主却是封建皇帝而不是孔子,所以也难以称之为儒教。董仲舒也只是为人作嫁,为汉武帝的天上王国提供一点理论根据

---

① 《春秋繁露·郊语》。
② 《春秋繁露·顺命》。
③ 《举贤良对策三》。

而已。

汉代的儒生是否都不想建立儒教呢？看来也并非如此。有些人确实做了一点尝试，主要表现在谶纬神学中，如在汉代残存下来的纬书里，还可以看到这种痕迹。在纬书中为把儒学宗教化，其中重要的一环就是把孔子打扮成教主，并极力加以神化。如说孔子母亲与黑帝"梦交"怀胎，孔子出生时胸前就有"制作定世符运"的文字，是天生神种。还捏造出"元邱制命，帝卯行也"的神话。就是说，刘邦做皇帝（刘字可以破为卯金刀，帝卯指刘姓皇帝），是由孔子"制命"定下来的。在"演孔图"中还"有作图制法之状"①。这里孔子被描述成为通天教主，他代天"制命"，决定由谁来当皇帝。要说中国历史上有过儒教，这还有点像。对儒家经典，纬书也尽量加以神秘化。如说《易》是"上经象天，下经计历"②；《尚书》是"上天垂文象"，"书如天行也"③；"《诗》者天地之心"④；"孔子作《春秋》，陈天人之际，记异考符"⑤。又说，孔子作《春秋》，制《孝经》，既成，告备于天，"天乃洪郁起，白雾摩地，赤虹自上下，化为黄玉，长三尺，上有刻文，孔子跪受而读之曰：宝文出，刘季握，卯金刀，在轸北，字禾子，天下服"⑥。这里的用意虽是为刘季（即刘邦）做皇帝寻找神学根据，而孔子的形象也确实越来越宗教化了。

但是儒家向儒教方面的演变，却似乎仅到此为止。谶纬神学原来是为刘姓皇朝服务，后来王莽利用它，东汉光武帝刘秀也以此作为自己当皇帝的根据。由于这套东西非常荒诞和肤浅，稍具常识的人就不会相信，同时正宗儒家也不愿意多搞这些玩意儿，所以宗教化这条路子终于没有走通，谶纬神学逐渐不那么行时了。作为东汉官方儒学代表作的《白虎通》，为了宣扬封建纲常思想，往往歪曲一些自然现象来比附人事，如说什么"子顺父，妻顺夫，臣顺君，何法？法地顺天也"，又说"君有众民，何法？法天有众星也"。⑦

这类比附固属荒唐，但宗教色彩并不浓厚。对"天"的解释，只是说

---

① 《春秋纬·演孔图》。
② 《春秋纬·说题辞》。
③ 《尚书纬·璇玑钤》。
④ 《诗纬·含神雾》。
⑤ 《春秋纬·握诚图》。
⑥ 《孝经纬·援神契》。
⑦ 《五行》。

"居高理下为人镇也"。"地"则是"元气之所生,万物之祖"。① 这比之各种宗教的创世说,其神秘性显然少一些,若称之为儒教,还是不够格的。

两汉以后到魏晋南北朝,由于玄学的兴起,佛教的传入和逐渐流行,儒学的教化作用不能不受到一定的限制。但儒家所要维护的名教纲常,是任何封建统治者所不能抛弃的。如曹操在用人之际,下过《举贤勿拘品行令》,宣称可以任用一些"不仁不孝而有治国用兵之术"的人才。但在对待培养下一代的问题上,他说"后生者不见仁义礼让之风,吾甚伤之"。他下《修学令》,要求做到"先王之道不废,而有以益于天下",还是需要儒家教化的一套。至于继起的晋代司马氏,更以孝道治国作标榜,不用说是属于儒家货色了。当时尽管玄学盛行,但谁也不敢公然违反名教。何晏、王弼巧妙地调和道儒。如何晏提出"老子与圣人同"②。王弼进一步说"圣人体无"③,将孔子装扮成超于老子之上的贵无论者。他们都宣称"名教"出于"自然",说明玄学并不违反儒家的教义。当然这并不是将儒家变成宗教,而是还其伦理哲学的本来面目。西晋时也有人将名教与自然对立起来,如嵇康提出"越名教而任自然"④,要"非汤武而薄周孔"⑤,结果为司马氏所杀害。但嵇康之死并非因为他是个宗教神学异端,他只是不满儒家那套虚伪的仁义道德说教,触着司马氏的痛处,而招来杀身之祸。这从反面说明,儒家的名教只是封建世俗的道德伦理教条,并非神创世界的宗教教义。嵇康之死,与欧洲中世纪由于扮演了神学异端角色而遭受迫害的情况是不相同的。

作为儒学一度宗教化标志的谶纬神学,两汉以后每况愈下,在隋代被焚毁了一次,到了宋代绝大部分都丧失了。儒家在社会上虽也被称为儒教,但正如刘谧所说:"儒教在中国,使纲常以正,人伦以明,礼乐刑政,四达不悖,天地万物,以位以育,其有功于天下也大矣。故秦皇欲去儒,而儒终不可去。"⑥ 这里的儒教,显然说的是儒家思想(封建伦常)的教化作用,并不具有宗教的意义。

---

① 《天地》。
② 《世说新语·文学》注。
③ 《三国志·魏书·钟会传》,注引《王弼传》。
④ 《释私论》。
⑤ 《与山巨源绝交书》。
⑥ 《三教平心论》卷上。

四、朱熹的理学是儒学的宗教化，还是儒学的哲理化

儒家思想的演变在汉代出现过一股宗教化的回流，但孔子作为代天制命的教主地位在纬书中只是昙花一现，没有得到发扬光大。封建统治者对孔子虽然重视，他的地位也不断得到升级，如唐玄宗时给加上"文宣王"的头衔，宋代成为"至圣文宣王"，元代更加码为"大成至圣文宣王"，到清代终于成为"大成至圣文宣先师"。但这里不管什么封号，他总是封建王朝的世俗之臣，而不是制命定世的通天教主。唐代韩愈另辟蹊径，从尧、舜开始排列出世代相传的儒家道统，以此来排斥佛、老，并为他自己争取儒家的正统地位。宋儒对韩愈是师其意不师其辞，在列圣相承的道统中丢开了韩愈，把周敦颐和二程上接孟轲，而朱熹上接周、程，这就是宋朝理学家所建立的道统。在中国后期封建社会中，程朱理学打着孔孟的招牌，取得儒学的正宗地位，同时也成为官方的统治思想，朱熹在这方面确实扮演了重要角色，但我不同意说他最终建成了儒教。朱熹理学是儒学的宗教化还是儒学的哲理化，值得考虑。

任继愈同志认为北宋时在政治上碰到危机，因而出现王安石变法的几经反复。同时儒学由于来自佛教和道教的威胁，也面临着思想危机，不改变就没有出路，改变的结果是建立了儒教。针对这个观点，上文已从历史上做了回顾。因为儒学受佛、道的威胁，并不始于宋代，两晋南北朝和隋唐时，这种威胁还严重得多，但儒学并不因此向佛、道看齐，即向宗教化方面发展；相反，已经被谶纬神学搞得乌烟瘴气的儒家经典，反而逐渐恢复其伦理哲学的本来面目，孔子也从神秘的通天教主回归到儒家先师的地位。至于当时所以与佛、道被并称为"三教"，这是统治者从它们的社会作用来衡量的，认为这是三根维护封建统治的精神支柱。儒家这个周孔之教，以伦理纲常作为它的思想核心，这是封建统治的命根子，在王权至上的中国，是不怕任何宗教势力的威胁的，相反出世的宗教却要走向伦理化、世俗化，以求与此相适应。

隋唐时站在正宗儒学立场的人是排斥佛、老的，如唐初的傅奕和中唐的韩愈是著名的例子。但由于他们在理论上的贫乏，除想从政治上压倒对方外，对儒学思想本身却拿不出多少花样翻新的东西，而这个任务却落在宋代理学家的身上，但他们走的不是儒学宗教化而是儒学哲理化的途径。包括任继愈同志在内，有不少人认为理学是儒、释、道三教合流的产物，这话有几分道理。理学确实糅合了不少佛、道的东西，但我认为它主要是

是吸取宗教的哲理，还是儒学的宗教化？

吸收其哲学思辨性的一面，而排斥其宗教神秘性的一面，特别是朱熹，他更是努力完成了这一历史使命。

任文指出，朱熹继承周敦颐的《太极图说》的"无极而太极"的思想并有所发挥，建立了"理一分殊"的学说，论证事物的多样性与统一性的关系，比较完整地阐发他的唯心主义本体论。任继愈同志所说的情况我是同意的，也说明朱子之学确实糅合有佛、道两家的思想，但能否据此说他把儒学引向宗教化呢？似难得此结论。

大家知道，周敦颐的《太极图说》虽然标榜是对《易传》的一种阐发，但正如朱彝尊在《太极图授受考》中所说，"自汉以来，诸儒言易，莫有及太极图者。惟道家者流，有上方大洞真元妙经，著太极三五之说"，后"衍有无极、太极诸图"。黄宗炎在《太极图说辨》中，也认为周敦颐的太极图是来自陈抟的无极图，这些说法都有一定根据。我国早期道教著作，如东汉魏伯阳的《周易参同契》就是把周易、黄老学说和炼丹术结合在一起，以阴阳交合和八卦相配的学说来阐明炼丹成仙的理论，后来的道教徒并推衍出许多图式，既讲炼丹术，又讲宇宙论。周敦颐的太极图说扬弃了其中关于炼丹术的内容，使之成了宇宙发生论的图式。但是周敦颐虽将道教的无极图改头换面，却由于保留了"无极"这一术语，所以陆九渊断言周说以无极加于太极之上不合儒家宗旨，可见他看出了周说来自道教思想的秘密。按照道教的内丹说，"虚"是成仙得道的最高境界，无极图的最上图就是炼神还虚，复归无极。由于周敦颐的思想有明显袭用道教的痕迹，故容易为世儒所诟病。

对周敦颐这些来自道教的思想，二程采取回避态度。他们从未提过太极图，也没有讲过"无极"，这一点后来就成为陆象山兄弟怀疑太极图说为周敦颐所做的口实。朱熹的态度不同于二程，他一方面不得不承认周敦颐学说与陈抟有关；另一方面却又尽力为之洗刷，认为周敦颐发明太极图，是"不由师传，默契道体"，是"得之于心，而天地万物之理，巨细幽明，高下精粗，无所不贯，于是始为此图，以发其秘"。① 这些话企图为周敦颐的思想来自道教打掩护。

但是，朱熹的主要作用不是一般地为周敦颐辩解，他对《太极图说》的首句做了具体修订。朱熹承认，他看到宋史实录中原来所载的图说，首名是"自无极而为太极"，九江本则作"无极而生太极"。这是明白说出无

---

① 《再定太极通书后序》。

极是在太极之先,痕迹过于显露。他借口说这些本子是增字失误,却断定首句应为"无极而太极",并对此句做了新的解释:

> 极,是道理之极致,总天地万物之理,便是太极,太极只是一个实理。
> 周子所谓无极而太极,非谓太极之上,别有无极也,但言太极非有物耳。
> 无极而太极,正所谓无此形状,而有此道理耳。①

经过朱熹这样的解释,太极图说中的道教思想,就得以消弭于无形;而封建纲常之理,却成为宇宙本体的最高范畴,取代了传统儒学中"天"的地位,这怎能说他是把儒家思想引向宗教化呢?应该说他是将儒家的天命神秘思想加以哲理化了。

至于朱熹建立的"理一分殊"学说,这与华严宗所谓"一多相摄"的观点近似,他也用"月印万川"做比喻来加以解释。他说:

> 本只是一太极(理),而万物各有禀受,又自各全具一太极尔。如月在天,只一而已,及散在江湖,则随处可见,不可谓月已分也。②
> 格物穷理,有一物便有一理,穷得到后,遇事触物,皆撞着这道理。③
> 理只是这一个,道理则同,其分不同。君臣有君臣之理,父子有父子之理。④

应该说,朱熹这种思想渊源于佛教,但内容不同。它只是吸取佛教的思辨形式,却没有承袭其宗教教义。朱熹通过"理一分殊"这个命题,把三纲五常、忠孝节义等封建政治伦理道德,说成是至高无上的天理,就像天空皓月一样普照大地。在天理的笼罩下,人们只能按照自己的本分,依从天理行事。大家知道,在宋代以前,儒家传统的天命思想是比较流行的,

---

① 《周子全书·太极图说·集说》。
② 《朱子语类》卷九十四。
③ 《朱子语类》卷十五。
④ 《朱子语类》卷六。

是吸取宗教的哲理，还是儒学的宗教化？

加上佛教宣扬因果报应的一套，把一个人的穷通贵贱，说成是"命"该如此。宋代理学家高明的地方在于，他们虽然也讲命，但更强调的是"理"该如此，或是"分"该如此。他们并不过多宣扬宗教迷信，但只要人们接受"理一分殊"的理论说教，就会自觉自愿地去遵守封建纲常，否则就会被社会舆论骂为"伤天害理"、不守本分，就会变成名教罪人，永世不得翻身。

由上可见，朱熹的思想虽与佛、道有关，但他把修仙入道、成佛作祖的宗教思想加以抛弃，而吸收其理论思辨部分为儒家的伦理哲学做论证，并提到哲理化的高度。至于任文提出，由于朱熹把自然和人打通，讲天人同理、天人一贯和天人相通，所以说他比秦汉的天人合一的神学目的论前进了。这里要看"前进"是什么意思，是向宗教化还是哲理化前进。依照我上文的论证，应是属于后者而不是前者。

不过我这样说，任继愈同志可能还不会同意。因为他在文章中提到：朱熹的"天"，不是活灵活现的人格神，而是封建宗法化的理性之神，它不具有人形，而具有人性，有"盎然生物之心"。儒教崇拜的对象是天、地、君、亲、师，天是君权的神学依据，师是代天地君亲立言的神职人员。儒教以气质之性为恶的起源，即宗教的"原罪"说。总之，他承认朱熹的理学与董仲舒以及《白虎通》的儒教神学相比，是向理性化方面发展，但又认为这是不具人形的神，故最终是宗教而不是哲学。

我认为如果以恩格斯提出的哲学基本问题作为划分两个阵营的标准，朱熹无疑是一个以某种方式承认创世说的人。他认定"理"是宇宙的本原，说"未有天地之先，毕竟也只是理。有此理便有此天地，若无此理便亦无天地，无人无物，都无该载了"①，又说"理是帝是主"②。这个无人身的理性，可以说是具备了创世主的品格，是一种精巧的信仰主义。

但是恩格斯并没有把黑格尔的创世说称为宗教，那么朱熹的创世说是否已具备成为宗教的必要条件呢？任继愈同志曾说过，宗教都宣扬有两个世界，一个是世间的精神世界，即天国、西方净土、彼岸世界，另一个是现实世界。他又说，也有的宗教把彼岸世界说成是一种主观精神境界。我国隋唐以后的佛教、道教都有这种倾向。宋明理学也正是这样，它给人指出一个所谓"极高明而道中庸"的精神境界，这是不离开世俗生活而达到

---

① 《朱子语类》卷一。
② 《朱子语类》卷一。

一种超世俗的精神修养境界。所以,朱子之学不是一种思辨之学,而是指导人们贯彻一种宗教世界观。这是任继愈同志对宋明理学是宗教的又一论证。

我认为即使承认朱熹的创世说是一种精巧的信仰主义,它要人们在世俗生活中修养出一套超世俗的精神境界,并不等于说朱子之学就是宗教。因为宗教信仰总有它崇拜的偶像和宗教仪式,所谓理性之神虽然可以作为统治人民的精神枷锁,但只能通过教化来引导人们自觉遵守封建信条,却不能让人们去顶礼膜拜。至于说佛教中有些宗派承认接受宗教世界观的众生即是佛,运水搬柴可以见性成佛,佛不在尘世之外,而在尘世之中,我认为这种教义和理学的修养经也不能相提并论。因为立地成佛毕竟是一种不脱离世间而成出世的理论。人可以不离开这个世界,但要成佛思想上就要达到超尘出世的精神境界。理学的修养经却不是这样,他们即使宣扬的是天机活泼、生意盎然,将现实世界的苦难做了歪曲的反映;但这里并无出世思想,没有成仙做佛的宗教理想国。因为凡是宗教徒精神上都有两重世界,所谓运水搬柴无非妙道,只是世俗修养的手段,他们所要达到的,却是要在内心中形成一个西天极乐世界。而这一点,当时最高明的理学家,即使能达到一种超世俗的精神修养境界,他们的内心无论如何是不会形成一个彼岸世界的。他们事父事君可以成圣成贤,但形成不了宗教性的精神王国。

最后说到儒教的崇拜对象、神职人员以及性恶为"原罪"说等,任文的解释有点牵强。崇拜天帝祖先,殷周以来就是中国民族的传统,能否说自古以来人人都是儒教徒呢?要说"师"是神职人员,是否孩童从小入学都算受过宗教的洗礼呢?宋明理学以气质之性为恶的起源,宣传禁欲主义,这是封建统治者压制劳动人民要求改善物质生活的一种欺骗说教;至于极本穷源的天命之性,他们认为还是善的,这并不同于宗教的"原罪"说。总之,朱熹理学虽有其信仰主义的一面,但无可否认,较之董仲舒的神学,其思辨性大大加强了。总的趋向,他不是把儒学引向宗教化,而是把曾经谶纬神学化的儒家教义导向了哲理化。

对朱熹思想总的评价,任继愈同志在文章中的最后一部分("朱熹与新中国")曾做了详细的阐述。他认为,朱熹思想的流毒和封建宗法制残余在新中国的不良影响已深入人心,积重难返,因而妨碍社会的前进。这种估计我是同意的。特别文中提到:作为一个新中国的学者的切身感受和站在这个文化圈以外的学者的印象是不同的,对任继愈同志这句话,我也深有

是吸取宗教的哲理，还是儒学的宗教化？

同感。近几年来由于对外进行学术交流比较多，国外有些学者总觉得国内还在批判宋明理学，感到不好理解，有的总希望对朱熹思想多唱点赞歌。国内学术界也有些同志与此相呼应，企图把朱熹等人打扮成为理性主义者，或是带有点人文主义味道的启蒙思想家。这种观点我是不赞成的。程朱理学宣扬的是理性主义还是蒙昧主义，这个问题当然可以讨论，我是倾向于后者而不是前者。

任继愈同志在文章中还指出：对宋代儒教思想对人民的禁锢作用绝不能低估。中国封建主义的核心是封建宗法制度"三纲"说，这与社会民主是不相容的。中国十年"文化大革命"，许多罪恶的行动就是用封建主义冒充马克思主义所造成的。其他还有什么家长制、一言堂以至个人崇拜，等等，这些封建主义文化的糟粕，确实给我们的国家民族带来了无穷灾难，教训是深刻的。而产生这种思想的历史根子，我同意说是来自宋明理学，是来自程、朱等人所宣扬的封建蒙昧主义。但是我又认为，肯定这一点，并不等于说朱子之学就是宗教。同是宣扬封建蒙昧主义，但宋儒，特别是朱熹，力求用哲理的思辨形式来表现，这同以天命思想为核心的封建前期儒家思想相比而言，应是有所进步——宗教的味道不是浓了而是淡了。如果我们不是全面地看问题，而是单单抓住宋儒所倡导的要人们达到一种超世俗的精神修养境界这一点，就说朱子之学与其说是哲学，毋宁说是宗教，这样所下的结论是不够公允的。

（原载《中国社会科学》1983年第3期）

儒家思想哲理化的历史进程

中国儒家思想有个特点，从孔、孟开始，就以道德伦理作为儒家的核心，虽然也讲到天人关系，但目的在解决人生问题，对世界本原、发展观、认识论等方面并无系统论述。儒家思想的哲理化，要有一个提高的过程。本文拟探索其发展轨迹，重点是研究宋儒朱熹在这方面所起到的历史作用。

一

孔子是中国古代的文化名人，至今在世界上享有崇高声誉。他所开创的儒家学说，对人类文化产生过深远影响。如果用近代西方哲学的标准来衡量，也许认为他的思想中没有多少哲学性。黑格尔在他的《哲学史讲演录》中曾谈到孔子，他一方面说："关于中国哲学首先要注意的是在基督降生五百年前的孔子的教训。孔子的教训在莱布尼兹的时代曾轰动一时。它是一种道德哲学。"另一方面又说："我们看到孔子和他的弟子们的谈话〔按即《论语》——译者〕，里面所讲的是一种常识道德，这种常识道德我们在哪里都找得到，在哪一个民族里都找得到，可能还要好些，这是毫无出色之点的东西。孔子只是一个实际的世间智者，在他那里思辨的哲学是一点也没有的——只有一些善良的、老练的、道德的教训，从里面我们不能获得什么特殊的东西。"[①] 对孟子也说："他的著作的内容也是道德性的。"由此联系到中国哲学，黑格尔认为："在理论方面乃是感性对象的外在联结；那是没有〔逻辑的、必然的〕秩序的，也没有根本的直观在内的。再进一步的具体者就是道德。""但这类的具体者本身并不是哲学性的。"[②]

---

① 〔德〕黑格尔：《哲学史讲演录》（第 1 卷），生活·读书·新知三联书店 1956 年版，第 119 页。
② 〔德〕黑格尔：《哲学史讲演录》（第 1 卷），生活·读书·新知三联书店 1956 年版，第 132 页。

儒家思想哲理化的历史进程

上引黑格尔对儒家孔、孟思想的评价，我认为是带有一些偏见的，也许他还不大了解东方哲学文化的特点。不过儒家传统哲学思辨性不显著，这也是事实。孔、孟之后的荀子，虽然提出"制天命而用之"的光辉命题，使人们摆脱天命论的羁绊，但对儒家思辨哲学的提高并无多少帮助。荀子的天道观比较简单，只是想还自然界以本来面目，他还没有建构出一套符合哲学思维的理论体系。

到了汉代，被称为"群儒首"的董仲舒，将儒学的发展推进到一个新阶段。董仲舒思想的特点，史称他是"治公羊春秋，始推阴阳，为儒者宗"①。他与先秦儒学不同的地方，是建构了一套以天人感应为轴心，以阴阳五行为框架的神学化理论体系。他应用"人副天数""同类相动"等一系列比附方法使天人彼此相通，再经过阴阳消长、五行生胜以至四时、五方的交错搭配，形成一个动态的平衡系统，从而使宇宙生成、万物发生这一自然现象拟人化，看作是"天"有意识、有目的的安排；并把自然灾异用作谴告手段来沟通天人，即用天意来支配人事。自是宗法封建制的各种等级名分和纲常伦理秩序，都被说成是"名号"中表达了"天意"。这样，"人间的力量采取了超人间的力量的形式"②，天上的神权和地下的皇权紧密相通。正如董仲舒所说："事应顺于名，名应顺于天，天人之际，合而为一。"③

上述董仲舒这种以天人感应为核心的天人合一思想，是通过阴阳五行、四时四政的扭合而构成体系的，是以类的相似和数的相同作为类比推理的根据，从而使自然法则与人伦规范都纳入其建构体系的理论框架之中。这里虽然做出了逻辑必然性的论证，使天人合一的哲学功能得以实现，但也不能不带上一些神秘的色彩。董仲舒的理论构架很快就为谶纬神学所利用，并形成一股反理性的思想逆流。如东汉章帝时通过白虎观会议所编纂成的《白虎通义》一书，其中既大量引证"谶""纬"，又系统发挥董仲舒思想，形成一套法典化的神学体系，并由皇帝钦定而颁行全国，这虽然使儒家思想哲理化得到提高，却带来了消极影响。

董仲舒建构的儒学理论，因与谶纬迷信合流，既受到王充"疾虚妄"

---

① 《汉书·五行志》。
② 中共中央马克思恩格斯列宁斯大林著作编译局编：《马克思恩格斯选集》（第3卷），人民出版社1972年版，第354页。
③ 《春秋繁露·深察名号》。

的批判，到魏晋之际，又掀起一股"辨名析理"的清谈之风，终于出现代替两汉经学而形成所谓魏晋玄学思潮，在我国学术史上刻下了新的时代标志。

魏晋玄学在形式上复活了老庄思想，用以取代两汉以来的烦琐经学和谶纬神学，所以表面上看来，儒学处在低潮。但作为开创"正始玄风"的何晏、王弼及稍后的郭象等人，这些玄学的主流派并非完全否定儒学，他们只是以老庄思想来注释《论语》《周易》等儒家经典，即综合儒道两家的思想资料，用以建构自己的理论体系，主要是把汉代"天人感应"的神学宇宙观改变为"有无本末之辨"的玄学本体论。玄学的中心议题是通过"有无""本末""体用""动静""一多"等关系的思辨推理，用以论证自然和名教的统一。这是调和儒道两家的思想，"儒道兼综"才是玄学的基本特征。

由于玄学对天人关系问题赋予新的含义，展开了关于本体和现象、运动和静止、认识和对象、天道和人事等方面的新论证，使哲学的思辨性大为提高。但玄学毕竟不同于儒学，只是以道家思想为儒学名教纲常的合理性做论证，所以并不等于儒学本身走向哲理化。

伴随着玄学的兴起，佛教思想的传播也为思辨哲学增加了光彩。佛教是外来宗教，汉魏时期传入的，主要是早期佛教关于因果轮回、天堂地狱一类的宗教思想。西晋以后，由于大乘般若空宗的经论被翻译过来，对本体论的思辨有其相似与相通之处。为使中土人士易于理解，往往使用玄学的概念来译解般若宗的理论，称为"格义"，自是出现玄佛合流。由于大乘空宗的般若学，其思辨的程度比玄学为高，如僧肇的《肇论》其中思辨的味道更浓，他对本无、心无、即色等宗的批评，就摆脱了玄学格义的训释。佛教到隋、唐时更发展成众多宗派，与儒、道形成三教鼎立的局面。

不过佛教的般若理论，虽具有较强的思辨性，但作为佛徒出家的这一根本教义，与儒家入世所要遵循的名教纲常，本来是对立的。后来有的佛徒做了调和、修补，如承认并鼓吹忠君孝亲之道，但在儒家正统派看来，佛、道始终是思想异端，不能给予认同；对其哲学理论中的思辨性，则有意无意地加以吸收和融汇，从而帮助儒学走向哲理化。

在佛、道思想流行的情况下，坚持儒家正统派立场的人就要进行反击，如中唐时的韩愈就表现得比较典型。韩愈是坚决反对佛、老的，主要理由是他们破坏了封建等级秩序，抛弃君臣父子之间的伦理纲常关系。他写的《原道》篇，曾仿照佛教传法世系的祖统说，建立起从尧舜开始到孔孟世代相传的儒家道统，以此来论证儒家的正统地位。值得注意的是，他还提出"道"作为哲学的最高范畴，其内涵就是抽象化了的封建伦理道德仁与义，这是不同于佛、老的清净寂灭之道。他引用《大学》从正心诚意到治国平天下的学说，来与佛、老的出世原则相抗衡。韩愈的学生李翱则提出灭情复性说，自称是为了"开诚明之源"，引导人们复"归性命之道"①。据此，清人全祖望评论说："退之作《原道》，实阐正心诚意之旨，以推本之于《大学》，而习之论'复性'，则专以羽翼《中庸》。"② 韩、李对《大学》《中庸》思想的发挥，初步摆脱宗教异化的天命神权观念，发挥以道德性命为核心的心性之学，在儒学哲理化方面，成为宋明理学的先导。

二

宋明理学是儒学发展史上的一个新阶段，特别在儒学哲理化方面做出了贡献。宋代的理学正宗，一般列举有濂、洛、关、闽四大学派，宗主是周敦颐、二程（程颢、程颐）、张载和朱熹，他们被称为理学的开山祖、奠基人、集大成者。

关于儒学的哲理化问题，由于其自身思想的特点和国情的需要，儒家的政治伦理哲学不大着意于思辨性的提高。但经过魏晋南北朝到隋唐时期玄学和佛教的冲击，一些正统派的儒家，感到对佛、道的驳难时，虽然政治上可以压倒对方，而理论上却显得贫乏，如上面讲到的韩愈就是个例子。不过韩愈虽然反佛，但他的道统论还是受佛教思想的影响。特别是李翱的灭情复性说，虽说是羽翼《中庸》，其实所要恢复的却是清净寂灭的佛、老本性，但经过他这样一番论证，思辨性却大有提高。所以，从反对声中来融合佛老思想，从而为儒学的哲理化又开出一条可供应用的途径。

一般多认为周敦颐（1017—1073）是宋明理学的开创者，他留下的哲学著作不多，主要有一篇200多字的《太极图说》和不满3000字的《通书》，却奠下了他在理学家中的崇高地位。他之所以取得这种成就，是因为他在当时儒、佛、道思想矛盾融合的形势下，对于《老子》和道家的"无

---

① 《复性书》上。
② 《鲒埼亭集·外论》。

极"、《易传》的"太极"、《中庸》的"诚",以及五行阴阳等思想资料进行熔铸改造,提出"无极而太极"的本体论,"物则不通,神妙万物"的动静观,以及"主静立人极"的伦理观等问题,从而在宇宙生成、万物变化和建立符合封建统治的人伦道德标准等方面,都把问题上升到哲学的高度,做出了词约义丰的概括。

但是由于周敦颐的著作,其中多是概括性的哲理语言,而提出的又多是论点和论纲,并未做系统的、具体的阐发和论证。这一方面固然给人以启迪,留有参详余地;但另一方面却又容易使人产生歧解,从而出现"惟周子著书最少,而诸儒辩论,则惟周子之书最多"①的情况。周敦颐的学说,后来经过朱熹的辩论和解释,对儒学的哲理化起到重要作用,下一部分再为详说。

张载(1020—1077)生活年代与周敦颐同时。他虽然也被称为理学创始人之一,但思想理路与周子不大相同,在哲学世界观上他坚持气化论,而有别于程、朱的理本论。张载提出了"天地之性"与"气质之性"的两重人性起源论。他认为天地之性是善的,就是仁义礼智,是人的形体未形成之前已经存在;气质之性则有善有恶,是人的形体形成之后才有的。两者关系是:"形而后有气质之性,善反之则天地之性存焉。"②在张载之前,对人性善恶往往只从道德上立论,他却把仁义礼智说成是天赋的善性来源,从而将儒家的道德伦理上升到本体论的高度,这就为后来理学家普遍推出"存天理、去人欲"的命题提供了人性上的理论根据。

在认识论上,张载又提出"闻见之知"与"德性之知"两个认识来源,本来这是从感性到理性认识的循序渐进,但张载却把两者对立起来,认为"耳目内外之合"的感性认识是浅薄的,是"闻见小知",而"德性所知,不萌于见闻"③。他要达到"穷神知化,与天为一"④的境界,主张"大其心"去"合天心",直接去把握无限的宇宙总体,所谓"天地之道,可一言而尽"⑤,这就为理学家们的天人合一宇宙论提供认识上的根据。

张载虽然在世界上坚持气化论,但由于他在人性论和认识论上的两重

---

① 《宋四子抄释·提要》。
② 《张子正蒙·诚明》。
③ 《张子正蒙·大心》。
④ 《张子正蒙·神化》。
⑤ 《张子正蒙·天道》。

性观点,承认"上智下愚"有"不可变者也"①,应用到社会人事方面就形成"理一分殊"理论。他写的《西铭》因此受到程颐的重视,后来又为朱熹所充实和发挥,对儒家的哲理化继续起着先导的作用。

程颢(1032—1085)、程颐(1033—1107)兄弟(以下简称"二程"),是宋代理学的奠基人,他俩虽曾受业于周敦颐,辈分也比张载为晚,但在正统理学中的地位却超过周、张,在儒学哲理化的过程中起到划时代的作用。

二程首先明白无误地将"理"或"天理"作为哲学的最高范畴。程颢曾经自负地说:"吾学虽有所授受,天理二字却是自家体贴出来。"② 可见这是前无古人的独家创造。当然,"理"或"天理"这个词早已使用,但作为世界的本体,成为造化之本、万物之源,则确是二程的创举。他们承认张载的气化论,但反对作为本体。理由是"凡物之散,其气遂尽,无复归本原之理",所以"天地之化,自然生生不穷",而"往来屈伸,只是理也"。③ 他们认为气是有聚散、生灭的,并不是永恒的绝对体,所以从本体论来讲,"天下只有一个理"④。"理者,实也,本也。"⑤"所谓万物一体者,皆有此理,只为从那里来。"⑥ 即只有理才是真实存在的唯一本体。

二程既强调"天下无实于理者"⑦,但又不能和具体实物混同,因此又说"理,无形也"⑧,即是说"理"不是实有其形,而是实有其体,这是永恒绝对不变的。所以说"天理云者,这一个道理,更有甚穷已?不为尧存,不为桀亡"。"这上头来,更怎生说得存亡加减。是佗元无少欠,百理具备。"⑨ 二程这个"理"本体,既不同于有聚散生灭的气化物,又可以避免佛、道的虚无本体有归于空虚寂灭的危险。二程"唯理唯实"的观点,把本体界定为体有而非无、形化而不空的绝对体,这显示出理学比佛、老有更高的思维水平。

---

① 《张子正蒙·诚明》。
② 《二程外书》卷十二。
③ 《二程遗书》卷十五。
④ 《二程遗书》卷十八。
⑤ 《二程遗书》卷十一。
⑥ 《二程遗书》卷二上。
⑦ 《二程遗书》卷三。
⑧ 《二程粹言》卷一。
⑨ 《二程遗书》卷二上。

三

在周、程之后对儒学哲理化做出重要贡献的是南宋时的朱熹（1130—1200），他是宋代正宗理学的集大成者。

朱熹继承二程以"理"作为哲学的最高范畴，但"理"怎样会成为宇宙的本体，他将之与周敦颐所讲的"太极"联系起来，并且用很大气力为之辩解，并做出详细的阐释和论证。

本文上面讲过，周敦颐写的《太极图说》，由于是词约义丰的概括，容易使人产生歧解。同时他制作的"太极图"，虽说是对《易传》的阐发，但正如朱彝尊在《太极图授受考》中所说，"自汉以来，诸儒言易，莫有及太极图者。惟道家者流，有上方大洞真元妙经，著太极三五之说"，其后"衍有无极、太极诸图"。黄宗炎在《太极图说辨》中，则指出周敦颐的太极图是来自陈抟的《无极图》，这些说法似都有所根据。我国早期的道教著作，如东汉魏伯阳的《周易参同契》就是把周易、黄老学说和炼丹术结合在一起，以阴阳交合和八卦相配的学说来阐明炼丹成仙的理论。后来的道教徒并推衍出许多图式，既讲炼丹术，又讲宇宙论。周敦颐的太极图说扬弃了其中炼丹术的内容，使之成为宇宙发生论的图式。但是，他虽将道教的无极图改头换面，却由于保留了"无极"这一术语，故为陆九渊兄弟所诟病，并断言周说以无极加于太极之上不合儒家宗旨。

对周敦颐这些来自道教的思想，二程则采取回避的态度。他们既不提及太极图，也没有讲过无极。到了朱熹时，由于陆氏兄弟的驳难，他不能不出来为周说辩解。他一方面不得不承认周图与陈抟有关；但另一方面又尽力为之洗擦，认为周敦颐发明太极图，是"不由师传，默契道体"，是"得之于心，而天地万物之理，巨细幽明，高下精粗，无所不贯，于是始为此图，以发其秘"。[①]

不过，朱子只是用"默契道体""得之于心"一类的话为周说辩解是不够的，他必须对无极与太极的关系问题做出新的解释。办法是对《太极图说》的首句做原则性的修订，这是问题的关键所在。他看到《宋史》中原

[①]《再定太极通书后序》。

来所载的图说，首句是"自无极而为太极"，九江本则作"无极而生太极"。这明白说出无极在太极之先，痕迹过于明显。他提出这些本子是增字失误，却断定首句应为"无极而太极"，并对此做了新解："周子所谓'无极而太极'，非谓太极之上，别有无极也，但言太极非有物耳。""极，是道理之极致，总天地万物之理，便是太极，太极只是一个实理。""无极而太极，正所谓无此形状，而有此道理耳。"①

朱熹不像二程那样对太极加以回避，他把太极解释为总天地万物之理，又只是一个实理，这就将周、程的思想联系起来，并加以概括提高。对无极与太极的关系，他巧妙地排除无极在太极之先或是产生太极的印象，使太极图说中的道教思想，得以消弭于无形；而儒学传统中的封建纲常伦理，却以"理"这一最高范畴的普遍形式上升为宇宙本体，从而取代董仲舒儒学中"天"的地位。自是儒家的天命论演化为天理观，天人感应的神学发展为天人一本的理学。儒家思想缺乏思辨性的弱点，随着朱熹等人的努力而得到改善和加强，特别在哲学世界观方面，朱熹对儒学哲理化的提高做出了重要贡献。

朱熹既将太极解释为总天地万物之理，这总的理只有一个，就是"理一"。但这个"理"又是无所不在的，是规定着万事万物所以然的道理。这个总的理是有不同的分布点，就是"分殊"。朱熹对此加以阐释说："本只是一太极（理），而万物各有禀受，又自各全具一太极尔。如月在天，只一而已，及散在江湖，则随处可见，不可谓月已分也。"②"理只是这一个，道理则同，其分不同。君臣有君臣之理，父子有父子之理。"③ 这里所讲的就是"理一分殊"，是朱熹在促使儒学哲理化的过程中所完成的一项重要理论建构。

上面朱熹讲的"理一分殊"，这种理论是来源于佛教华严宗的"一多相摄"。朱熹对此并不明言，只是认为佛教也有这种思想。他说："释氏云：'一月普现一切水（月），一切水月一月摄。'这是那释氏也窥见得这些道理。"④ 他这里说的就是"月印万川"的比喻，佛教和朱学都以此形象地说明一多相摄、理一分殊和万殊一本的理论，自是君臣父子、上下尊卑的封

---

① 《周子全书·太极图说·集说》。
② 《朱子语类》卷九十四。
③ 《朱子语类》卷六。
④ 《朱子语类》卷十八。

建等级秩序，三纲五常、忠孝节义等封建政治伦理道德，都被说成是至高无上的天理，就像天空皓月一样普照大地。在天理的笼罩下，人们只能按照自己的本分，依从天理行事。这是说，只要人们接受"理一分殊"的理论说教，就会自觉自愿地去遵守封建道德伦理纲常。自是儒家世界观经过哲理化的改造，从取得的社会功效来说也大有提高。

朱熹既然界定"理"或"天理"作为宇宙的本体，是哲学的最高范畴，那么人们又怎样去认识这个理呢？他一方面利用《礼记·大学》篇中讲"格物致知"的古老命题，做出更为详尽的发挥："所谓致知在格物者，言欲致吾之知，在即物而穷其理也。盖人心之灵，莫不有知；而天下之物莫不有理，惟于理有未穷，故其知有不尽也。是以大学始教，必使学者即凡天下之物，莫不因其已知之理而益穷之，以求至乎其极，至于用力之久，而一旦豁然贯通焉，则众物之表里精粗无不到，而吾心之全体大用无不明矣。此谓物格，此谓知之至也。"① 朱熹这段发挥是符合认识论原理的。因为认识就有一个由此及彼、由表及里、由粗到精、由"零细"上升到"全体"、由"现象"深入到"本质"的过程。朱熹所理解的格物致知就表明有循序渐进的意思。至于他讲的"一旦豁然贯通"，这并不等于佛家的"顿悟"，因为它是在"用力之久"的格物基础上达到的，是由"积累"到"贯通"的认识过程，因而这是含有认识飞跃的合理因素。不过，另一方面朱熹也碰到一个难点。因为他的"理一分殊"理论，认为万事万物之理只是太极这一总体之理的分殊。而这个"无人身的理性"，它流行于物中就成为"在物之理"，流行于心中则成为"在己之理"。因此他所谓"格物致知"，表面上是人的主体作用于客体，但"物之理"与"己之理"都无非是太极之理的"流行"，所以两者之间的"对置"是虚假的，最后还得承认是"心包万理，万理具于一心"②。那么，所谓"一旦豁然贯通"，与陆九渊讲的"心学"就难有所区别了。

本文上面讲到，张载曾提出"闻见之知"与"德性之知"两个认识来源，并将两者割裂开来。朱熹是想弥补这个缺陷，所以提出"欲致吾之知，在即物而穷其理也"。但他又要讲"万理具于一心"，这就使得"即物穷理"与"内心求理"两者之间难以协调，终于无法达到从感性到理性这一科学认识论的发展途径，这是朱熹思想中所难以解脱的矛盾和局限。

---

① 《大学章句·补格物章》。
② 《朱子语类》卷九。

本文上面谈到，张载曾提出天地之性与气质之性的两重人性论，二程和朱熹对这种区分都甚为赞赏。朱熹认为，孟子讲性善，说人性中潜藏着仁、义、礼、智"四端"，这只是说到天命之性，但对恶从何来，由于"不曾说得气质之性，所以亦费分疏"①。至于荀子主张性恶，"只见得不好人底性"②，却未能回答善从何来。即是说孟、荀的人性论都各有偏颇，唯有张载、二程阐发的两重人性论，使原来在道德上的善恶归属，上升到从本体论上来解决人性来源问题。因此，朱熹称赞张载对两种人性来源的阐发是"有功于圣门，有补于后学"。"故张程之说立，则诸子之说泯矣。"③ 而天地之性既是天理的流行，因此又被称为义理之性。性即理也，道德论与宇宙论合而为一，儒学哲理化的程度，又得到了提高。

总的来说，以政治道德伦理为核心的儒家思想，从先秦孔、孟的人学，汉代董仲舒的神学，到宋明时期占据统治地位的程、朱理学，在思辨性和哲理化的提高方面，确是经历过一个相当长期的历史进程。朱熹是理学的集大成者，朱子学后来传播到日本、朝鲜一带，至今仍有相当的影响，在儒家思想哲理化的进程中，他付出了不懈的努力，使儒学的理论思维水平得到提高，对此我们要给以应有的历史评价。这也是我写作本文的一点旨意。

（原载《学术研究》1990年第6期）

---

① 《朱子语类》卷四。
② 《朱子语类》卷五十九。
③ 《朱子语类》卷四。

道家思想在传统文化中的历史地位

中国是个文明古国,传统文化源远流长。其中道家(道教)文化占有什么样的历史地位,是一个值得研究的课题。本文谈点粗浅的意见,以供讨论。

一

中国传统文化(主要指精神文化)有个特点,就是往往与政治哲学和道德伦理思想紧密相连。中国是个东方大国,在很早以前,我们中华民族的祖先就劳动、生息、繁殖在这块广大的土地之上,并创造出光辉灿烂的古代文化。

我国远古的文化,虽然也经历过多源发生和多维发展,但随着各部族之间的逐渐融合,原来各区域性的文化在形成各思想流派时,既保持了自己的特色,又在彼此的渗透中出现相互包容的现象,如春秋战国时期已形成诸子并起、百家争鸣的局面。但汉代的司马谈在评论各家思想时,却引用了《易大传》的话:"天下一致而百虑,同归而殊途。"并说:"夫阴阳、儒、墨、名、法、道德,此务为治者也。"[①] 即是从"务为治"的角度,将先秦六大家思想,做出了"殊途同归"的概括。

司马谈这里说的道德就是道家,虽然他也讲到汉初黄老学说的一些内容,但先秦道家的基本精神还是阐发得比较清楚的:

> 道家无为,又曰无不为,其实易行,其辞难知。其术以虚无为本,以因循为用。无成势,无常形,故能究万物之情。不为物先,不为物后,故能为万物主。有法无法,因时为业;有度无度,因物与合,故曰圣人不朽,时变是守。虚者,道之常也;因者,君之纲也。群臣并

---

① 《论六家要旨》。

道家思想在传统文化中的历史地位

至，使各自明也。……贤不肖自分，白黑乃形。在所欲用耳，何事不成？乃合大道，混混冥冥，光耀天下，复反无名。

司马谈这段议论，亦是从"务为治"的角度讲的，却也符合道家老子讲治国的旨意。老子主张"以正治国，以奇用兵，以无事取天下"，又说"我无为而民自化，我好静而民自正，我无事而民自富，我无欲而民自朴"①，这就是所谓"道常无为而无不为。侯王若能守之，万物将自化"②的治国之术。

春秋战国是个动乱时期，从社会变革的角度来看似乎是难以避免的，但战争总会影响生产、生活甚至人们生命的安全，因而老子表示反对。他认为"以道佐人主者，不以兵强天下"，还说："师之所处，荆棘生焉。大军之后，必有凶年。"③ "兵者不祥之器，非君子之器。""夫乐杀人者，则不可以得志于天下矣。"④ 这种论调和后来儒家孟子说"争地以战，杀人盈野；争城以战，杀人盈城""故善战者服上刑"⑤ 的反战态度可谓如出一辙。还有墨子讲的"非攻"，都属同一类型的思想。

但是老子在如何安定社会的问题上，却并非同意儒、墨两家的主张。如儒家讲礼治，他却说："夫礼者，忠信之薄，而乱之首。"⑥ 墨家讲"尚贤"，他又说："不尚贤，使民不争。"⑦ 争与乱固然会影响社会的安定，但他却把根源归咎于人类文明的进步和物质欲望的提高。如说："民多利器，国家滋昏；人多伎巧，奇物滋起。"⑧ 并进一步提出"罪莫大于多欲，祸莫大于不知足"⑨，从而发出"多藏必厚亡"的警告。如果作为抨击统治者的贪欲来说，这样警告是对的，他指斥那些"服文采，带利剑，厌（饱）饮食，财货有余"的人，"是谓盗夸。非道也哉"，⑩ 即认为这些强盗头子，当然算不上有道之士。这对于那些贪欲的统治者表现出异常激愤。

---

① 《老子》第五十七章。
② 《老子》第三十七章。
③ 《老子》第三十章。
④ 《老子》第三十一章。
⑤ 《孟子·离娄上》。
⑥ 《老子》第三十八章。
⑦ 《老子》第三章。
⑧ 《老子》第五十七章。
⑨ 《老子》第四十六章。
⑩ 《老子》第五十三章。

但是，老子反对统治者的贪欲却走向另一极端。他以"不见可欲，使民心不乱"为理由，认为"圣人之治"，要"常使民无知无欲"。① 这就把对社会纷争变乱的批判，从谴责那些荒淫逸乐的统治层，转而否定普通人民在日常生活中应有的物质欲望，甚至归咎于人类知识的文明进化。他公然提出"民之难治，以其智多。故以智治国，国之贼；不以智治国，国之福"，并从而主张"古之善为道者，非以明民，将以愚之"②。这就有点类似愚民政策，从而使老子批判社会现实的积极意义走向反面。

沿着这条思路，老子向往一个称之为"小国寡民"的理想社会，且看他具体描述：

> 小国寡民，使民有什伯之器而不用，使民重死而不远徙。虽有舟舆，无所乘之；虽有甲兵，无所陈之。使民复结绳而用之。甘其食，美其服，安其居，乐其俗。邻国相望，鸡犬之声相闻，民至老死不相往来。③

老子这种桃花源式的理想社会，可能是对统治者横征暴敛表示不满的一种反映。所谓觅得桃源好避秦，后世不满现实的人也许从中找到一种精神寄托，如陶渊明等就向往隐居避世的理想国，但从历史发展的角度看，这无非是落后闭塞的农村公社的缩影，属于复古倒退的思想。

庄子基本上是沿着老子的思路对现实统治者进行猛烈的抨击。老子是反对仁义的，他说"大道废，有仁义"④，并主张"绝仁弃义"⑤。庄子则进一步指出"仁义"是可以被统治者野心家所利用的。比如说："为之仁义以矫之，则并与仁义而窃之。何以知其然邪？彼窃钩者诛，窃国者为诸侯，诸侯之门而仁义存焉，则是非窃仁义圣知邪？"⑥他指出在现实社会中，"窃钩"的人不过是个小偷，却被判成死罪；而抢夺了整个国家的大盗，反而登上诸侯高位。那些统治者就是拿仁义做标榜，这岂非仁义圣知都被偷盗了吗？庄子这里揭露出仁义的虚伪性是相当深刻的，但他对人类运用智慧

---

① 《老子》第三章。
② 《老子》第六十五章。
③ 《老子》第八十章。
④ 《老子》第十八章。
⑤ 《老子》第十九章。
⑥ 《庄子·胠箧》。

所缔造的文明也连带否定,和老子一样也是犯了因噎废食的错误。

庄子既不满于现实社会,那么对人类文明发展的前景,他也主张复古倒退,并且比老子走得更远,下面是他对理想社会的描述:

> 夫至德之世,同与禽兽居,族与万物并,恶乎知君子小人哉!同乎无知,其德不离;同乎无欲,是谓素朴;素朴而民性得矣。①

老子的理想社会只是"小国寡民",而庄子向往的"至德之世",却是个人兽不分并表现为无知、无欲的混沌世界。这就是先秦道家老庄政治哲学的思想归结。

二

先秦道家一般是以老、庄为代表,如上所述,他们是当时现实政治的反对派。但采取的态度,不是积极斗争而是消极避世,以下两段记载,可见其立身处世之道:

> 老子修道德,其学以自隐无名为务。居周久之,见周之衰,乃遂去。至关,关令尹喜曰:"子将隐矣,强为我著书。"于是老子乃著书上下篇,言道德之意五千余言而去,莫知其所终。②
>
> 楚威王闻庄周贤,使使厚币迎之,许以为相。庄周笑谓楚使者曰:"千金,重利;卿相,尊位也。子独不见郊祭之牺牛乎?养食之数岁,衣以文秀,以入太庙。当是之时,虽欲为孤豚,岂可得乎?子亟去,无污我。我宁游戏污渎之中自快,无为有国者所羁。终身不仕,以快吾志焉。"③

这里对老、庄形象的描述角度稍有不同。对老子着重说明他是个"隐

---

① 《庄子·马蹄》。
② 《史记·老子韩非列传》。
③ 《史记·老子韩非列传》。

君子",而出关后又是个"莫知所终"的神秘人物。对庄子则通过拒绝接受楚威王聘他为卿相的事例,表明他不为富贵所动而不与当政者合作的态度。

在春秋战国的动乱时期,隐者一类人物在古籍中就时有记载。《论语》一书中见到的名字,就有长沮、桀溺、石门晨门、荷蒉者、荷蓧丈人、楚狂接舆等,孔子亦曾称之为"隐者也"。他们大概不满意像孔子那样,到处栖栖惶惶去找寻用世的雇主,所以桀溺就对子路说:"滔滔者天下皆是也,而谁以易之?且而与其从辟人之士也,岂若从辟世之士哉?"他指出像滔滔洪水那样的纷乱社会,有谁能够改变呢?与其到处奔走想躲开坏人,何不干脆做个避世之士呢?当子路转告这番话时,孔子听后却怅然如有所失。

至于荷蓧丈人并不是个名字,只是子路遇见的一位用木杖挑着锄草工具的老人,他认为孔子是不事生产的游说之士,所以说"四体不勤,五谷不分"的人怎样能算作老师呢?但子路却认为"不仕无义",不出来做官是不义的行为。而这些隐者则是"欲洁其身而乱大伦",只想图自身的高洁,而实际上是在破坏君臣之间的伦常关系。还有个楚国的狂人叫接舆的,在孔子的车旁唱歌,最后一句说"今之从政者殆而"。这些隐者或被称为狂人的观点,都是反对出仕从政而主张避世的,所以都在讽刺孔子,与儒家主张用世的态度是两种不同人生观的体现。①

道家的老、庄及其隐居避世的同道们,在中国传统文化中,是否会构成一条作为现实政治反对派的异端思想路线?这是一个值得研究的问题。从历史现象来看,似乎是有一条若断若续的轨迹,却也总是时隐时现。

作为现实政治反对派的异端思想,大抵出现在社会矛盾比较尖锐的时期,并表现为敢于对儒家思想进行挑战。如魏晋时期玄学盛行,《老子》《庄子》成为主要经典。但亦非凡遵奉老、庄的都走向异端,如开创"正始玄风"的何晏、王弼就不是这样。当时真正作为现实政治反对派的异端人物,应以嵇康、鲍敬言为代表。

嵇康(223—262)生活在魏晋之际,是司马氏政权的反对派。史称他"学不师受,博览无不该通,长好老庄"②,他也自称"托好老庄,贱物贵身,志在守朴,养素全真"③。可见老庄是他思想渊源所在。他虽然表示

---

① 上两段的引文见《论语·微子》。
② 《晋书·嵇康传》。
③ 《幽愤诗》。

道家思想在传统文化中的历史地位

"愿守陋巷，教养子孙"，"浊酒一杯，弹琴一曲，志愿毕矣"，① 即并不要求仕进。但由于他对儒家名教的猛烈抨击，"以六经为芜秽，以仁义为臭腐"②，还声称要"轻贱唐虞而笑大禹"③，"非汤武而薄周孔"④。他这种露骨的表现异端的态度，当然为封建专制统治者所不容，于是钟会向司马氏告发他"言论放荡，非毁典谟，帝王者所不宜容"⑤，"轻时傲世，不为物用，无益于今，有败于俗……今不诛康，无以清洁王道"⑥。而嵇康的异端性格，使其终于成为司马氏用以清洁王道的牺牲品。

鲍敬言（约278—341），两晋之际人，生平事迹已无可考。他的言论被收入葛洪写的《抱朴子·外篇·诘鲍》中。葛洪不同意他的观点，他是沿着老庄的思路，坚持无君论，并对现实的封建统治者进行激烈的批判，对儒家的君权神授说也进行了揭露：

鲍生敬言，好老庄之书，治剧辩之言，以为古者无君，胜于今世。故其著论云："儒者曰：'天生烝民而树之君。'岂其皇天谆谆言，亦将欲之者为辞哉！夫强者凌弱，则弱者服之矣；智者诈愚，则愚者事之矣。服之，故君臣之道起焉；事之，故力寡之民制焉。然则隶属役御，由乎争强弱而校愚智，彼苍天果无事也。"

葛洪这里说得比较清楚，鲍敬言的思想渊源于老庄，他用道家天道自然的观点，批判儒家的君权神授学说。他认为君主的产生，是强凌弱、智欺愚的结果，完全是社会上人为造成的，与苍天毫无关系。

据此，鲍敬言对现实的君主制度加以猛烈的抨击。他以桀、纣为例，干的是"剖人心，破人胫"的勾当，如果他们是个"匹夫"平民，即使生性凶残，也无法施行。而"使彼肆酷恣欲，屠割天下"，就因为是个君主，才得任意放纵自己的行为。他还进而指出"无道之君，无世不有，肆其虐乱，天下无邦。忠良见害于内，黎民暴骨于外"，这完全是君主带来的祸害。

---

① 《与山巨源绝交书》。
② 《难自然好学论》。
③ 《卜疑》。
④ 《与山巨源绝交书》。
⑤ 《晋书·嵇康传》。
⑥ 《世说新语·雅量》，注引《文士传》。

但是，鲍敬言并不懂得，君主制度的出现在社会发展史上一般是难以避免的，他却发挥老庄的观点，想将历史倒流，形成他的理想国：

> 曩古之世，无君无臣，穿井而饮，耕田而食，日出而作，日入而息，泛然不系，恢尔自得，不竞不营，无荣无辱。……势利不萌，祸乱不作，干戈不用，城池不设。万物玄同，相忘于道。……含铺而熙，鼓腹而游。……安得聚敛以夺民财，安得严刑以为坑阱？①

这是老子小国寡民社会的具体发挥，也是继承老庄作为现实政治反对派的思想体现。

鲍敬言之后，向往道家的无君世界的，宋元之际还有邓牧（1247—1306）。他的事迹在《洞霄图志》中有篇《邓文行先生传》，说他少年时"读庄列"，"及壮，视名利薄之；遍游方外，历览名山"。他自称"三教外人"，思想上是追慕老庄的避世之士。所著书名《伯牙琴》，意谓难以找到当世的知音者。

邓牧也强烈抨击君主制度，他认为这是"以四海之广，足一夫之用"，而为君者却"夺人之所好，聚人之所争"。② 所任用的官吏掠夺人民，就像"率虎狼牧羊豕"，"使天下敢怨而不敢言，敢怒而不敢诛"。③ 在这种情况下，他认为人民起来斗争是必然的，"人之乱也，由夺其食；人之危也，由竭其力"④，这种思想无疑是现实政治的反对派了。

不过邓牧虽然反对现实君主，但对尧舜还是有所肯定的。他所谓"至德之世"，"饭粝粱，啜藜藿"，"土阶三尺，茅茨不剪"，⑤ 指的就是传统中的尧舜时代。可是在邓牧的思想中，这并非最理想的。他说："得才且贤者用之。若犹未也，废有司，去县令，听天下自为治乱安危，不犹愈乎！"⑥ 他更向往的是无君无臣的世界。甚至他还幻想"六骸耳目，非吾有也"⑦，至于高名厚利，就更加不存在了，这样所想到的就是"欲骑长鲸，跨黄鹤，

---

① 《抱朴子·外篇·诘鲍》。
② 《伯牙琴·君道》。
③ 《伯牙琴·吏道》。
④ 《伯牙琴·吏道》。
⑤ 《伯牙琴·君道》。
⑥ 《伯牙琴·吏道》。
⑦ 《伯牙琴·逆旅壁记》。

与赤松、青琴辈相与恣睢遥荡于无何有之乡也"①。这种幻想与庄生逍遥游和列子御风行就无大区别了。立足于隐居避世，成为现实政治的反对派，这反映道家文化的一个侧面，在传统文化中，处在"异端"地位。

三

但是，如果道家文化在中国历史上只是扮演"异端"的角色，那么司马谈何以列入"务为治者"中的一派？其实老子并非完全不讲治道，他只是说"为无为，则无不治"②。这就是一般说的，道家讲无为而治。

从老子所讲的无为而治来看，固然可以导引出无君论，成为现实政治的反对派，并成为隐居避世之士的理论依据。但是无为而治，亦不是不能为现实政治服务的，同样也可以为统治者出谋献策。所谓"清虚以自守，卑弱以自持，此君人南面之术也"③。

关于老子的治国方术，与先秦各家也有相通之处。如孔子对无为而治也是肯定的。他曾称赞说："无为而治者，其舜也与？夫何为哉？恭己正南面而已矣。"④ 对道家的避世思想，孔子亦非全都否定，他主张"天下有道则见，无道则隐"⑤，又说："隐居以求其志，行义以达其道。吾闻其语矣，未见其人也。"⑥ 孔子是以邦有道无道，作为应否出仕的标准，并仰慕隐居以求志、行义以达道的人，出处之间虽与道家有别，但也并非毫无共同之处。

孔子之后，荀况和他的学生韩非，虽分属儒、法两家，但都受到道家无为治道的影响。如荀况论君道就说："故天子不视而见，不听而聪，不虑而知，不动而功，块然独坐而天下从之如一体，如四肢之从心，夫是之谓大形。"韩非也说："人主之道，静退以为宝。不自操事而知拙与巧，不自

---

① 《伯牙琴·代问道书》。
② 《老子》第三章。
③ 《汉书·艺文志》。
④ 《论语·卫灵公》。
⑤ 《论语·泰伯》。
⑥ 《论语·季氏》。

计虑而知福与咎","臣有其劳,君有其成功,此之谓贤主之经也"。① 作为韩非思想先驱之一的前期法家申不害,更是明确主张"善为主者"要"藏于无事","视(示)天下无为,是以近者亲之,远者怀之"。② 荀、韩等人都主张君道无为而臣道有为,所以韩非举例说:"此尧之所以南面而守名,舜之所以北面而效功也。"③

关于均平思想,老子曾提出说:"天之道,损有余而补不足;人之道则不然,损不足以奉有余。孰能以有余奉天下?唯有道者。"④ 孔子则说:"有国有家者,不患寡而患不均,不患贫而患不安,盖均无贫,和无寡,安无倾。"⑤ 这里孔、老都主张均平。墨子也托言天之意,是"欲人之有力相营,有道相教,有财相分也"⑥。他还说鬼神对人的要求,也是"高爵禄则以让贤也,多财则以分贫也",如果不是这样做就是"不祥"。⑦ 这里所表达的同样是均平思想。

还有提倡节俭的问题,这一点当然墨家最为突出。司马谈说"墨者俭而难遵","然其强本节用不可废也"。⑧ 孔子也提出要"节用而爱人"⑨。对林放问礼,则说:"礼,与其奢也,宁俭。"⑩ 他还说:"麻冕,礼也;今也纯,俭,吾从众。"⑪ 可见孔子是主张节俭而反对奢侈浪费的,虽然他没有像墨子那样,留下"节用""节葬"等专章议论。至于老子,用词虽很简练,但他明确将"俭"作为"我有三宝"中的一宝,⑫ 把"去奢"作为圣人的一项重要措施。⑬ 可见,提倡节俭,墨、儒、道虽然程度上不尽相同,但总的精神是接近的。

综上所述,先秦老子的思想既有"务为治"的一面,且与各家思想也不无相通之处,这就形成道家思想发展的又一条途径,黄老学派就是这一

---

① 《韩非子·主道》。
② 《申子·大体》。
③ 《韩非子·功名》。
④ 《老子》第七十七章。
⑤ 《论语·季氏》。
⑥ 《墨子·天志中》。
⑦ 《墨子·鲁问》。
⑧ 《论六家要旨》。
⑨ 《论语·学而》。
⑩ 《论语·八佾》。
⑪ 《论语·子罕》。
⑫ 《老子》第六十七章。
⑬ 《老子》第二十九章。

道家思想在传统文化中的历史地位

方面的代表。黄老之学虽盛行于汉初,但在战国后期如齐国稷下学宫已出现这种思想,近年在马王堆汉墓出土的《黄老帛书》四篇,是反映这个学派理论的代表作。《黄老帛书》的特点是发挥以"道"为主而兼采儒、法、墨各家的政治思想。如说:

> 道生法。法者,引得失以绳,而明曲直者也。故执道者生法而弗敢犯也。
> 法度者,政之至也。而以法度治者,不可乱也。……精公无私而赏罚信,所以治也。……是非有分,以法断之,虚静谨听,以法为符。
> 见知之道,唯虚无有。……故执道之观于天下也,无执也,无处也,无为也,无私也。……公者明,至明者有功。至正者静,至静者圣。无私者知,至知者为天下稽。……故唯执道者能上明于天之反,而中达君臣之半,富密察于万物之所终始,而弗为主……然后可以为天下正。①

这里肯定"法"起到衡量得失、明辨曲直是非的重要作用,行赏罚要以法度为准绳。但与"道"相比,法由道所生,故执道者建立法制时应做到无为、无私,遵循"至正者静"的原则,才是圣智者之所为。这是道法结合的政治理论,在"道"的最高原则指导下,充分发挥法治的作用。

在治国治民的一些政策措施上,《帛书》亦注意吸收儒、法、墨等各家思想:

> 顺天者昌,逆天者亡。毋逆天道,则不失所守。……天德皇皇,非刑不行;穆穆天刑,非德必倾。刑德相养,逆顺若成。刑晦而德明,刑阴而德阳,刑微而德章(彰)。……夫并时以养民功,先德后刑,顺于天。②
> 人之本在地,地之本在宜,宜之生在时,时之用在民,民之用在力,力之用在节。知地宜,须时而树,节民力以使则财生,赋敛有度则民富。③

---

① 《经法》。
② 《十大经》。
③ 《经法》。

> 节赋俭，毋夺民时，治之安。……号令合于民心，则民听令。兼爱无私，则民亲上。①

这里对德刑关系，提出刑德相养、先德后刑的两手政策，正是儒法两家思想结合的产物。至于省民力、节赋敛、毋夺民时、兼爱无私等一些措施，则为儒、墨两家所主张。其中也讲到顺逆天道阴阳等问题。司马谈在《论六家要旨》中，说道家"其为术也，因阴阳之大顺，采儒墨之善，撮名法之要"。他所指的应是黄老道家，这是带有调和综合各家之长的意味，而原来老子抨击儒、墨、法各家的思想言论，到此却显得淡化了。

不过黄老之道尽管吸取了儒、法、墨等各家之长，但思想基调还是属于道家。如同是主张统一天下，韩非是讲"当今争于力气"，而《帛书》却依然用"知雄守雌""柔弱胜刚强"作为战略上的指导思想。

秦始皇的统一中断了战国末年黄老道家思想的发展，但秦王朝的速亡，使汉初统治者不能不接受这方面的教训。如陆贾警告刘邦不能以马上治天下，要"文武并用"才能长治久安。其实在《帛书》中已有"文武并行，则天下从矣"②的提法。陆贾还说："道莫大于无为。"他以"虞舜治天下"为例，"寂若无治国之意，漠若无忧民之心，然天下治"，"故无为也，乃有为也"③。这里陆贾的治国药方，仍然是道家黄老之术。

汉初将道家无为政治付诸实践的应首推曹参。汉惠帝时，"参为齐丞相"，他遵从盖公的建议，"用黄老术"，"相齐九年，齐国安集"。司马迁称赞他"清静极言合道"，认为"百姓离秦之酷后，参与休息无为，故天下俱称其美矣"。④曹参后为汉相，史称惠帝、高后之时"君臣俱欲休息乎无为"，"政不出房户，天下晏然。刑罚罕用，罪人是希。民务稼穑，衣食滋殖"。⑤这就说明黄老之道在政治实践上取得很好的社会效果。

汉初以后，历史上公开提黄老之治的不多见了。但道家的无为而治实质上是与民休息，特别是在动乱之后的新建王朝，不能不以此作为恢复生产甚至长治久安的重要国策。这对黄老之学可以说是师其意不师其辞。从而道家的统治方术，在我国传统文化中，形成一条博采众长而自成体系的

---

① 《经法》。
② 《经法》。
③ 《新语·无为》。
④ 《史记·曹相国世家》。
⑤ 《史记·吕太后本纪》。

思想路线。

综合上面的论述，中国原始道家思想的发展路向，似乎出现了二律背反的现象，即一方面历代不满现实的隐者和避世之士，多从这里找寻理论依据，成为当时现实政治的反对派。他们所从事的文化创造和思想批判，往往与封建正宗相对立而处在异端地位，从而形成我国历史上别树一帜的道家文化传统。但是另一方面道家在诸子中也是属于"务为治"的一派，它可以为统治者出谋献策，并博采众家之长，通过与儒、墨、法等多元互补，从而成为正宗传统文化的理论框架和思维方式的建构者。这就当然属于正统而非异端，亦有称道家思想在中国传统文化中居于主干地位。

上述道家思想发展的两条路向，是否属于康德说的二律背反，即不能解决的矛盾？从表面看来确是南辕北辙，难以调和；但看深一层，出现这种两重性的思想矛盾也是不奇怪的。道家的立论是"道法自然"，老子以自然无为之道来贯通天、地、人，将宇宙人生视为一整体。从天道自然引申到政治上的无为而治，而无为又是无不为。这种丰富的辩证思维避免了思想僵化，处理问题可以灵活多变，就像司马谈所评论的那样，可以"与时迁移，应物变化，立俗施事，无所不宜，指约而易操，事少而功多"①。由于对暴君的痛恨，可以发展为无君论思想，并成为隐居避世之士的精神支柱，表现为传统文化中的思想异端。但无为而治也可以发展为虚君制，君道无为而臣道有为，形成比较宽松的政治环境，与民休息和采取不干涉政策，这与无君论思想也不无相通之处。所以，"务为治"与"无为而治"和对现实政治的批判，这种矛盾的两重性成为道家思想在传统文化中的独特地位。我们这样分析问题，就是尊重历史的辩证法。

（原载《哲学研究》1990 年第 4 期）

---

① 《论六家要旨》。

老子政治哲学的矛盾两重性与道家思想的历史作用

一、老子道家思想的两重性作用

关于老子道家思想的政治实质和历史作用,目前国内学术界存在着比较大的分歧。过去一般多认为《老子》一书主要是代表没落贵族的思想。但近年来,也有主张老子思想是作为人民群众主体的广大农民阶级思想的流露,还有把它说成是逃亡奴隶的旗帜。更有甚者,认为《老子》是无产阶级前身的革命文献,将之抬到吓人的高度。

为什么会出现上面说的那些分歧,很重要的一点是由于各人取材的角度不同,往往攻其一点,不及其余,终于见仁见智,难以取得一致意见。

我认为问题的关键,是由于没有注意到老子的政治哲学是带有矛盾的两重性。这里先不忙判定老子的阶级属性和政治立场,大概有一点可以肯定,《老子》书中所反映出的思想,对当时社会现状和统治者是不满的,认为不符合天道自然之理。如说:"天之道,其犹张弓与!高者抑之,下者举之;有余者损之,不足者补之。天之道,损有余而补不足;人之道则不然,损不足以奉有余。孰能以有余奉天下?唯有道者。"① 当时的社会情况,确是"损不足以奉有余",老子能敏锐地看到这一点,并主张唯有得"道"之人,才能以有余奉天下,这种思想是可取的。据此老子还从有道无道做对比,说"天下有道,却走马以粪;天下无道,戎马生于郊"②。这里用安定生产和战乱频繁做对比,作为有道与无道的分界线。战国时期从社会发展的角度来看,封建兼并战争也许是难以避免的;但战争毕竟有损害人民生命财产的一面,破坏了和平安定的生产环境,从这个意义上来说是"无道"的表现。老子对当时农业生产受到破坏而统治者却忙于搜刮财富也表示强烈不满,并把贪得无厌的统治者,斥之为"盗竽"——强盗头子,态度是非常激愤的。

老子基于对现实的不满,因而对儒、墨、法各家都提出了批评。如说:

---

① 《老子》第七十七章。
② 《老子》第四十六章。

老子政治哲学的矛盾两重性与道家思想的历史作用

"大道废,有仁义。智慧出,有大伪。六亲不和,有孝慈。国家昏乱,有忠臣。"① "故失道而后德,失德而后仁,失仁而后义,失义而后礼。夫礼者,忠信之薄,而乱之首。"② 他的主张是:"绝圣弃智,民利百倍;绝仁弃义,民复孝慈;绝巧弃利,盗贼无有。"③ 老子这些批评主要是针对儒家,他认为仁义礼智并不能解决社会问题,只有抛弃这些东西,才对民众有利。老子还说:"不尚贤,使民不争;不贵难得之货,使民不为盗;不见可欲,使民心不乱。"④ 这里第一句是针对墨家的。他是想通过消除人民的欲望来安定民心。对法家严刑峻法的统治,老子也表示反对。如说:"法令滋彰,盗贼多有。"⑤ "民不畏死,奈何以死惧之?"⑥ 他还同情人民,说:"民之饥,以其上食税之多,是以饥。"⑦ 对兼并战争,老子也大加抨击。如说:"以道佐人主者,不以兵强天下。""师之所处,荆棘生焉。大军之后,必有凶年。"⑧ 据此,他认为"夫佳兵者,不祥之器,物或恶之,故有道者不处""兵者不祥之器,非君子之器"⑨。

从上面老子对儒、墨、法各家思想的批评,固然有其正确和中肯的一面。但也暴露出一个问题,老子是反对人类智慧文明的进步和物质欲望的提高的。如说:"民多利器,国家滋昏;人多伎巧,奇物滋起。"⑩ 又说:"五色令人目盲,五音令人耳聋,五味令人口爽,驰骋田猎令人心发狂,难得之货令人行妨。"⑪ 老子提出"罪莫大于多欲,祸莫大于不知足"⑫,并发出"多藏必厚亡"的警告。这是可以理解的,特别是统治阶层无限制的纵欲,确实应该反对,但是不能走向另一极端。老子从主张"见素抱朴,少私寡欲"⑬,进而要"常使民无知无欲"⑭,这就使老子批判社会现实的积极

---

① 《老子》第十八章。
② 《老子》第三十八章。
③ 《老子》第十九章。
④ 《老子》第三章。
⑤ 《老子》第五十七章。
⑥ 《老子》第七十四章。
⑦ 《老子》第七十五章。
⑧ 《老子》第三十章。
⑨ 《老子》第三十一章。
⑩ 《老子》第五十七章。
⑪ 《老子》第十二章。
⑫ 《老子》第四十六章。
⑬ 《老子》第十九章。
⑭ 《老子》第三章。

意义走向反面。他把对社会的纷争变乱的批判从谴责那些荒淫逸乐的统治层，转而归咎于人类知识的文明进化。他公然提出"民之难治，以其智多。故以智治国，国之贼；不以智治国，国之福"，并从而主张"古之善为道者，非以明民，将以愚之"①。这就明显提倡愚民政策了。

据此，老子设计出一个"小国寡民"的理想社会："使民有什伯之器而不用，使民重死而不远徙。虽有舟舆，无所乘之；虽有甲兵，无所陈之。使民复结绳而用之。甘其食，美其服，安其居，乐其俗。邻国相望，鸡犬之声相闻，民至老死不相往来。"② 其实这种理想的伊甸乐园，无非是落后闭塞的原始农村公社的缩影。老子大概可以算得上是一个社会病理学家，确是看到一些社会病态；但他不是个好医生，所开的药方不是将社会推向前进，相反却是引向倒退。由于老子思想上这些矛盾，因之出现了两重性的社会效果。老子提出天道自然，主张无为而治，这有与民休息的一面，但又要把人民变得愚昧无知。这种思想矛盾，对后世带来了深远影响。

二、秦统一前道家思想的变化和发展

战国中后期，老子思想起了分化。庄子对现实不满和进行抨击，态度比老子更加激烈；但他的所谓理想，如付诸社会实践，则更加消极和倒退。

庄子沿着老子的思路，对现实统治者进行猛烈的抨击，进一步把大盗与"圣人之道"联系起来，说："跖不得圣人之道不行。""圣人生而大盗起。掊击圣人，纵舍盗贼，而天下始治矣。""圣人不死，大盗不止。虽重圣人而治天下，则是重利盗跖也。"③ 他认为儒家圣人所讲的"仁义"，是可以被统治者野心家所利用的，所以说："为之仁义以矫之，则并与仁义而窃之。何以知其然邪？彼窃钩者诛，窃国者为诸侯，诸侯之门而仁义存焉，则是非窃仁义圣知邪？"④ 庄子这段话揭露是相当深刻的。"窃钩"不过是个小偷，却受到严刑诛罚；而强抢了整个国家的大盗，反而登上诸侯的高位。那些诸侯就是拿仁义做标榜，这样一来岂非仁义圣知都被偷盗了吗？庄子和老子一样，为要反对圣知仁义，连人类运用智慧技巧所缔造的文明进化，也都给予否定。

---

① 《老子》第六十五章。
② 《老子》第八十章。
③ 《庄子·胠箧》。
④ 《庄子·胠箧》。

老子政治哲学的矛盾两重性与道家思想的历史作用

那么,人类社会的出路何在呢?庄子比老子却倒退得更远。他说:"夫至德之世,同与禽兽居,族与万物并,恶乎知君子小人哉!同乎无知,其德不离;同乎无欲,是谓素朴。素朴而民性得矣。"① 老子的理想只是"小国寡民",庄子却要倒退到人兽不分的混沌世界,从历史发展的角度来看是反动的。

老庄的政治哲学,可以说基本上是一脉相承,批判现实之后从消极方面找寻出路,其思想都带有矛盾的两重性。

与庄子一派不同,对老子思想如何适应社会现实的需要来进行改造的,则有道家的黄老学派和法家的韩非。

黄老之学虽盛行于汉初,但在战国后期如齐国稷下学宫中已出现这种思想。黄老道家的思想特点,司马谈在《论六家要旨》中说它是"因阴阳之大顺,采儒墨之善,撮名法之要"。这带有调和综合各家之长的意味,显然与老子抨击儒、墨、法各家的思想有别。

战国末年黄老之学的代表作,应推马王堆汉墓出土的《黄老帛书》四篇,该书发挥以"道"为主兼采儒、法、墨各家的政治思想。如说:"道生法。法者,引得失以绳,而明曲直者也。故执道者生法而弗敢犯也。""故执道者之观于天下也,无执也,无处也,无为也,无私也。""至正者静,至静者圣。无私者知,至知者为天下稽。"② 这里肯定"法"起到衡量得失、辨明曲直的重要作用。但与"道"相比,法由道所生,故执道者建立法制应做到无为、无私,遵循"至正者静"的原则,才是圣智之人。这是道法结合的政治理论,在"道"的最高原则指导下,充分发挥法治的作用。对刑德关系,则主张"刑德相养,逆顺若成。刑晦而德明,刑阴而德阳,刑微而德章(彰)"③。这里所谓"先德后刑""刑德相养"的两手政策,正是儒法两家思想结合的产物。

老子、庄子都主张天道自然,应用到政治上强调无为而治,而《帛书》却描述出专制统一的帝王形象。如说:"为人主,南面而立。臣肃敬,不敢敝(蔽)其主。下比顺,不敢敝(蔽)其上。万民和辑而乐为其主上用,地广人众兵强,天下无适(敌)。"④ 这里说的就颇有点像"尊主卑臣"的

---

① 《庄子·马蹄》。
② 《经法·道法》。
③ 《十大经·姓争》。
④ 《经法·六分》。

法家腔调了。

不过黄老之道尽管吸取了儒、法、墨等各家之长,但思想基调还是属于道家的。如同是主张以武力统一天下,韩非讲"当今争于气力",而《帛书》却依然固守"知雄守雌""柔弱胜刚强"的道家立场,在《十大经·雌雄节》中就全面体现了战略上的指导思想。

战国末年,黄老道家集采了众家之长,而儒、法两家的荀、韩对道家的精神也有所吸收。如荀子论君道说:"故天子不视而见,不听而聪,不虑而知,不动而功,块然独坐而天下从之如一体,如四肢之从心,夫是之谓大形。"① 韩非也说:"人主之道,静退以为宝。不自操事而知拙与巧,不自计虑而知福与咎。""明君之道,使智者尽其虑,而君因以断事,故君不穷于智;贤者敕其材,君因而任之,故君不穷于能。""臣有其劳,君有其成功,此之谓贤主之经也。"② 这里荀、韩的观点基本上一致,认为做君主的要做到"静退",甚至"块然独坐",但只能守道任人,就可以做到主逸臣劳,取得成功。这种为君之道,显然是受到道家无为而无不为的人君南面术的影响。

先秦法家多是一些政治实干人物,在理论上很少有建树。韩非站在法家立场,对道家的"道"加以利用和改造。如说:"道者,万物之所然也,万理之所稽也。""道者,万物之所以成也。""凡道之情,不制不形,柔弱随时,与理相应。万物得之以死,得之以生;万事得之以败,得之以成。"③ 这样"道"就成为万事万物所以然的总根据和总规律。韩非发挥老子"道法自然"的思想,为法治找寻必然性的理论根据,所以他又说:"以一人力,则后稷不足;随自然,则藏获有余。故曰:'恃万物之自然而不敢为也。'"④

以上表明百家争鸣到战国末年,彼此之间虽有矛盾,但为适应时势的发展,各家思想也有互相渗透的一面。道家思想则出现分化和重新组合,黄老之道能"与时迁移,应时变化",故"立俗施事,无所不宜,指约而易操,事少而功多",⑤ 即能适应现实的需要为统治者服务。这对老庄思想做了相当大的修正和改造。

---

① 《荀子·君道》。
② 《韩非子·主道》。
③ 《韩非子·解老》。
④ 《韩非子·喻老》。
⑤ 《论六家要旨》。

三、黄老"无为而治"与汉家的基本国策

秦始皇的统一中断了战国末年黄老道家思想的发展。秦自商鞅变法以后，虽在用人方面有所反复，但用法家思想做指导基本未变。秦始皇对韩非极为钦佩，可是治国之道只是突出尊主卑臣和严刑峻法的一面，而对韩非"刑、德"并用的"二柄"思想并未重视，终于导致陈胜、吴广大起义推翻暴虐的秦王朝。

秦王朝的速亡，使汉初统治者不能不接受和总结这方面的教训。汉高祖刘邦，自称以马上得天下，陆贾即提出警告："居马上得之，宁可以马上治之乎？"他主张"文武并用，长久之术也"。① 在《黄老帛书》中，已有"审于行文武之道，则天下宾矣""文武并行，则天下从矣"② 等一类提法，其实就是推行德刑并用的两手政策。陆贾发挥了这种思想，并认为是长治久安之术。陆贾又说："道莫大于无为。"他以"虞舜治天下"为例，"寂若无治国之意，漠若无忧民之心，然天下治"，"故无为也，乃有为也"。③ 可见陆贾在总结秦亡教训中，所开出的治国药方，仍然是道家黄老之术。

汉初贾谊也在总结秦所以速亡的原因，是由于"仁心不施而攻守之势异也"④。不过贾谊虽重视仁义，但与道相比还不是本根。他说："道者，德之本也；仁者，德之出也；义者，德之理也。""物所道始谓之道，所得以生谓之德。德之有也，以道为本，故曰道者德之本也。"⑤ 至于"道"的内涵，他说："道者，所从接物也，其本者谓之虚。"以"虚"接物，就像"镜仪而居，无执不臧，美恶毕至，各得其当；衡虚无私，平静而处，轻重毕悬，各得其所"。贾谊将"道"比作镜鉴、衡秤，所以有道的"明主"就应该要"南面而正，清虚而静，令名自宣，命物自定，如鉴之应，如衡之称"⑥。这与班固对道家的评论"秉要执本，清虚以自守，卑弱以自持，此君人南面之术也"⑦，两者之间的精神基本上是一致的。

陆贾、贾谊虽是汉初有名的政治家，但并未掌握政治实权。当时将道

---

① 《史记·郦生陆贾列传》。
② 《经法·君正》。
③ 《新语·无为》。
④ 《过秦论》。
⑤ 《新书·道德说》。
⑥ 《新书·道术》。
⑦ 《汉书·艺文志》。

家无为政治付诸实践的应推曹参。汉惠帝时,"参为齐丞相",他遵照盖公的建议,"用黄老术","相齐九年,齐国安集"。司马迁称赞他"清静极言合道",认为"百姓离秦之酷后,参与休息无为,故天下俱称其美矣"。① 司马迁的评价比较符合实际。司马迁又说到惠帝、高后之时,"君臣俱欲休息乎无为",所以"政不出房户,天下晏然。刑罚罕用,罪人是希。民务稼穑,衣食滋殖"。② 这说明黄老之学在政治实践中取得了很好的社会效果。

汉初虽经过近70年的休养生息,但随之土地兼并日益加剧,社会矛盾和阶级斗争也渐趋激化。在这种情况下,以无为而治做标榜的黄老之学已难以适应形势的需要,而以仁义做标榜的儒学却活跃起来。

汉武帝在我国历史上是一个有作为的皇帝,他固然不会赞成无为而治,但也并不是完全服膺儒家。所以汲黯批评他"内多欲而外施仁义,奈何欲效唐虞之治","仁义"只是作为门面的装饰品。到汉宣帝才坦率承认,"以霸王道杂之"是汉王朝进行统治的基本国策。这里所谓"霸王道杂",其实也就是"刑德相养""文武兼行"的两手政策。董仲舒虽号称尊儒,但后世论者也有称之为"儒表法里"或"阳儒阴法"的,可见在西汉前中期,以荀、韩为代表的儒、法两家和黄老之道是在交叉发展,彼此之间不断进行分化组合。当然,由于客观形势的需要,各个时期统治思想的侧重点会有所不同,汉初着眼于休息无为,到武帝时则强调德治和教化,但两手政策实质上并无改变。

董仲舒提出尊儒以后,到宣帝虽还遵守着"以霸王道杂之"的汉家制度,但到他"好儒"的儿子元帝当政后,尊儒之风逐渐盛行。在武帝时虽有个别大臣,如汲黯"学黄老之言,治官理民,好清静","治务在无为而已",③ 但从汲黯与张汤的分歧中,已看出清静无为思想确有点不合时宜。另从理论形态来看,淮南王刘安"招致宾客方术之士"所撰写的《淮南子》,其中《原道训》与《帛书·道原》篇的思想基本一致,该书可以算得上是黄老之道的殿军。但由于封国利益与中央集权的矛盾,随着刘安以"谋反"被诛,淮南道术也就遭受冷遇了。

从西汉中后期开始,作为政治理论形态的黄老之学已渐趋式微,道家思想再面临着分化组合的转折点。大体到东汉时,黄老道家一方面朝着神

---

① 《史记·曹相国世家》。
② 《史记·吕太后本纪》。
③ 《史记·汲郑列传》。

仙方术和宗教迷信的方向发展，后来就形成与佛教相抗衡的中国本土宗教——道教；另一方面则是将道家老庄的本原论着重从本体上加以理论深化，形成风行一时的魏晋玄学。道家思想沿着矛盾两重性的途径，在我国封建社会的中后期，继续发挥着相当重要的历史作用。

四、道教与玄学思想在封建社会中期的历史地位

关于道教的起源，一般以东汉末的张陵奉老子为教祖作为创教的开始，其实道教的思想渊源并非完全来自道家，如作为一种原始宗教的巫术就出现很早，我国殷周时已有这些传说。到战国时，在燕、齐一带更出现有所谓神仙方士，也从事巫祝术数，这些神仙方术，可以说是道教的一个重要思想来源。

至于道教为什么依托道家和以老子作为教主，这是有相当深刻的理论根源和社会根源的。由于老子所创立的神通广大的"道"，会使人有神秘感的一面；同时在书中还宣扬"长生久视之道"①，说过"死而不亡者寿"②等一类的话。加上司马迁又说老子本人最后"莫知其所终"，颇有点神龙见首不见尾的意味，这些情况，为神仙方士提供了可以依托附会的资料。至于《庄子》一书，其中更描述了不少所谓"神人""至人""真人"。虽然《庄子》书中说的是"寓言十九"，但其中确已谈到辟谷行气、吐纳导引等修养长生之术。所以后来道教将老子奉为教主，庄子也被奉为南华真人，老庄之书被称为《道德经》和《南华经》，作为道教的主要经典，那就不是偶然的了。

从西汉中后期到东汉，黄老之学在政治上的作用日趋衰落，但与神仙方术、谶纬迷信相联系的宗教化程度却日益加深。如东汉初明帝的兄弟楚王刘英，他"诵黄老之微言，尚浮屠之仁祠"③，就把黄老与佛教同等看待。黄老道在宗教化的过程中也出现分化：一方面为统治者所遵奉，如"延熹中，桓帝事黄老道，悉毁诸房祀"④；另一方面却在民间广泛流传，并被用来组织农民起义。如同是在桓帝时，建和二年（148）"冬十月，长平陈景自号'黄帝子'，署置官属，又南顿管伯亦称'真人'，并图举兵"⑤。东汉

---

① 《老子》第三十三章。
② 《老子》第五十九章。
③ 《后汉书·楚王英列传》。
④ 《后汉书·王涣列传》。
⑤ 《后汉书·桓帝纪》。

末年有名的黄巾起义，其首领张角，就是"自称'大贤良师'，奉事黄老道，畜养弟子"，经过十多年的组织发动，聚集到"众徒数十万"。① 上面例子说明，黄老道的分化，到东汉末年，在政治上双方起到完全相反的作用。

黄老道家经过东汉时期的分化组合，从神仙方术衍变成为原始道教。道教分丹鼎和符箓两派，也有称之为金丹道教和符水道教。前者在东汉末以魏伯阳的《周易参同契》为代表作，该书内容，据说是把神仙家的炼丹术与《周易》、黄老三者互相参合，而使之契合为一。后者即符箓派的主要著作是《太平清领书》，后通称为《太平经》，该书内容很庞杂，恐非一人一时之作。书中大肆宣扬神咒的作用，如张陵创立的五斗米道，虽说奉老子为教主，以《五千言》为主要经典，但其术是假借鬼神符箓以聚徒惑众，用祷祝和符水为人治病，能够吸引大量群众。另张角所创立的太平道，信奉的是《太平经》，也是用"符水咒说以疗病"。加上《太平经》中有"尊卑大小皆如一"②的乌托邦理想，故符水道教在下层民众间流行很广，成为汉末农民大起义的一种组织形式，而《太平经》也就作为起义的思想武器。后来张鲁在汉中，推行政教合一和采取的某些经济措施，"民夷便乐之"，受到各族人民的欢迎和拥护。

不过《太平经》虽然吸取道家老庄某些原始公产思想，有均财爱民反对剥削压迫的一面，所以在特定的历史条件下可以发动农民起义，或在局部地区建立政教合一的短暂性农民"政权"，但这种乌托邦式的理想国是违反历史发展规律的，并且用宗教迷信来组织发动群众也是不能持久的。加上统治者往往对这种早期的民间道教采取两手政策：一手是残酷镇压，如对黄巾起义军；另一手是软硬兼施，招降后进行利用和收买，如曹操招降张鲁后就给以封爵。所以，张陵创立的五斗米道在魏晋后便出现分化：一方面在封建士大夫中传播，另一方面仍在民间秘密活动。

金丹道教没有符水道教那么复杂。魏伯阳以后，作为金丹道教的代表人物是东晋时的葛洪，他所著《抱朴子》一书，集魏晋时期炼丹术之大成，鼓吹长生不死的神仙理论。但他把民间道教称为"妖道""邪道"，特别对"称合逆乱"的教徒切齿痛恨，主张要"峻其法制，犯无轻重，致之大辟"③，就是要斩尽杀绝，这完全是站在官方道教的反动立场。葛洪还提出

---

① 《后汉书·皇甫嵩列传》。
② 王明编：《太平经合校》，中华书局1960年版，第683页。
③ 《抱朴子·内篇·道意》。

要把神仙养生和儒家的纲常名教结合起来,所谓道术儒修无二致,神仙忠孝有完人。这种道儒兼综的思想,为的是更好地为封建统治服务。

不过葛洪虽主张道儒结合,但并非双方平起平坐,而是以道为体,以仁义为用,既坚守神仙道教的立场,又能适应封建统治者所谓劝善惩恶的需要,这就成为官方道教的思想特色。

以葛洪为代表的官方道教,既要入道修仙,又讲"佐时治国"。对后者他是反对黄老的无为而治和老庄的退化史观。如说:"世人薄申韩之实事,嘉老庄之诞谈。然而为政,莫能错刑。""道家之言,高则高矣,用之则弊。""可得而论,难得而行也。"① 这里表面上是尊崇道家之言,但实际上是行不通的。他认为"道衰于畴昔,俗薄乎当今,而欲结绳以整奸欺,不言以化狡猾","未见其可也"②。这里以道衰俗薄为理由,否定了道家结绳而治与不言之教,而主张实行申韩之法,提出要"以杀止杀"③,俨然一副法家嘴脸了。

总之,从东汉到魏晋南北朝,原始道教产生后在其分化组合的过程中,对道家思想既有吸收,同时根据时代和阶级斗争的需要,各自对道家思想进行改造。大体上以金丹道教为主与符水道教的上层合流,逐步演变成为官方道教,一方面为统治层提供入道升仙之路,同时结合宣扬释教的因果报应;政治上则主张推行德刑并用的两手政策,为世俗的封建统治服务。至于符水道教的下层,则仍然与农民起义的秘密结社联系在一起,从吸取道家不满现实的思想中,走上了封建叛逆的道路。因此,道家思想在我国封建社会中期仍然表现出矛盾两重性的作用。

魏晋时期,道家思想除演变为道教外,另一途径是向思辨化方面发展,主要表现为玄学。从本体论来说,玄学把老庄的"道"发展成为更加精致的唯心主义,这为道家理论思维水平的提高做出了贡献。玄学的主要经典是《老子》《庄子》和《周易》,称为"三玄"。作为一种社会思潮,玄学对各阶层的知识分子都有影响。但由于各人的政治态度不同,对儒道两家思想的关系,主要是名教与自然关系的理解上分歧很大,并且表现为激烈的政治斗争。

坚持老庄原来的社会政治观点,否定儒家的仁义礼律的,以嵇康为代

---

① 《抱朴子·外篇·用刑》。
② 《抱朴子·外篇·用刑》。
③ 《抱朴子·外篇·用刑》。

表。他提出"越名教而任自然"①的命题,嵇康对儒家的批评是用老庄自然无为作为思想武器,但其实际用意是抨击司马氏的统治。结果嵇康以"害时乱教""非毁典谟"之罪被杀。②嵇康在魏晋之际虽然成为政治斗争的牺牲品,但他戳穿了司马氏以孝治天下的谎言,揭露了儒家封建名教的虚伪性,在当时起到了反封建的积极作用。

嵇康论述了"名教"违反"自然",与鲍敬言的"无君论",是以"道"非"儒"的老庄思想的复归,属于道家的正统派,但是在魏晋时期的玄学思潮中,却被视为"异端"。而在当时的玄学家中,更多是在调和名教与自然的矛盾,并提出名教出于自然。这在表面上是歌颂自然,实质上是为儒家的名教找寻合理根据,是利用道家的自然无为思想为儒学理论辩护,从而自然地起到维护纲常名教的作用。

何晏、王弼是开创"正始玄风"的奠基人物。他们提出"天地万物皆以无为本"的中心思想,这无疑是"祖述老庄立论"。③这个所谓"以无为本",就是道家崇尚的"自然"。何晏说:"自然者,道也。道本无名。"④王弼也说:"道者,无之称也,无不通也,无不由也。"⑤"万物以自然为性,故可因而不可为也,可通而不可执也。"⑥万物都是从自然(道)而来,"名教"也是"自然"的产物。何、王论证"名教"出于"自然",目的是为封建政治制度找寻合理根据。

继何、王之后,郭象更进一步论证了名教与自然的一致性。他说:"臣妾之才而不安臣妾之任,则失矣。故知君臣上下,手足外内,乃天理自然,岂真人之所为哉?"⑦又说:"若夫任自然而居当,则贤愚袭情而贵贱履位,君臣上下,莫匪尔极,而天下无患矣。"⑧郭象把封建纲常名教所规定的君臣上下、贵贱尊卑,说成是符合"天理自然"。人们只要安分自得,"小大虽殊","则物任其性,事称其能,各当其分,逍遥一也"。⑨郭象利用了庄子的齐物观点,将名教等同于自然。自是封建等级制度天然合理,人人

---

① 《释私论》。
② 《晋书·嵇康传》。
③ 《晋书·王衍传》。
④ 《无名论》。
⑤ 《论语释疑》。
⑥ 《老子》第二十九章注。
⑦ 《庄子·齐物论》注。
⑧ 《庄子·在宥》注。
⑨ 《庄子·逍遥游》注。

"各当其分","天下无患矣",这就是玄学家为封建统治服务的最后目的。

玄学与道教,思想渊源都来自道家,但由于哲学与宗教不同,故在理论思维的表现方式上是有差异的。加上当事者的社会地位、政治态度、文化教养等方面也各不相同,所以对先秦道家的原型思想表现出各取所需的倾向;同时在各自的分化演变过程中,在不同方面也会起到各不相同的作用。如作为玄学主流的何晏、王弼、郭象等人,对唯心主义本体论的发展做出了较大贡献;他们以道解儒,在论证名教与自然的统一性时,对两汉烦琐经学与谶纬神学,也有点廓清之功,为儒学的义理化开拓出新路。但另一方面,玄学的唯心主义思辨却在政治上带来更大的欺骗性。又如金丹道教,在政治上充当封建统治者的御用工具,是不可取的,服食求神仙那一套也是荒谬的;但葛洪在化学、医学和药物学等方面,应该承认他是做出了较大贡献的。至于符水道教则情况比较复杂,从深入下层发动农民起义这一点来说,对促进反封建的阶级斗争起过作用;但用画符念咒来治病,在科学性上不比烧丹炼汞高明,应该说是更为落后。至于用宗教形式组织发动群众,只能是愚昧的信仰,并不能给群众的思想启蒙,我国农民起义总是陷于失败,其中一个原因是受到这方面的思想局限。因此,我们要实事求是地进行科学分析,才能正确评价道家思想在封建社会中期的历史地位。

五、封建社会后期道家与道教的思想影响

道家思想经过玄学与道教的分化和演变,到封建社会后期仍然有着较大的社会影响。魏晋玄学建立唯心主义的本体论,将老子的"道"说成是无形无象的精神性本体,现象界有形的万物是由无形的本体产生的。这种贵无哲学就被当时的佛教所吸取,如以道安、慧远为代表的大乘空宗的本无派,就宣称"无在元化之先,空为众形之始",主张"崇本"以"息末",认为现象世界是虚幻的,真实的存在是精神性的本体——无。这里明显是用玄学的观点来解释佛教的般若学。后来佛教各宗派虽然变换出不少花样,但否认物质世界的真实存在,而把空无或心识作为精神性的本体,仍然没有摆脱玄学的思想影响。

隋唐时期,佛道大兴。唐皇室因与老子同姓,想假借神权以巩固皇权,故尊老子为玄元皇帝,而官方道教更取得特殊地位。但在封建社会中,为要维护名教纲常,统治思想多以儒家为主体,而佛道也有用场,故唐代执行的还是儒、释、道三教并用的政策。而释、道二教维护封建统治的立场,

既与儒家基本一致,为要缓和矛盾,故在教义上也逐渐向儒家靠拢。道教因是中国本土的宗教,援儒入道则更有其方便之处。

道教早期所定戒律,就注意到要不违反儒家的忠孝信条,如要道士"不得叛逆君王,谋害家国""不得违戾父母师长,反逆不孝"。① 由于道家老庄遵道贵德而毁弃仁义,故后来道徒对此也加以辩解。如唐末道士林光庭说,老君"道德二篇……非谓绝仁义圣智,在乎抑浇诈聪明,将使君君臣臣父父子子,见素抱朴,泯合于太和;体道复元,自臻于忠孝"②。五代道士谭峭则把道德与仁义礼智信联系起来,说:"旷然无为之谓道,道能自守之谓德,德生万物之谓仁,仁救安危之谓义,义有去就之谓礼,礼有变通之谓智,智有诚实之谓信,通而用之之谓圣。"③ 老庄把道德与仁义相对立,后世道徒则把两者相统一。

隋唐以来要调和儒道思想的不只是道教徒,儒学中人也有这种主张。唐德宗时李观著《通儒道说》,认为道与德"为儒之臂",仁信礼义为"德之指",以此来论证儒道同源。柳宗元不同意太史公说的,"世之学孔氏者,则黜老子,学老子者,则黜孔氏,道不同不相为谋",他认为"老子亦孔氏之异流也",虽地位不如孔子,"然皆有以佐世"。④ 当时佛教徒也有主张调和三教的,如神清所著《北山录》,认为"释宗以因果,老氏以虚无,仲尼以礼乐","各适当时之器,相资为美"。宗密在《原人论》序中也说:"孔、老、释迦皆是至圣,随时应物,设教殊途,内外相资,共利群庶。"这些都是从共同维护封建统治的基本前提来立论的。

值得注意的是,以反对佛老著称的韩愈,同时也受到道家思想的影响。韩愈所写《原道》,与《帛书》的《道原》篇、《淮南子》的《原道训》,内容主旨虽然不同,但他要建立儒家的道统与佛道相抗衡,认为按照仁义的法则去做就是"道",把应天道、尚自然的法天思想与尽人道、行仁义的济世思想结合起来。和以前的儒家比较,韩愈的"道"已从宗教异化的神权观念,开始过渡到以抽象化了封建伦理道德规范为内涵的客体精神。宋代新儒家称为理学或道学,是以"理"或"道"作为最高哲学范畴,而韩愈"道"论实启其端。韩愈虽力辩"斯吾所谓道也,非向所谓老与佛之道

---

① 《云笈七签·说十戒》。
② 《道德真经玄德纂疏·序》。
③ 《化书》卷四。
④ 《送元十八山人南游序》。

也"①，但同是把"道"作为哲学的最高范畴，这仍然是受到道家的思想影响。

入宋以后，在儒者中虽然有些人仍坚持反对佛道，但只能像韩愈那样从世俗的政治利益来立论，理论上却拿不出什么新东西，而韩愈的"道"论却给另一些儒者以启发。要维护封建名教纲常只凭就事论事的道德说教是不够的，必须提到哲学世界观的高度，并给以理论概括，才能与佛道相抗衡。所以，作为理学创始人的周敦颐，他为要"推明天地万物之原"而撰写《太极图说》时，就参考过道教的《无极先天之图》和《水火匡廓图》，也有说是来源于陈抟的《无极图》或穆修的《太极图》。经明清以来到现在许多学者研究，认为周敦颐利用道教何种图式，尚无一致意见，但此图与道家思想有关，却几乎得到公认。

关于周敦颐《太极图》和《太极图说》的思想渊源问题，后来在理学家内部展开过激烈争辩，成为理学史上一件公案。由于《图说》首句，周的原文是"自无极而为太极"，在"太极"之上加一"无极"，故引起陆九渊的怀疑和反对。陆氏认为"无极"二字不见于宋以前的儒家经典，并非儒家概念，渊源来自道家。他与朱熹辩论时说："'无极'二字出于《老子·知其雄》章，吾圣人之书所未有也。""此老氏宗旨也。"② 陆氏此说并非无据。"无极"一词从老庄以来，确为道教所常用。后来黄宗炎、朱彝尊考据周图来源，谓出于陈抟《无极图》，陈图最上一圈称为"炼神返虚，复归无极"。据此黄宗炎认为："周子得此图，而颠倒其序，更易其名，附于大易，以为儒者之秘传。盖方士之诀，在逆而成丹，故从下而上。周子之意，以顺而生人，故从上而下。"③

黄氏此说，是否有实据，尚可研究，但周说以"无极"开端，当系事实。据此周敦颐描绘出宇宙万物生成发展的图式，应是：无极→太极→阴阳→五行→万物。这和《老子》书中说的"天地万物生于有，有生于无""道生一，一生二，二生三，三生万物"确使人有点似曾相识的感觉。

当然，我并不是说《太极图说》完全抄袭道家，因为"太极"是《易·系辞》中使用的概念。周敦颐将"无极"和"太极"两个范畴统一起来，

---

① 《原道》。
② 《辩太极图说书》。
③ 《太极图辨》。

对宇宙本原的实体进行新的概括,表明他是"合老庄于儒"①,为的是在本体论方面,将儒学的理论思维水平提高一步。

朱熹比较理解周敦颐的用意,但他出于门户之见,不愿意承认与道家思想有关。周敦颐"自无极而为太极"的提法容易被人认为是两样东西,如陆九渊所说是"叠床上之床"(太极之上有无极)、"架屋下之屋"(无极之下有太极)。据此朱熹解释说:"无极而太极,正所谓无此形状,而有此道理耳。不言无极,则太极同于一物,而不足为万化根本;不言太极,则无极沦于空寂,而不能为万物根本。"朱熹将首句改为"无极而太极",为的是说明"非谓太极之上,别有无极",而是太极与无极的辩证统一,即把宇宙本原规定为:实有而非同于一物,本无而不沦于空寂。这样既吸取道家思想的特长,又克服玄学、佛教空无本体的理论局限。朱熹又把"极"解释为"是道理之极至。总天地万物之理,便是太极。太极只是一个实理"。这样一来,"理"便成为宇宙万物的本原,是自然界和人类社会必须遵循的最高原则。而封建社会的名教纲常,也就成为绝对不能违背的"天理"。自是儒家的伦理道德被概括为哲学最高范畴,从而将理学的唯心主义本体论提高到一个新阶段。通过这个事例,可以看出封建后期道儒思想的矛盾交融,而道家思想为宋代新儒家理论体系的建立做出了积极贡献。

在《太极图说》中还特别强调"主静",周敦颐自注说"无欲故静",看来也是受到道家的思想影响。《老子》中就说过:"归根曰静,静曰复命。"② 又说:"我无为而民自化,我好静而民自正,我无事而民自富,我无欲而民自朴。"③ "不见可欲,使民心不乱","是以圣人之治……常使民无知无欲,使夫智者不敢为也"。④ 老子就是主张好静和无为、无事、无欲的。还说"致虚极,守静笃"⑤。周敦颐则认为学圣之要是"无欲","无欲则静虚动直"。⑥ 他要比孟子主张的"寡欲"更进一步,说:"予谓养心不止于寡焉而存耳,盖寡焉以至于无,无则诚立明通。"⑦ 周敦颐提出要"无欲""主静",这种思想主要来自道家,但受到宋明理学家的普遍重视。

---

① 《宋元学案·濂溪学案下》。
② 《老子》第十六章。
③ 《老子》第五十七章。
④ 《老子》第三章。
⑤ 《老子》第十六章。
⑥ 《通书·圣学》。
⑦ 《养心亭说》。

老子政治哲学的矛盾两重性与道家思想的历史作用

老子要统治者无为无欲，这里有与民休息的一面，但要常使民无知无欲，则是一种愚民政策。"存天理，灭人欲"是宋明理学的一个中心命题，过去有的解释为：是要劳动人民消除物质欲望，去服从封建纲常的所谓天理，因此认为这个命题是反动的。但也有另一种意见认为这是劝告统治者不要穷奢极欲，要按仁政德治行事，因此对这个命题加以肯定。最近国外有的学者以为，现在资本主义社会是人欲横流，需要用理性来加以节制，所以说这个命题是救世良方。总之，从不同人的感受或从不同角度来加以理解，这类命题是可以起到不同的社会作用的。

回顾整个历史，道家老庄的政治哲学是变革时代的产物。他们不满现实，对当政者展开猛烈的抨击，但也像先秦各家那样，是"务为治者也"①，要为统治者的长远利益出谋献策，从而表现出道家思想矛盾两重性的立场。在先秦老庄是儒家的反对派，但儒学在封建社会中逐渐成为统治思想后，道儒两家的思想关系就呈现复杂状态，既彼此对立，也互相补充。由于封建统治者的需要，两家思想的矛盾融合还是主要的。另一方面道家思想的演变、分化和重新组合，在下层民间道教中也出现过反封建的异端思想，但不是道家思想发展的主流。在封建社会中的知识分子层，在不同程度上也会受到道家思想的影响，他们一般会读过一点老庄之书，所以在失意时会因此发泄对现实的不满，或是采取消极避世的态度。但以退为进、欲取先予是道家策略的两手，失意者未尝不可从中得到启发而取得进身之阶。在封建社会中，钟鼎与山林本无绝对不可逾越的鸿沟，道家思想还是可以从中扮演两重性的角色。在大千世界的芸芸众生中，劳苦大众祈求由此得到治病救世的良方，而统治上层却妄图走上入道修仙的捷径。总之，各行其道，各取所需，在道家政治哲学的万花筒中，长期散播出星星之火。虽然见仁见智，各人的感受有所不同，但作为道家思想的发展脉络及其历史作用，还是应该可以探究的。由于这个问题涉及时间长、方面广，本文所述，只是初步探索，错漏之处，尚望同行方家，不吝指正。

（原载《学术月刊》1986 年第 2 期）

---

① 《论六家要旨》。

读《老子想尔注》断想

——从道家到道教思想接合点的探索

道家和道教两个学术上的名词，既有联系又有区别。道家是先秦诸子中的一个学术流派，《老子》《庄子》属于哲学著作，并不具有宗教的性质，道教则与佛教等并列，很明显是属于宗教，但道家与道教却有密切联系。东汉末太平道和五斗米道奉道家老子为祖师，将相传老子的著作《五千文》尊为《道德真经》，尊《庄子》为《南华真经》，奉为道教的主要经典。先秦道家怎样演变成为道教？道教为什么选择道家作为祖辈？道教对道家有无思想接合点？道教徒又是怎样将道家思想观点改造成为宗教教义的？这些问题都值得研究。

一

道教既然是宗教，而作为宗教信仰的基本标志之一是要有个至上神的观念。道教讲究长生和成仙，从思想渊源来说本与古代神仙家接近。汉刘歆《七略》，将道家与神仙家分别著录。班固《汉书·艺文志》，著录"道三十七家"，归属诸子类；"神仙十家"，却归类于方技。班固对两家的概述亦截然有别。

> 道家者流，盖出于史官。历记成败存亡祸福古今之道，然后知秉要执本，清虚以自守，卑弱以自持，此君人南面之术也。合于尧之克攘，《易》之嗛嗛，一谦而四益，此其所长也。及放者为之，则欲绝去礼学，兼弃仁义，曰独任清虚，可以为治。

> 神仙者，所以保性命之真，而游求于其外者也。聊以荡意平心，同死生之域，而无怵惕于胸中。然而或者专以为务，则诞欺怪迂之文弥以益多，非圣王之所以教也。孔子曰："索隐行怪，后世有述焉，吾

不为之矣。"

按以上评述，道与神仙两家是不相同的，并且毋宁说，道教与神仙更接近一些。但东汉时道教的创始者，何以不表明崇尚神仙家而尊崇道家的老子，这就要进行研究。

中国古代的神仙言，从班固的评述看，"保性命之真"，当然符合道教的教义，但"诞欺怪迂之文"，却"非圣王之所以教也"。因为宗教也有教化群众的一面，而这种神仙家言似乎不大合适，同时也没有一个有声望的可以当教主的人物，而道家老子具备这方面的条件。

先秦道家不像儒、墨两家，孔子和墨子是当然领袖，生前已有很高的声誉，并被公认为该派的宗主。而道家本身并无学派组织，道家的名称还是后来才有的，老子是个隐君子，在当时并不知名。但是到司马迁写《史记》，在《老子韩非列传》中，老子却成为一个传奇式人物。他记下孔子"问礼于老子"的传说。孔子见老子后谓弟子曰："鸟，吾知其能飞；鱼，吾知其能游；兽，吾知其能走。……至于龙，吾不能知其乘风云而上天。吾今日见老子，其犹龙邪？""老子修道德，其学以自隐无名为务。"按照司马迁这段记载，孔子给予老子很高的赞誉，同时也给人一点神秘感。而按照司马迁对老子生平的记载，本身就弄不清楚，既说："盖老子百有六十余岁，或言二百余岁，以其修道而养寿也。"又说老子出函谷关，为关令尹喜著书上下篇："言道德之意五千余言而去，莫知其所终。"这种模糊的记载，为后人神化老子提供了方便。

对老子的神化有个过程，由于司马迁讲"其修道而养寿"，两汉之际，杜房言"老子用恬淡养性，致寿数百岁"①。东汉初佛教传入，明帝时，史称楚王英"晚节更喜黄老学，为浮屠斋戒祭祀"②。到桓帝时，"宫中立黄老、浮屠之祠"③。延熹九年（166），桓帝还亲自祭祀老子于濯龙宫。④ 老子与佛一同接受人们香火的膜拜，从养性延寿而逐步神化。

但老子成为世俗化的神祇是一个方面，如要作为道教的教主，从理论上还需要论证。就是将老子讲的"道"演化为主宰宇宙的人格神，并回归

---

① 〔汉〕桓谭：《新论·祛蔽》。
② 《后汉书·楚王英列传》。
③ 《后汉书·襄楷列传》。
④ 《后汉书·桓帝纪》。

老子本身。如东汉明帝、章帝之际的王阜，所撰《老子圣母碑》就说："老子者，道也。乃生于无形之先，起于太初之前，行于太素之元，浮于六虚，出入幽冥。"桓帝时边韶撰《老子铭》，却说好道者"以老子离合于混沌之气，与三光为始终"。这样老子成为道的化身、超世的神人，为他成为道教教主找到用神学论证的理论根据。

二

从道家演变成道教，需要寻求思想的接合点，即把道家的哲学著作改造成为道教的神学经典，从而为道教的创立找到理论依据。为解决这个问题，《老子想尔注》（简称《想尔注》）一书起到相当重要的作用。

《老子》其书，主要内容是阐发"道"和"德"所包含的哲学思想。"道"是宇宙本原和自然发展规律，"德"是"道"在万物发展规律中的作用和体现。所以，《道德经》原是道家学派关于宇宙观、社会政治思想、为人的修养原则的哲学著作，《想尔注》为要将哲学演化成宗教，却将原来"道"是宇宙的本原解释成为宇宙和人世间的主宰。如《老子》讲"道"是"无状之状，无物之象"，《想尔注》就演化说："道至尊，微而隐，无状貌形象也；但可从其诫，不可见知也。"① 经过这样注释，"道"虽是无形象的隐者，却是人们必须服从的至尊之神。再进一步，对"载营魄抱一能无离"句的注释说："神成气来，载营人身，欲全此功无离一。一者道也……一在天地外，入在天地间……一散形为气，聚形为太上老君，常治昆仑，或言虚无，或言自然，或言无名，皆同一耳。"② 这里先把"一"说成是"道"，再用气化的聚和散的观点，塑造出形象化的太上老君教主，后来有所谓"一气化三清"，成为道教造神的理论根据。

《想尔注》所塑造出的太上老君，后被道教徒公认为至尊天神。晋葛玄在《五千文经序》中说：

> 老君体自然而然，生乎太无之先，起乎无因，经历天地始终，不

---

① 饶宗颐：《老子想尔注校笺》，香港苏记书庄1956年版，第18页。
② 饶宗颐：《老子想尔注校笺》，香港苏记书庄1956年版，第13页。

读《老子想尔注》断想

可称载,穷乎无穷,极乎无极也。与大道而轮化,为天地而立根,布气于十方,抱道德之至纯,浩浩荡荡,不可名也。

宋观复大师谢守灏《太上混元圣纪》中说:

> 太上老君者,大道之主宰,万教之宗元,出乎太无之先,起乎无极之源,经历天地,不可称载,终乎无终,穷乎无穷者也。其随方设教,历劫为师,隐显有无,罔得而测;然垂世立教应观之迹,昭昭然若日月。

这样老子成为太上老君,为大道之主宰,也是道教的祖师,并且为历代道徒所公认,随着时代的推移,更显出其至尊无上的地位。

作为道教基本教义的长生成仙说,《想尔注》亦从《老子》中找到根据。通行本《老子》第七章说:"天长地久,天地所以能长且久者,以其不自生,故能长生。是以圣人后其身而身先,外其身而身存,非以其无私邪,故能成其私。"此处原意是讲天道自然和对无为而无不为思想的发挥。而《想尔注》对"天长地久"四句加以解释,谓"能法道,故能自生而长久也"。对"是以圣人后其身而身先"两句解释说:"求长生者,不劳精思求财以养身,不以无功劫君取禄以荣身,不食五味以恣,衣蔽履穿不与俗争,即为后其身也;而目此得仙寿,获福在俗人先,即为身先。"对"以其无私邪,故能成其私"句,则改"私"为"尸"字并解释说:"不知长生之道,身皆尸行耳,非道所行,悉尸行也。道人所以得仙寿者,不行尸行,与俗别异,故能成其尸,令为仙士也。"①

《想尔注》既然把"道"作为宇宙的主宰,是永恒的存在,所以人们要长生为仙士,就要法道,至于怎样才能求得长生之道?主张不要功名利禄和鲜衣美食,即自身享受要比世俗之人靠后,这样享长生之福就会比俗人优先。对改"私"字为"尸"的问题,"夫唯不盈,能弊复成"句注称,"尸死为弊,尸生为成","独能守道不盈溢,故能改弊为成耳"。② 守道就能使尸生而得仙寿,这里说明讲长生成仙,还是回归法道和守道途径,即

---

① 饶宗颐:《老子想尔注校笺》,香港苏记书庄1956年版,第10—11页。
② 饶宗颐:《老子想尔注校笺》,香港苏记书庄1956年版,第20页。

是对道家做出回应。

《想尔注》对"绝圣弃知,民利百倍"的注释,认为老子所讲只是"绝诈圣邪知,不绝真圣道知",并强调有"邪道"和"真道"之分。如"不劝民真道可得仙寿,修善自勤。反言仙自有骨录,非行所臻。云无生道,道书欺人。此乃罪盈三千,为大恶人,至令后学者不复信道"①。这里提出想得仙寿的人要修善自勤,对那些讲成仙有骨相而并非修行达到的人进行批评,这样容易使人认为道书欺骗而不相信。这里表明道教是反对命定论,而强调要修行得道。

道教作为宗教,当以去恶从善来教化人生。《想尔注》对此曾反复阐述。如对"天地不仁,以万物为刍苟(狗)","圣人不仁,以百姓为刍苟(狗)",注释中说:"天地像道,仁于诸善,不仁于诸恶;故煞万物,恶者不爱也,视之如刍草如苟(狗)畜耳。"又说,"圣人法天地,仁于善人,不仁恶人","是以人当积善功","而恶心不改,可谓大恶也"。② 对"明白四达而无为"句注:"上士心通,自多所知,知恶而弃,知善能行,勿敢为恶事也。"③ 对"善行无辙迹","善言无瑕谪"句注:"信道行善,无恶迹也。""人非道言恶,天辄夺算。今信道言善,教授不耶,则无适也。"④ 对"不自伐,故有功","不自矜,故长"句注:"恶者,伐身之斧也,圣人法道不为恶,故不伐身,常全其功也。""圣人法道,但念积行,令身长生生之行……"⑤ 像这类劝善除恶的说教,《想尔注》中可以说比比皆是。

对"有天下"的人怎样"为天子",《想尔注》从反面和正面论证是否合于道,这里也反映出道教创始人的政治观点。

对"故贵以身于天下"句注:

> 若者,谓彼有身贪宠之人,若以贪宠有身,不可以讬天下之号也。所以者,此人但知贪宠有身,必欲好衣美食,广宫室,高台榭,积珍宝,则有为;令百姓劳弊,故不可令为天子也。设如道意,有身不爱,

---

① 饶宗颐:《老子想尔注校笺》,香港苏记书庄1956年版,第25页。
② 饶宗颐:《老子想尔注校笺》,香港苏记书庄1956年版,第8-9页。
③ 饶宗颐:《老子想尔注校笺》,香港苏记书庄1956年版,第14页。
④ 饶宗颐:《老子想尔注校笺》,香港苏记书庄1956年版,第36页。
⑤ 饶宗颐:《老子想尔注校笺》,香港苏记书庄1956年版,第31页。

不求荣好，不奢侈饮食，常弊薄羸行，有天下必无为，守朴素，合道意矣。人但当保身，不当爱身，何谓也？奉道诫，积善成功，积精成神，神成仙寿，以此为身宝矣。贪荣宠，劳精思以求财，美食以恣身，此为爱身者也，不合于道也。①

这既是对当时统治者提出批评和要求，并以合与不合于道作为归结，这是道教沿着先秦道家的思想观点所寻求的接合点。

因此道教虽讲长生得仙寿，但修行的路子，还是沿着道家清静自然为依归，在《想尔注》中多有这方面的说教。如"重为轻根，静为躁君"注："道人当自重精神，清静为本。""是以君子终日行，不离辎重"注："重精神清静，君子辎重也，终日行之不可离也。""希言自然"注："自然，道也，乐清静。希言，入清静，合自然，可久也。"② 对"肫若浊，浊以静之徐清"句，在注中更做出全面论述："求生之人，与不谢，夺不恨，不随俗转移，真思志道，学知清静。……然后清静能睹众微，内自清明，不欲于俗。清静大要，道微所乐……常清静为务，晨暮露上下，人身气亦布至，师设晨暮清静为大要，故虽天地有失，为人为诫，辄能自反，还归道素，人德不及。"③ 这里对清静的要求和作用做出概括论式的论述，作为宗教的修持，对徒众还是合适的。

此外，如忠孝仁义等道德伦理观念，先秦儒道两家所持态度不同，老子倾向于批评意见，《想尔注》为要适应当时社会上对信徒教化的需要，在《老子》有关论述中，注释时却适当加以肯定，说明道教创始时也受到儒家思想的影响。

道教是中国土生土长的宗教，是在佛教传入中国后才出现的。有的认为形成这样一种表现中国传统的民族宗教，可以用来对抗外来宗教的影响。但道教有其包容性，如思想源头除选择先秦道家外，神仙方术也是思想依托的一面。此外，与佛教虽有矛盾，但在教规、教义及教徒组织形式等方面，亦有所借鉴，思想上则有互相渗透的现象。对儒学则要适应当时统治者和世俗的需要，补充一些封建纲常伦理的思想观点，这样就可以适应社会各阶层的需要。《想尔注》作为道教开创时期的经典，承担了这两方面的

---

① 饶宗颐：《老子想尔注校笺》，香港苏记书庄1956年版，第17页。
② 饶宗颐：《老子想尔注校笺》，香港苏记书庄1956年版，第35、32页。
③ 饶宗颐：《老子想尔注校笺》，香港苏记书庄1956年版，第20页。

社会功能。虽然从哲学理论思维的角度来看，对《老子》书的注释，有牵强附会或是增字解经甚至歪曲原意的个别现象，但作为对人生的终极关怀，在总体精神上还是和道家合拍的，从哲学到宗教作为两者之间的接合点，《想尔注》不失为一次比较成功的尝试。

（原载《华学》第一期）

中古时期道家文化的演变与分流

我国中古时期的东汉末年早期道教开始出现。这是从先秦道家、汉代黄老道演化而来，并杂有阴阳、神仙家的思想。道教这一宗教组织，一开始就带有鲜明的政治色彩，到魏晋南北朝时就严重分化，如葛洪与鲍敬言的大辩论，在政治理论上产生尖锐的对立。这是由于官方道教是为封建统治服务，而道教的下层，有的仍然和民间秘密结社联系在一起，从吸取道家不满现实的思想中走上了封建叛逆的道路。从道家思想向思辨化方面发展的玄学同样亦出现分化，主张"越名教而任自然"的嵇康，和后来"唯贵自然"的鲍敬言，他们在思想理论上与玄学主流派和官方道教的分歧，都表明道家文化在我国封建社会中期，对社会政治、学术和宗教界仍然带有矛盾两重性的影响。

一

先秦道家不同于墨家这个有组织领导的团体，亦不同于儒家这个有师承传授的学派，而道家如老子、庄子、杨朱等人，都是一些隐居、避世之士，但求存性保真，不求闻达于诸侯。然而，他们并非完全不关心政治，但大多不满现实，有愤世嫉俗的一面。他们提倡道法自然，无为而治，也有复古倒退、否定文明进步的思想。因此，道家思想文化对后世社会的影响呈现出矛盾、复杂的态势。

司马谈在《论六家要旨》中，将道家列入"务为治者"中的一派，但所说的道家"其为术也，因阴阳之大顺，采儒墨之善，撮名法之要"，这种带有调和综合各家之长的，应是汉初的黄老之学，并非老庄原始道家的原貌了。但曹参用"黄老术"[①]治国，为汉相后，史称惠帝、高后之时，"君臣俱欲休息乎无为"，"政不出房户，天下晏然。刑罚罕用，罪人是希。民

---

① 《史记·曹相国世家》。

务稼穑，衣食滋殖"。① 这就说明黄老之道在政治实践上取得很好的社会效果。由于曹参施政的基调仍是"无为而治"，所以也同时说明道家文化带来的积极影响。

经过汉初的休养生息，道家的无为而治已不适应统治者的需要。西汉中期以后，作为政治理论形态的黄老之学已渐趋式微，到东汉时道家一方面朝着神仙宗教的方向发展，如明帝的兄弟楚王英，"诵黄老之微言，尚浮屠之仁祠"②，把黄老与佛教同等看待，已作为宗教信奉，而不是视为一个学派的思想文化了。

东汉黄老道在宗教化的过程中出现分化，一方面为统治者所遵奉，如"延熹中，桓帝事黄老道，悉毁诸房祀"③；另一方面却在民间流传，如东汉末年的张角，就"自称'大贤良师'，奉事黄老道，畜养弟子"，经过十多年的组织发动，聚集到"众徒数十万"，④ 终于发动有名的黄巾起义。具有讽刺意味的是，桓帝和张角都在事奉黄老道，可谓各取所需，而在政治上对双方却起到完全相反的作用。

由于黄巾起义很快被镇压下去，张角创立的太平道也随之消散。但与此同时，张陵稍早在西蜀鹤鸣山创立的五斗米道却在局部地区得到发展。他在教内建立神职管理人员，初步形成一个以"君师"为中心的教阶系统。到他的孙子张鲁，势力扩大到汉中地区。张鲁自称君师，也就是教主，在地方上却"不置长吏，皆以祭酒为治"⑤。祭酒既是教中的神职人员，又充当地方官吏的角色，既要主讲教中经典《老子五千文》，并要负责"起义舍于路"，"县置米肉以给行旅"。⑥ 张鲁在汉中，推行政教合一制度和吸取道家某些原始公产思想并落实到经济措施中，受到人民的欢迎。张鲁统治巴、汉一带前后近30年，史称"行宽惠"，"民夷便乐之"。⑦ 在东汉末年的社会大动乱中，五斗米道既是个民间宗教团体，又成为地方的割据政权，在张鲁治下并取得相当的成功，这种奇妙的结合，可以说是道家文化创造的又一种政治模式。

① 《史记·吕太后本纪》。
② 《后汉书·楚王英列传》。
③ 《后汉书·王涣列传》。
④ 《后汉书·皇甫嵩列传》。
⑤ 《三国志·魏书·张鲁传》。
⑥ 《后汉书·张鲁列传》。
⑦ 《三国志·魏书·张鲁传》。

张鲁创建的政治模式，在他投降曹操之后中断了，但五斗米道仍在巴蜀地区流传和发展。西晋惠帝时，青城山道士范长生辅助李特、李雄领导的流民起义，于304年建立史称成汉的地方割据政权，并且坚持了40多年。在其辖区内既宣扬"求道养志"的教义，同时又行与民休息的政策："其赋男丁岁谷三斛，女丁半之，户调绢不过数丈，绵数两。"而政权内部，却"国无威仪，官无禄秩，班序不别，君子小人服章不殊"①。这仍然是政教合一政权，并体现出无为而治的道家文化的遗意。

二

魏晋时期，道家思想除演变为道教外，另一途径是向思辨化方面发展，主要表现为玄学。玄学的主要经典是《老子》《庄子》和《周易》，称为"三玄"。玄学与道教，思想渊源都来自道家，但哲学与宗教不同，在理论思维的表现方式上有差异。玄学作为一种社会思潮，主要对各阶层的知识分子产生影响。但由于各人的政治态度不同，对儒、道两家思想的关系，主要是名教与自然的关系，理解上分歧很大，并且表现为激烈的政治斗争。

魏晋玄学的主流派，有何晏、王弼、郭象等人。何、王开创"正始玄风"，提出"天地万物皆以无为本"的中心思想，就是道家崇尚的"自然"，但又认为"万物以自然为性"②。而"名教"也是从"自然"而来，何、王论证"名教"出于"自然"，就是为纲常名教找寻合理根据。

继何、王之后，郭象更进一步论证名教与自然的一致性。他把封建纲常名教所规定的君臣上下、贵贱尊卑，说成是符合"天理自然"③。人们只要安分自得，"则物任其性，事称其能，各当其分，逍遥一也"④。郭象利用庄子齐物的观点，将名教等同于自然，以此论证封建等级制度的天然合理性。

依此看来，玄学主流派把老庄的"道"，从本体论来说发展成更加精致

---

① 《晋书·李雄载记》。
② 《老子》第二十九章注。
③ 《庄子·齐物论》注。
④ 《庄子·逍遥游》注。

的唯心主义，这对道家理论思维水平的提高做出了较大的贡献。他们以道解儒，在论证名教与自然的统一性时，对两汉烦琐经学与谶纬神学，也有廓清之功，为儒学的义理化开拓出新路。但他们"祖述老庄立论"，表面上是歌颂自然，其实是利用道家的自然无为思想为儒家的名教做辩护，从而自然地起到维护纲常名教的作用，在政治上充当封建统治者的御用工具，这是玄学不光彩的一面。

但在玄学中也有非主流派，可以嵇康为代表，他提出"越名教而任自然"①的命题。嵇康也是用老庄自然无为作为思想武器，但他反对说"名教"出于"自然"，而是认为违反"自然"。他的实际用意是抨击司马氏的统治，结果被加以"害时乱教""非毁典谟"的罪名遭到杀害。② 嵇康在魏晋之际虽然成为政治斗争的牺牲品，但他戳穿了司马氏以孝治天下的谎言，揭露了儒家封建名教的虚伪性，在当时起到反封建的积极作用。

嵇康以"道"非"儒"，与何、王等以"道"释"儒"相比，应该是老庄思想的复归，是属于先秦道家的正统派，可是在魏晋时期的玄学思潮中，却被视为"异端"，可以说是是非的颠倒。嵇康的思想观点与后来的鲍敬言颇有相似之处，并导致鲍氏与葛洪的一场大辩论。

三

先秦道家思想文化进入中世纪，形成道教与玄学双向交叉发展的轨迹。玄学只是魏晋时期的社会思潮，存在的时间不长，涉及的人物不多，但对哲学本体论在理论思维方面的建树给后世带来相当深远的影响。至于道教本身也是有以"道"非"儒"和以"道"释"儒"两派思想的矛盾冲突，实质上是不满与维护封建统治两种政治倾向的斗争，这在东晋时期鲍敬言与葛洪的辩难中就得到充分体现。

东晋时期，五斗米道又称为天师道，一方面开始向门阀贵族上层渗透和发展，另一方面仍在下层民间传播。如孙恩率领道徒起事，却杀掉同样笃信天师道属世家大族的王凝之。这并非教派纠纷，而是一场政治斗争。

---

① 《释私论》。
② 《晋书·嵇康传》。

南北朝直至宋明时期，有的道徒直接参与宫廷政治，成为统治集团中的一员；亦有道徒仍在民间秘密活动，以原始道教的符箓咒语治病，伺机组织发动农民起义。

道教除用符箓治病救人外，并信奉炼丹成仙并由此产生金丹道教，葛洪是金丹道派的奠基人。由于炼丹只有上层道徒才具备条件，因此很快为封建统治者所认同。葛洪曾明确说："夫道者，内以治身，外以为国。"① 当然置身于维护封建统治的官方道教的行列，并站在这个立场与鲍敬言展开辩论。

鲍敬言何许人也？可能被人视为道教异端，因此他的生平事迹和著作篇目，都无从考索。幸而葛洪为驳倒这个论敌，专门写了《诘鲍》篇，将鲍生的理论作为反面材料做了一些引述，使我们看到这场辩论的概貌。

葛洪在《诘鲍》篇中，开宗明义就指出："鲍生敬言，好老庄之书，治剧辩之言。"老庄是道教始祖，这个鲍生好老庄之书，应是道教的信徒，可能还是个好辩之人，在当时社会上有一定影响，所以葛洪才专门撰文论辩。

鲍敬言立论的主旨是："以为古者无君，胜于今世。"即是个无君论者。他的论证主要从两方面展开：一是阐述古者无君的优胜之处；二是揭露有君之后的种种弊端，矛头主要针对现实的封建专制统治。

嵇康虽然没有明确主张无君，但他自称是个"托好老庄""养素全真"的人。他的贵古贱今思想与鲍生的主张极为相似，下面先试做比较。

嵇康说："洪荒之世，大朴未亏，君无文于上，民无竞于下，物全理顺，莫不自得。饱则安寝，饥则求食，怡然鼓腹，不知为至德之世也。若此，则安知仁义之端、礼律之文？及至人不存，大道陵迟，乃始作文墨，以传其意……故六经纷错，百家繁炽……推其原也，六经以抑引为主，人性以从欲为欢……故仁义务于理伪，非养真之要术；廉让生于争夺，非自然之所出也。……若遇上古无文之治，可不学而获安，不勤而得志，则何求于六经，何欲于仁义哉？"②

又说："浩浩太素，阳曜阴凝，二仪陶化，人伦肇兴。爰初冥昧，不虑不营……故君道自然，必托贤明。芒芒在昔，罔或不宁。赫胥既往，绍以皇羲，默静无文，大朴未亏，万物熙熙，不夭不离。降及唐虞，犹笃其绪……下逮德衰，大道沉沦，智慧日用，渐私其亲。……名利愈竞，繁礼

---

① 《抱朴子·内篇·明本》。
② 《难自然好学论》。

屡陈，刑教争驰，天性丧真。季世陵迟，继体承资，凭尊恃势，不友不师，宰割天下，以奉其私。……矜威纵虐，祸崇丘山，刑本惩暴，今以胁贤，昔为天下，今为一身，下疾其上，君猜其臣，丧乱弘多，国乃陨颠。"①

鲍敬言著论云："曩古之世，无君无臣，穿井而饮，耕田而食，日出而作，日入而息，泛然不系，恢尔自得，不竞不营，无荣无辱……势利不萌，祸乱不作，干戈不用，城池不设……含铺而熙，鼓腹而游……安得聚敛以夺民财，安得严刑以为坑阱！降及杪季，智用巧生。道德既衰，尊卑有序。……尚贤则民争名，贵货则盗贼起。……使夫桀、纣之徒得燔人，辜谏者，脯诸侯，菹方伯，剖人心，破人胫；穷骄淫之恶，用炮烙之虐。若令斯人并为匹夫，性虽凶奢，安得施之？使彼肆酷恣欲，屠割天下，由于为君，故得纵意也。"②

鲍生又难曰："夫天地之位，二气范物……各附所安，本无尊卑也。君臣既立，而变化遂滋。夫獭多则鱼扰，鹰众则鸟乱；有司设则百姓困，奉上厚则下民贫。……民乏衣食，自给已剧，况加赋敛，重以苦役。下不堪命，且冻且饥，冒法斯滥，于是乎在。……无道之君，无世不有，肆其虐乱，天下无邦。忠良见害于内，黎民暴骨于外。岂徒小小争夺之患邪！"③

对此嵇康和鲍敬言的论调，虽一属玄学中人，一为道教生徒，但其立论的思想来源和根据，无疑是来自老庄原始道家。但两人的观点亦稍有不同，嵇康主要非议儒家的仁义道德说教，他是"又每非汤、武而薄周、孔"④，"以六经为芜秽，以仁义为腐臭"⑤，可见他对儒学的反感。其实他也不完全针对历史，更着重于面对现实。司马氏号称以孝治天下，而嵇康"与东平吕昭子巽及巽弟安亲善。会巽淫安妻徐氏，而诬安不孝，囚之"。吕巽奸淫弟妇，反诬吕安不孝，是非颠倒莫过于此。而嵇康"义不负心，保明其事"，而结果司马昭却"杀安及康"。⑥ 由此事例可见儒家道德伦理的虚伪性和残酷性。当时司马氏杀嵇康也可能以吕安事做借口，真实原因是他不与朝廷合作。钟会攻击他"上不臣天子，下不事王侯，轻时傲世，不

---

① 《太师箴》。
② 《抱朴子·外篇·诘鲍》。
③ 《抱朴子·外篇·诘鲍》。
④ 《与山巨源绝交书》。
⑤ 《难自然好学论》。
⑥ 《三国志·魏书·王粲传》，注引《魏氏春秋》。

中古时期道家文化的演变与分流

为物用，无益于今，有败于俗"①，是个政治异己分子，所以非杀不可了。其实嵇康不会也不可能造反，不过想像老庄那样隐居避世，但时势不同，要忠实履行道家的一套已不可能了。

鲍敬言的名气地位和嵇康不同，当时可能没有引起官方的注意。他的无君论在反对封建专制君权政治上最为激进，但在历史观方面又最为倒退落后，这也是先秦原始道家思想文化的体现。但是，鲍敬言揭露暴君的罪行却有相当煽动性。如指出统治者对劳动人民的压迫剥削："劳之不休，夺之无已，田芜仓虚，杼柚之空，食不充口，衣不周身，欲令勿乱，其可得乎!"其后不久，就爆发了孙恩、卢循领导的道教徒起事，这并非鲍生不幸而言中，其实历史上的社会动乱，都是这样逼迫出来的，不过他以此作为有君的罪恶罢了!

作为鲍生对立面的葛洪，他的"诘鲍"却拿不出多少新鲜货色。虽然他主张历史进化的观点是正确的，如指出"古者，生无栋宇，死无殡葬；川无舟楫之器，陆无车马之用。吞啖毒烈，以至殒毙；疾无医求，枉死无限。后世圣人，改而垂之，民到于今，赖其厚惠"②。

这当然也是事实，这是文明社会的进步。但他举出的例子，却是"唐虞升平之世，三代有道之时"，距离当前的现实太远了。他指责"鲍生独举衰世之罪，不论至治之义"，无奈当时人对"衰世"的弊端深有感受，对"至治"的盛况认为徒托空言。所以，鲍生"雅论所尚，唯贵自然"这种无君的主张，反而易为群众所接受了。

从以上情况看来，我国中古时期道家文化的发展，政治上出现严重的分化，为适应维护封建社会秩序的需要，所谓"道术儒修无二致，神仙忠孝有完人"，成为葛洪神仙道教的信条。至于不满封建统治的民间道教则被视为异端，称之为"妖道""邪道"，主张在"禁绝之列"。③ 这里说明道教的派别分化，主要不在于教义的分歧，更重要的是政治立场上的区别。尽管葛洪的思想走向老庄道家的反面，而神仙道教却继续得到发展，这表明道家文化到封建社会中期，在政治分化中出现矛盾两重性的社会影响。

（原载《黄山高等专科学校学报》1999年第2期）

---

① 《世说新语·雅量》，注引《文士传》。
② 《抱朴子·外篇·诘鲍》。
③ 《抱朴子·内篇·道意》。

徜徉在入世与出世之间

——葛洪儒道兼综思想剖析

在道教史上，魏晋时期是早期道教出现分化和上层神仙道教逐步形成的时期，葛洪是这个时期有代表性的人物，其代表作《抱朴子·内篇》奠定了神仙道教的理论基础。但葛洪的儒道兼综思想，既适应当时道教士族化的需要，使其向官方道教发展，同时亦丰富了道教教义本身，在理论化方面企图与佛教分庭抗礼，亦对后来三教融合产生一定影响。因此，葛洪思想在中国道教史以至传统思想文化发展史上，都应占有一席之地。

一

葛洪（283—363）的儒道兼综思想及对神仙道教理论的阐发，并非只靠他个人悟道所产生，与当时的历史条件、家族传统、生平学养以至人生各种际遇，都有不同程度的关系。总的来说，社会存在决定社会意识的基本原理对葛洪还是适应的。

葛洪生于晋太康四年（283）。晋武帝于280年平吴，改元太康（280—289），这短短的10年的统一，社会比较安定，但到290年武帝死后，继位的惠帝是个白痴，由外戚杨、贾争权导致宗室中所谓"八王之乱"。与八王混战同时，大量流民出现，社会动乱，民不聊生，接着外族入侵，晋惠帝之后的怀帝、愍帝，相继成了俘虏。316年，西晋灭亡。

葛洪出生后，大概只过了几年太平日子，社会就陷于动乱，加上他13岁时父亲去世，家境中落，但他坚持个人奋斗，自学成才。他在《抱朴子·外篇·自叙》中对一生经历和家世都有所追述，有几点值得注意。

葛洪的先世属士族世家。他在《自叙》中称"其先葛天氏"，"后降为列国，因以为姓"，这当然是自抬身价的传说。但他先祖为荆州刺史，虽反王莽篡位失败，而"莽以君宗强，虑终有变，乃徙君于琅邪"。这说明在王莽时葛氏已是强宗大族。到"君之子浦庐，起兵以佐光武，有大功。光武践祚，以庐为车骑，又迁骠骑大将军，封下邳僮县侯，食邑五千户"。后浦庐将爵位让给弟弟，"遂南渡江，而家于句容"。所以葛洪自称"丹阳句容人也"。

葛浦庐南迁到句容，仍保有原来士族的地位。如葛洪称其祖父"学无不涉，究测精微，文艺之高，一时莫伦，有经国之才"。在当时三国中的吴国，"历宰海盐、临安、山阴三县，入为吏部侍郎、御史中丞、庐陵太守、吏部尚书、太子少傅、中书、大鸿胪、侍中、光禄勋、辅吴将军，封吴寿县侯"。葛洪称他父亲"以孝友闻，行为士表。方册所载，罔不穷览。仕吴五官郎中正，建城、南昌二县令，中书郎，廷尉平，中护军，拜会稽太守"。入晋后为郎中令，最后"迁邵陵太守，卒于官"。

葛洪在《自叙》中对其先世，特别对祖父、父亲两代的仕宦功名详加叙述，这是什么心态呢？魏晋南北朝是门阀士族专政的社会，葛洪自父亲去世后家道中落，"饥寒困瘁，躬执耕穑"，但当时世俗上仍以当士族的后代为荣。士族起源于东汉的儒生，以守礼法为标榜。晋朝司马氏标榜以孝治天下，虽然是十足的虚伪，但晋武帝司马炎却要假戏真做。据说司马昭去世后，他坚持要行三年丧礼，下诏说"朕本诸生家，传礼来久，何至一旦便易此情于所天"。意思是说，我家本是传礼的儒生人家，不能因做了皇帝而改变儒家的礼制。行三年丧礼，在孔子时代都难以推行，而以残忍欺诈著称的司马氏却要做儒家的嫡传孝子，看来未免可笑。但当时他们是君临天下，随时可以用不孝罪名来杀人。当时儒家经学在学术上虽然退潮，但儒家的孝道纲常，对维护封建统治还是不可缺少的。葛洪既站在士族立场，称赞他父亲"以孝友闻，行为士表"，自是顺理成章的事，从时代的要求和家世的承传使葛洪只能接受儒家的思想。

至于葛洪的神仙道教思想，亦是适应封建统治者的要求，同时葛洪的祖辈出了一个特殊人物——葛玄，这都为葛洪神仙道教思想的产生，提供了客观的历史条件。

所谓神仙道教就是以长生成仙为教旨。早在战国时就有称为"方仙道"的流行于燕齐的上层社会，由于上层的皇帝和贵族为了永保统治权力和享受人间富贵，就想追求长生不死，而方士许愿有不死药和长生术来迎合其需要，所以即如秦皇、汉武，这些雄才大略的君主，亦提出这方面的要求。如秦始皇遣徐市入海求仙人，还使韩终、侯公、石生求仙人不死药。汉武帝想升仙，便有海上燕、齐方士来出谋献策，如李少君就开出一种仙方，要遣方士入海求蓬莱安期生之属。俗语说：做了皇帝又想升仙。这不单是讽刺人们贪得无厌，其实历史上不少皇帝贵族都有这种爱好，不过未见有谁成功罢了。

皇帝要升仙，遣方士到海外找仙人仙药，毕竟难以保证，由是李少君写给武帝的仙方，提出"致物而丹沙可化为黄金，黄金成以为饮食器则益寿"，"而事化丹沙诸药齐为黄金矣"。① 与武帝同时的淮南王刘安，招致宾客方术之士写书，"言神仙黄白之术"，或"言神仙使鬼物为金之术"。到东汉时魏伯阳撰写《周易参同契》，把修炼仙丹的药物、火候、过程，提出一个较为系统的模式，被称为"万古丹经王"。以上这些或可称为魏晋时期兴起"神仙道教"的先导。

葛洪的从祖葛玄，约生活在三国时的吴国。吴主孙权，曹操曾称赞"生子当如孙仲谋"，也可以算得是一时英杰。但他也崇信神仙，结交方士。据《历代崇道记》称："吴主孙权于天台山造桐柏观，命葛玄居之；于富春建崇福观，以奉亲也；建业造兴国观，茅山造景阳观。都造观三十九所，度道士八百人。"这里孙权造观专供葛玄进住，可见对他的重视。《神仙传》说葛玄"常服饵术，能用符，行诸奇术"。另据《真诰》载，谓"有人漂海随风，渺漭无垠，忽值神岛，见人授书一函，题曰寄葛仙公，令归吴达之。由是举世翕然，号为仙公"。葛洪在《抱朴子》书中，也以"余从祖葛仙公"称之。

由上可见，产生葛洪思想的时代背景，是封建统治者既标榜以儒家孝道治国，又服食求神仙养身，而社会上又普遍建立起神仙的信仰。而葛洪的家世，他既有个"以孝友闻，行为士表"的父亲，又有个能"行诸奇术""号为仙公"的从祖。这些历史与现实的存在，给葛洪产生儒道兼综的思想意识提供了外部硬件，即思想意识的产生具备了存在的依据和广泛的社会基础。

二

葛洪儒道兼综思想的形成和演变，固然为适应现实社会和封建统治者的要求，同时亦受到士族家世传统的影响。但思想的形成还来自自身的学

---

① 《史记·孝武本纪》。

养,同时在人生道路的选择上,思想的流程亦有所表现。外部条件与内在动力的交互作用,形成葛洪矛盾统一的儒道兼综思想。前面谈到葛洪13岁丧父,所以他在《自叙》中说"夙失庭训","又累遭兵火,先人典籍荡尽,农隙之暇无所读"。按常理说他少年时的学习条件是很差的,但他并不灰心丧气,而是愈艰苦愈向前。家中无书,"乃负笈徒步行借……少得全部之书,益破功日伐薪卖之,以给纸笔,就营田园处,以柴火写书。坐此之故,不得早涉艺文。常乏纸,每所写,反复有字,人鲜能读也"。这样的读书学习条件,当今学子恐怕很难想象,但对那些养尊处优而学无所成的人,不知有无一点启示。

葛洪《自叙》称"年十六,始读《孝经》《论语》《诗》《易》",这是传世的儒家经典。他虽谦称读书"大义多所不通,但贪广览,于众书乃无不暗诵精持。曾所披涉,自正经诸史百家之言,下至短杂文章,近万卷"。"而著述时犹得有所引用,竟不成纯儒,不中为传授之师。""晚学风角、望气、三元、遁甲、六壬、太乙之法,粗知其旨,又不研精。"另外有些书他看过不太感兴趣的,如说:"其河洛图纬,一视便止,不得留意也。""不喜星书及算术、九宫、三棋、太一、飞符之属,了不从焉,由其苦人而少气味也。"从上述看来,葛洪可以说无书不读,但他似乎还不满足,认为《别录·艺文志》记载有"万三千二百九十九卷,而魏代以来,群文滋长,倍于往昔,乃自知所未见之多也"。他曾"诣京师,索奇异,而正值大乱,半道而还,每自叹恨"。

依上所述,葛洪读书多而杂,但基本读的是儒家经典及一些方士奇术的杂书。他在《自叙》中说了许多自抑之词,如自谓"孤陋寡闻,明浅思短","既性暗善忘,又少文,意志不专,所识者甚薄","才钝思迟","性钝口讷",等等。其实他是个博闻强记、好学深思之士,并很早就进行写作,自称"年十五六时,所作诗赋杂文,当时自谓可行于代",后虽到弱冠时感到"多不称意",但到"年二十余,乃计作细碎小文,妨弃功日,未若立一家之言,乃草创子书"。这里表现出不知是他的天才还是野心?看来应该是思想早熟。葛洪要完成他的一家之言,亦不是一帆风顺,《自叙》称"会遇兵乱,流离播越,有所亡失,连在道路,不复投笔十余年,至建武中乃定。凡著《内篇》二十卷,《外篇》五十卷,《碑颂诗赋》百卷,《军书檄移章表笺记》三十卷。又撰俗所不列者为《神仙传》十卷,又撰高尚不仕者为《隐逸传》十卷,又抄五经七史百家之言,《兵事方伎短杂奇要》三百一十卷,别有目录"。

据陈国符《道藏源流考·葛洪事迹考证》称，葛洪从 20 岁开始写作内、外篇，约到建武元年（317）35 岁时初步完成，40 岁时又进行修改。在写作过程中，太安二年（303），张昌、石冰发动农民起义，"义军大都督邀洪为将兵都尉"，"遂募合数百人，与诸军旅进"。永兴元年（304）叛乱平息，"于是大都督加洪伏波将军"。而葛洪却以"成功不处之义"，"不论战功"，在"投戈释甲"后，"径诣洛阳，欲广寻异书"。由于途中"正遇上国大乱（指八王之乱），北道不通，而陈敏又反于江东，归途隔塞"。这时，他的朋友嵇君道被封广州刺史，拟请葛洪作"参军"。他觉得动乱年月岭南是个比较安定的地方，于是到了广州。可是嵇君道未到职却于光熙元年（306）被害。葛洪至广州时才 24 岁，君道遇害后，他只好滞留广州。当时虽"频为节将见邀用，皆不就"，即地方长官多次邀他出仕，他没有答应。他认为"富贵可以渐得，而不可顿合"，"有若春华，须臾凋落。得之不喜，失之安悲？悔吝百端，忧惧兢战，不可胜言，不足为也"。既然富贵是不足为，故"未若修松、乔之道，在我而已，不由于人焉。将登名山，服食养性"，"自非绝弃世务，则曷缘修习玄静哉"。这是葛洪第一次由入世走向出世的宣言，他选择的名山就是岭南的罗浮山，在此潜心修炼与著述，他称"先所作子书内外篇，幸已用功夫，聊复撰次，以示将来云尔"。他著的《抱朴子》内外篇，大体在罗浮山十年间完成。

葛洪在罗浮山著述告一段落，又返回家乡句容，地方州郡"礼辟"他出仕，他都没有接受。后被推荐到琅邪王丞相府，"辟为掾"，似又步入仕途了。这个琅邪王司马睿在 307 年被晋怀帝任命为安东将军，都督扬州、江南军事，镇建邺（后改建康，即今南京）。当时西晋由于内忧外患，黄河流域陷于大混乱的时候，长江流域算是较为安定的地方。由于晋怀帝、愍帝相继被俘，西晋灭亡。317 年，司马睿被推为晋王，318 年称皇帝，史称东晋王朝。葛洪回到句容，虽没有接受地方征辟，但由于他具有儒家的正统观念，盛赞"晋王应天顺人，拨乱反正，结皇纲于垂绝，修宗庙之废祀，念先朝之滞赏，并无报以功来。洪随例就彼。庚寅诏书，赐爵关内侯，食句容之邑二百户"。葛洪受封在太兴元年（318），晋王已称皇帝（晋元帝），可能为要收拾人心，葛洪前因平石冰之乱未受封赏，入罗浮又出世十年，所以当时思想上确是有点矛盾。他自称："窃谓讨贼以救桑梓，劳不足录，金紫之命，非其始愿。本欲远慕鲁连，近引田畴，上书固辞，以遂微志。适有大例，同不见许。昔仲由让应受之赐，而洱为善。丑虏未夷，天下多事，国家方欲明赏必罚，以彰宪典，小子岂敢苟洁区区之懦志，而距弘通之大制？故遂息意而恭承诏命焉。"

葛洪在《自叙》中讲出当时的思想矛盾，可以说是徘徊在出世与入世之间。但由于"丑房未夷，天下多事"，为维护国家的赏罚制度，他终于"恭承诏命"，自是儒家入世思想占了上风，接受封爵。既为王臣，就要接受朝廷的任命，为封建王朝尽力。据《晋书·葛洪传》称："咸和初（咸和元年是326年），司徒（王）导召补州主簿，转司徒掾，迁谘议参军。"此时距封爵已经十年，中间虽未标明任何职，大概不会空白。其后"干宝深相亲友，荐洪才堪国史，选为散骑常侍，领大著作，洪固辞不就。以年老，欲炼丹以祈遐寿，闻交阯出丹，求为句屚令。帝以洪资高，不许。洪曰：'非欲为荣，以有丹耳。'帝从之。洪遂将子侄俱行，至广州，刺史邓岳留不听去，洪乃止罗浮山炼丹"，"在山积年，优游闲养，著述不辍"。

葛洪从接受王导召辟到干宝的推荐，中间相隔时间不清楚，但他以年老欲炼丹求长寿。按一般概念到60岁才称年老，葛洪35岁回句容接受封爵，如到60岁才离开仕途，中间长达25年。这样说来，如按说他去世时61岁，那就根本没有时间到罗浮山炼丹，即使按81岁说，晚年住在罗浮的时间亦大打折扣。但不管怎样，在葛洪的一生中，从青少年读书到参与平石冰之乱，他的人生态度是入世的；第一次到广州入罗浮作子书内外篇，是从入世走向出世；但他到中年又回来接受朝廷封爵和召辟，在天下多事的情况下，为维护晋王朝尽一分力量，这无疑又回到入世中来；直到年老又想到要炼丹求长寿，最后才终老于罗浮山。综其一生，从入世走向出世，再走回入世而终于出世，这种人生经历在道教史中的人物恐怕是相当少见，因此儒道兼综成为他的思想主流也就不奇怪了。

三

我们所以说葛洪具有儒道兼综思想，除与上述的时代背景、人生经历有密切关系外，还体现在他平时学养和重要著述中。《晋书·葛洪传》称他少好学，"写书诵习，遂以儒学知名"，但他读书"究览典籍，尤好神仙导养之法。从祖玄，吴时学道得仙，号曰葛仙公，以其炼丹秘术授弟子郑隐。洪就隐学，悉得其法焉"。据此葛洪所著书，自称"予所著《子》，言黄白之事，名曰《内篇》，其余驳难通释，名曰《外篇》"。自号抱朴子，因以名书。他在《自叙》中亦明确说:"其《内篇》言神仙方药鬼怪变化养生延年禳邪却祸之事,属道家;其《外篇》言人间得失,世事臧否,属儒家。"对两篇著述内容,他自行做了界定。

这里我们要指出一点,葛洪所属的道家并非先秦老庄原始道家,甚至可以说在政治上是与之对立的。我们可以看葛洪与鲍敬言的一场辩论。他专门写了《诘鲍》篇,开宗明义就指出:"鲍生敬言,好老庄之书,治剧辩之言。"老庄是道教始祖,这个鲍生好老庄之书,应该是道教的信徒,但他的政治观点和葛洪不同,他的立论主旨是"以为古者无君,胜于今世",即是个无君论者。他的论证主要从两方面展开:一是阐述古者无君的优胜之处,二是揭露有君之后的种种弊端,矛头主要针对现实的封建专制统治。

葛洪的政治观点当然和鲍敬言不同,他以"唐虞升平之世,三代有道之时"这一儒家理想治世为君主制度辩护,而反对老庄道家的"唯贵自然"。因此,葛洪儒道兼综的"道"是指神仙道教,服食求神仙是为君主求长生服务,同时要维护封建君主的统治,这里儒道双方的政治立场是一致的。

我国中古时期的道教,政治上出现严重的分化,有些道徒用原始道教的符箓咒语治病,在民间秘密活动,伺机组织发动农民起义。另有一派道徒却信奉炼丹成仙并由此产生金丹道教,葛洪就是金丹道教的奠基人。由于炼丹只有上层道徒才具备条件,因此很快为封建统治者所尊奉。葛洪曾明确说:"夫道者,内以治身,外以为国。"① 这就置身于维护封建统治的官方道教的行列。

葛洪站在官方道教立场,对那些反对朝廷、扰乱社会的教派徒众,则称之为"妖道""妖伪""妖邪",这些对封建统治或明或暗有所不利的教派,他主张要严厉镇压甚至要斩尽杀绝。如说:"曩者有张角、柳根、王歆、李申之徒,或称千岁,假托小术,坐在立亡,变形易貌,诳眩黎庶,纠合群愚,进不以延年益寿为务,退不以消灾治病为业,遂以招集奸党,称合逆乱。""刺客死士,为其致用,威倾邦君,势凌有司,亡命逋逃,因为窟薮。皆由官不纠治,以臻斯患,原其所由,可为叹息。"② 他认为所以出现如张角等人的称合逆乱,是由于官府的纠治不力。他认为"淫祀妖邪,礼律所禁。然而凡夫,终不可悟。唯宜王者更峻其法制,犯无轻重,致之

---

① 《抱朴子·内篇·明本》。
② 《抱朴子·内篇·道意》。

大辟，购募巫祝不肯止者，刑之无赦，肆之市路，不过少时，必当绝息"①。

葛洪为要"禁绝"民间道教的异端，动用儒家的礼律和法家的严刑峻法，犯无轻重，都要斩尽杀绝，这不是教义的分歧，而是一场残酷的政治斗争。

葛洪的儒道兼综思想，还体现在儒道双修方面，即主张学道修仙，不能违反儒家的孝道和纲常伦理道德，还要多做善事。因为无论道教还是佛教，都要出世成仙成佛，不是无法祭祀祖先尽孝吗？葛洪在《对俗》篇中解释说："盖闻身体不伤，谓之终孝，况得仙道，长生久视，天地相毕，过于受全归完，不亦远乎？"由于儒家《孝经·开宗明义章》云："身体发肤，受之父母，不敢毁伤，孝之至也。"儒家讲身体不伤谓之终孝，而得道仙人，长生久视，身体永远不死，不是更符合儒家的孝道吗？至于祭祀先祖，学道修仙的人在家亦有子弟，"祭祀之事，何缘便绝"，当然更无须忧虑了。

葛洪更进一步将学道修仙与遵守儒家道德伦理联系起来。他明确说："欲求仙者，要当以忠孝和顺仁信为本。若德行不修，而但务方术，皆不得长生也。"对立功德和行善事问题，他按《玉钤经·中篇》云："立功为上，除过次之。为道者以救人危使免祸，护人疾病，令不枉死，为上功也。"又云："人欲地仙，当立三百善；欲天仙，立千二百善。若有千一百九十九善，而忽复中行一恶，则尽失前善，乃当复更起善数耳。故善不在大，恶不在小也。"又云："积善事未满，虽服仙药，亦无益也。若不服仙药，并行好事，虽未便得仙，亦可无卒死之祸矣。"②

葛洪把救困扶危、去恶从善，以至遵守忠孝仁信等封建纲常伦理道德作为学道求仙的前提条件，这里有双重含义：一方面向统治者表明，修仙学道的人是不会违反封建纲常伦理道德的，并要求他们立功德、做善事；另一方面也警告那些民间道教，学道也要遵守封建道德教条，不能做扰乱社会秩序的恶行，从而消除那些异端教徒出现作奸犯科思想的危险。这种儒道兼综思想在社会效应上可谓一举两得。

由于有些人认为求仙会代替君臣之道，即认为出世与入世会有矛盾，葛洪对此解释说："长才者兼而修之，何难之有？内宝养生之道，外则和光于世，治身而身长修，治国而国太平。以六经训俗士，以方术授知音，欲少留则且止而佐时，欲升腾则凌霄而轻举者，上士也。"这种上士可以说是

---

① 《抱朴子·内篇·道意》。
② 《抱朴子·内篇·对俗》。

儒道双修，既能治国而佐时太平，又能修身而升腾做神仙，可以说一身而二任焉。对这种人他举了不少实例，如说"昔黄帝荷四海之任，不妨鼎湖之举；彭祖为大夫八百年，然后西适流沙；伯阳为柱史"，"吕望为太师"，"范公霸越而泛海"，等等。①

这些入世为圣君贤臣，出世则多属《列仙传》中人物。其实这也是葛洪夫子自道，他入世时助朝廷平定叛乱，得到赐爵封侯之赏，出世时以药物养身，以术数延命，终于尸解登仙。正所谓"道术儒修无二致，神仙忠孝有完人"，这正是葛洪一生的定位和写照。

最后谈一下道本儒末问题。葛洪在《明本》篇开头在答复或问儒道之先后时，就明确说："道者，儒之本也；儒者，道之末也。"如此说来，是否背离了儒道兼综思想呢？我们看他的界定："夫道者，其为也，善自修以成务；其居也，善取人所不争；其治也，善绝祸于未起；其施也，善济物而不德；其动也，善观民以用心；其静也，善居慎而无闷。此所以为百家之君长，仁义之祖宗也，小异之理，其较如此，首尾污隆，未之变也。"由于葛洪最终还是个道教徒，是金丹道派的宗主，当然把"道"放在第一位，说成是"仁义之祖宗"，不过为道家争面子罢了，其儒道兼综思想的排序虽成为道先儒后，而其思想实质，应该说是"未之变也"。

葛洪的儒道兼综思想，对中国传统思想文化的发展会带来什么影响，是值得探讨的问题。学界一般认为，儒、释、道三教的矛盾融合，标志着传统文化发展到一个较为成熟的阶段。但由于佛、道是出世的宗教，可以不遵守俗世的封建道德伦理纲常，故为辟佛、道的世儒所诟病。葛洪主张学道修仙的人，也要遵守忠孝仁信的儒家教条，要立功德和做善事，这就沟通了儒道之间的关节，把治身与为国统一起来。"道术儒修无二致，神仙忠孝有完人"，葛洪本人做出典型的示范，对今后"三教"思想的交融，起到一定的黏合剂作用。

（原载《宗教学研究》2004年第2期）

---

① 《抱朴子·内篇·释滞》。

陶渊明无神论思想试探

——兼论中国古代无神论与有神论的思想界限及其通向

陶渊明（365—427），一名潜，字元亮，浔阳柴桑（今江西九江）人。他是个有名的田园诗人，在中国文学史上占有重要的地位。由于他没有专门的哲学论著，所以在思想史上一般很少提及。在他所生活的时代，有神论十分流行，道教正鼓吹人能长生久视而求做不死神仙，佛家则力言形尽神不灭以明因果报应。对当时社会上流行的这些观点，陶渊明常常在所写的诗文中明显地加以驳斥。作为封建时代的文人，这种思想表现我认为是值得珍视的。虽然在他的思想中也有消极的一面，这是由于阶级和时代的局限。我们只要对此做出全面分析，并总结理论思维方面的经验教训，这仍然不失为一项有意义的工作。

一

陶渊明虽然没有系统地论述过自己的自然观，但他认为宇宙是自然生成的，并没有人格神作为主宰和造物主，这种思想却相当明确。如说："茫茫大块，悠悠高旻，是生万物，余得为人。"① 就是认为万物和人是由宇宙自然生成，而宇宙却充塞着元气。所谓"咨大块之受气，何斯人之独灵！禀神智以藏照，秉三五以垂名"②。作为万物之灵的人，虽然神智上比其他优异，也是由自然气化而生成的，这里看不到神在主宰世界和造化万物的作用。

陶渊明虽然不能科学地认识自然界的造化和万物生灭变化的规律，但他对自然界事物和人的形体与精神关系的观察，使他比较能如实地看出一

---

① 《陶靖节集·自祭文》，以下只注篇名。
② 《感士不遇赋》。

些问题。他指出:"天地长不没,山川无改时。草木得常理,霜露荣悴之。谓人最灵智,独复不如兹。适见在世中,奄去靡归期。"① 这里他把天地、山川、草木和人的形体做了观察比较,认为天地山川即自然界的总貌是不会改变的,草木是一岁一枯荣,唯独最灵智的人的形体,在人死亡之后就消灭掉而不能复生了。当然他这里的观察和判断并不是很科学和准确的,如天地山川的自然界并不是永恒不变,具体的草木也不是永远一岁一枯荣;但他毕竟看出了自然界的山川草木变化和生灭,和有生命、最灵智的人有所不同,并指出这个区别。而当时鼓吹求神仙的道教徒如葛洪之流,却故意抹杀这个区别。当时有人指出:"夫有始者必有卒,有存者必有亡。""而咸死者,人理之常然,必至之大端也。"葛洪之流对这种正确观点却强加驳难,狡辩说:"谓始必终,而天地无穷焉。谓生必死,而龟鹤长存焉。""若夫仙人,以药物养身,以术数延命,使内疾不生,外患不入,虽久视不死,而旧身不改,苟有其道,无以为难也。"② 这就把天地、龟鹤与所谓仙人等同起来,认为人也可以长生不死。陶渊明则强调了这种区别,实际上是对道教徒的神仙谬说给以驳斥。他还明确指出:"运生会归尽,终古谓之然。世间有松乔,于今定何间?"③ 赤松子和王子乔都是古代传说中的神仙,而陶渊明却对此给予否定,这是明确驳斥了道教的有神论,批判了秦汉以来方士的神仙之说,从而在一定程度上宣传了无神论思想。

如果说魏晋南北朝时神仙道教的一派,宣扬人可以修仙学道,长生不死,这种有神论比较肤浅和粗糙的话,那么当时佛教徒讲形尽神不灭的一套,就比较细致和精巧,而更富有欺骗性了。如和陶渊明同时的慧远和尚,这方面就很有一手。本来形神关系问题,汉代的桓谭、王充已经做出了唯物主义的回答。如桓谭提出"以烛火喻形神"的著名命题,认为"精神居形体,犹火之燃烛矣","烛无,火亦不能独行于虚空","犹人之耆老……气索而死,如火烛之俱尽矣"。④ 王充也指出,"天下无独燃之火,世间安得有无体独知之精","谓人死有知,是谓火灭复有光也"。⑤ 桓谭、王充的观点是对的,但这个比喻有漏洞。因为一根烛将近烧完,可以接上一根继续燃烧下去。慧远就是抓住这一点做文章,他说:"火之传于薪,犹神之传于

---

① 《形影神三首并序之一》。
② 《抱朴子·内篇·论仙》。
③ 《连雨独饮》。
④ 《新论·形神》。
⑤ 《论衡·论死》。

形。火之传异薪,犹神之传异形。前薪非后薪,则知指穷之术妙;前形非后形,则悟情数之感深。惑者见形朽于一生,便以谓神情俱丧,犹睹火穷于一木,谓终期都尽耳。"① 就是用薪尽火传的比喻来论证形尽神不灭,并为"业有三报"(现报、生报、后报)的因果报应制造理论根据。

陶渊明和慧远是有交往的,当慧远在庐山结白莲社时,主张神不灭论的宗炳等人都积极参加,名士谢灵运至求入社而不可得。但陶渊明与慧远虽"雅素为方外交,而不愿齿社列,远公遂作诗博酒,郑重招致,竟不可诎"②。他在慧远招他饮酒,因"勉令入社"时,却"攒眉而去"。③ 陶渊明所以这样,并非他与慧远的私交不好,也不是故作清高(因为慧远也是有名的高僧),他所以不愿入社,是与他同慧远、宗炳等人在思想观点方面存在分歧有一定的关系。

陶渊明是反对讲形尽神不灭的,他特别写了《形影神》诗三首,用这三者互相赠答的形式来阐明自己的观点。他虽比不上后来的范缜,能够用新的比喻对神灭思想重加论证,但他对形神不可分离的观点还是明确的。他认为精神和形体的关系,是"与君虽异物,生而相依附。结托既喜同,安得不相语"④。相对来说,神和形当然是有所不同,但两者关系却是互相依附而不可分离的,从而驳斥了形尽神不灭的观点。他指出:"三皇大圣人,今复在何处?彭祖爱永年,欲留不得住。老少同一死,贤愚无复数。"⑤ 人总是会死的,古往今来的事例可以证明这一点。但人死不单是形体,也包括精神,所以他说:"甚念伤吾生,正宜委运去。纵浪大化中,不喜亦不惧。应尽便须尽,无复独多虑。"⑥ 人死是神形俱尽,而不是形尽神不灭。

正因为陶渊明是主张形尽神灭的,所以他也不相信鬼神和因果报应等一套。他明白表示:"天道幽且远,鬼神茫昧然。"⑦ 认为鬼神之事茫昧无稽,所以说"贞脆由人,祸福无门"⑧。并没有什么鬼神在支配,也没有善恶报应。"积善云有报,夷叔在西山。善恶苟不应,何事立空言。"⑨ 所谓善

---

① 《弘明集·沙门不敬王者论·形灭神不灭》。
② 《靖节先生年谱》。
③ 《庐阜杂记》。
④ 《神释》。
⑤ 《神释》。
⑥ 《神释》。
⑦ 《怨诗楚调示庞主簿邓治中》。
⑧ 《荣木》。
⑨ 《饮酒(其二)》。

恶到头终有报，其实只是骗人的空话。

陶渊明还反对厚葬，理论根据就是认为形尽神灭。他说："死去何所知，称心固为好。""裸葬何必恶，人当解意表。"① 这也是表示出破除迷信的无神论思想。陶渊明是个隐士，但也有一些横眉怒目式的诗篇。他称赞"刑天舞干戚，猛志固常在"②。据说"天山有兽名刑天，黄帝时与帝争神，帝断其首，乃以乳为目，脐为口，操干戚而舞不止"③。《山海经》中的故事当然是神话，但陶渊明却歌颂敢于反抗天帝，死后仍然斗争不息的刑天，表明他对最高神的权威并不是那么敬佩的。他还肯定"精卫衔微木，将以填沧海"的精神；对"与日竞走"的夸父，称赞其"余迹寄邓林，功竟在身后"。④ 总之，陶渊明肯定与天帝和与自然作斗争的传说故事，也表现出他无神论的思想倾向。

陶渊明既认为天地是自然界，没有人格神作为主宰和造物主，那么万物的荣衰变化是怎样产生的呢？他提出"大钧无私力，万理自森著"⑤，认为大自然像陶钧造器那样，万物变化都有它必然的道理，所谓"草荣识节和，木衰知风厉。虽无纪历志，四时自成岁"⑥。而人则是"有生必有死"，人死后"得失不复知，是非安能觉"⑦。这样一来，所谓天帝鬼神能给人以祸福，以至轮回三世报应等一套，就没有什么力量了。

二

陶渊明的自然观中所以会产生一些无神论思想，与他所处的社会地位特别是后半生的生活实践有很大的关系。他的曾祖陶侃，东晋时曾以军功任大司马，也算是个高级官僚。但陶家并非门阀士族，且不久就没落了，到陶渊明时已是"亲老家贫"。他虽曾当过几任小官，但无法实现"大济苍

---

① 《饮酒（其十一）》。
② 《读山海经》。
③ 《酉阳杂俎》。
④ 《读山海经》。
⑤ 《神释》。
⑥ 《桃花源诗》。
⑦ 《挽歌诗》。

生"的宏愿，终于他不再想混迹于仕途，中年后就归隐田园，并亲自参加一些农业劳动。从事生产实践和贫困生活的磨炼，使他的思想感情也在起变化，这与其唯物主义和无神论倾向的自然观的形成，有着密切关系。

陶渊明是个田园诗人，所写的诗歌自然有它闲适的一面，但生活的重担使他对物质世界不能不抱着现实态度。他称赞"舜既躬耕，禹亦稼穑"，"冀缺携俪，沮溺结耦。相彼贤达，犹勤垄亩"①，认识到"人生归有道，衣食固其端"，"田家岂不苦，弗获辞此难"。② 物质生活是任何人所必需的，但参加过生产劳动的人会对此更有体会，所以陶渊明才说："衣食当须纪，力耕不吾欺。"③ 此外，还传说他对物质元素的水火有特殊的感情，如说他"尝闻田水声，倚杖久听。……叹曰：'……此水过吾师丈人矣。'"，又说他"日用铜钵煮粥，为二食具，遇发火，则再拜曰：非有是火，何以充腹"。④ 衣食水火是人们不可须臾离的东西，而诗人当时的生活，却是"躬耕未曾替，寒馁常糟糠。岂期过满腹，但愿饱粳粮。御冬足大布，粗绨以应阳。正尔不能得，哀哉亦可伤"⑤。在最低生活都不能维持的时候，就得"夏日抱长饥，寒夜无被眠"。⑥ 对衣食水火之资当然更为关切了。在这种情况下再祈求天帝鬼神的庇佑是无济于事的，因而他对此给予否定。

但是陶渊明的身世和他在生产生活方面的实践，固然有助于产生无神论的思想，然而也有其消极和不足的地方，他有点类似王充，不相信天有意志能赏善罚恶乃至鬼神报应等一套，却无法科学解释自然界特别是社会人事所以变化的原因。对人的死生寿夭、穷通祸福也无法预见和掌握，以为这一切好像有一个无形的主宰在支配着，从而陷入了自然命定论。

陶渊明的宿命论思想是相当突出的，如说："天地赋命，生必有死。自古圣贤，谁能独免。子夏有言：'死生有命，富贵在天。'……将非穷达不可外求，寿夭永无外请故耶？"⑦ 这就把人的死生穷达，看成都由天命所支配了。我们看他一辈子确也是按照这套宿命哲学行事。他自称"乐天委

---

① 《劝农》。
② 《庚戌岁九月中于西田获早稻》。
③ 《移居》。
④ 《云仙散录》载《渊明别传》。
⑤ 《杂诗》。
⑥ 《怨诗楚调示庞主簿邓治中》。
⑦ 《与子俨等疏》。

分","识运知命",所以"从老得终,奚所复恋"。① 颜延之也称赞他是"人否其忧,子然其命","视化如归,临凶若吉"。② 既然人的一生由命运早做安排,所以对现实即使有所不满,也只好听其自然,最多是感慨一番。所谓"穷通靡攸虑,憔悴由化迁。抚己有深怀,履运增慨然"③。"悲晨曦之易夕,感人生之长勤。同一尽于百年,何欢寡而愁殷。"④ 这样在悲感之余,终以自我慰藉了事。

正因为陶渊明一生穷困,他对当时那个恶浊的社会,既不愿同流合污,又不敢起来反抗,所以对人生流露出空虚情绪。"吾生梦幻间,何事绁尘羁。"⑤ "人生似幻化,终当归空无。"⑥ 这种思想情绪,对一个具有唯物主义自然观和无神论思想的人来说,好像有点格格不入。但出现这种矛盾并不奇怪,他不相信有一个人格神的天帝能够赏善罚恶,为民造福,也不相信形尽可以神不灭,以留待三世报应,在现实社会中又找不到出路,只好无可奈何地让自然命运之神去支配。他反复低吟浅唱:"寓形宇内复几时,曷不委心任去留?""聊乘化以归尽,乐夫天命复奚疑。"⑦ 就这样在乐天知命中度过了一生。

三

在中国封建社会失意的知识分子中间,我认为像陶渊明这种思想类型是有一定代表性的。从他们毕生的实际经历和生活实践所产生的思想来看,他们并不相信有真能赏功罚祸的天帝和鬼神,又无法解释人生的各种际遇是由什么力量所支配。如果说把社会与人生的种种现象都解释为自然如此,这与神学目的论者用人格神的上帝来主宰一切当然有所不同,前者也可以称之为无神论。可是再深入分析,这种自然如此却是一种不可捉摸的超人

---

① 《自祭文》。
② 《陶征士诔》。
③ 《岁暮和张常侍》。
④ 《闲情赋》。
⑤ 《饮酒》。
⑥ 《归田园居》。
⑦ 《归去来兮辞》。

间力量，相信这个东西实际上得变相承认冥冥之中是自有主宰，这就是自然命定之神，并不是人类社会发展的必然规律。这样无神论也就通向了有神论。

在这里可以看出一点：一个人如果只是在自然观上具有唯物论或无神论思想，并不能以此来说明社会人事变化的科学原因，如果勉强套上去解释，就很容易陷入自然命定论。从历史上看，著名的无神论思想家王充并没有能摆脱这个东西，陶渊明更由于宿命论而产生了人生梦幻的消极情绪，这在人类理论思维发展史上和在无神论史的研究方面，都有值得总结的经验教训。

历史上出现上述现象还说明了一个问题，即在马克思主义创立历史唯物主义理论之前，唯物主义和无神论思想一般只能表现在自然观方面，如果超过这个界限，涉及社会人事问题，就会陷入唯心主义的宿命论。从实质来说也是通向了有神论。譬如对人的生死，从自然体质和生理机能来看，认为有生必有死，像日月运行、四时代谢以至草木枯荣一样是自然之理，从而否定有不死的神仙和形尽神不灭之说，这种思想应该属于无神论的范畴。但是，如超越这个界限，像接触到人的寿夭祸福、贫富贵贱等一类问题时，无神论也就变成宿命论了。这里说明旧唯物主义无神论者存在着难以克服的局限，无神论与有神论之间并无不可逾越的鸿沟，当然也不能因此否认他们基本上是个无神论者。

中国古代有神论与无神论的界限，我同意刘禹锡的分析。凡是主张"天与人实影响，祸必以罪降，福必以善来，穷厄而呼必可闻，隐痛而祈必可答，如有物的然以宰者"这种"阴骘之说"就是有神论，相反，认为"天与人实相异，霆震于畜木，未尝在罪；春滋乎堇荼，未尝择善；跖、跻焉而遂，孔、颜焉而厄，是茫乎无有宰者"① 这种"自然之说"就是无神论。当然并不排除后者同样可以陷入唯心主义的宿命论，也就是说最终还是可以通向有神论。

为要说明自然界和人类是各有不同的功能，刘禹锡还提出"天与人交相胜"的学说。他认为，"阳而阜生，阴而肃杀；水火伤物，木坚金利；壮而武健，老而耗眊；气雄相君，力雄相长"，是"天之能也"。至于"阳而艺树，阴而揪敛……斩材竁坚，液矿硎铓；义制强讦，礼分长幼；右贤尚

---

① 《天论》上。

功,建极闲邪",则认为是"人之能"。① 刘禹锡的分析我认为基本上还是对的,自然界的职能确不能代替人的功能。"天恒执其所能以临乎下,非有预乎治乱云尔;人恒执其所能以仰乎天,非有预乎寒暑云尔。"② 人对于自然界的寒暑变化是无能为力的,同样,自然界对人类社会的治乱也无法干预。把社会治乱讲成有一个人格神的天帝在支配,此说固属荒唐;但归之于自然的原因,或认为是自然如此,即使不承认有什么主宰,这仍然会陷入错误。因为这种思想虽然不属于有神论范畴,但神秘的自然命定论,我认为最终会通向有神论,并给社会带来严重的不良影响。

新中国成立以后,我们对破除迷信、宣传无神论思想曾经做过相当大量的工作,也收到一定的社会效果。但是,工作的开展是不平衡的,并且有些地方还出现较大的反复。一般来说,当经济建设遭到挫折和群众生活遇到困难时,有神论思想就容易出现回升。特别在史无前例的十年中,人民群众无法掌握自己的命运,只好付诸无可奈何的天意。虽然不一定都求助于具体的人格神,但那种瞎碰运气、听天由命或类似自然命定论的思想却是相当流行的。这类思想虽不能直称之为有神论,可是从社会实际后果来看,它和迷信鬼神并无多大区别。这里说明一个问题:中国古代无神论者由于存在着无法克服的局限,所以通向有神论并无不可逾越的鸿沟。宿命论从今天的科学水平来看,也是一种潜在和变相的神学,而这种古老的思想到今天却仍然有相当广阔的市场。因此,我们在宣传无神论思想时,需要总结这个历史课题,并分析产生这种思想的历史根源和社会原因,到今天还有它的现实意义。

(原载《中国哲学史研究》1980 年创刊号)

---

① 《天论》上。
② 《天论》上。

慧能思想与中国传统文化

佛教起源于印度,在中国算是外来宗教。但佛教传入后,逐渐能与中国传统文化相结合,其中有个关键性人物,就是禅宗六祖慧能。他倡导"识心见性,顿悟成佛"的简便法门,是南宗的实际创始人,并在禅行生活中将禅宗进一步中国化。本文拟就此探讨慧能在中国传统文化中的地位。

一

盛唐时期,佛教宗派林立,其中唯识、华严、天台、三论等几大家,当时出了一些高僧,具有较丰富的文化知识,故多在学术上使用逻辑思维来阐发佛教的教义。慧能出身贫家,靠打柴度日。据说有一次送柴听人在读《金刚般若经》,听后似有所悟。此人告知弘忍和尚在黄梅传法,劝人"但持《金刚经》一卷,即得见性,直了成佛",由是慧能动了北上求师求学佛法的念头。北上途中,他在韶州与刘志略结交。志略之姑出家为尼,慧能在晚上常听她诵《大涅槃经》,听后有时提出自己的解释意见。她有点奇怪,问慧能:"既不识字,如何解释其义?"慧能答说:"佛性之理,非关文字能解,今不识字何怪?"①

由此可见,隋、唐初出自名门的高僧与慧能相比,文化背景和思维方式都会有所不同。如隋代天台宗创始人智𫖮(538—597)、创立三论宗的吉藏(594—623),都曾说经讲法,著书立说。唐初的玄奘(602—664),西行求佛法17年,回国后20年间译出佛教经论75部,1335卷。他不仅语言兼精汉、梵,而且对佛教教义有精深的研究。还有与慧能同时的法藏(643—712),是华严宗的实际创始人,他宣讲华严宗的教理,被整理为《华严金师子章》,在当时有很大的影响。而不识字的慧能当时不可能讲习那样大量的佛教经典,但他是一个很有悟性的人,故敢于大胆摆脱经典教

---

① 《曹溪大师传》。

条的束缚，提倡"教外别传，不立文字，直指人心，见性成佛"。他还主张出世不离人世，众生与佛不二，因此易为世人所理解而受到欢迎。至于上述玄奘等大师，虽然道行高深，但那些繁难的经院哲学难以普及于社会。所以，虽然因得到帝王的供奉得以兴盛一时，却难以持久，特别是后来受到会昌法难的冲击，失去上层的庇护，因而走向衰落。慧能开创的南禅由于植根于群众之中，所以在唐武宗灭佛之后，仍得以继续流传。贾题韬在讲述《坛经》时曾认为，"如果没有慧能开创的禅宗，佛教在中国能否延续至今就成了问题，而历史本身也表明了，唐末灭法一千多年来中国佛教的发展，主要是禅宗的发展"。钱穆亦说："唐代之禅宗，从上是佛学之革新，向后则成为宋代理学之开先，而慧能则为大转折之关键人物。"

佛教传入中国后，到隋唐时已逐步走向中国化，出现儒、释、道三教并立的趋势，到宋明时期更显示出思想上的相互交融，外来的佛教终于成为中国传统文化中的组成部分，而慧能同样在中国传统文化中取得他应有的地位。

二

对慧能思想的评价，我曾撰文指出，慧能是个佛教徒，但他创立的南派禅宗，却是不拜佛、不读经、不坐禅，后来还发展到呵佛骂祖，是否背叛了本门宗教？其实慧能并非不信佛，他信的是具有平等真心的真佛。他要破除对那些泥塑雕像的迷信，提倡解放思想，从自觉精神中去寻求觉悟的人生。佛教教义是慈悲平等，导人向善，注重对人生的终极关怀，但宗教信仰也不应该是盲从和迷信，更重要的是要启发人们的自觉。慧能禅学注重自我解脱，通过净化人心来成就独立人格，自行把握人生真谛，并获得精神上的自由。这就是慧能在佛教史上所做出的主要贡献。

在这段评述里，我是认为慧能禅学与先秦儒道两家思想，在思维方式上很有些相似的地方。依照慧能的文化水平，我们很难证明他读过儒道两家的著作，但儒家内圣，即心性之学在社会上应有流传。慧能虽说不识字，但悟性很高，所以借鉴儒家思想建构以"识心见性"为中心的禅法理论是有可能的。这种禅法理论的基础虽是大乘佛教的佛性论和般若中观学说，大乘经典也有承认一切众生皆有佛性，但佛典的教义群众不容易理解，所以常用心、本心、本性、自性等用语，即用儒家心性解释佛性，为的是让群众容易接受。

慧能在《坛经》中曾反复申明"识心见性，自成佛道"的道理。他认为，佛教"菩提般若之识，世人本自有之，即缘心迷，不能自悟，须求大善知识亦道见性"，"法无顿渐，人有利顿。迷即渐契，悟人顿修，自识本心，自见本性，悟则元无差别，不识即长劫轮回"。又说，"佛是自性作，莫向心外求。自性迷，佛即是众生，自性悟，众生即是佛"，"以智慧观照，内外明彻，识自本心"，"故知一切万法，尽在自身中，何不从自心顿见真如本性"。

慧能的说法体现在《坛经》中，就是反复说明无论佛教"菩提般若之识"还是"真如本性"，都在人的本心、自性之中，这就是即心即佛，见性成佛。既然成佛是莫向心外求，自然是无须向西天拜佛。至于那些泥塑木雕的佛像，更是无须信奉。众生只要自我修行，由"迷"转"悟"，就可以顿悟成佛。

慧能这套成佛理论，我认为与先秦儒家，特别是孟子内圣之学极为相似。如孔子虽不以圣人自居，但把成仁作为人生的最高要求，他说"为仁由己"，"仁远乎哉？我欲仁，斯仁至矣"。① 这就是强调靠自己的主观努力，所以又说："有能一日用其力于仁矣乎？我未见力不足者。"② 能否成仁就靠自己用力了。

孟子发扬心性之学，强调要保持人的"本心"。他说，"是故所欲有甚于生者，所恶有甚于死者，非独贤者有是心也，人皆有之"，只不过"贤者能勿丧耳"。至于"为宫室之美、妻妾之奉为之"，"此之谓失其本心"。③ 如何使本心勿丧勿失？他说："仁，人心也；义，人路也。舍其路而弗由，放其心而不知求，哀哉！人有鸡犬放，则知求之；有放心而不知求。学问之道无他，求其放心而已矣。"④ 孟子为了维护人心这个根本，以防放佚，因此把"求放心"作为人生的头等大事。

孟子说"仁，人心也"，"仁，内也，非外也"，"恻隐之心，仁也；羞恶之心，义也；恭敬之心，礼也；是非之心，智也。仁、义、礼、智，非由外铄我也，我固有之也"，⑤ 而"君子所性，仁、义、礼、智根于心"⑥，

---

① 《论语·述而》。
② 《论语·里仁》。
③ 《孟子·告子上》。
④ 《孟子·告子上》。
⑤ 《孟子·告子上》。
⑥ 《孟子·尽心上》。

又说"尽其心者,知其性也;知其性,则知天矣"①。这就把心性之学联系起来。他认为人所以变坏,是由于"陷溺其心",而其实"圣人,与我同类者",因此说"至于心,独无所同然乎?心之所同然者何也?谓理也、义也。圣人先得我心之所同然耳"②。这就是所谓人同此心,心同此理,人只要有义理之心,就可以同为圣人。孟子"求放心"得以超凡入圣,这种尽心知性与慧能的识心见性、顿悟成佛,我认为在思想理路上应该是一致的。

另外,由于慧能坚持"佛是自性作,莫向身外求"的观点,所以反对外向西方求佛。契嵩本《坛经》中曾提到慧能弟子问到佛原生西方的问题,慧能回答说:"迷人念佛求生于彼,悟人自净其心。东方人造罪,念佛求生西方;西方人造罪,念佛求生何国?凡愚不了自性,不识身中净土。若悟无生顿法,见西方只在刹那;不悟,念佛求生,路遥任如何得达?"

慧能的观点带来两点后果。第一,既然众生若悟就可以成佛,佛在众人心中,也可以在任何地方。于是"麻三斤""干屎橛"都可以说是佛,也有说道在"砖石瓦砾",佛法在"屎尿"中。这与庄子说的道是"无所不在",可以"在蝼蚁""在稊稗""在瓦甓""在屎溺"等说法相通。庄子的泛道论会走向泛神论,而慧能南禅后来也走向泛佛论,与庄子的思想有无关系呢?似可以进一步研究,我认为并非偶然巧合。

第二,慧能既反对向西方求佛,当然也无须对泥塑木雕的佛像礼拜,也就是否定由本教供奉的神灵,因而有了后代南禅烧佛像甚至呵佛骂祖的事例。这是对本门宗教的背叛还是革新,也自应可以研究。道家的思想是"道法自然",老子讲"以道莅天下,其鬼不神"③。但道教将老子神化成教主,所以道教是宗教而不同于先秦道家。而南禅的传人却走向呵佛骂祖,这种现象颇值得研究。

三

慧能禅学承前对先秦儒道两家,思想理路确是其相似之处;而往后则对儒家陆王心学以至全真道教都产生一定影响,其他如李翱、陈献章、李

---

① 《孟子·尽心上》。
② 《孟子·告子上》。
③ 《老子》第六十章。

贽等人，在不同程度和方面似也和慧能的思想有点关系。

李翱（772—841）是韩愈的学生。韩愈是以儒家正统自居的，曾公开发表反佛言论，不过这多偏重政治经济和道德伦理方面，而李翱在思想理路上却与禅宗相近。如慧能谈自性时说："自性常清静，日月常明，只为云覆盖，上明下暗，不能了见日月星辰，忽遇惠风吹散卷尽云雾，万象深罗，一时皆现。世人性净，犹如青天，惠如日，智如月，智惠常明。于外著境，妄念浮云盖覆，自性不能明，故遇善知识开真法，吹却迷妄，内外明彻，于自性中，万法皆现。"这是将世人性净比喻为日月常明，将妄念比作浮云盖覆，只要吹却迷妄，就能恢复常明的自性。

李翱写的《复性书》正是按照慧能的思路论证。他说："人之所以为圣人者，性也。人之所以惑其性者，情也。喜、怒、哀、惧、爱、恶、欲七者，皆情之所为也。情既昏，性斯匿矣，非性之过也。七者循环而交来，故性不能充也。水之浑也，其流不清，火之烟也，其光不明，非水火清明之过。沙不浑，流斯清矣；烟不郁，光斯明矣；情不作，性斯充矣。"

慧能讲见性成佛，李翱认为复性是圣人。他将性比喻为水火，本性清明，而情则是沙和烟，使得水其流不清，火其光不明。情欲的昏蔽使得本性藏匿不见，只要除去情欲，就可以恢复圣人的本性了。李翱论证复性成圣，思维方式不是很像慧能清除妄念以见性成佛的翻版吗？李翱还说："情者，妄也，邪也，邪与妄则无所因矣。妄情灭息，本性清明，周流六虚，所以谓之能复其性也。"这就近似禅宗的语言了。

明朝晚期出现一个亦儒亦佛的人物，即被正统儒家称为"异端之尤"的李贽（1527—1602）。李翱是通过复性成为圣人，只是在思维方式上借鉴慧能禅学，到李贽则直接把作圣与成佛联结在一起。他说："圣人不责人之必能，是以人人皆可以为圣，故阳明先生曰，'满街皆圣人'；佛氏亦曰，'即心即佛，人人是佛'。夫惟人人之皆圣人也，是以圣人无别不容己道理可以示人也。夫惟人人皆佛也，是以佛未尝度众生也。"① 又说："天下无一人不生知，无一物不生知。亦无不一刻不生知者，但不自知耳，然又未尝不可使之知也。""既成人矣，又何佛不成，而更等待他日乎？天下宁有人外之佛，佛外之人乎？"②

李贽直接将作圣与成佛联结在一起，他的理论基础是"童心"说和

---

① 《焚书·答耿司寇》。
② 《焚书·答周西岩》。

"生知"说。他要打破孔子的偶像和摆脱儒家经典的束缚,宣扬众生地位平等的思想,这是佛教禅宗对他的影响。

慧能禅学对后世道教亦带来思想影响。如全真道教丹功讲三分命功,七分性学,修性即修心,修命即修心,以炼心修性为始基,以清静无为做要旨,至明心见性之后,依次修炼仙术,自可达到还虚合道的仙人境界,即认为人能清静无为,无思无虑,养气全神,凝神太虚,自然可以还虚合道。这套功夫既有禅功参悟之长,又有儒家品德修养,归宗于道教的炼养之术,以三教之真全自我之真,从而登入真人的境界。①

综上所述,佛教传入后,慧能禅学在佛教中国化的过程中,承前启后,对中国传统文化既有吸收也有影响,后来形成所谓儒、释、道三教思想交融,共同构建中国传统文化,慧能思想在其中起到重要的作用。

[原载《六祖慧能思想研究(二)》,香港出版社2003年版,第1~7页]

---

① 参见胡孚琛、吕锡琛《道学通论》,社会科学文献出版社1999年版。

宗密《原人论》解述

《原人论》，唐释宗密撰。宗密，生于唐德宗建中元年（780），死于唐武宗会昌元年（841），俗家姓何，果州西充（今四川西充县）人。由于他晚年长期住在陕西终南山草堂寺南圭峰，因此学者又称他为圭峰大师。

宗密出身于富裕家庭，据有关碑、传记载称，"大师本豪盛"①，"家本豪盛"②，又说他"家世业儒"③。看来他家庭虽然富有，但并非地方豪霸，亦非功勋贵族，而是世代读儒书的平民。正是在这样的环境熏陶下，说到他"髫龀时精通儒学"④，或称是"少通儒书"⑤。他写的自叙也说"髫专鲁诰"⑥，在给澄观的信中还自称"自髫龀洎弱冠"，"诗书是业"⑦。

但是宗密在修习儒书的过程中，不满足于只是诵读儒家经传的词句。由于唐朝的科举考试，要求考生背诵经书的条文。如考试方式中有一项为帖经，将经文左右内容掩盖，露出中间一行，再裁纸为帖，即将这一行中用纸随意贴掉几个字，要求考生说出来。这种考试方式，考生除死记硬背外，连经义也不一定理解，更谈不上通经致用了。（另外，唐朝的科举制度，考生分生徒和乡贡两类。生徒是在校学生，可以直接参加考试；宗密非在校学生，作为乡贡就要先向当地州、县报名，经考查合格，再举送朝廷。）这种制度，使宗密大为不满，所谓"欲于世以活生灵，负后才而随计吏"⑧。本来以他的才情，是可以到社会上为民造福，但参加科举考试却要受制于地方"计吏"的推举，因而挫伤了他进入仕途的积极性。

宗密少年时就聪明好学，他读书并不专为求得功名富贵，同时对现实

---

① 《圭峰定慧禅师碑》。
② 《宋高僧传·宗密传》。
③ 《五祖圭峰大师传》。
④ 《五祖圭峰大师传》。
⑤ 《宋高僧传·宗密传》。
⑥ 《圆觉经大疏·本序》。
⑦ 《圭峰定慧禅师遥禀清凉国师书》。这里"髫"指儿童的发型，从童年到弱冠，是从六七岁到十六七岁之间。在这段时间，他专心熟读儒家经典，可能还准备参加科举考试，这是当时一般读书人的出路。
⑧ 《宋高僧传·宗密传》。

的人生也开始进行思考。他曾自谓"好道而不好艺"①。"道"是对宇宙人生规律性的理解,是最高的智慧;而"艺"则是可供操作的技能,只是一些具体的智识。宗密虽然说过,"纵游艺,而必欲根乎道"②。他对自己的儒学生涯,一方面承认是"游艺",即游回在各种技艺之中;另一方面亦力图从"道"的理解来指导"艺"。但就当时他的学力而言,对解决宇宙人生根本问题的所谓"道",他的认识还是不清楚的。比如宇宙间万物如何产生?现实人生为什么有贫富贵贱、贤愚善恶、生死寿夭?人之生从何而来,人死后如何归宿?探寻这些问题,儒学中并非完全没有答案,但要在心灵的归属上寻求慰藉,这是入世的儒家难以满足的,只有在宗教方面才有希望得到解决。

正是由于上述原因,宗密在儒学中找不到心灵的归宿,"虽则诗书是业,每觉无归"③。虽然将读诗书作为专门业务,而心中却感到彷徨无计,这就使他对儒学产生怀疑。所以,他虽在"髫龀时精通儒学",但到"弱冠"成年后,却开始"听习经论,止荤茹,亲禅德"④,即对佛教有所接触。他既去听佛经的宣读,同时遵从佛教素食的生活方式,并对佛教教义做理论研究。他接触佛教也是从浅入深,初时对因果报应论比较欣赏,"决知业缘之报,如影响应乎形声"⑤。这段时间据宗密自述:"余先于大、小乘法相教中,发心学习数年。"⑥他这里涉及讲业报的人天教及小乘、大乘法相教等教义。但由于缺乏名师指点,故仍未解决心中的疑难,所谓"无量疑情,求决不得"⑦,因而"惑情宛在"⑧。后来宗密说到这个时期学习儒、佛两家教义的情况,是"俱溺筌蹄,唯味糟粕"⑨,只懂得一些粗浅的皮毛,因而不免感到失望。

宗密成年后初步学佛,感到收获不大,于是又想转归儒学。为了能直接从学校赴考,他就到遂州(今四川遂宁县)义学院学习,"将赴贡举"⑩,

---

① 《圭峰定慧禅师遥禀清凉国师书》。
② 《圭峰定慧禅师遥禀清凉国师书》。
③ 《圭峰定慧禅师遥禀清凉国师书》。
④ 《五祖圭峰大师传》。
⑤ 《圭峰定慧禅师遥禀清凉国师书》。
⑥ 《圆觉经大疏释义钞》。
⑦ 《圆觉经大疏释义钞》。
⑧ 《圭峰定慧禅师遥禀清凉国师书》。
⑨ 《圆觉经大疏·本序》。
⑩ 《五祖圭峰大师传》。

宗密《原人论》解述

即准备参加科举考试,这一年他23岁。据宗密自叙,谓:"二十三又却全功,专于儒学,乃至二十五岁过禅门。"① 这里讲"过禅门",指从道圆禅师出家,但时间与两篇传记有出入。据《宗密传》称:"元和二年,偶遇遂州圆禅师,圆未与语,密欣然而慕之,乃从其削染受教。"《五祖圭峰大师传》则称:"宪宗元和二年,将赴贡举,偶值遂州大云寺道圆禅师法席,问法契心,如针芥相投,遂求披剃,时年二十七也。"两处记载年份相同,但推算年龄,既非25岁,也非27岁,而应该是28岁。

不过年岁记载虽有些出入,而宗密随道圆出家事却几处所述相同。当时他正在遂州义学院读书,准备应考,适逢道圆禅师到遂州开设道场,宣讲佛法。宗密当时思想正游移不定,得到消息后就去参加听讲。因这次见道圆是偶然机会,所以两传说是"偶值""偶遇"。可能他听讲时提出问题,而道圆却"未与语"②,没有给予回答。虽道圆没有说话,而宗密却感到这位禅师气度非凡,"俨然若思而无念,朗然若照而无觉"③,清朗、深沉而又安详。无言的智慧在启发后辈的思考。宗密此时却突然进入悟道的境界,"问法契心,如针芥相投"④,也就是禅宗以心传心所取得的效果。由是宗密决定放弃儒学科举之路,"落发披缁",即跟从道圆出家,这是他人生际遇的一大转折。

至于道圆所属宗派,宗密认为是禅宗南派慧能的传人,其世系为:曹溪慧能—菏泽神会—磁州智如—益州南印—遂州道圆,由是宗密自居为菏泽宗神会的四传弟子。

宗密随同道圆之后,从儒学正式皈依佛门,寻求人生安身立命之道。他禅悟功夫虽有长进,但感到问题并未完全解决,如身(肉身)与心(精神)的关系、色(物质现象)与空(抽象本体)的关系,以何者为本似还存有疑难。他在参见道圆时虽多次询问,道圆仍是一贯作风,并不具体回答,却给宗密一部《华严法界观门》,任他自己参悟。

宗密得到《华严法界观门》,开始潜心研究。这部华严宗早期论著,相传为道顺(557—640)所作,讨论色空、理事关系。全书分三部分,第一真空观,讲色空关系。第二理事无碍观,讲理事圆融关系。第三周遍含容

---

① 《圆觉经大疏释义钞》。
② 《宋高僧传·宗密传》。
③ 《圭峰定慧禅师碑》。
④ 《五祖圭峰大师传》。

·129·

观,讲事事无碍关系。宗密从书中初步领会各种对立矛盾的融合问题:如净刹与秽土的融合,诸佛与众生的融合,时间上则有三世的融合,空间方面有十方的融合,等等。这是为宗密思想走向华严宗的先导。

宗密融合思想的体系的完成,还得力于《圆觉经》的启示。据说他在道圆门下当"沙弥"时,"一日随众僧斋于府吏任灌家","得《圆觉》十二章,读一二章,豁然大悟,身心喜悦"。① 宗密为什么喜欢《圆觉经》?这部经的基本内容承认众生皆有"圆觉",即自身具有圆满无缺的觉性。这种觉性是至净纯善,自性具足的"真心",只要世人摒除尘世各种贪嗔杂念的秽染,觉性就可以得到恢复,即承认众生可以成佛。

宗密经过对《华严法界观门》和《圆觉经》的研究,对原来人世间的死生寿夭、贫富贵贱,以至身心、色空关系等问题都有所理解。但对佛教不同宗派各据经论所出现的歧异和矛盾,觉得仍有疑难。"至于诸差别门,心境本末",他感到"犹未通决"。② 由于他读《圆觉经》后,将悟道心得告知道圆,道圆认为他应当"大弘圆顿之教",主张他外出游学以增广学识,于是宗密就带着疑难去寻求答案。

宪宗元和五年(810),宗密来到湖北襄阳,在恢觉寺见灵峰和尚。灵峰是华严四祖澄观门下,得知宗密的学问和追寻的疑难问题,重病的情况下将"经及疏钞"授予宗密。据宗密所记,谓"攻华严大部,清凉广疏"③。这指的是《华严经》,清凉国师澄观写的《华严经疏》和《华严大疏钞》。宗密得到华严大法十分高兴,说到他自己"吾禅遇南宗,教逢《圆觉》","今复得此大法,吾其大幸矣"。④

宗密得到华严大法,自认为解决了他一生的疑难问题,使他的心境豁然开朗,自称谓"一生余疑,荡如瑕翳,曾所习养,于此大通,外境内心,豁然无隔"⑤。据此对佛教内部各宗派之分,他认为应该用圆融无碍思想来加以包容,而对某些宗派,包括禅宗的缺陷,则说"所恨不知和会"⑥,由此宗密产生归宗华严的思想。到元和六年(811),宗密回到东都洛阳,据说曾拜谒神会墓塔,可能有与先师作别之意。但宗密并未抛弃禅宗,而是

---

① 《五祖圭峰大师传》。
② 《圆觉经大疏释义钞》。
③ 《圆觉经大疏释义钞》。
④ 《道圆禅师法嗣》。
⑤ 《圭峰定慧禅师遥禀清凉国师书》。
⑥ 《圭峰定慧禅师遥禀清凉国师书》。

纳入华严圆融在一起,这是形成宗密思想的特色。《原人论》可以说是圆融思想的产物。

宗密归宗华严的经过,他在元和六年九月十三日,给澄观写了一封信。① 信中详述自身的学业经历,及修习华严的心得体会,并表述要求归向华严的意愿。澄观十月十二日回信,对宗密的见解给予肯定,称"得旨系表,意犹吾心"②,同意收纳为门徒,并称誉为"转轮真子"。意思是说,宗密将成为能推转佛教法轮的可靠人选。宗密接到澄观回书后,十月十三日再写信给澄观,表达感戴之情。到年底宗密亲到长安拜澄观为师,澄观对他十分赏识,声称"毗卢华藏,能随我游者,其唯汝乎"③,可见对宗密寄予厚望,从而奠定他后来作为澄观继承人的地位。

宗密归入澄观门下,先是执弟子礼随侍左右,后来名声逐渐增大,从元和八年(813)开始,受各寺庙邀请,外出进行讲学交流,并且有机会到各寺"遍阅藏经"④,因而学问更加长进。他一面继续研究《圆觉经》,同时与其他经论的思想进行比较。大概在元和十年到十一年之间,为避开都市的烦扰,他进入终南山智矩寺开始撰述,写成《圆觉经纂要》等两部书稿,并继续读寺中藏经。三年后(元和十四年)下山到长安,在兴福寺、保寿寺继续写作。长庆元年(821)又回到终南山,先后在草堂寺、丰德寺等地居住,在此期间著述不绝,完成他的大部分著作。

他在佛学上的成就引起朝廷的关注,大和二年(828)庆成节那天,唐文宗诏见宗密,"问诸法要",询问关于佛法要义,并赐给他一件紫色袈裟,又赐号"大德",表示他在佛教中的崇高地位,由是"朝臣士庶,咸皆归仰"⑤,受到官民各界群众的崇拜。

宗密在京师逗留三年后,大和四年(830)他上表请求归山,并继续从事著述。到武宗会昌元年(841)正月六日,"坐灭于兴福塔院,俨若平日,容貌益悦"⑥,保持高僧坐化的形象。当时他俗龄62岁,按出家算的僧龄达34年,遗嘱不留尸骨,不立墓塔,也无须悲悼,表明人去我空之意。后经过唐武宗灭佛的所谓会昌法难,到宣宗时再兴佛教,追谥宗密为"定慧"

---

① 《圭峰定慧禅师遥禀清凉国师书》。
② 《清凉国师诲答》。
③ 《五祖圭峰大师传》。
④ 《圆觉经大疏释义钞》。
⑤ 《五祖圭峰大师传》。
⑥ 《宋高僧传·宗密传》。

禅师，立墓塔名"青莲"，"持服执弟子礼，四众数千百人矣"①，并被推为华严五祖，可见宗密身后在群众中仍有深远影响。

宗密的著作，据《五祖圭峰大师传》记载：元和十一年春，在终南山智矩寺出《圆觉科文》《纂要》二卷。十四年于兴福寺出《金刚纂要疏》一卷，《钞》一卷。十五年春，于上都兴福、保寿二寺，集《唯识疏》二卷。长庆元年，退居鄠县草堂寺。二年春，重治《圆觉经解》。又于南山丰德寺制《华严纶贯》五卷。三年夏，于丰德寺纂《四分律疏》三卷。至冬初，《圆觉》著述功就，《大疏》三卷，《大钞》十三卷。随后又注《略疏》两卷，《小钞》六卷，《道场修证仪》十八卷。前后著《涅槃》《起信》《盂兰盆》《行愿》《法界观》等经论疏钞，并集诸宗禅言为《禅源诸诠集》，及酬答书偈议论等，总九十余卷。②

另据《宗密传》载：乃著《圆觉》《华严》《涅槃》《金刚》《起信》《唯识》《盂兰盆》《法界观》《行愿》等疏钞，及《法义类例》《礼忏修证图传纂略》，又集诸宗禅语为禅藏，总而序之，并酬答书偈议论等。又《四分律疏》五卷，《钞悬谈》二卷，凡二百许卷。③

对两传宗密著述数量的不同，可能他所编纂的《禅源诸诠集》一百卷，《圭峰大师传》未有计算在内。就按两传所列不完全统计，宗密的著作量是相当丰富的。至于现存的重要著述，近人汤用彤曾列记如下：

《金刚经疏论纂要》二卷

《华严经行愿品别行疏钞》六卷

《注华严法界观门》一卷

《圆觉经大疏》十二卷

《圆觉经大疏释义钞》十三卷

《圆觉经略疏》四卷

《盂兰盆经疏》二卷

《华严原人论》一卷

《禅源诸诠集都序》四卷，即《禅藏》序

---

① 《宋高僧传·宗密传》。
② 《五祖圭峰大师传》。
③ 《宋高僧传·宗密传》。

《禅门师资承袭图》一卷。以上均存。①

这里所列的《华严原人论》，上述宗密的两传均无记载。由于此书内容与《大疏》《大钞》有相似的地方，日本学者镰田茂雄认为，《原人论》与《大疏》撰述的先后，在目前研究的情况下，难以做出确切的判断。②

另据董群的意见，认为与宗密同时的韩愈（768—824），在长庆四年（824）写过一篇《原人》，而宗密的《大疏》则作于长庆二年（822）。从内容看，《原人论》针对韩愈等人的儒学及其渊源，也针对道家道教，兼及佛门权浅之教，即对各宗派关于原人学说做一全面评判，故其撰述时间，可能是在韩愈《原人》篇之后，在《大疏》的基础上写成。③

从上述宗密一生学养及其思想的发展过程来看，我认为《原人论》是他归山后的晚期著作，也可以说是他思想比较成熟时所写。宗密一生，从"少通儒书"，到学法禅门南宗，再归化华严，成为有道高僧。他知识广博，思辨敏锐，且善于融合诸家之长为己所用。从《原人论》的内容看，正符合他后期的思想特点。

宗密的《原人论》，前有小序，后分四节。序言部分，认为人为万物之灵，但宇宙间万物以至人类生命如何生成，若要极本穷源，儒、道两家及佛教一些低层次的宗派都是不能解决。于是他袭用判教的形式，即依次对各宗进行评判，而最后则吸纳各家，将三教融合于一乘显性教，以会通本末作结。全文反映出宗密后期思想的包容性。

《原人论》第一节为"斥迷执"，这是针对习儒、道者的批评。他指出儒、道二教认为"大道即是生死贤愚之本"，那么人们就无法去避祸求福，只有听天由命。但世上却是"贫多富少""贱多贵少，乃至祸多福少"，如果多少都由天定，天何以不公平呢？对"无德而富，有德而贫"的现象又如何解释？如果说"皆是自然生化"，并无因果关系，然则"太平"治国，可以不倚靠"贤良"，能成为"仁义"之人也无须接受教化。而且天地之气本属"无知"，人禀"无知之气"，何以会变得"有知"；同样草木"亦皆禀气"，何以就"不知"呢？宗密提出这些质询，就是对儒家天命观和道家元气自然论的评判。据此宗密将儒、道说成是思想迷误的外教。

---

① 汤用彤：《隋唐佛教史稿》。
② 参见［日］镰田茂雄《儒道的气与佛教——宗密的气》。
③ 参见董群《唐代佛教学者宗密融会三教思想的分析研究》。

《原人论》第二节为"斥偏浅"。宗密认为佛教中各宗派,有由浅到深的不同层次,可以分为五等:一、人天教;二、小乘教;三、大乘法相教;四、大乘破相教;五、一乘显性教。这一节所讲的前面四个宗派,他认为都有偏失和不足的地方,所以称之为"偏浅",并逐个提出评判。

一、人天教。宗密认为这只是对初入门的佛教徒讲最简单的因果报应的道理。如说行善事死后升天堂,作恶的人死后入地狱,成为饿鬼、畜生。这种教义讲报应虽然不错,但"谁人造业,谁人受报",即说一个人今生犯罪或行善,死后由谁接受报应?如果说报应在来生,那么"修福"的人会感到委屈,而"造罪"的人却占了便宜,哪有这样不讲道理的呢?据此宗密认为人天教"虽信业缘,不达身本",在相信佛教所讲业报因缘时,没有讲清楚人生的本源关系。

二、小乘教。这种教义将人的身心说成是由地、水、火、风四大元素相互和合而成,即认为自己的身心为一常住不变的实体,不能了解此身本来就不是实有的存在,不过是因色、心的不同元素假合而成的一种幻象。而小乘教却把色、心二法和贪、嗔、痴三毒作为一切生命存在的根本,那么色、心自体就应该永无间断,但在无色界天,没有构成色法的四大元素的存在,又安能维持此身而不断绝呢?可见修习此教的人,并没有弄清楚此身存在的根本。

三、大乘法相教。此教义认为一切有情的存在,自然而有八种识,其中阿赖耶识,是一切存在的根本。由阿赖耶识变现出能产生各种意识的识根,衍生出第七末那识,又各自分出所缘的境界之相。这些所缘的境界之相,既然是由识所变现出来,所以都是没有自性的虚幻假象,但由于无明妄想覆盖的缘故,才产生一种错误的执见,以为是真实的存在,并由此而造就出各种因素。宗密提醒人要悟出这种道理,"方知我身唯识所变,识为身本"。

四、大乘破相教。此宗教义是要破除大小乘包括法相宗的执着,显示真如佛性本来空寂的大乘教理。此宗质询法相教"所变之境既妄,能变之识岂真",所以认为各种意识,无非是各种因缘假合而成,都是没有自性的幻想。"是知心境皆空,方是大乘实理。"宗密对破相宗虽然有所肯定,但觉得仍有不足之处。他指出如果"心境皆无","都无实法,依何现诸虚妄",即如虚妄的梦境,还是依存于"睡眠之人","今既心境皆空,未审依何妄现"。所以宗密批评此种教义只是破除各种执着之心,并没有明确表述真如佛性的本义。

依上所述，宗密认为这四种教义，都有其不足。如果修习这些教理，知道并不完全解决问题，故可以名之为"浅教"；如果将各种教义的执着认为能解决问题，这种认识只能说是一种"偏见"，所以从修习的人而言，上述四种可总称为偏浅之教。

《原人论》第三节为"直显真源"，即最真实了解佛教教义的宗教，宗密称之为一乘显性教。他认为上述各宗理论上都有片面性的缺点，只有"一乘显性教"（华严宗）才能显示最高、最圆满的真理。

宗密所宣扬的一乘显性教，认为一切有情之物，本来都有灵明觉知之性，众生由于不能了解这一点，觉性为无明妄想所蒙蔽，才造成种种因业，受生死轮回的痛苦。所以《华严经》指出，"无一众生而不具有如来智慧"，只是由于"妄想执着"而不能证见。因此宗密现身说法，告知一切有情众生，本来是具有无上佛智，所以必须以佛的行为来规范自己，使人心与佛心相契合，这样就能寻回迷失的觉性，进入圆通无碍的妙境。他要众生了解，只要能息妄归真，认识到真心才是衍生一切的根源，只有做到这个地步，才算得是掌握住能穷究人生一切存在的真谛。

《原人论》第四节为"会通本末"。宗密在前三节中，用判教形式将儒、道外教及佛教中的大、小乘等宗派，一一加以批评，最终归结到一乘显性教为最高真理。但他并不是完全否定其他教派，而是在评判其缺点后，用一乘显性教加以包容，所以说"会前所斥，同归一源，皆为正义"。这是他写作《原人论》的本旨，也是他后期思想成熟的表现。

宗密对教内外各宗派，既是"节节斥之"，又在评判后根据不同层次，逐步做"本末会通"工作。他首先阐述一乘显性教的基本教义，承认人生的本源是"唯一真灵性"，这种最初存在的真灵之性，是"不生不灭，不增不减，不变不易"的真心。由于众生对此"不自觉知"，故真心被"隐覆"而不能显现，称之为"如来藏"，有"生灭心相"的能力，而大乘破相教却要"破此已生灭诸相"，因此破相教一方面受到宗密的批评，同时表明破相教实为一乘显性教所包容和会通。

对大乘法相教认为阿赖耶识是最初存在的本源。从宗密看来，阿赖耶识只是不生不灭的真心与如来藏"生灭妄想"相结合的产物，所以"此识有觉、不觉二义"。如果是觉识，就不会去发动生起外境；如果是不觉，那么阿赖耶识就会起心动念，宗密指出是"依不觉故，最初动念，名为业相"。正是由于没有觉悟，因而起动出本是空无的妄念，并对此妄念加以执着。这就使阿赖耶识"转成能见之识，及所见境界相现"，即变现出外境和人自身。据此宗密识为：法相教的阿赖耶识，也是由一乘显性教会通而来，只是由于对真心觉悟不够，才使如来藏出现"生灭心相"的缘故。

对小乘教的会通，是沿着大乘法相教阿赖耶识的变现而来。阿赖耶识生起外境，而众生"又不觉此境从自心妄现，执为定有，名为法执"。小乘教义就是将外境中种种事物，没有觉悟到是自心妄念所现，而执着为有，称之为法执。由于这种执着，产生了外部存在与我自身的不同，所谓"遂见自他之殊，便成我执"。小乘教主张，空法我有，以身与心识为人的本源，从一乘显性教的会通本末来说，小乘教比法相教更低一个层次。

小乘教之下为人天教，人天教以业为人生之源。由于"执我相故，贪爱顺情诸境，欲以润我，嗔嫌违情诸境，恐相损恼"，这种对我的执着，当我处顺境时就产生贪爱，处逆境时就觉得嗔嫌，加上"愚痴之情，辗转增长"，由此促使人们造作种种善恶之业，并受到相应的果报，造恶业的转生于地狱，或成为饿鬼、畜生，造善业的则转生人道。一乘显性教对人天教又再低一个层次上会通。

最后是会通儒、道。宗密既批评儒、道的迷执，又是以本教会通末教，承认儒、道思想的合理性，以达到三教圆融。儒、道以元气、自然、天命、大道为人之源，宗密对此逐一加以剖析。

宗密缘着人天教造业的思路，众生如能造善业，"心神乘此善业，运于中阴，入母胎中，禀气受质"到"十月满足，生来名人"。这是承认由于禀受父母气质，经过十月怀胎而成人，这就融合了以气为人之源的儒、道气化论思想。

宗密还从业报论出发，"谓前生敬慢为因，今感贵贱之果"，所以或有出现"无恶自祸，无善自福，不仁而寿，不杀而夭"等现象，都是由于"前生满业已定，故今世不同所作"，这种因果报应是"自然而然"，即必然会自然发生的。他认为儒、道那些外学的人，由于"不知前世"，只看到眼前目睹是一种"自然"，那就无法解释受报的原因。只有承认业报论这个前提，儒、道的自然论是可以接受和会通的。

同样从业报论出发，宗密认为有的人少年时修善，老年时反而造恶，也有少时造恶而老年修善的，所以到今世有的人"少小富贵而乐，老大贫贱而苦，或少贫苦老富贵"。外学者不知这是业报，而认为是"由于时运"，亦即归结为天命。宗密认为如承认因果报应这个前提，天命论也可在融合之列。

最后对儒、道的大道生成论，宗密用阿赖耶识的变现原理来加以会通。

他承认有"混一之元气"与"真一之灵心",但认为"元气亦从心之所变","是阿赖耶相分所摄",据此,"则心识所变之境乃成二分,一分即与心识和合成人,一分不与心识和合,即是天地山河国邑"。这就将儒、道所讲的自然大道,成为阿赖耶识所变现的见分与相分之境,而"元气"对于"心"则是处在从属地位。

《原人论》写到这里,从本至末,节节会通,而是以本统末,即以一乘显性教为本,以此会通佛门其他各宗并及儒、道外教,最后达到三教圆融的境界,这就是宗密撰写《原人论》的本旨。

《原人论》又称《华严原人论》,是华严宗的经典。宗密本人,后又被尊为华严宗五祖。但从本文上述,宗密对人生哲理的认识和体验却经历过相当复杂的进程。他从少通儒书,到投身禅宗南宗门下,最后归宗华严,不断对诸家教义进行探索,以寻求人性的本源及其安身立命之道。由于宗密修习诸家教义时不是简单弃旧图新,而是经过扬弃吸取诸家之长再综合创新。《原人论》是他晚年成熟的作品,并不是单纯阐述华严教义,而是从会通本末到三教圆融,在佛教典籍中占有特殊地位。

《原人论》会通三教的思想,对宋明理学的形成和儒学哲理化起到重大影响,对促进佛教中国化和丰富传统文化的内涵产生重要作用。《原人论》也有很高的学术价值,是宝贵的精神财富。(本书以金陵刻经处印同治十三年鸡圆刻经处本为底本,并参校频伽精舍《大藏经》本。为了阅读方便,除依原来分章外,又以文义为之分段。)

(原载《〈华严原人论〉释译》)

论儒佛人生观的矛盾与交融

——兼评柳宗元"统合儒释"论

儒、佛两家对人生的价值取向,一般认为是互相对立的,即存在着带有根本性的矛盾。但是佛教传入中国后,为了本身生存和发展的需要,确也曾表现出世俗化与儒学化的倾向,从而使双方矛盾出现融合的趋势。本文试图分析这种矛盾融合的过程和原因,并进而探讨,在儒学文化圈内外来宗教将如何相互适应的问题。同时,本文对柳宗元的"统合儒释"论也试图做出剖析和评议。

一

儒、佛两家对人生价值取向的矛盾对立,主要表现在入世与出世的分歧。宋、明时期陆、王心学一派,一般认为受佛学影响较深。阳明的弟子王畿,刘宗周说"龙溪直把良知作佛性看,悬空期个悟,终成玩弄光景"[①],即认为他与禅宗讲顿悟无甚区别。但关于儒、佛的人生价值取向,王畿也得承认两家不同,并指出其区别所在。

> 龙溪曰:佛虽不入断灭,毕竟以寂灭为宗。只如卢行者,在忍祖会下,一言见性,谓自性本来清净具足。自性能生万法,何故不循中国礼乐衣冠之教?复从宝林祝发弘教度生……分明是出世之学。故曰要之不可以治天下国家。吾儒却是与物同体,乃天地生生之机。先师尝曰:自从悟得亲民宗旨,始勘破佛氏终有自私自利意在。此却从骨髓处理会出来,所差只在毫厘,非语言比并、知识较量所得而窥其

---

① 《明儒学案》卷首引《师说》。

论儒佛人生观的矛盾与交融

际也。①

夫仙、佛二氏,皆是出世之学。②

佛氏遗弃伦物感应,而虚无寂灭以为常,无有乎经纶之施。故曰:要之不可以治天下国家,孰谓吾儒穷理尽性之学而有是乎?大人之学通天下国家为一身……身之修也……家齐国治而天下平也。其施普于天下……所谓为之之要,经纶之用也。③

这里王畿指出,佛"毕竟以寂灭为宗""虚无寂灭以为常",因而"不可以治天下国家"。至于吾儒"穷理尽性之学"则是"通天下国家为一身",从身修而达到"家齐国治而天下平"。所以,从人生的价值来看,儒家是以明德亲民为本旨,算得上是为国为民;而佛氏却"遗弃伦物",只寻求个人解脱,终不免自私自利。作为人生的最高理想,儒家是作圣,佛教是成佛。前者讲上可以致君为尧舜,下可以配德于孔颜,在积极入世中推行内圣外王之道;后者则以山河大地为见病,诬世界乾坤为幻化,祈求在出世中能顿悟成佛。这里走的是两股道,看来是难以交会的。

正是由于这种分歧,所以佛教传入中国后,虽得到某些时君世主的信奉,但也受到一些当权者的非议,如东晋时就曾发生一场僧人要不要"礼敬王者"的风波,高僧慧远专门写有《沙门不敬王者论》,表示佛教徒不受世俗礼法的拘管。而这一点后来就成为批评佛徒的口实。如唐初几代皇帝,虽然也都重视和利用佛教,但对儒、佛的分歧显然在扬儒抑佛,高宗显庆二年(657)诏曰:"父子君臣之际,长幼仁义之序,与夫周孔之教,异辙同归,弃礼悖德,朕所不取。"④ 高祖质询僧徒,"弃父母之须发,去君臣之章服,利在何门之中,益在何情之外"⑤。君臣父子,长幼尊卑,是封建社会所赖以维护的等级秩序。佛徒不拜君亲,显然与儒家忠君孝亲之道相违背,这种弃礼悖德的行为,当然为最高统治者所不取。反佛的傅奕据此就大张挞伐,认为"礼本于事亲,终于奉上,此则忠孝之理著,臣子之行成。而佛逾城出家,逃背其父,以匹夫而抗天子,以继体而悖所亲",所以斥之

---

① 《龙溪王先生会语》卷二。
② 《龙溪王先生会语》卷二。
③ 《龙溪王先生会语》卷二。
④ 《唐会要》卷四十七《议释教上》。
⑤ 《大正藏》卷五十二。

为"无父之教"。①

对儒、佛入世与出世的矛盾,作为世俗统治者为要维护封建纲常,当然更重视儒学,如太宗李世民就说:"朕今所好者,惟在尧舜之道,周孔之教,以为如鸟有翼,如鱼依水,失之必死,不可暂无耳。"② 但是当时佛教的作用也不能忽视,解决的办法就是用儒家君父之义来加以约束。由于当时佛徒不但不拜君亲,相反儿女出家后,父母尊长出于敬佛反而向儿女礼拜,这是对封建伦常的颠倒,统治者自然难以容忍。因此,高宗李治于显庆二年(657)下诏做出法律性规定:"自今已后,僧尼不得受父母及尊者礼拜。所司明为法制,即宜禁断。"③ 对佛徒应否拜君亲问题,龙朔年间再次下诏明示:"朕禀天经以扬孝,资地义而宣礼,奖以名教,被兹真俗。"④ 即认为遵守孝道与礼教,自属天经地义之事,无论出家或世俗之人都不例外。这是用政治力量对佛徒拜君亲一事加以干预。

不过儒、佛两家入世与出世的矛盾,是牵涉到人生价值取向的深层意识,非政治力量所能改变,儒家培养人,从小就讲要学而优则仕,扬名声,显父母。人生的理想价值是修身、齐家、治国、平天下,提倡立德、立功、立言,即所谓"三不朽"。这样产生忠君爱亲思想,自是顺理成章。而佛教认为人世间是苦海,自无所谓功名富贵,出家就要超脱现实世界,当然无须礼拜君亲。所以即使国家加以干预,亦不能改变佛教的基本教义。后来韩愈辟佛,指责佛徒"弃而(汝)君臣,去而(汝)父子,禁而相生养之道,以求其所谓清净寂灭者"⑤,可见儒、佛这种分歧是始终存在的。

二

上述儒、佛两家对人生的价值取向,是否始终对立而无法调和?这个问题比较复杂,牵涉到在儒家文化圈内,外来宗教对此如何相互适应的问题。佛教传入中国后,为了自身的生存和发展,有些僧徒也试图对儒家思

---

① 《旧唐书·傅奕传》。
② 《贞观政要》卷六。
③ 《唐会要》卷四十七《议释教上》。
④ 《大正藏》卷五十二。
⑤ 《原道》。

想加以调和，如三国末年在江南传播佛教的康僧会，在讲到因果报应时，就说到"明主以孝慈训世"，"仁德育物"，则会天降祥瑞。他还引用"《易》称'积恶余殃'，《诗》咏'求福不回'"，认为"虽儒典之格言，即佛教之明训也"。①

这里所谓"孝慈训世""仁德育物"，分明是儒家的语言，他还专从《易》和《诗》中挑出有关因果报应的词句，以证明儒佛的一致。康僧会这样做，无非要使佛家思想得到世俗的承认。

至于对佛徒要不要拜君亲，前面讲到唐初对此曾施加压力，但作为国家政令，僧尼只能奉命行事，并不影响其人生价值的取向，可是到武氏当政时，确有一些僧徒不惜伪造佛经来逢迎世主。我们且看下面的记载：

> 武太后初幸此寺（光明寺），沙门宣政进《大云经》，经中有女主之符，因改为大云经寺。②
>
> 怀义与法明等造《大云经》，陈符命，言则天是弥勒下生，作阎浮提主，唐氏合微。③
>
> （载初元年）有沙门十人伪撰《大云经》，表上之，盛言神皇受命之事，制颁于天下，令诸州各置大云寺。④

这里无论是怀义还是别的僧徒，他们伪造《大云经》，利用符谶作为女主受命的根据，迎合的结果是佛教的地位得以提高，天授二年（691），以"大云阐奥，明王国之祯符"有功，明诏"自今已后，释教宜在道法之上，缁服处黄冠之前"。⑤

随着佛教地位的提高，一些所谓名僧也跟着受朝廷的恩宠。如禅宗由弘忍相传的东山法门，他的弟子神秀虽然在顿悟佛性方面不如慧能，可是在大足元年（701）应召入都后，却最为荣显。"随驾往来，两京教授，躬为帝师。"⑥ 如果从人生价值取向来说，这应是违背了佛门本旨，而走上了儒家作圣之路。

---

① 《祐录·康僧会传》。
② 〔宋〕宋敏求：《长安志》卷十。
③ 《旧唐书·薛怀义传》。
④ 《旧唐书·则天皇后本纪》。
⑤ 《唐大诏令集·释教在道法之上制》。
⑥ 《楞伽师资记》。

武周时除禅宗外，华严宗也得到重视。此宗开创者法藏除重神异灵验外，还把"圆融""无碍"标为教旨，为的是调和以至消除各种对立和矛盾。而法藏本人却积极为武氏效劳，据说神功元年（697）"契丹拒命"，他设道场作法，却召来"神兵"。① 圣历二年（699）他受诏讲经，却出现讲堂及寺中皆震动的奇迹，被武后视为"如来降祉"，当作国家祥瑞，"命史官编于载籍"。② 中宗复位初，他参与韦、武集团迫害张柬之，被称赞为"内弘法力，外赞皇猷"，"赏以三品，固辞固授"。③ 这居然被授作朝廷命官，又被称为"贤首国师"，其显荣当然不在神秀之下。

像神秀、法藏这样的思想行为，能否说儒、佛两家的人生价值取向，在他们身上可以得到融合呢？我认为佛徒中像这类头面人物，对广大僧众当然会有较大影响。不过从人生的价值取向来说，他们实际上是违反了佛门教义，因为这不是一般的礼拜君亲，而是亲身投靠时君世主，从而取得在世俗上的尊荣，哪里会去寻来彼岸以涅槃成佛呢？当然也不是所有佛徒首领都这样。如慧能传说在长寿元年（692）被召入都，但也"托病不去"④，基本上还是保持出家人的生活导向。

不过，为要适应世俗的需求，佛徒还得在忠君孝亲这个骨节眼上向儒学靠拢。如后来华严宗的宗密，就说"佛且类世五常之教，令持五戒"⑤。他将佛教的"五戒"与"五常"相比附，表示佛教徒是拥护儒家"五常"等道德观念。当时佛教徒为表示忠于封建国家，有的把皇帝看成活佛、活菩萨，还有的为封建王朝的国运祈祷。他们又宣扬《父母恩重经》《孝子报恩经》，鼓吹"孝道"是"儒释皆宗之"。⑥ 忠君和孝亲是封建宗法制度的根本要求，而佛教徒出家这方面易为世人所诟病，故对此极力加以修补，自是在人生价值取向上出现儒佛融合的趋势。

对儒、佛入世与出世的矛盾，也有人想对此加以辩解和调和，如王畿说：

夫吾儒与禅不同，其本只在毫厘。昔人以吾儒之学主于经世，佛

---

① 《大正藏》卷五十。
② 《大正藏》卷五十。
③ 《大正藏》卷五十。
④ 《历代法宝记》。
⑤ 《原人论》。
⑥ 《盂兰盆经疏序》。

氏之学主于出世，亦大略言之耳。佛氏普度众生，尽未来际，未尝不以经世为念。但其心设法，一切视为幻相，看得全无交涉处；视吾儒亲民一体，肫肫之心，终有不同，此在密体而默识之，非器数言诠之所能辩也。①

本文上一部分引用过王畿的观点，强调佛氏是出世之学，这里虽然一般性承认，但又把佛教的"普度众生"解释为"未尝不以经世为念"。这样儒、佛两家都有经世之学，只是佛教将世界人生视同虚幻，而儒家则强调要有亲民一体之心。这里虽然虚实不同，佛教是视人生为虚幻，但宣扬慈悲、平等的教义，所谓慈航普度，让大众脱离人世间的苦海，同登彼岸，所以也是一种"经世"事业。作为人生价值取向，与儒家的"亲民"，在有些人看来，可能会收到异曲同工的作用。

儒、佛两家还有一个融合点，彼此都重视人生的道德价值，儒家虽有性善与性恶论的不同，但无论通过复性还是化性，都是依靠个人修养和道德力量使同归于善。佛教讲慈悲，无非是导人向善。宣扬因果报应，也为的是劝善惩恶。所谓放下屠刀，立地成佛，佛性也是归于性善。本文曾讲过宗密将佛门"五戒"比附"五常"，其实将两者加以融合，早在康僧会的译经中就提出所谓"五教"。

> 王尔时以五教治政，不枉人民：一者慈仁不杀，恩及群生；二者清让不盗，捐己济众；三者贞洁不淫，不犯诸欲；四者诚信不欺，言无华饰；五者奉孝不醉，行无沾污。当此之时，牢狱不设，鞭杖不加，风雨调适，五谷丰熟，灾害不起，其世太平，四天下民，相率以道，信善得福，恶有重殃。②

这里所谓"五教"，就是将"五常"和"五戒"的内容加以融合。而描绘的"太平"之世，统治者自是儒家仁德之君。这里看不到人生虚幻，而所讲的善恶报应，也是儒释皆宗之。儒释这种融合，使得以出家为特征的佛教，在世俗间仍然可以发挥其教化作用。

---

① 《龙溪王先生会语》卷二。
② 《六度集经》卷八《明度无极章·梵皇经》。

三

儒、佛两家对其人生价值取向，既有入世与出世的分歧，但两者并无绝对不可逾越的鸿沟，在矛盾中有可以融合的一面。在中国封建社会的知识层中，出现一些亦儒亦佛即所谓儒释兼综的人物，唐代的柳宗元就是典型。

柳宗元与佛教的关系，近年来学术界颇有争议。有人断定佛教思想是柳宗元世界观的实质，也有认为"好佛"并不损害他的朴素唯物主义者的形象。这种分歧主要从哲学立论。

不过从人生的价值取向来说，柳宗元确认为儒释是可以相通。如他在《送文畅上人登五台遂游河朔序》中，提出"将统合儒释"的期望。他说：

> 今燕魏赵代之间，天子分命重臣，典司方岳，辟用文儒之士，以缘饰政令。服勤圣人之教，尊礼浮屠之事者，比比有焉。上人之往也，将统合儒释，宣涤疑滞。然后蓑衣裓之赠，委财施之会不顾矣。

这里提出的"统合儒释"，并不牵涉到柳氏本人的哲学世界观。由于文畅和尚与不少士大夫相厚，有些司命一方的重臣，既服膺孔子，又尊礼浮屠，所以期望他游河朔时对儒释有所调和，从而疏解一些疑难问题。这里是要文畅上人作"经世"之业，其实并不符合佛教的人生价值取向，因为这是入世而不是出世。

因此，柳宗元讲"统合儒释"，并非赞成佛教违背儒家伦理和不事生产的出家寄生生活，而毋宁是批评这种"颠倒真实"的虚幻人生。他认为佛教可取的地方，就是与儒家思想相契合的部分。我们看下面几段话，可以作为他"统合儒释"的注脚。

> 浮图诚有不可斥者，往往与《易》《论语》合，诚乐之，其于性情奭然，不与孔子异道。……吾之所取者与《易》《论语》合，虽圣人复生不可得而斥也。退之所罪者其迹也，曰："髡而缁，无夫妇父子，不为耕农蚕桑而活乎人。"若是，虽吾亦不乐也。退之忿其外而遗其中，

论儒佛人生观的矛盾与交融

是知石而不知韫玉也。吾之所以嗜浮图之言以此。①

余观世之为释者，或不知其道，则去孝以为达，遗情以贵虚。今元嵩……行求仁者，以冀终其心。……斯盖释之知道者欤？释之书有《大报恩》十篇，咸言由孝而极其业。世之荡诞慢訑者，虽为其道而好违其书。于元嵩师，吾见其不违且与儒合也。②

上人专于律行，恒久弥固，其仪刑后学者欤？诲于生灵，触类蒙福，其积众德者欤？觐于高堂，视远如迩，其本孝敬者欤？③

上面三段话是送给三个僧人。第一段是送僧浩初，由于韩愈批评他嗜佛，所以先辨析清楚。他并非全盘接受佛教的东西，所取的只是与《易》《论语》合而不与孔子异道的部分。现在僧浩初是个"通《易》《论语》"的人，所以与之交往。韩愈只看到佛徒的外表，不要家庭，不事生产，而不了解其内心，就像只看到石头而不知道其中蕴藏着美玉一样。引文第二段，他明确反对一般佛徒那种违反孝道、看破世情的虚幻人生价值取向，而元嵩却是个知"道"且"与儒合"的人，所以对刘禹锡与元嵩和尚的交往非常赞赏。引文第三段，则直接称赞濬上人是个"积众德"而"本孝敬"的僧徒，如果算是佛门功德，也应该是符合儒家的人生理想。所以，从这三段引文的分析，我认为柳宗元讲"综合儒释"是以儒统释，或者说取其释与儒合的一面，而并非对两家平分秋色。

不过，柳宗元对佛教的出世思想亦非完全否定。他在《送玄举归幽泉寺序》中说："佛之道，大而多容，凡有志乎物外而耻制于世者，则思入焉。"他的好友刘禹锡在《送僧元嵩南游序》中也说："予策名二十年，百虑而无一得，然后知世所谓道无非畏途，唯出世间法可尽心耳。"这里柳、刘的论调有点相似。由于他们在人世间到处碰壁，"无非畏途"。既然"耻制于世"，只好寻求"物外"的"出世间法"。但要指出一点，柳宗元虽不反对"耻制于世而有志乎物外"的人，却始终不赞成佛教那种完全虚幻的人生。他认为"言至虚之极，则荡而失守"④，所以对"今之言禅者"，"妄取空语"，"颠倒真实"，是属于"流荡舛误"，"以陷乎己，而又陷乎人"，⑤

---

① 《送僧浩初序》。
② 《送元嵩师序》。
③ 《送濬上人归淮南觐省序》。
④ 《送巽上人赴中丞叔父召序》。
⑤ 《送琛上人南游序》。

实属害己害人之事。当然，柳宗元亦非赞赏那些苟且钻营、依附权贵的势利和尚。他认为出世的佛教徒，"凡为其道者，不爱官，不争能，乐山水而嗜闲安者为多"。他看不惯"世之逐逐然唯印组为务以相轧也"，这是他"好与浮图游"的原因。他称赞僧浩初能"闲其性，安其情，读其书，通《易》《论语》，唯山水之乐……泊焉而无求"。① 这可以算得是"耻制于世"的"物外"高人，亦可能是柳宗元"统合儒释"的又一种理想人物。像僧浩初这种人生价值取向，在儒家也未尝不可以做出解释，柳宗元就曾说过："夫君子之出，以行道也；其处，以独善其身也。"② 这是儒家孔孟的传统思想。佛教的"出世间法"与儒家的"独善其身"相结合，也可以说是"统合儒释"的一种类型。

柳宗元之所以讲统合儒释，还在于世俗的需要。他认为儒家与各家虽有矛盾，如能"咸伸其所长，而黜其奇邪，要之与孔子同道"，"然皆有以佐世"。③ 本来佛教是讲出世的，而柳宗元却主张用以"佐世"，这就要存异求同。他是在慧能身上，找到了儒释在人性根源上的共同取向。他认为佛教虽然后出，但"推离还源，合所谓生而静者"，即与儒家《礼记》中讲"人生而静，天之性也"的观点相合。而慧能"其教人，始以性善，终以性善，不假耘锄，本其静矣"，慧能始终以性善教人，自是符合儒家人生而静的本旨，所以说是"丰佐吾道，其可无辞"。④ 这可以说是佛教"佐世"的一例。

还有一例是柳宗元当柳州刺史时，由于当地"越人信祥而易杀，傲化而偭仁"，这种落后习俗，造成户口虚耗，田地荒芜，牲畜不育。面对这种情况，"董之礼则顽，束之刑则逃"，即礼与刑都无法解决问题，"唯浮图事神而语大"，于是求助于佛教，修复大云寺，用佛法感化群众，"而人始复去鬼息杀，而务趣于仁爱"，⑤ 从而收到"佐教化"的效果。

综上所述，柳宗元提出"综合儒释"，基本上还是站在儒家立场，但对佛教思想也有选择吸收和利用，特别在人生的价值取向上，力图调和入世与出世的矛盾，将佛教原来消极鼓吹的虚无寂灭人生，积极引导到"佐教化"的"佐世"工作上去。出家的佛教徒从事"经世"之业，本不符合佛

---

① 《送僧浩初序》。
② 《送娄图南秀才游淮南将入道序》。
③ 《送元十八山人南游序》。
④ 引文见《曹溪第六祖赐谥大鉴禅师碑》。
⑤ 《柳州复大云寺记》。

门的教义，但为了自身的生存和发展，佛教的中国化只能靠拢儒家；而儒家施行教化，也要取得佛徒的帮助。虽然在人生价值取向上，两家的矛盾不能根本消除，但也确有可以互相融合的一面。柳宗元提出"统合儒释"和他的"好佛"，就是企图在儒家文化圈中，为外来宗教的生存和发展，找出一条双方都能接受的路子。这对于中国传统文化在后期封建社会的形成起到了重新调和的作用。

（原载《中国佛教》第一辑）

兼综儒道佛　契合理情神

——读东坡诗词论苏轼入世与出世思想的矛盾统一

苏轼（1037—1101），字子瞻，号东坡居士，四川眉山人。他是我国北宋时期的大文学家，"韩潮苏海"，正反映出苏文的雄伟奔放气魄。他对诗词的创作，带有"以文为诗，以才学为诗"和"以诗为词"的特点，即表现为散文化和议论化。他所写诗词，不但有独特的艺术风格，同时具有丰富的思想内容，对政治生活的感受，人生哲理的探索，在诗词中达到情理交融的境界。本文主要通过读东坡诗词论证他入世与出世思想的矛盾统一。

一

苏轼出身于封建知识分子家庭。他父亲苏洵有文才，但没有考取进士，所以把希望寄托在两个儿子身上。苏轼自幼深受儒家传统思想的教养和影响，少年时就"奋厉有当世志"[1]，即怀有远大的政治抱负。他21岁考取进士，走上仕途，在上给皇帝的策论中，多主张仁政、德治的一套。总之，忠君报国、勤政爱民，成为苏轼一生的政治信条。

但是，苏轼一生从政道路却很不平坦。当时北宋积贫积弱之势逐渐形成，新旧党争此起彼伏。苏轼原来反对王安石变法，但也不完全赞成司马光的"元祐更化"。他把"报国""便民"原则置于派争之上，这种政治态度应该是对的，可是却因此在夹缝中两面不讨好。他在"乌台诗案"受诬陷后，一直被排斥在外，还被贬官到岭南的惠州和海南的琼州。"九死南荒吾不恨，兹游奇绝冠平生"[2]，诗人对此还是抱着乐观的态度。

不过，苏轼尽管仕途失意，但忠君报国之心并未改变。如他追悼宋神

---

[1] 《东坡先生墓志铭》。
[2] 《六月二十日夜渡海》。

宗的诗句："政已三王上，言皆六籍醇。""典礼从周旧，官仪与汉隆。"这都表现出他的敬仰心情。结句是"余生卧江海，归梦泣嵩邙"，这里对皇帝的感念还是十分真切的。他写的《次韵王郁林》诗，首句"晚途流落不堪言"，下面应是牢骚满腹，可是中间两联却说："汉使节空余皓首，故侯瓜在有颓垣。平生多难非天意，此去残年尽主恩。"这与他写的一首《满庭芳》词"老去君恩未报，空回首，弹铗悲歌"，思想感情还是一致的。"报国无成空白首，退耕何处有名田。"① 他对此不能不深表遗憾。然而，他的耿耿忠心还是不愿埋没，所以在《过岭寄子由》诗中仍说："投章献策谩多谈，能雪冤忠死亦甘。一片丹心天日下，数行清泪岭云南。"对封建王朝的尽忠报国，正是苏轼入世思想的精神支柱。

当然，苏轼也不是无条件尊君的，立足点是惠民，所以他说："先王旧德在民心。"② 又说："尊主庇民君有道，乐天知命我无忧。"③ 相反，对那些祸国殃民的昏君佞臣，他在一些政治讽刺诗中给以公开谴责。如所写《骊山绝句》："功成惟欲善持盈，可叹前王恃太平。辛苦骊山山下土，阿房才废又华清。""几变雕墙几变灰，举烽指鹿事悠哉。上皇不念前车戒，却怨骊山是祸胎。"这里就说到周幽王、秦始皇父子和唐玄宗等历代帝王，并把骊山作为历史的见证。他还写了一篇《荔枝叹》："十里一置飞尘灰，五里一堠兵火催。颠阬仆谷相枕藉，知是荔支龙眼来。""永元荔支来交州，天宝岁贡取之涪。至今欲食林甫肉，无人举觞酹伯游。"这里讲的是汉永元和唐天宝年间，交州和涪州给朝廷岁贡荔枝的故事。由于催送者急如星火，弄到人民"奔腾死亡，罹猛兽毒虫之害者无数"，故苏轼在诗中，发出"宫中美人一破颜，惊尘溅血流千载"的强烈谴责，他不但在讲历史，并且还联系现实："君不见武夷溪边粟粒芽，前丁后蔡相笼加。争新买宠各出意，今年斗品充官茶。"这是点名抨击那些为了谄媚主子而"争新买宠"的当朝权贵。"吾君所乏岂此物，致养口体何陋耶！"他对皇帝也有微词了。

由此可见，苏轼认为封建帝王及其臣僚的好坏，"惠民"或"残民"，是一条相当重要的划分标准。"细雨足时茶户喜，乱山深处长官清。"④ 对此他感到满意。但当时的情况，却是"而今风物那堪画，县吏催钱夜打门"⑤，

---

① 《秋兴》。
② 《送表忠观钱道士归杭》。
③ 《次韵答邦直子由》。
④ 《新城道中》。
⑤ 《陈季常所畜朱陈村嫁娶图》。

这就有点大煞风景了。苏轼对一些比较关心人民疾苦的官吏表示敬仰之情。如《赠王庆源诗》："遇民如儿吏如奴。吏民莫作长官看，我是识字耕田夫。""芋魁饭豆吾岂无。"这里形象地描述出一个爱民如子、平易近人、生活上又不搞特殊的"长官"。当然像这样的"好官"是很少的，大多数是封建贵族官僚，都是一些贪婪残暴和巧取豪夺的家伙。苏轼在《许州西湖》诗中，就曾斥责那些不顾连年饥荒，反而为了春游而强迫民工开湖的地方官。他在《李氏园》一诗中，披露当年军阀李茂贞的横行霸道："当时夺民田，失业安敢哭。""此亭破千家，郁郁城之麓。"可是如今已经园林易主，留下"破墙围古屋"，因而发出"人生营居止，竟为何人卜"的慨叹，也是对那些"夺民田"甚至"破千家"的封建权贵，进行深沉的控诉。

苏轼一生从政，但"一肚皮不合时宜"，没有得到当权者的赏识。他虽然屡遭贬斥，可是在历任地方官吏时，仍在力所能及之内为人民做些好事。如兴修水利，改进农业生产条件，救灾备荒，减轻赋税，以至粜粮施药等方面，他都做到不遗余力。在徐州任上，他指挥民工战胜黄河决口的灾患，保全了人民的生命财产。在杭州任上，他发起疏浚西湖，增加农田灌溉的效益。据说苏轼在地方上曾深受人民的爱戴，以至"家有画像，饮食必祝，又作生祠以报"[1]。苏轼在从政的一生中，始终抱着儒家勤政爱民的信条。他不像有些人口惠而实不至，而是"果断而力行"[2]，苏轼的处世态度是"治生不求富，读书不求官"[3]。但他既作为朝廷职官，所关心的却是"农事安可忽"，"民病何时休"，[4] 因而发出"王事谁敢愬，民劳吏宜羞"[5] 的感叹。他并为此而感到自疚："窃禄忘归我自羞，丰年底事汝忧愁。"[6]"平生所惭今不耻，坐对疲氓更鞭棰。"[7]他甚至对于狱中的囚徒，在除夜值班时，也曾题诗于壁，以表哀怜之意：

> 除日当早归，官事乃见留。执笔对之泣，哀此系中囚。小人营糇粮，堕网不知羞。我亦恋薄禄，因循失归休。不须论贤愚，均是为食

---

① 《宋史·苏轼传》。
② 《辩试馆职策问札子》。
③ 《送千乘、千能两侄还乡》。
④ 《和赵郎中捕蝗见寄次韵》。
⑤ 《和子由闻子瞻将如终南太平宫溪堂读书》。
⑥ 《山村五绝》。
⑦ 《戏子由》。

谋。谁能暂纵遣，闵默愧前修。①

苏轼在诗中，不单是怜悯囚徒。当时犯罪的人，也无非为衣食所驱。联系他自己，也是因为留恋微薄的官俸而没有去职，因而发出"不须论贤愚，均是为食谋"的议论。苏轼这里将囚犯和做官相比，在封建官僚中，这种思想可以说是前无古人的。

不过，苏轼既讲"读书不求官"，而又是"恋薄禄""为食谋"，这是否有点矛盾呢？我认为"不求官"只是不去特别钻营，至于封建知识分子循例做官，也要穿衣食饭，不能连"薄禄"都不要，苏轼的"尊主"为的是"庇民"，他并不趋附皇帝和当道权臣，"希合""以求进用"②。他对严子陵与汉武帝的遇合，也只看成是"君臣一梦，今古虚名"③。对商山四皓称赞为："垂老区区岂为身，微言一发重千钧。始知不见高皇帝，正似商山四老人。"④ 这里正说明他对君臣际遇的看法。他不是无条件尊君，为的是不愿做佞臣。史书称赞他"刚正嫉恶"，"遇事敢言"⑤ "忠规谠论，挺挺大节"⑥，正说明苏轼的为人。他自己在诗中也说：

我生无田食破砚，尔来砚枯磨不出。……我虽穷苦不如人，要亦自是民之一。形容虽似丧家狗，未肯弹耳争投骨。⑦

吾闻君子，蹈常履素。晦明风雨，不改其度。平生丘壑，散发箕踞。坠车天全，颠沛何惧。⑧

苏轼在遭贬逐生活中，不怕颠沛流离，不做"争投骨"的"丧家狗"，他认为这才真正是儒家君子的风度。他虽屡经挫折，却并不怨天尤人，而是随遇而安，不以穷达易志。当他与弟弟苏辙同时被贬谪到海南和雷州两地时，曾作诗述怀：

---

① 《除夜直都厅囚系皆满日暮不得返因题一诗于壁》。
② 《乞郡札子》。
③ 《行香子·过七里滩》。
④ 《送乔仝寄贺君》。
⑤ 〔宋〕李焘：《续资治通鉴长编》。
⑥ 《宋史·苏轼传》。
⑦ 《次韵孔毅甫久旱已而甚雨》。
⑧ 《孟嘉解嘲》。

> 莫嫌琼雷隔云海，圣恩尚许遥相望。平生学道真实意，岂与穷达俱存亡？天其以我为箕子，要使此意留要荒。他年谁作舆地志，海南万里真吾乡。①

这几句诗写得情理交融，既表述了分离两地的兄弟情怀，又反映出关心君国的政治抱负。他要把万里南荒当作自己的家乡，不以穷达为意，他能有这种思想感情是不简单的，可能是由于在长期的遭贬逐生活中，较多接近群众，因而缩短了与劳动人民之间的思想距离。如他在另一首诗中写道：

> 农夫告我言，勿使苗叶昌。君欲富饼饵，要须纵牛羊。再拜谢苦言，得饱不敢忘。②

这几句诗写得朴质无华，可以说是"坦率见真情"③，显示出真情的流露。苏轼的入世思想，从儒家勤政爱民的观念出发，虽经多年挫折，他不但没有离开人民，反而从感情上更加靠近。作为封建士大夫，苏轼的这种变化是难能可贵的。虽然他也说过"农事谁当劝，民愚亦可怜"④ 等一类的话，对人民也有恩赐观点和轻视的地方，但与同时代的官僚相比，也算相当难得了。

二

上面我们论述了苏轼人生观中积极入世的一面，但不等于说他的思想没有矛盾。虽然他自幼受儒家思想的熏陶，但苏辙又说他少年时就爱好《庄子》，曾说："吾昔有见于中，口不能言，今见庄子，得吾心矣。"⑤ 可

---

① 《吾谪海南，子由雷州，被命即行，了不相知，至梧乃闻其尚在藤也，旦夕当追及，作此诗示之》。
② 《东坡八首并序》。
③ 《次韵答王巩》。
④ 《荆州》。
⑤ 《东坡先生墓志铭》。

见又受到道家思想相当程度的影响。他后来在诗中也说"清诗健笔何足数，逍遥齐物追庄周"①，就是这方面意识的流露。

苏轼出世与入世思想的矛盾，也可以从他的两句诗中得到表述："早岁便怀齐物意，微官敢有济时心。"② 自是"齐物志"与"济时心"便成为苏轼思想中交织着的矛盾。当然，由于苏轼具有"丈夫重出处，不退要当前"③ 的坚毅气质，他人生处世并不轻易退让，但由于长期处于逆境，使他入世的积极性不能不受到影响。如在《常润道中有怀钱塘寄述古》诗中，他一面自行检讨，觉得"年来事事与心违"，因而不得不发出"世上功名何日是，樽前点检几人非"的感叹，并提出"俗俭真堪著腐儒"，"经营身计一生迂"的自我反思。"岂意残年踏朝市，有如疲马畏陵坡"④，他感到有点力不从心。"官事无穷何日了，菊花有信不吾欺。"⑤ "贫病只知为善乐，逍遥却恨弃官迟。"⑥ "功名富贵俱逆旅"，"挂冠而去真秋毫"⑦ 这些诗句表明他对"官事"有点厌烦，思想是退坡了。"搔首赋归欤，自觉功名懒更疏。若问使君才与术，何如？占得人间一味愚。"⑧ 这首词标题是《自述》，他感到自己在人间干了蠢事。他自责自问："长恨此身非我有，何时忘却营营？"解决的办法，只能是"小舟从此逝，江海寄余生"⑨。这是从消极避世中找出路了。

宦途的挫折，对功名富贵观念的淡化，另一方面使苏轼感到人生的虚幻。所谓"半生弹指声中"，"休言万事转头空，未转头时皆梦"，⑩ 从而他唱出这样的词句：

>美酒一杯谁与共？尊前舞雪狂歌送。腰跨金鱼旌旆拥，将何用？只堪妆点浮生梦。⑪

---

① 《送文与可出守陵州》。
② 《和柳子玉过陈绝粮》。
③ 《和子由苦寒见寄》。
④ 《次韵周邠》。
⑤ 《次韵张十七九日赠子由》。
⑥ 《姚屯田挽词》。
⑦ 《赵阅道高斋》。
⑧ 《南乡子·自述》。
⑨ 《临江仙·夜饮东坡醒复醉》。
⑩ 《西江月·平山堂》。
⑪ 《渔家傲·临水纵横回晚鞚》。

"腰跨金鱼旌旆拥",这是高级官僚的派头,表现出何等威风,但这有什么用,无非是"浮生梦"中的点缀罢了。苏轼在有名的《念奴娇·赤壁怀古》词中,用"人生如梦,一尊还酹江月"作为结句,就可以看到他的心情了。"回头自笑风波地,闭眼聊观梦幻身"①,由于经历了"风波地",才导致出"梦幻身",其中的因果关系,不是说得很清楚吗?

苏轼由于年华已逝而抱负难伸,这种进入老年的伤感心情,对他思想退坡当然也有影响,虽然他对此并不十分心甘。他在《故李承之待制六丈挽词》中,一方面说"材大古难用,老死亦其宜",另一方面又说"清朝竟不用,白首仍忧时"。在《送张天觉得山字》诗中则说:"祝君如此草,为民已痾瘵。我亦老且病,眼花腰脚顽。"他虽然感到自己"老且病"甚至会"老死",但仍存"忧时""为民"之心。所谓"白发未成归隐计,青衫傥有济时心"②,正是他思想矛盾的反映。不过尽管如此,他还是随着年岁的推移,日益感到世情的虚幻。"漂流二十年,始悟万缘虚。"③"四十七年真一梦,天涯流落涕横斜。"④"我老心已灰","此生如幻耳"⑤。"与君各记少年时,须信人生如寄。"⑥ 抚今追昔,叹人生如幻如寄,自然会引起伤老情怀,下面且引《东坡词》中的几段自白:

情未尽,老先催,人生真可咍。他年桃李阿谁栽,刘郎双鬓衰。⑦
卖剑买牛吾欲老,乞浆得酒更何求,愿为辞社宴春秋。⑧
无可奈何新白发,不如归去旧青山,恨无人借买山钱。⑨

世情未尽,老已先催,白发新添,不如归去,这就成为苏轼产生消极避世思想的又一因素。

政治上的连遭波折,生理上的日渐衰颓,使苏轼在精神和心情上受到

---

① 《次韵王廷老退居见寄》。
② 《次韵子由送千之侄》。
③ 《答任师中家汉公》。
④ 《天竺寺》。
⑤ 《李公择过高邮,见施大夫与孙莘老赏花诗,忆与仆去岁会于彭门折花馈笋故事,作诗二十四韵见戏,依韵奉答,亦以戏公择云》。
⑥ 《西江月·送钱待制》。
⑦ 《阮郎归·苏州席上作》。
⑧ 《浣溪沙·自适》。
⑨ 《浣溪沙·感旧》。

很大的压力，他有时想到纵情诗酒，归老山林，甚至在醉乡中求得慰藉；也有时想要参禅事佛，学道寻仙，以求能人间解脱。但他想了却尘缘，然而又生缘未断，"还从世俗去，永与世俗忘"①，思想上仍然呈现出复杂矛盾状态。

在苏轼的诗词中，有不少地方是对美酒的歌颂，对醉乡的仰慕。如《次韵子由除日见寄》诗中有句说："人生行乐耳，安用声名籍。""临池饮美酒，尚可消永日。"若单从这几句诗来看，他的心情比较洒脱；但若从全诗来分析，我觉得是他在感时伤世中所形成的逆反心理，并无多少"人生行乐"的享乐主义思想。这首诗是他对弟弟子由除夕寄诗的和作，诗中表述了抚今追昔的兄弟情怀，并以诗酒作为离情的慰藉。"念为儿童岁，屈指已成昔。往事今何追，忽若箭已释。感时嗟事变，所得不偿失。""胡为独多感，不见膏自炙。诗来苦相宽，子意远可射。""诗成十日到，谁谓千里隔。一月寄一篇，忧愁何足掷。"从上面这些诗句看来，他要通过"饮美酒"来"消永日"，只能算是苦中作乐，所谓"强欢虽有酒，冷酌不成席"。兄弟远隔千里，只好以诗酒消愁。要说是"人生行乐耳"，恐怕是他无可奈何的自我慰藉之词罢了！

下面我们再看几段东坡有关咏酒的诗词：

　　使我有名全是酒，从他作病且忘忧。诗无定律君应将，醉有真乡我可侯。②

　　孤负金尊绿醑，来岁今宵圆否？酒醒梦回愁几许，夜阑还独语。③

　　火色上腾虽有数，急流勇退岂无人。书中苦觅原非诀，醉里微言却近真。④

　　我观人间世，无如醉中真。虚空为销殒，况乃百忧身。惜哉知此晚，坐令华发新。⑤

　　薄薄酒，饮两钟；粗粗布，著两重。美恶虽异醉暖同……百年虽长要有终……达人自达酒何功，世间是非忧乐本来空。⑥

---

① 《游惠山》。
② 《次韵王定国得晋卿酒相留夜饮》。
③ 《谒金门·秋感》。
④ 《赠善相程杰》。
⑤ 《饮酒》。
⑥ 《薄薄酒》。

这里所说饮酒，无非可以一时醉暖，借以忘忧，就像曹操说的，"何以解忧，唯有杜康"。但到酒醒梦回，夜阑人静，还不是愁思依旧。所以，"达人自达"，并非酒的功劳，最后他还是归结到"世间是非忧乐本来空"，这就要从出世间来寻求解脱了。

三

上面分析了苏轼所以产生人生虚幻和避世思想的原因。他忧时伤老，虽欲借酒浇愁，仍是难寻解脱。他早年喜读《庄子》，后来又常与僧徒交游，那么，他是否从语道逃禅中来求得出路呢？看来还值得研究。

苏轼之所以会有出世思想，是由于他对人间和世情的不满。他在一首咏七夕的词中说："相逢虽草草，长共天难老。终不羡人间，人间日似年。"① 牛郎织女聚会的时间虽短，但并不羡慕人间。人间日如年，那不是更令人难受吗？我看这是东坡在借题发挥，因为他对世情已感到厌烦，"自笑浮名情薄，似与世人疏略。一片懒心双懒脚，好教闲处着"②，于是只好用疏懒来应付。他在《送路都曹》诗中说："我亦倦游者，君恩系疏慵。……怀哉江南路，会作林下逢。"这里是有点倦鸟知还的味道，连君恩也懒理了。正是在这种思想情况支配下，他在《和宋肇游西池次韵》诗中，就唱出"自笑区区足官府，不如公子散神仙"的结句。这不是白日飞升的神仙，不过是想像神仙那样过闲散生活罢了。

苏轼的心目中服膺的是范蠡和陶潜式的人物。"何日五湖从范蠡，种鱼万尾橘千头。"③ "会稽且作须臾意，从此归田策最良。"④ 这里讲的范蠡，虽是作为送人的诗句，其实是借题发挥，语意双关。至于对陶潜，东坡写了大量和陶诗，特别对桃花十分向往。如他在《书王定国所藏烟江叠嶂图》的长诗中，就有一段议论：

---

① 《菩萨蛮·七夕》。
② 《谒金门·秋兴》。
③ 《次韵送张山人归彭城》。
④ 《乞会稽将会汶公乞诗》。

兼综儒道佛　契合理情神

　　君不见武昌樊口幽绝处，东坡先生留五年。……桃花流水在人世，武陵岂必皆神仙。江山清空我尘土，虽有去路寻无缘。还君此画三叹息，山中故人应有招我归来篇。

　　这里他认为只要人世间有个桃源，何必像武陵人那样都是神仙呢？可惜无缘找到桃源的去路，唯有等待山中故人的召唤了。从这里也可以看到东坡对待神仙的态度。他在《奉和陈贤良》诗中也说："身外浮名休琐琐，梦中归思已滔滔。三山旧是神仙地，引手东来一钓鳌。"东坡是不相信海外求仙的，他在《骊山绝句》中就曾明确指出："海中方士觅三山，万古明知去不还。"对世俗观念中的神仙，看来他并不太感兴趣。

　　从以上的分析，我认为苏轼之所以讲"逍遥齐物追庄周"，并非真要修仙入道，只是厌对落拓的人生，因而要寻求精神上的寄托和解脱。至于东坡自称居士，是否真正受过佛徒的洗礼呢？他在《余去金山五年而复至，次旧诗韵，赠宝觉长老》诗中确是这样说过："稽首愿师怜久客，直将归路指茫茫。"在茫茫尘世中何处是人生的归宿？他可能诚心向宝觉大师求教，但没有看出接受到什么妙偈禅机。他在《送春》诗中，却说"梦里青春可得追……鬓丝禅榻两忘机。凭君借取法界观，一洗人间万事非"。看来佛家思想，也只不过是将世情看破，泯灭掉人间万事的是非而已。

　　在东坡诗中有一首比较奇特的，标题是《吴子野绝粒不睡过作诗戏之，芝上人陆道士皆和，予亦次其韵》。

　　聊为不死五通仙，终了无生一大缘。独鹤有声知半夜，老蚕不食已三眠。怜君解比人间梦，许我时逃醉后禅。会与江山成故事，不妨诗酒乐新年。

　　这里吴子野来个绝粒不睡，并非绝食自杀，大概是属于道门辟谷引气的一类修炼方法，却招来芝上人、陆道士纷纷和诗作戏，东坡居士也来凑热闹。他说吴子野想做个不死的五通仙，以了却"无生"这一大因缘。后面又笔锋一转，联系到芝上人的梦斋。这个和尚将人间比作梦幻，好像有点可怜。但东坡这样说也不过是以五十步笑百步，他自己何尝不是低唱"人间如梦"？不同之处可能一般和尚并不喝酒，他则是以酒忘忧，所以要求容许他醉后逃禅。由此可见，东坡并非志在参禅证道，只是像醉乡一样，将仙山佛国作为他逃离现实的避风港罢了。

在东坡诗词中,如说:"问禅时到长干寺,载酒闲过绿野堂。"① 这里"问禅"与"载酒"相对,心情颇为闲适,但有时却有点伤感。如说:"他年京国酒,泫泪攀枯柳。莫唱短因缘,长安远似天。"② 京国酒,短因缘,泪柳谁攀,长安何处? 就不能不感慨系之了。类似的心境,东坡还写过一首《悼朝云诗》:

苗而不秀岂其天,不使童乌与我玄。驻景恨无千岁药,赠行唯有小乘禅。伤心一念偿前债,弹指三生断后缘。归卧竹根无远近,夜灯勤礼塔中仙。

朝云是苏轼的爱妾,贬谪时随同南迁,后病逝于惠州。她曾跟从比丘尼义冲学佛,将死时诵金刚经四句偈而绝,后葬在栖禅寺松林中。东坡与朝云患难相依,这首悼诗写出了真实的感情。但小乘禅代替不了千岁药,佛法也难以保障三生的姻缘,东坡只好"勤礼塔中仙"了。

总的说来,东坡这个居士,并非诚心学佛之徒,有时只是将佛教作为虚幻人生的一种寄托,有时则借此以求得清闲。如说:"我老人间万事休,君亦洗心从佛祖。"③ "青春不觉老朱颜,强半销磨簿领间。愁客倦吟花似酒,佳人休唱日衔山。共知寒食明朝过,且赴僧窗半日闲。命驾吕安邀不至,浴沂曾点暮方还。"④ 从这些诗中是可以看出苏轼的不同心境。其实,苏轼也讲不参禅、不学禅,如说:

使君那暇日参禅,一望丛林一怅然。成佛莫教灵运后,着鞭从使祖生先。⑤

来往三吴一梦间,故人半作冢累然。独依旧社传真法,要与遗民度厄年。赵叟近闻还印绶,竺翁先已反林泉。何时策杖相随去,任性逍遥不学禅。⑥

---

① 《次韵许遵》。
② 《菩萨蛮·感旧》。
③ 《送刘寺丞赴余姚》。
④ 《同曾元恕游龙山吕穆仲不至》。
⑤ 《虔州八境图》。
⑥ 《仆去杭五年,吴中仍岁大饥疫,故人往往逝去。闻湖上僧舍,不复往日繁丽。独净慈本长老学者益盛,作此诗寄之》。

兼综儒道佛　契合理情神

这里前一首诗，讲的是别人无暇参禅，似还可以理解，但后一首是专为寄赠净慈本长老的诗，又愿意策杖相随，何以结句提出"任性逍遥不学禅"呢？我认为这正是苏轼思想的特点。他对佛道两家思想，也无非是为我所用，就像写文章那样，"如行云流水"，"常行于所当行，常止于不可不止"。① 他把学道参禅与寻诗载酒，往往等如是观。苏轼出世与入世思想之所以纷繁复杂，与此不无关系。

四

上面分别论述了苏轼入世与出世思想的矛盾，那么这两者之间能否达到统一呢？统一的思想基础又是什么？我认为这些都值得研究和探讨。苏轼一生从政，却淡于功名；他为官屡遭贬谪，却坚韧不拔；伤老忧时，虽追忆着人间梦幻；仁民爱物，仍忘不了家国情怀。正因为在苏轼的人生观中，既讲究儒家的积极入世，又仰慕道家的顺应自然，兼了解佛教的破除执着，所以在他的思想中虽充满矛盾，却能通过自我调节、消解而取得平衡。他把入世与出世的思想矛盾，引导到适时应物、随遇而安的境地上去。"细看造物初无物，春到江南花自开。"② "人间所得容力取，世外无物谁为雄。"③ 这里讲人世间靠的是人力，但整个宇宙还得顺应自然，这两者如何联系，可能构成东坡的天人合一思想。"人笑年来三黜惯，天教我辈一樽同"④，就是这种思想的写照。

这里有一点还要指出，苏轼承认人应该有七情六欲，不像有的道学家，整天板着面孔，进行什么存天理、去人欲的说教，其实这些人也未必六根清净，而东坡却从不装模作样，作风上平易近人。在东坡诗词中，我认为也有不少情理交融的佳作，直抒胸臆，契合自然，使人有妙语通神之感。下面举几首诗词作例：

---

① 《答谢民师书》。
② 《次荆公韵》。
③ 《登州海市》。
④ 《与秦太虚参寥会于松江，而关彦长徐安中适至，分韵得风字》。

东风未肯入东门,走马还寻去岁村。人似秋鸿来有信,事如春梦了无痕。江城白酒三杯酽,野老苍颜一笑温。已约年年为此会,故人不用赋招魂。①

人生到处知何似,应似飞鸿踏雪泥。泥上偶然留指爪,鸿飞那复计东西。老僧已死成新塔,坏壁无由见旧题。往日崎岖还记否?路长人困蹇驴嘶。②

三入承明,四至九卿,问书生何辱何荣?金张七叶,纨绮貂缨。无汗马事,不献赋,不明经。　成都卜肆,寂寞君平。郑子真岩谷躬耕。寒灰炙手,人重人轻。除竺乾学,得无念,得无名。③

清夜无尘,月色如银。酒斟时须满十分。浮名浮利,虚苦劳神。叹隙中驹,石中火,梦中身。　虽抱文章,开口谁亲。且陶陶乐尽天真。几时归去,作个闲人。对一张琴,一壶酒,一溪云。④

东坡这几首诗词,格调明快,确是像行云流水那样舒卷自如。其中有些既抒情而带有议论的佳句,可以由此探讨人生的哲理。但这里并无虚伪的说教,而是使入世与出世思想做到情理交融,不着痕迹。兼综儒道佛,契合理情神,这是东坡诗词所能达到的思想境界,又是其表现出的与众不同的艺术特色。

当然,苏轼是我国古代封建社会中的知识分子,不可避免地有他自身存在的局限。封建士大夫的生活方式和思想感情,也会给人带来不健康的情绪。如东坡的某些诗词,使人读后会有消极、颓唐的感觉,以至导引出淡淡的哀愁,这也是应该承认的。

凉夜霜风,先入梧桐,浑无处回避衰容。问公何事,不语书空?但一回醉,一回病,一回慵。　秋来庭下,光阴如箭,似无言有意伤侬。都将万事,付与千钟。任酒花白,眼花乱,烛花红。⑤

世事一场大梦,人生几度秋凉。夜来风叶已鸣廊,看取眉头鬓

---

① 《正月二十日与潘郭二生出郊寻春,忽记去年是日同至女王城作诗,乃和前韵》。
② 《和子由渑池怀旧》。
③ 《行香子·寓意》。
④ 《行香子·述怀》。
⑤ 《行香子·秋兴》。

兼综儒道佛 契合理情神

上。　　酒贱常愁客少，月明多被云妨。中秋谁与共孤光？把盏凄然北望。①

这是东坡在秋日填词，本已有点霜风萧瑟的味道，加上他宦途波折，尘海飘零，难避衰容，谁偕病酒，使他不能不产生世情如梦的消极、颓唐意绪。同时，由于苏轼颇有点君子安贫、达人知命的思想，虽有打破名缰利锁的一面，却带来了精神空虚，并进而抹杀是非美恶的差别。下面用他《薄薄酒》诗一首，略做分析。

薄薄酒，胜茶汤；粗粗布，胜无裳。丑妻恶妾胜空房。五更待漏靴满霜，不如三伏日高睡足北窗凉。珠襦玉柙万人相送归北邙，不如悬鹑百结独坐负朝阳。生前富贵，死后文章。百年瞬息万世忙，夷齐盗跖俱亡羊。不如眼前一醉是非忧乐都两忘。

东坡这一首虽有点类似打油诗，说"聊以发览者之一噱"，但毕竟反映他思想的一个侧面。他鄙视功名富贵，而愿意过贫穷闲散的生活，这一点本来无可厚非。但他要从醉乡中来忘却是非忧乐，从"百年瞬息"中把"夷齐盗跖"同等看待，这就和《列子·杨朱》篇的思想接近了。这种抹杀是非美恶的观念可能是来自庄子的齐物论，作为人生观，这种思想是不健康的，是封建士大夫在失意时一种无可奈何心境的反映。

苏轼思想中可贵的地方，就是不以穷达易志。正如我上文引他寄子由诗中所说："平生学道真实意，岂与穷达俱存亡。"但是，人生什么时候穷达，为什么会有穷达，他觉得难以捉摸，因而不能不产生宿命思想。

莫负黄花九日期，人生穷达可无时。十年且就三都赋，万户终轻千首诗。天静伤鸿犹戢翼，月明惊鹊未安枝。君看六月河无水，万斛龙骧到自迟。②

蜗角虚名，蝇头微利，算来着甚干忙。事皆前定，谁弱又谁强？且趁闲身未老，尽放我些子疏狂。百年里，浑教是醉，三万六千场。　　思量能几许，忧愁风雨，一半相妨。又何须，抵死说短论长。

---

① 《西江月·黄州中秋》。
② 《杭州牡丹开时，仆犹在常润，周令作诗见寄，次其韵。复次一首送赴阙》。

幸对清风皓月，苔茵展云幕高张。江南好，千钟美酒，一曲满庭芳。①

这里苏轼承认人生穷达是无法掌握的，也不知什么时候会到来，好像带有点偶然性。但为什么会出现这种偶然性，也难以解释，只好归结到自然命运的安排，从而走向了宿命论。东坡对于名利，所以觉得没有什么值得奔忙的地方，原因是"事皆前定"，谁强谁弱不是靠奔忙努力所能做到，因而对世事也无须"说短论长"，不如在有生之年，过醉梦中的"疏狂"生活。宿命思想虽然是消极的，但能够使人随遇而安，同时可以给人精神上的慰藉，苏轼入世与出世思想所以从矛盾中能够得到契合，与此也不无关系。

兼综儒道佛，苏轼的思想来源是复杂的，但也有其共通的地方。如众所周知，儒家孔孟是讲究天命的；道家庄子虽然逍遥齐物了一番，到头来还得承认"知其不可奈何而安之若命"，即不能不受到命的支配。苏轼最为仰慕的大诗人陶渊明，也讲"穷达不可外求"，并高唱"乐夫天命复奚疑"。至于佛教讲的因缘和合，说到底也无非是宿命论的变种。苏轼正是受这三教中类似的共同思想的影响，所以才唱出"乐天知命我无忧"和"弹指三生断后缘"的诗句。这里无论是带有乐观还是悲观的情绪，读东坡诗词，往往使人感觉到在情理交融中达到精神上的和谐一致。固然在苏轼思想中，有它积极进取与消极颓唐的两面，但要从矛盾中来求得统一，却并非容易的事。而东坡在诗词中，能致力于消解这些矛盾，从而取得初步成效，这是应该肯定的。

用东坡诗词作为资料来论证苏轼入世与出世思想的矛盾统一，这里只能作为一种尝试。不当之处，敬请方家同人，不吝指正。

（原载《四川师范大学学报丛刊》第12辑《苏轼思想探讨》，1987年，第1～19页）

---

① 《满庭芳·警悟》。

佛学、老庄与儒学

这个讲题主要探讨佛学与儒、道两家的关系，佛学如何中国化并成为中国传统文化的组成部分，是一个值得研究的问题。

佛教是外来宗教，佛学也是外来的思想文化，传入中国后就要适应中国的国情和社会习俗。由于儒家的道德伦理与政治理念是中国传统文化的主体，如忠孝之道，佛教出家人是没有这种理念的，所以出现对"沙门不拜王者"的争议；又如儿子出家做高僧会受到父母的膜拜，这违反儒家的伦常道德，受到傅奕"非孝无亲"的批评，唐高宗还下诏加以禁止，后经过宗密等人的调和，杜撰有《孝子报恩经》等迎合中国习俗的著作，自是从出世佛教走向人间佛教。

不过，从牟子到康僧会等人，将佛教"五戒"与儒家"五常"相比附，这样调和儒释还是浅层次的，而且近于附会，而深层次的融合儒释，还是由慧能禅宗提倡的明心见性的心性之学。儒家由先秦孟子发展到宋、明陆王心学，与禅宗思想可以说相汇交融，加上道教内丹学的兴起，从整体来说，到宋代，所谓儒、释、道三教在义理心性之学的基础上形成中国思想文化共同发展的主流方向。

佛教禅宗、老庄和儒学之间还有个共同点，我认为还值得探讨，就是能否走向无神论。《科学与无神论》杂志的编者，在前言中提出宗教是否可以走向无神论的问题，一般认为宗教都是有神论：如天主、基督教有上帝，伊斯兰教有真主，佛教有佛祖，道教把老子尊为太上老君，主张儒家是儒教的也想将孔子作为教主，汉代的纬书也有把孔子神化的倾向，宗教的教主一般都认为是神，也就是有神论。

不过从哲学角度看，有个问题可以思考：由于禅宗主张佛在心中，反对向西天拜佛，认为人人都有佛性，没有无佛处，这可以说是一种泛佛论。

同样，先秦道家庄子主张道无所不在，得道之人并不在乎肢体残缺，只要精神上得到升华，就可以"天地与我并生，万物与我为一"。庄子所主张的是一种泛道论。

儒家是不是宗教虽有争议，但孔子认为人的最高精神境界是"仁"，而"我欲仁，斯仁至矣"，"仁"的精神也是普遍存在的，我认为也可以称之为泛仁论。

恩格斯在《德国农民战争》一书中，称闵采尔具有泛神论思想，可以走向无神论的边际。依此而言，泛佛论、泛道论、泛仁论均指人们内在精神的升华，是人的主体意识，只要通过心性的修养，都可以提高人的精神境界，而宗教的神灵是外在的，可以支配人的死生祸福与精神世界。如果人人的精神可以自做主宰，外在的神灵观念自然会逐渐淡化，也就自然会走向无神论的边际。

那么，如果宗教没有神，或是不信神，甚至呵佛骂祖，能否还称之为宗教？禅宗既称即心即佛，何以寺庙中有泥塑木雕的佛像供人膜拜？我认为这是对宗教认识有不同的层次。宗教对人的终极关系，通过顿悟、渐修，有的人可以认识到这是要提高自身的精神文化素质，如不能达到这个层次，通过拜神来领会信仰宗教的教义，如慈悲、平等、多做善事，等等，也同样可以体现出宗教对世俗社会的正面作用。

儒、佛、道三家所以能构成中国传统文化的总体意识，就是因为有其共同点和彼此相通的地方，不过有的问题不容易说清楚，还需要进一步探索。

（在南京大学学术讲座上一次发言）

朱熹理学的历史命运与陈献章的思想关系

朱熹是继孔、孟之后的一代儒学大师，是宋代理学的集大成者，但朱熹的理学亦并非没有受到挑战。对于朱熹思想如何定位，它的历史命运何以时浮时沉、摇摆不定，是值得研究的课题。

人生往往会受到毁誉参半的评价，同时思想上也会有各种矛盾。如与朱熹思想有点牵连的陈献章，他不满明初朱学垄断的拘守学风，但又承认朱熹是吾道的"宗主"。他提倡"贵疑""自得"之学，为后来黄宗羲所肯定，却又受到张伯行的攻击。可是他身后却得以从祀孔庙，朝廷诏建白沙家祠，并赐联曰"学绍程朱第一支"，认为他仍是朱学嫡传。如何看待他与朱熹思想的关系，亦颇堪玩味。

中国儒学传播到宋明时期，总体上是向前发展，但如何评价其历史作用，却颇多歧见。朱熹理学的历史命运及其与陈白沙的思想关系，可能是儒学发展过程中的一段插曲，但我认为对理清朱熹思想的本来面目，及对白沙江门学派如何定位，总体上地评价宋明理学应是有所帮助。这是我写作本文的意旨所在。

一

朱熹理学的历史命运、他生前的个人荣辱，主要由当时帝王的好恶所决定，朱熹在宋孝宗、光宗两朝，虽已成名为儒学大师，任地方官也取得一些政绩，但未直接受皇帝的重用。公元1194年，宋光宗赵惇内禅，新君赵扩继位，有定策之功的赵汝愚为相，首荐朱熹入朝，彭龟年、黄裳等又力加荐举。如黄裳对皇帝说："若欲进德修业，则须寻天下第一人乃可。"[①]这里把朱熹作为天下第一大儒。彭龟年也说："陛下若招徕一世之杰如朱熹

---

① 洪本《朱子年谱》。

辈，方厌人望。"① 正是在这些儒臣的推荐之下，朱熹得以入朝。赵扩此时也为之心动，八月五日，他任命朱熹为焕章阁待制，在告词中对朱熹大加称赞，并申述倚重和渴望之意。

> 朕初承大统，未暇他图，首辟经帏，详延学士。眷儒宗之在外，颁召节以趣归，径登从班，以重吾道。具官某发六经之蕴，穷百氏之源。其在两朝，未为不用，至今四海，犹谓多奇。擢之次对之班，处以迩英之列。若程颐之在元祐，如尹焞之于绍兴，副吾尊德乐义之勤，究尔正心诚意之说。岂惟慰满乎士论，直将增益夫朕躬。非不知政化方行，帅垣有赖。试望之于冯翊，不如置之本朝；召贾傅于长沙，自当待以前席。慰兹渴想，望尔遄驱。

这篇告词大概对朱熹有点鼓励作用。他观望了几天，决计应召入都。行前门人刘㵒曾问他："先生此行，上虚心以待，敢问其道何先？"他颇有信心地回答说：

> 今日之事，非大更改，不足以悦天意，服人心。必有恶衣服、菲饮食、卑宫室之志，而不敢以天子之位为乐，然后庶几积诚尽孝，默通潜格，天人和同，方可有为。②

朱熹入都，被任命为焕章阁待制兼侍讲的职务，为皇帝经筵讲书，因此他以"帝王师"的姿态，入朝以正君心与"大更改"为己任。朱熹有机会亲自为皇帝讲授经书，似乎是件喜事，可是这也隐含他晚年最大的悲剧，未知当时他是否料及。

朱熹入朝，带着匡正君心的抱负。如上所述，他行道的宗旨是要造就一个诚厚俭约的君主，以符合天意人心。但其实封建帝王多骄奢逸乐，任用一些近习小人，赵扩也不例外，他就以韩侂胄为亲信。而朱熹却企图用正心诚意之学以正君心，如在进讲时，讲儒家"修身为本"这一重要教条，就要求赵扩做到"常存于心，不使忘失"，并强调"存养省察之功，无少间断，则日月常明，而不复为利欲之昏"。他还对赵扩耳提面命，要求其事事

---

① 《攻媿集》卷九十六《彭龟年神道碑》、卷四十六、卷二十六。
② 洪本《朱子年谱》。

反思，如："每出一言，则必反而思之曰：此于修身得无有所害乎？每行一事，则必反而思之曰：此于修身得无有所害乎？""必无害也，然后从之；有害则不敢也。""以至于出入起居、造次食息，无时不反而思之。"①

朱熹进讲后，初时赵扩还表示虚心接受，并褒扬他"讲明大学之道，庶几于治，深慰于怀"②。朱熹误认为赵扩是言出必行，对话时就说："愿推之以见于实行，不患不为尧舜之君也。"③ 事后，他还以喜悦的心情对门弟子说："上可与为善，愿常得贤者辅导，天下有望矣！"④

但是朱熹此时未免高兴得太早，赵扩召他入朝，新君初政，为的是"取天下之人望以收人心"⑤，无非是将他作为可供利用的装饰品。起初他说一些空洞的说教，还可以故作姿态，褒扬几句，但触及实质问题，赵扩就不能容忍了。如他后来面奏四事，其中第三事论"朝廷纲纪"就不客气地提出批评。

> 今者陛下即位，未能旬月，而进退宰执，移易台谏，甚者方骤进而忽退之，皆出于陛下之独断，而大臣不与谋，给舍不及议。正使实出于陛下之独断，而其事悉当于理，亦非为治之体，以启将来之弊；况中外传闻，无不疑惑，皆谓左右或窃其柄，而其所行，又未能尽允于公议乎！

中国封建社会中，虽然实行的是专制君权，但帝王的诏旨正式颁行还有一定程序，如臣下认为不妥的，可以经过审复请君主再做考虑。这是封建政体中对君权的一点约束，虽然作用不大，但专断的君主总觉得不能为所欲为，于是用"内批"的方式，直接下诏给当事人，有点类似后来的手令，以避开审复这个程序。朱熹认为赵扩进退大臣这样独断专行，并不符合"为治之体"。而且这种内批虽出自君主个人，但容易受左右近臣所摆弄，所以朱熹进一步提出，朝廷大政要由大臣公议，而左右则勿预朝政。这里说得更加具体了：

---

① 《朱文公文集》卷十五《经筵讲义》、卷三十八《答李季章》书四。
② 《攻媿集》卷九十六《彭龟年神道碑》、卷四十六、卷二十六。
③ 《两朝纲目备要》。
④ 洪本《朱子年谱》。
⑤ 《攻媿集》卷九十六《彭龟年神道碑》、卷四十六、卷二十六。

而凡号令之弛张，人才之进退，则一委之二三大臣，使之反复较量，勿徇己见，酌取公论，奏而行之。批旨宣行，不须奏覆。但未今尚书省施行，先送后省审复，有不当者，限以当日便行缴驳。如更有疑，则诏大臣与缴驳之官当晚入朝，面议于前，互相论难，择其善者称制临决。则不惟近习不得干预朝政，大臣不得专任己私，而陛下亦得以益明习天下之事，而无所疑于得失之算矣。

朱熹这番奏对，明确要赵扩遵守封建治体，要做到近习不得干预朝政，大臣不得专任己私，君主也要"酌取公论"。特别对审复有不同意见，可以入朝面议，"互相论难"，做到"择其善者"才决定实施。但这样一来，君主就不能独断专行，近臣也就不能干预朝政，当然为赵扩和韩侂胄所不能容忍。朱熹最反对内批，而赵扩偏要使用这件武器，借口说："朕悯卿耆艾，方此隆冬，恐难立讲，已除卿宫观，可知悉。"这样轻带一笔，就客气地把朱熹逐出宫门，他入朝46日，欲致君为尧舜的"帝王师"理想也就熄灭了。

二

朱熹被逐出宫门，就回到武夷讲学，而他的同道亦同样处境不妙，如刚直敢言的陈傅良、彭龟年、刘光祖、吴猎等人相继被逐出朝，接着道学党首领赵汝愚罢相，在流放中含愤而死，支持朱熹的势力全部失败。

韩侂胄既扳倒赵汝愚，接着就想迫害朱熹，把他提倡的道学说成是伪学。先由刘德秀借春试大比机会，上了一道奏疏，说"二十年来，士子狃于伪学"，"专习语录诡诞之说"，"以滋其盗名欺世之伪"。① 接着，朱熹和其他理学家被称为"伪徒"，著作亦遭到禁毁。还有胡纮奏劾朱熹六大罪状，甚至诬称赵汝愚"谋为不轨"，导致朱熹为"奸党"，倚为"腹心羽翼"，在赵汝愚身后，"犹为死党"。其实胡纮之流才是韩侂胄的死党，他诬陷赵汝愚连带朱熹，无非要转成政治上的迫害。更有个趋炎附势之徒叫余哲的上书请斩朱熹，一时带有狂风暴雨之势。由于要说朱熹谋反，当然找

---

① 《宋会要辑稿·选举·贡举杂录》。

朱熹理学的历史命运与陈献章的思想关系

不到什么根据,但反道学的势头仍不断升级,如刘三杰向皇帝面奏,指称"伪学之党,变为逆党,防之不可不至"。于是效法元祐党籍故伎,由朝廷开列出一份59人的伪逆党籍。除宰执赵汝愚、留正、王蔺、周必大四人外,待制以上就以朱熹为首,凡列名党籍的,终身禁锢,永不叙用。这就是历史上有名的庆元党禁。

在这种恶劣的政治气氛下,朱熹还是处变不惊。虽然他一方面看到"亲旧凋零","气象极觉萧索",不免有点伤感,但另一方面对"吾人往往藏头缩颈,不敢吐气"的情况,认为"甚可笑也"。① 这个"吾人"大概指他的同道中人,有的名列党籍而感到害怕,而朱熹却安然不动。当有弟子劝他避祸时,他回答说:"如某辈皆不能保,只是做将去,事到则尽付之。人欲避祸,终不能避。"又说:"今为避祸之说者,固出于相爱,然得某壁上万仞,岂不益为吾道之光!"② 对政敌的迫害,既然避无可避,与其藏头缩颈,不如横眉冷对,表现出"吾道之光"。这正是朱熹为人光明磊落之处。

朱熹当时所以不怕祸害,因他自信道学是正确的。他说:"某又不曾上书自辩,又不曾作诗谤讪,只是与朋以讲习古书,说这道理。更不教做,却做何事?"③ 他认为并无谤讪朝廷,只是讲习古书中圣贤的道理,这有什么错处?据此他说:"古人刀锯在前,鼎镬在后,视之如无物者,盖缘只见得这道理,都不见那刀锯、鼎镬!"又说,"某今头常如黏在颈上",但"自古圣人未尝为人所杀"。④

上面朱熹的对话,都是他的门徒记录下来的,在《朱子语类》中标明在《丙辰后》。丙辰是宋宁宗赵扩庆元二年(1196),当时是"伪学"之禁最严酷的年代,"诸权臣之用事者,睥睨不已",大概是把朱熹作为重点监管对象,所以使他感到"某(自称)今头常如黏在颈上",似乎有随时被杀的危险。但他又认为真理在自己一方,即使"刀锯在前,鼎镬在后",也可以视同无物,并且自信不会为人所杀。在他生命的最后六年虽受党禁在家,但从他所写的《水调歌头》,仍可看到他的心境和抱负。

---

① 《朱文公文集》卷十五《经筵讲义》、卷三十八《答李季章》书四。
② 《朱子语类》卷一〇七《内任》丙辰后杂记言行。
③ 《朱子语类》卷一〇七《内任》丙辰后杂记言行。
④ 《朱子语类》卷一〇七《内任》丙辰后杂记言行。

富贵有余乐,贫贱不堪忧。谁知天路幽险,倚伏互相酬。请看东门黄犬,更听华亭清唳,千古恨难收。何似鸱夷子,散发弄扁舟。　　鸱夷子,成霸业,有余谋。收身千乘卿相,归把钓鱼钩。春昼五湖烟浪,秋夜一天云月,此外尽悠悠。永弃人间事,吾道付沧洲。

这里"沧洲"是指沧州精舍,即朱熹晚年授徒讲学之地。当时虽有人"劝先生散了学徒,闭户省事以避祸者",即劝他保持静默,不要再讲学,但他说"其默足以容"的理解,"只是不去击鼓讼冤,便是默,不成屋下合说底话亦不敢说也"。他认为所谓语默,可以不去外面大喊大叫,并非在家中应讲的话亦不敢讲。也有人劝他"当此之时,宜略从时",要他讲一些顺应时势的话,以求避祸。他回答说:"但恐如草药,锻炼得无性了,救不得病耳!"①

朱熹晚年虽遭逢党禁,但坚持讲学不辍。他讲学是直道而行,不能为避祸而曲学阿世。他在去世前四天,和学生讲过一段话:"为学之要,惟在事事审求其是,决去其非,积累久之,心与理一,自然所发皆无私曲。圣人应万事,天地生万物,直而已矣。"他另处又说:"学者功夫只求一个是。天下之理,不过是与非两端而已,从其是则为善,徇其非则为恶。""所谓道,不须别处去寻,只是这个道理。""事事理会得个是处,便是道也。"②朱熹讲学传道,就是明辨是非,坚持正理,也就是要讲真话。富贵不能淫,贫贱不能移,威武不能屈,他在实践中表现出能坚持气节的高尚品德。

朱熹因为对皇帝直言讲真话,被排挤、受迫害,戴着伪逆党人的帽子以终其身,应该说成为盖棺论定而难以翻案。但颇为奇怪的是,在他死后十年,即在嘉定二年(1209),当时仍是赵扩做皇帝,而朱熹却得赐谥曰"文",被尊为朱文公。到宋理宗宝庆三年(1227)被赠太师,追封信国公。绍定三年(1230)改封徽国公。淳祐元年(1241)从祀孔庙。咸淳五年(1269)度宗诏赐婺源朱氏故居称为"文公阙里"。到元代至元元年(1335)诏建朱熹文庙。明代景泰六年(1455),朱熹后裔还得到世袭翰林院五经博士,同时推行祭朱制度。清代康熙五十一年(1712),朱熹升入配祀孔庙"十哲"之列,得到皇帝的很高赞誉,特别是由朱廷梅写的《重修文公庙暨

---

① 《朱子语类》卷一〇七《内任》丙辰后杂记言行。
② 《朱子语类》卷十三《力行》。

建韦斋祠记》中,对朱熹的歌颂到了顶点。

> 百世之下,使百世以上之大道昭如日月,沛若江河,微朱子,孰与归?故曰:朱子者,孔孟后一人也。朱子之道,既上接孔孟,下轶周程,则朱子者,天下之朱子也,万世之朱子也。①

依上所述,朱熹及朱学的历史命运何以前后大不相同?其实说穿了也没有什么奇怪。因为宋明理学以至朱熹的思想都是尊君的,所以这些封建帝王推重朱熹,无非是想借此维护他们的统治。至于朱熹晚年所以遭受党禁之祸,是由于他当面批评赵扩独断专行和偏信近习之臣,这是专制帝王和近习权臣所不能容忍的。正如赵扩所说:"初除朱熹经筵尔,今乃事事欲与闻。"又说:"朱熹所言,多不可用。"在赵扩心目中,用朱熹讲点经书作为摆设是可以的,但要干预皇帝的言行,那就不可用了。至于在朱熹身后情况又是不同,因为他不会再进逆耳忠言,而尊君的理学教条又可以大加利用。同时,赵扩利用韩侂胄的失败为朱熹平反,也想借以收买人心。后来朱熹的地位不断升高,无非是他尊君思想的一面适应封建统治者的需要。但这样一来,朱熹直道而行,惹来了生前的祸患;而他维护封建纲常的忠君思想,在他身后又为统治者所利用,成为被批评的替罪羊。这可以说是中国知识分子从历史上就形成悲剧的命运。

三

朱熹理学在明清时代成为官方的统治思想,所起到的历史作用主要为当时的封建专制主义服务。明成祖永乐十三年(1415)修成《五经大全》《四书大全》《性理大全》三部经学,这标志着明初朱学统治地位的确立。明成祖朱棣为什么急于修成这三部"大全",他在御制序说得很清楚。他要"以道治天下",而"所谓道者,人伦日用之理,初非有待于外也"。这里所谓"道"就是维护封建统治的纲常伦理,并非只依靠外在规范,还需要内心的认同,就是要从思想上服从纲常伦理,避免出现"人之心术不正,而

---

① 《婺源县志》卷六十六。

邪说暴行侵寻蠹害"的现象,做到"使家不异政,国不殊俗",大家的思想得到统一。编写这三部"大全"的作用,胡广、杨荣等的进书表里也说,这些书颁布天下之后,就会使"人皆由于正路,而学不惑于他歧。家孔孟而户程朱","佩道德而服仁义",从而达到"以斯道维持世教"的目的,说到底是有利于封建社会秩序的稳定。

我们知道,儒家的内圣外王之道,从正心、诚意、修身、齐家,到治国、平天下,在这一系列程序中特别是修身一条,自天子以至庶人都应该遵守,并且还要正己正人,以身作则,对处在领导位置的人来说,这方面的要求更为重要。当朱熹以"帝王师"的姿态入讲经筵时,如前文所述,入朝以"正君心"与"大更改"为己任,要造就一个以尧舜为目标的仁德之君。他反对赵扩独断专行和任用近习,认为不符合封建治体而要重整朝廷纲纪。朱熹这种言行才是他思想中的积极面。但后来的统治者只利用他尊君的一面,只要求下面臣民遵守封建纲常道德,将程朱理学作为"一道德而同风俗"的标准。明代科举用八股取士,代圣贤立言,必须以朱学传注为依据,否则就被斥为"杂览"而非"正学"。这种垄断不但在社会上带来负面影响,同时亦扼杀学术生机。对此,顾炎武曾批评说:"自八股行而古学弃,《大全》出而经说亡。"①

明初朱学统治地位的确立,当时皇帝为维护理学的权威,还不许人反对宋儒。据《明史·成祖本纪》载,永乐二年"秋七月壬戌,鄱阳民进书毁先贤,杖之,毁其书"。另据陆陇其《问学录》引明朝郑晓《吾学编》,及陈建《学蔀通辨》终篇下引《皇明政要》亦有记载,有朱季友其人,由于他进献所著书中有诋斥宋儒的地方,于是皇帝下令将他逮捕,杖责后并烧毁他家中所著书,用行政手段压制学术上的不同意见。

正是在这种政治气氛下,明初的学者尽皆崇奉朱学。如被推为开国文臣之首的宋濂,他所写的《理学纂言序》,其中说到自孟子死后"大道晦瞑",经过1000多年,"天生濂、洛、关、闽四夫子,始揭白日于中天,万象森列,无不毕见,其功固伟矣。而集其大成者,唯考亭朱子而已"。考亭就是朱熹,宋濂将宋儒直接承传孟子,而以朱熹集其大成,从而肯定朱学的崇高地位。

明初程朱理学已成为官学,反而束缚了人们的思想,阻碍了学术的发

---

① 《日知录》卷十八"书传会选"条。

展。如薛瑄就曾经说:"自考亭以还,斯道已大明,无烦著作,直须躬行耳。"① 他认为,到了朱熹,学问之道已经非常明白,后人更无须著书立说,做进一步研究,只要照着行事就是了。又如吴与弼也是朱学信徒,他在《日录》中自称常常梦见孔圣人和朱熹。② 他对朱熹所编《伊洛渊源录》,自谓读后"睹道统一脉之传,不觉心醉","于是思自奋励,窃慕向焉,而尽焚当时举子文字,誓必至乎至贤而后已"。③ 他曾应诏赴京,归途中还绕道赴闽拜朱熹墓,"以申愿学之志"④,对朱学可谓极端崇奉。由于他平日读书,除"四书""五经"和洛、闽语录外,其余甚少注意,故虽然"治学勤奋",做到"身体力验","出入作息,刻刻不忘",但除修身自己学做圣贤外,所学并无安民治国之方,所以在他辞官返乡前,向英宗上"崇圣志""广圣学"等十事,内多以往"圣贤格言",没有审时度势提出有效的良策。后来,朱派学者罗钦顺对他的学问曾加以评说:"吴康斋之志于道,可谓专且勤矣,然所得之浅深,无可考见,观其辞官后疏陈十事,皆组织圣贤成说,殊无统纪。"这是说,吴与弼虽然专心勤奋以求道,但他的学问有多深,却难以考定。因为看不出他自己的见解,疏陈十事只能拼凑一些圣贤讲过的话,所以对如何治国提不出系统和有效的办法。实际上将他看成空疏的腐儒。他们只会背诵圣贤成说和一些空洞的语录教条,却没有处理实际问题的能力,而程朱以来提倡"即物穷理""博学审问"的功夫,在这些腐儒身上也难以找到了。

在历史上,凡是一个学派的思想观点占据垄断地位的时候,往往变得拘守和僵化,禁锢人们的思想,同时亦妨碍自身学派思想的发展。明初程朱理学正是处在这种地位。在这种情况下,必须有人出来打破停滞局面,学术发展才能出现生机。从明代儒学的流变看来,正是符合这样的发展规律。如《明史·儒林传序》中说道:

> 原夫明初诸儒,皆朱子门人之支流余裔,师承有自,矩矱秩然。曹端、胡居仁笃践履,谨绳墨,守儒先之正传,无敢改错。学术之分,则自陈献章、王守仁始。宗献章者曰江门之学,孤行独诣,其传不远。

---

① 《明史》本传。
② 《康斋先生集》卷一。
③ 《康斋文集》卷十二《跋伊洛渊源录》。
④ 《明儒学案·崇仁学案一》。

宗守仁者曰姚江之学，别立宗旨，显与朱子背驰，门徒遍天下，流传逾百年，其教大行，其弊滋甚。嘉（靖）、隆（庆）而后，笃信程朱不迁异说者，无复几人矣。

《明儒学案·莫晋序》也说：

> 明初，天台、崇仁椎轮伊始，河东、崇仁风教渐广，大抵恪守紫阳（朱熹）家法，言规行矩，不愧游、夏之徒，专尚修，不尚悟，专谈下学，不及上达也。至白沙（陈献章）静养端倪，始自开门户，远希曾点，近类尧夫，犹是孔门别派。自阳明倡良知之说，即心是理，即知是行，即工夫是本体，直探圣学本原。前此诸儒，学朱而才不逮朱，终不出其范围；阳明似陆而才高于陆，故可与紫阳并立。当时若东廓主戒惧，双江主归寂，念庵主无欲，最称新建（王守仁）功臣。即甘泉体认，见罗止修，亦足互相表里，迨蕺山提倡诚意，约归慎独，而良知之学，益臻实地，不落虚空矣。

从上面两段叙述看来，打破明初谨守朱学正传局面的是陈献章，也可以说他是阳明学的先导。黄宗羲在所写《明儒学案·白沙学案》的小序的开头就说，"有明之学，至白沙始入精微"，"至阳明而后大"。在介绍白沙的学术思想时，在《白沙学案》中还做了比较全面的评价：

> 先生之学，以虚为基本，以静为门户，以四方上下、往古来今穿纽凑合为匡郭，以日用常行分殊为功用，以勿忘勿助之间为体认之则，以未尝致力而应用不遗为实得。远之则为曾点，近之则为尧夫，此可无疑者也。故有明儒者，不失其矩矱者，亦多有之。而作圣之功，至先生而始明，至文成而始大。向使先生与文成不作，则濂洛之精蕴，同之者固推见其至隐，异之者亦疏通其流别，未能如今日也。

这里黄宗羲两处将白沙与阳明联系起来，并认为前者是阳明思想的先导。宗羲出身于王门后学，既认为陈、王"两先生之学，最为相近"，故对白沙思想有所认同，并给予正面肯定的评价。至于清人对白沙学术论断却大有分歧。如前面所引《明史·儒林传序》和《明儒学案·莫晋序》，只是说白沙从朱学正传走向"学术之分"，或是说他"始自开门户"，但承认他仍是"孔门别派"。这是比较客观公允的说法。至于贬斥白沙的则以严守朱学立场的清初理学家张伯行为代表，他认为，"自程朱后，正学大明。中经二百年无异说。阳明、白沙起而道始乱"①。这里肯定程朱才是"正学"，阳明、白沙是倡"异说"的乱道之人，颇有点斥其为名教罪人的味道了。

从上面对白沙学术的评价看，无论是正面还是负面，都认为他不是朱学的正传，甚至是背离了朱学。但值得研究的是，在白沙生前并没有人说他有违名教，相反却得到"真儒复出"的称誉，这是由于他39岁时曾赴京游学，祭酒邢让试以和杨龟山《此日不再得》诗，因而被人看重。白沙在其和诗之中，全面表述了程朱理学的正宗思想。他称朱熹为"吾道"之"宗主"，而且其思想实质如义利观、理欲观以及坚决维护封建道德纲常的立场，诗中都有明确的表述。虽然他也强调方寸之心的作用，但认为善端要经过日渐的培养，道德也要有个培育过程。这与朱熹在《大学补义》中讲的只要"用力之久，而一旦豁然贯通"，则"吾心之全体大用无不明矣"，可以说是符合的。邢让看了和诗，大为惊异，说是"龟山不如也"，明日言于朝"以为真儒复出"，于是"一时名士如罗伦、章懋、庄昶、贺钦辈，皆乐从之游"，②自是名重京师。

白沙55岁时，被广东左布政彭韶推荐，说"献章醇儒，乃未见收用，诚恐国家坐失为贤之宝"。翌年，白沙应召入京，"到京时，公卿大夫日造其门数百，咸谓圣人复出"。司寇林俊且"日与讲学有得"，但主管人事的吏部尚书尹旻却故意为难，"令试吏部"。于是"献章称疾不试，乞归奉母"，"自是屡荐不起"。③白沙不向权贵折腰，而坚持他"山林朝市一也"的素志，这才是真儒本色。他晚年也以授徒讲学终老，不过他没有像朱熹那样受迫害。

白沙身后也像朱熹那样，受到朝廷的封赠，虽然距离时间比较长，他去世于弘治十三年（1500），到万历二年（1574），才诏建白沙家祠，特赐额联并祭文肖像。祠中赐额曰"崇正堂"，联曰："道传孔孟三千载，学绍程朱第一支。"同时，还命翰林院撰文致祭。

恭维先生，五岭秀灵，潜心理学。宗濂洛之主静，弄月吟风；接

---

① 《正谊堂文集》卷九。
② 《年谱》，见《陈献章集》。
③ 《年谱》，见《陈献章集》。

> 洙泗之心传，鸢飞鱼跃。孝友出处，昭在当时；懿范嘉言，垂于后世。洵一代醇儒，足为儒林矜式者也。朝廷重道，致祭于祠，灵明不昧，庶其来歆。①

从上面朝廷诏建家祠及所赐额联祭文等内容来看，正式承认了白沙是孔孟、程朱的传人，是为道学正宗、儒林法式。到万历十三年（1585），朝廷还下诏白沙入祀孔庙，得到官方认可的圣徒地位。

本文所以从朱熹理学的历史命运谈到陈白沙的思想，主要想说明宋明儒学及其某些代表人物的思想如何定位的问题，在历史评价上为何会出现各种矛盾，有什么作用和影响，有无规律可循，这些问题都值得探索。

朱熹和陈献章在儒学中的地位当然并不相同，朱熹集宋代理学之大成，陈献章是明代王学的先导，从这个角度来看，都有一定的代表性。两人的思想实质，在维护封建纲常方面，都是站在坚定的立场，这是他两人身后能入祀孔庙和得到朝廷褒奖的原因。但两人在官学中的地位和社会影响毕竟不同，特别是朱熹通过科举更是处在官学中的垄断地位。这使儒学的发展出现停滞，同时维护封建纲常在社会上带来负面影响。后来从颜元、戴震批判"以理杀人"，到五四运动反对"吃人"的礼教，朱熹就成为受批评的对象。白沙虽创建了江门学派，但他受朝廷征召未成，既未因为要"正君心"而招来祸患，而维护纲常名教的作用亦不像程朱理学有那么大的社会影响，所以近代以来反对封建儒学对他也没有影响。同时，由于他主张为学"贵疑"和寻求"自得"，反对把圣贤经传当作教条，打破明初守朱学正传而无敢改错的局面。虽然他被张伯行指为乱道之人，但这种独立思考、自成家派的风格，反而受到后人的重视。

据此，我认为宋明儒学的发展是复杂而曲折的，各学派的历史命运和遭遇亦不尽相同，是受到主客观条件的制约，在评价上亦受到不同时期政治气氛的影响。所以要做到知人论世，在学术评价上就要做出各种分析。如朱熹在哲学上对孔孟儒学的哲理化进程做出很大贡献，他主张为学要"事事审求其是，决去其非"，在"正君子"时直道而行，博学、审问、慎思、笃行，这些思想作风，表现在政治教育方面，应该都是可取的。至于他维护纲常名教，造成"以理杀人"的客观效果，虽然有被封建统治者利用而成为替罪羊的一面，但他主张"凡有狱讼，必先论其尊卑上下、长幼

---

① 《年谱》，见《陈献章集》。

亲疏之分，而后听其曲直之辞"① 的观点，也当然应该受到非议。因为理学家们先有这些思想观点，统治者才能加以利用，如果把程朱等人也说成是受害者，就不够公允了。至于对陈献章，他治学不喜欢抄袭古人，不依傍哪一家的门户，主张直抒胸臆，契合自然。他这种"学贵乎自得"，倡导比较自由开放的学风，在宋明儒学史上的地位，近年来得到较高的评价。但他的"作圣"，即完成儒家的伦理道德修养，维护封建纲常名教，与程朱理学并无大差别。不过，白沙学说开始了明代学术局面由初期朱学统治转向中后期心学风靡的转变，在儒学发展史上做出了应有的贡献。

（原载《齐鲁学刊》1998 年第 1 期）

---

① 《朱文公文集·戊申延和奏札一》。

海瑞对朱、陆思想的承传与扬弃
——朱、陆对后世思想影响的一个例证

海瑞是中国历史上有名的清官,是个政治实干家,在哲学思想史上大概不占什么地位。但他生活在宋明理学的鼎盛时期,他的思想不能不受其影响。如宋代朱、陆两大学术流派,到了明代,一方面朱学成为官方的统治思想,另一方面承传陆氏的阳明学又广泛流行。朱、陆两家思想还在分庭抗礼。海瑞在这种学术氛围下,对两家思想如何取舍,我认为是起到矛盾调和的作用。因此,对海瑞思想做个案研究,可以看到朱、陆思想对后世社会影响的一个侧面,他不像两家后学那样带有门户之见,而是从不同方面撷取两家之长,这对今天传统思想文化如何扬弃和承传,我认为还有一定的启发意义。

一

海瑞对朱、陆两家思想并不是主动加以调和,毋宁说在总体评价上,他贬朱申陆。如在一篇题目为《朱陆》的文章中,开头第一句就说:"朱、陆之论定久矣。"由于"自宋至今五百有余年,是朱非陆,所在群如也"。从南宋末到元、明时期,朱熹思想得到统治者的赏识,取得官方的正宗地位,自是原来朱、陆在哲学上的争论,是朱而非陆似乎成为人们的共识。而海瑞却不以为然,他要将是朱非陆的社会舆论扭转过来,说:"抑何从而辨之乎!孟子曰:'是非之心,人皆有之。'请以是为朱陆之辨。"又说:"何自而辨之,辨之以吾之心而已。"以吾心之是非作为辨别朱、陆是非的标准,无疑是宗师孟子的思想。

海瑞为要贬抑朱熹,在《朱陆》篇中反复指明朱学的过失。他说:

朱子笃信《大学》,平生欲读尽天下之书,议尽天下之事。"引而

海瑞对朱、陆思想的承传与扬弃

伸之，触类而长之，天下之事毕矣。"天下之书可得而尽读之乎！事可得而尽议之乎？韩退之《原道》言诚正不及格致，朱子指为无头学问，是以格物、致知为《大学》头一事矣。入门一差，是以终身只做得《大学》先之之功，不尽得《大学》后之之益，无得于心，所知反限。①

朱子平生误在认格物为入门。而不知《大学》之道。诚正乃其实地。……谓司马温公只恁行将去无致知一段，朱子日日经史，其不满于实心实事，无私无党，有余力而后学文之君实，无足怪矣。大凡人言语文字，皆心为之，阳明致良知，其什经不取朱子之说者，多说在心性上，朱子什经全说在多学而识上。阳明鹘突其设诚有之，然犹不失为本原之养也，犹第一义也。朱子则落而下之，离而去之矣。②

这里海瑞说朱熹最相信《大学》，但把格物、致知作为头一件事，这样入门就走错了。他认为，《大学》的实质是讲正心、诚意，而朱子却批评韩愈讲诚正而不及格致是无头学问，又说司马光是只讲行而无致知，这些批评只能算是舍本逐末，与王阳明比较，王学讲致良知落实在心性上，这是做学问的本原；而朱学解经只停留在多学而识的表面，只能落到等而下之的地步。

其实海瑞也知道，朱熹并非不要求之于心，但对他没有将内求于心放在首位表示不满，认为以功过来衡量朱学，仍然是过大于功。他说：

朱子则先意于此，读书为先，求心反为后，茧丝牛毛，识者以集大成归之。谓择诸家之训什而纂其长，则亦可矣。谓道在是，则周元公或可，而朱不然矣，说者又谓朱子羽翼六经，嘉惠后学，其功个浅。夫朱子自少至老，无一日不在经书子史间，平生精力尽于训诂，而其所训又多圣人之经，贤人之传也，夫岂得无功于后。圣真以此破碎，道一由此支离，又不能不为后人之误。功过并之，而使人繁于枝叶，昧厥本原，其过为大。③

---

① 〔明〕海瑞著，陈义钟编校：《海瑞集》，中华书局1962年版，第323页。
② 〔明〕海瑞著，陈义钟编校：《海瑞集》，中华书局1962年版，第325页。
③ 〔明〕海瑞著，陈义钟编校：《海瑞集》，中华书局1962年版，第324页。

这里海瑞对朱学的功过做出评价。他举出所谓"识者""说者"大概是属于支持朱学的人。他们认为朱子能择诸家训诂之长,是个"集大成"的学者,所训释的圣贤经传,嘉惠后学,其功不可没。海瑞对此虽没有完全否认,但他始终认为朱熹做的是枝节功夫,表面看来是枝繁叶茂,却并未抓到根本,反而将圣人的真道弄得支离破碎。针对有些人称朱学是"其功不浅",他则说是"其过为大",即是说朱熹在学术上的作用是功不掩过,过大于功。

与贬抑朱熹对比,海瑞对陆九渊则基本做了肯定,在《朱陆》篇中说:

> 陆子门人问陆子学以何进,曰得之孟子,则精一执中之旨,陆子得之矣。乃朱子其学则异于是。①
>
> 圣人不废学以为涵养,是以《中庸》有"尊德性而道问学"之说。贤人而下,不废学以求复初。是以孟子有"学问之道,求其放心"之说。子思、孟子传自尧舜,陆子识之。②
>
> 道问学之功,为其尊德性而设,正与孟子学问求放心同义。朱子解之曰非存心无以致知,而存心者又不可以不致知。……乃其意则全重致知矣。……《存疑录》谓朱子平生所得在是,所失亦在是,见非于陆子静亦在是,得之矣。③

这里认为陆氏之学是承传尧、舜、孟子,朱学则"异于是"。海瑞把"道问学之功"说成"为其尊德性而设",而朱学则"全重致知",他同意朱学见非于陆氏,这里对两家评议的态度,可以说是很清楚了。

二

在《朱陆》篇中,海瑞的哲学思想是明显趋向于陆王心学,并上推到尧舜心传和孟子。从认识事物的方法来说,就是致知不用外求,学问之功,

---

① 〔明〕海瑞著,陈义钟编校:《海瑞集》,中华书局1962年版,第323页。
② 〔明〕海瑞著,陈义钟编校:《海瑞集》,中华书局1962年版,第323页。
③ 〔明〕海瑞著,陈义钟编校:《海瑞集》,中华书局1962年版,第325页。

为求放心而设,这里唱的是和孟子、陆、王同一腔调。

但是令人奇怪的是,海瑞在训诫子弟、教诲生徒以至在早年作词自警时,讲的又是另一种腔调。如在《训诸子说》中明确提出:

> 《大学》之八条目,知所先后其事也。人非生而知之者,孰能了此无惑,故从其先得者而问焉。……今之从事于学,有以圣贤自许者乎?而决状元进士而科第者,人恒壮之。此学奚自而来哉?瑞于诸子有一日之雅,于经授或未尽焉,而饬躬励行,人之模范,敢侈然自谓足以当之而无歉者。①

这里海瑞宣称,人是没有生而知之的,要想明白事理,就得向先有知识的人学习。所以无论是想当圣贤,还是在科举中考取状元进士的人,他们的学问从何而来?当然先要向师长学习。海瑞与生徒的关系,认为讲经可能做得不够,但自以为在身体力行方面,作为生徒的榜样,还是当之无愧的。

海瑞对师教的重要作用和学友们的帮助,从来就非常重视。他早年写的《严师教戒》,也就是作为《自警词》,开头一段就说:

> 尝读至论,谓尊崇正学在君师,绍明绝学在宗师,至发蒙后学而提督之,又有教师职焉。此欧阳永叔祖韩昌黎之严谨而宗风之者。师固足重也。若人能攻我之病,我又能受人之攻,非义友耶?……君子能降师亲友,则雾扫空澄,纤毫不苟,浩然之气塞乎苍冥。果何至是,得力于师友者良多也。夫人外无师友之益,而欲所行之协于道,亦难矣。②

海瑞在青少年时,就是个尊师重道的人。他深知一个人要求得学问,如果没有师友的帮助,那是很难得益的,要是想自己的行为符合道的原则,也就更难了。

值得注意的是,海瑞既认为发蒙后学是教师的职责,那么被启蒙的生童所接受的自是属于后天的教育。所以,海瑞说人不能外无师友之益,又

---

① 〔明〕海瑞著,陈义钟编校:《海瑞集》,中华书局1962年版,第3页。
② 〔明〕海瑞著,陈义钟编校:《海瑞集》,中华书局1962年版,第1页。

欢迎人能攻我之病，这里"外"字和"攻"字，就说明人们所获得学问知识的来源问题。这与他服膺陆王心学时所说的学问"非外也"，只是"学吾之心"与"问吾之心"的观点相矛盾。

海瑞在当南平教谕时，为诸弟子即县学生员所订的《教约》，对读书却极为重视。同时，对朱熹的教育思想和方法也做了肯定。《教约》第一条中说：

> 学问之道，朱子所揭于白鹿洞学者，五教之目：父子有亲，君臣有义，夫妇有别，长幼有序，朋友有信。为学之序：博学之，审问之，慎思之，明辨之，笃行之。……诸生率此而行，夫何学之不进。①

这里海瑞肯定朱熹在白鹿洞书院所揭出的五教内容，特别是为学的次序，从博学、审问入门，并要诸生依此而行。这就等于承认致知是由先外而后内，讲学读书，则是求知的重要途径。《教约》中继续说：

> 圣门之学在知行，德行属行，讲学属知。慎自修饬者，决无不讲之学。真实读书者，肯弃身于小人之归乎！是故知行非有二道也。②
> 学以知为先，读书所以致知也。昔辅汉卿会粹朱子平日教人之法，定为六条：曰居敬持志，曰循序渐进，曰熟读精思，曰虚心涵泳，曰切己体察，曰著紧用力。兼之前博学、审问数事，读书之法无越此矣。③

海瑞认为，圣门之学内容包括知与行，讲学读书属知，德行修持属行。他又认为，真实读书讲学的人对德行修持不会不慎重对待，不会自己陷身于小人之行，所以知与行在圣门的学问中是一致的。但是从知行的先后来说，又是以知为先，而读书则是致知的手段。他同意将朱熹定出的六条作为平日教人之法。这六条虽把端正学习态度作为前提，但在方法上还是循序渐进，先将书熟读然后进行思考。

按照朱子的教人之法，读书治学还要有虚心涵泳与切己体察功夫，但

---

① 〔明〕海瑞著，陈义钟编校：《海瑞集》，中华书局1962年版，第13页。
② 〔明〕海瑞著，陈义钟编校：《海瑞集》，中华书局1962年版，第14页。
③ 〔明〕海瑞著，陈义钟编校：《海瑞集》，中华书局1962年版，第15页。

都要在熟读精思的基础上进行，即从读书中获得的知识，须经过思考消化、内心体会，并结合自己的情况加以运用。这就是从表至里、由外而内地获取到真知。从认识论的角度看，这里是将积累前人经验的书本知识，经过自身的感受、理解而上升为理性认识。这实际上是对学非自外和致知不用外求说的否定。海瑞在《朱陆》篇中批评朱子以格物、致知为《大学》头一事，入门就是差错，这里又认同朱子教人之法。他在思想方法上出现这种矛盾如何解决呢？探讨这个问题对我们应有所启迪。

三

本文开头时就说过，海瑞不是哲学思想家，而是个政治实干的清官。他对认识方法上应该从外到内还是从内至外的问题，看来还是从政治实践中来加以解决。下面以他所写的《淳安县政事序》一文为例，对此进行分析。

> 君子何为而仕于人哉？天生一物，即所以生万物之理。故一人之身，万物之理无不备焉。万物之理备于一人。故举凡天下之人，见天下之有饥寒疾苦者必哀之；见天下之有冤抑沉郁不得其平者必为念之。哀之念之，情不得已，仕之所由来也。①
>
> 瑞自滨海入中州知淳安县事，初阅册籍，民之逃亡者过半，问之则曰愈困不能堪赋役，朴直不能胜奸强使之。而予之心恻然痛矣。剥民以媚人，多科而厚费使之。可为民忿、可为民慨之事日临于目，日闻于耳，而予不平之气愤然生矣。②

海瑞担任淳安县令三年多以后，编了一部《淳安县政事》，上面两段是书的序言。他编此书的内容和用意，是"以纪钱粮，以节财费，以酌事使节文，昭国制日月之明，扩吾心体备万物之理，使淳得户晓焉"③。用现代

---

① 〔明〕海瑞著，陈义钟编校：《海瑞集》，中华书局1962年版，第37页。
② 〔明〕海瑞著，陈义钟编校：《海瑞集》，中华书局1962年版，第37-38页。
③ 〔明〕海瑞著，陈义钟编校：《海瑞集》，中华书局1962年版，第38页。

话来说，是他任县令三年多以来的工作总结。他主张省费节财、廉洁守法，并发挥仁民爱物之心。但有个问题，他这种仁民爱物之心从何而来？他既认为心体本来就具备万物之理，那么不用外求，自然就会产生爱利人民之心。但是他又承认，君子出仕做官，之所以会产生爱利人民之心，是因为同情人民的饥寒疾苦，为他们的冤抑沉郁鸣不平。不过，从何知道民间的疾苦？这并不是只凭想象得来的，如海瑞初至淳安县接任时，见户籍册中登记的民户已经逃亡过半，他通过访问了解，才知道他们由于不堪赋役的重压和受奸强所欺凌，不得已而逃亡，这就使得他恻然痛心。由此可见，他心中的感受不是与生俱来的，而是外界事物的反映。为民愤慨的事情，"日临于目，日闻于耳"，于是"不平之气愤然生矣"。

通过上面的分析，可见海瑞服膺孟子和陆王心学那种不假外求的认识方法存在着局限。他虽然反复说过人心可以具备万物之理，但这个万物之理并不是先验地存在于人的心中。比如说恻隐之心人皆有之，也不是单纯依靠发自内心。如海瑞之所以同情人民，是因为看到人民受盘剥被欺凌这个事实。可以说，如果没有这些外在的因素，就不会引起他内心的变化。可见，在认识方法上从外到内还是从内到外的问题，我认为海瑞奉行的是内外兼资、求真求实的认识方法，即既强调发挥主观精神的作用，又非常重视客观的实际情况。他一生做事都非常认真，求真求实是他认识方法的特点。

海瑞对朱、陆思想各有褒贬，但求真求实的认识方法是采两家之长。即通过求真求实，将两家思想加以调和，再形成自己的思想特色。

对求真，海瑞提出要"识其真心"。梁云龙在《海忠介公行状》中有一段评述：

> 公（指海瑞）……以圣贤教人，千言万语，只是欲人识其真心。率其真而明目张胆终身行之，卓然不牵于俗者，圣贤也。昧其真而馁其浩然之气，不免与俗相为浮沉者，乡原也，非圣贤也。……故其生平所学，惟务识真，必为圣贤，不为乡原。[①]

海瑞对圣贤和乡愿的分界是能否识其真心，能"率其真"的是圣贤，"昧其真"的则是乡愿。真心，按照一般的理解，是人的主观意识和态度问

---

① 〔明〕海瑞著，陈义钟编校：《海瑞集》，中华书局1962年版，第534页。

题,比如说某人做事是否真心实意,态度是否认真。海瑞讲的"识真"如果仅指认识自己的真心,那就是良心,识真仅是个内省功夫,就像王学的致良知。但对海瑞来说,却不仅仅是这样。他要人"识其真心",就是不弄虚作假,要真诚待人,认真做事,并且要"明目张胆终身行之",即做事要光明正大,还要终身坚持不懈。他后来出仕做官,王国宪称其"处群奸嫉恶之时,矢百折不问之节,故每任一官,治一事,痛除蠹弊,雷厉风行,严锄豪强,敢犯权贵而有所不畏"。① 所以他的真心不仅要发自内心的真诚,还要面对社会实际进行斗争,即既要发挥主观精神,又要解决客观实际问题。对正心诚意,陆学主张"立乎其大"固然重要,但也先要格物致知,能"即物而穷其理"才能学以致用,不致陷于"全无伎俩"的空谈。只有对朱、陆两家思想取长补短、扬弃吸收,对传统思想文化批判继承,才能做到取其精华、弃其糟粕。海瑞虽有过扬陆抑朱的议论,但他这种内外兼资、求真求实的思想,实际已经突破心学的藩篱,从而向经世致用思想转化。

[原载纪念朱熹诞辰870周年国际学术会议论文集《新鹅湖之会》,《朱子学刊》(第11辑),黄山书社2001年版]

---

① 〔明〕海瑞著,陈义钟编校:《海瑞集》,中华书局1962年版,第603页。

试论李贽的人生价值取向与终极关怀

李贽在中国思想史上是个儒佛兼综的人物。他曾被称为"异端之尤",并被加上"敢倡乱道,惑世诬民"的罪名,为封建统治者迫害致死。但他在被审讯时最后仍极力辩解,他自认"著书甚多,具在,于圣教有益无损"①。那么,他是个"乱道"还是"行道"之人,就很值得研究。

李贽的人生价值取向,从他的实际行事表现来看,是个不为名、不贪利、不服管、不怕死的人。他并非没有条件去猎取功名,曾"少举孝廉","后为姚安太守"。在职时,"法令清简,不言而治"。他不但不想升官,反而"入鸡足山阅龙藏不出"。御史刘维只好让他"致仕以归",就是罢职下台了。李贽当官时不贪利也是很突出的,袁中道说他"禄俸之外,了无长物"②。《姚州志》说他"致仕归,囊中仅图书数卷,士民遮道相送,车马不能前进"③。在"三年清知府,十万雪花银"的旧官场中,像李贽这样真正廉洁的清知府,当时恐怕是少见的。对不服管问题,时人称是由于性格。如袁中道说他为人"丰骨棱棱,性甚卞急,好面折人过,士非参与其神契者不与言。强力任性,不强其意之所不欲"④,这里描述出他倔强的性格。他自己也说,"余自幼倔强难化","惟不得不假升斗之禄以为养,不容不与世俗相接而已。然拜揖公堂之外,固闭户自若也"⑤。看来他是想回避一些矛盾,但毕竟他的倔强难以适应官场,加上他看不惯仕途的黑暗,所以在他历任县博士、太学博士、司礼曹务、员外郎、郡守等官职时,无不与当道上司"相触"。他为此确也吃尽苦头,如晚年所写的《感慨平生》,就说:"余唯以不受管束之故,受尽磨难,一生坎坷,将大地为墨,难尽写也。"

但是李贽尽管受尽磨难,却并不改变其倔强性格,反而从看破名利关到看破生死关,也就是说他不怕死。他认为,"多一日在世,则多沉苦海一

---

① 〔明〕袁中道:《李温陵传》。
② 〔明〕袁中道:《李温陵传》。
③ 〔清〕甘雨纂修:《姚州志·循吏》。
④ 〔明〕袁中道:《李温陵传》。
⑤ 〔明〕李贽:《阳明先生道学钞》附《阳明先生年谱后语》。

试论李贽的人生价值取向与终极关怀

日,诚不见其好也",又"所喜多一日则近死一日,虽恶俗亦无能长苦吾也"①。正因为他把生与死看得很淡,所以在与恶势力做斗争时,就表现出不怕死的精神。如当时传说史巡道要驱逐迫害他,他就说:"史道欲以法治我则可,欲以此吓我他去则不可。""我若告饶,即不成李卓老矣。""故我可杀不可去,我头可断而我身不可辱,是为的论。"②

综上所述,李贽刚而不屈的特性,确是具有孟子讲的"富贵不能淫,贫贱不能移,威武不能屈"③的精神,亦可称之为"浩然正气"。应该说,这种精神是符合孔孟"圣道"的,但在后来的封建专制社会中,统治者并不喜欢具有独立意志和人格的人,最终免不了受到迫害。后来他被朝廷视为妖人,在北通州马经纶家被捕系狱。他没有等到定罪,"遂持刀自割其喉"。他的《系中八绝》,即在狱中写的八首绝句诗最后两句说:"我今不死更何待,愿早一命归黄泉。"可见,他自杀是有思想准备的,这可能是对世俗的抗议,也是他人生的最后归宿。

李贽这个亦儒亦佛的人,在某种意义上也算是个宗教徒。"死"在佛教是一种解脱,但李贽并无天堂地狱的思想显露,也无今生来世的因果观念,因而他对人生的终极关怀,并不要求让灵魂进入极乐世界。由于他认为人生处处都是苦,所谓"有身是苦,非但病时是苦,即无病时亦是苦""非但老年是苦,即少年亦是苦""非但贫贱是苦,即富贵得意亦无不是苦者"④。既然人生都是苦,唯有寻求佛家的解脱,所谓"不真实厌生死之苦,则不能真正得涅槃之乐"⑤。对人生的终极关怀,只能靠皈依宗教来解决了。

从李贽的性格特质讲到他的为人,他既然表达出生而何欢、死而何惧的心声,因而在愤世嫉俗上就有一往无前的气概。虽千万人吾往矣,"说大人则藐之"⑥。那些道学家把他看作狂傲的异端,其实这才是他秉性坦荡而真诚的表现。

从现象看,李贽这个人虽有点怪气,其实只是率性而行。《中庸》说"率性之谓道",孔子也说"君子坦荡荡"⑦,这都非贬义之辞。李贽严厉批

---

① 〔明〕李贽:《答友人书》。
② 〔明〕李贽:《续焚书·三教归儒说》。
③ 《孟子·滕文公下》。
④ 〔明〕李贽:《与周友山》。
⑤ 〔明〕李贽:《答友人书》。
⑥ 《孟子·尽心下》。
⑦ 《论语·述而》。

评那些"阳为道学,阴为富贵,被服儒雅,行若狗彘"① 的人。这些伪君子、假道学,满口仁义,道貌岸然,但是行为卑污如同猪狗。李贽对此给予淋漓尽致的揭露,态度上可能偏激一些,却击中要害。

因此,李贽是把真心还是假意和是否言行一致作为衡量人物的标准。如他对耿定向的批评。他认为,"读书而求科第,居官而求尊显","种种日用,皆为自己身家计虑,无一厘为人谋者",这些表现乃是读书做官人的常情,耿定向亦未能免俗。可是,这位道学家"及乎开口谈学,便说尔为自己,我为他人;尔为自私,我欲利他"。据此,李贽批评说:"以此而观,所讲者未必公之所行,所行者又公之所不讲,其与言顾行、行顾言何异乎?以是谓为孔圣之训可乎?"② 这段批评我认为并不偏激,而是有理有据,揭露出这些自谓受孔圣之训的假道学先生的本来面目。

在这里我想起了孔孟恶乡愿的言论,孔子说:"乡原,德之贼也。"③ 孟子则进一步发挥说:"非之无举也,刺之无刺也,同乎流俗,合乎污世,居之似忠信,行之似廉洁,众皆悦之,自以为是,而不可与入尧舜之道,故曰'德之贼'也。"④ 孔孟所说"乡原",是指言行不符、伪善欺世的人,是道德的破坏者。所以,孟子还特别提到"言不顾行,行不顾言","阉然媚于世也者,是乡原也"。⑤ 正是因为有伪善的一面,容易骗人,因而"众皆悦之",对社会造成的祸害更大。李贽痛斥这些假道学,正符合孔孟恶乡愿的精神。

假的对立面是真。李贽为人强调要有真心,他则称之为"童心"。他专门写了一篇《童心说》,文中指出:"夫童心者,真心也。""夫童心者,绝假纯真,最初一念之本心也。若失却童心,便失却真心,失却真心,便失却真人。人而非真,全不复有初矣。"

李贽这里所谓"童心",也就是孟子说的"赤子之心"⑥。孟子认为,人生来就是具有仁、义、礼、智的先天"善心",也称之为"四端"。这种善心只有初生的婴儿最为纯洁,没有受到世俗的精神污染,所以称为"赤子之心"。李贽也说童心是"绝假纯真",这一思想也来源于孟子。虽然这

---

① 〔明〕李贽:《续焚书·三教归儒说》。
② 〔明〕李贽:《焚书·答耿司寇》。
③ 《论语·阳货》。
④ 《孟子·尽心下》。
⑤ 《孟子·尽心下》。
⑥ 《孟子·离娄下》。

有点唯心论先验论的味道，但我们也常说，小儿不会作假，所以用童心来比喻真心，我认为还是可以的。李贽虽年登七十，仍自以为童心未泯，他确是真心诚意待人，率性归真以行事。作为人生价值取向，他一生的言行可谓光明磊落，绝无虚情假意的地方。但在当时专制黑暗的社会中假人当道，到处充斥着假言假行，正如他在《童心说》中所指出的，"盖其人既假，则无所不假矣。由是而以假言与假人言，则假人喜；以假事与假人道，则假人喜；以假文与假人谈，则假人喜。无所不假，则无所不喜"。既然是假人当道，真人就无处容身，对人生的终极关怀，只有从"涅槃之乐"中来寻求解脱。李贽正是从遵循儒家"圣道"而实践人生，最终不得已求助佛门"胜义"而得到归宿，这就是"绝假纯真"的人所得到的下场。

袁中道在《李温陵传》中有一段话，归结其"所以罹祸"之由："若夫骨坚金石，气薄云天；言有触而必吐，意无往而不伸；排摈胜己，跌宕王公。""嗟乎！才太高，气太豪，不能埋照溷俗，卒就囹圄，惭柳下而愧孙登，可惜也夫！可戒也夫！"李贽生平有何可惜、可戒之处，看来还可供后人思考。

（原载《李贽学术国际研讨会论文集》，首都师范大学出版社 1994 年版，第 64～67 页）

对《船山学刊》的一点感言

今年是《船山学刊》创刊90周年。在这个喜庆的日子，接杂志社来函，约写几句纪念性的话，下面是我的一点感言。

我们都知道，一份刊物能够长期维持下来，是由于能适应当时社会的需要。90年来，中国社会起了很大变化，而《船山学刊》中间虽有过曲折，却能坚持下来，其中的经验教训还是可以总结的。

寄来的《船山学刊》简介，题头上有两句——"继承船山爱国思想，弘扬湖湘学术文化"，应该是刊物的主旨。《船山学刊》创办于1915年，辛亥革命虽然推翻了清王朝，但当政的是袁世凯卖国政府，内忧外患使中华民族处于危险的境地。刘人熙在《船山学报》发刊词中，引用了"殷忧启圣，多难兴邦"的古训，号召"志士仁人"分忧救国，"令国家危而不亡"。毛泽东等人受此激励，投身并利用这份刊物宣传革命，并推动当时的思想解放运动，对社会产生了积极的影响。

以弘扬船山爱国主义思想，砥砺国人承担重任，振兴中华为办刊宗旨，经过将近百年的考验，《船山学刊》成为当今国内历史最长的学术期刊，这种成就是很不容易的。我认为应当维护这个传统。当然并不限于谈船山的爱国思想，如扩展到对湖湘文化、湖湘人物的研究，宋明以来，民族气节与家国情怀就成为核心的思想主题。特别是近代以来，大量的湖湘人物成为爱国精英更是不争的事实。近百年来，多少"志士仁人"在"天下兴亡，匹夫有责"的传统爱国思想的激励下，在反对帝国主义侵略的胜利斗争中起到相当的促进作用。有关这方面的文章，我觉得还是可以选优取用的。

由于来函要求笔谈的内容多是涉及对船山研究的意见，我反而觉得对船山的爱国思想，在定位上并不清楚。在中国封建社会，爱国多与忠君联系在一起，但与船山同时的黄宗羲却说，为臣之道是"为天下，非为君也；为万民，非为一姓也"。船山没有这样说，他虽然同情民间疾苦，但反对农民起义，还是尽忠于朱明王朝。但他后来投靠永历朝廷，却受到权臣的诬陷，几乎丧命，幸得李自成余部高一功救了他。当时由于清兵入关，农民军余部已联合南明抗清，故船山对高一功、李定国等人的看法有所改变。但他后来在南明小朝廷灭亡后，反清立场始终不变，所以我对他爱国思想的定位，认为主要表现在坚持民族气节方面。他后来成为避居山野的遗民，加上故国情怀，这可以说是船山包括宋明改朝换代后那些故老遗民爱国思想的特点。这种思想我认为较难在理论上加以概括和分析，作为个人情结，我拟以诗的形式凭吊船山湘西草堂，以抒发对这位爱国遗民的思想感情。

凭吊湘西一草堂，百年身世历沧桑。
遗民遍洒山河泪，旧史重增日月光。
学贯天人参哲理，博通今古辨毫芒。
人生自古谁无死，入世何须不老方？

山摧地陷楚天倾，铁马金戈入汉营。
一代孤臣留正气，千秋绝世仰高名。
难言国破伤沦落，岂向人前论死生。
搔首问天天不语，嶷云湘水总关情。

扰攘干戈惜陆沉，秋来衡岳暮云深。
漫言史笔坚如铁，却道人情贵比金。
败叶庐中行素愿，观生居内托长吟。
船山终老归何处，留得人间屈子心。

余生何必寄禅龛，经史潜心且自参。
越石孤忠传桂北，横渠正学遍湘南。
阴阳至理原无一，天地生人总是三。
留得遗风依旧在，胜来江水绿如蓝。

（原载《船山学刊》2005 年第 4 期）

论黄宗羲民主启蒙思想的历史地位

中国社会发展到明清之际,有没有出现启蒙思想家?这个问题国内学术界仍有争论。但黄宗羲的《明夷待访录》中有反对君主专制和民主启蒙性质的思想,却为多数人所肯定。为什么黄宗羲会产生这种思想,这里有"源"与"流"的问题,并关系到如何评价这种思想的历史地位。下面谈点个人看法,以供讨论。

一

黄宗羲所以能产生民主启蒙思想,我认为首先是由当时的社会存在所决定的。中国封建社会发展虽然缓慢,但与欧洲中世纪领主制的庄园经济不同,从秦汉以来基本上是一个中央集权的封建统一国家,特别是唐宋以后,工商业和对外贸易都相当发达。虽然到封建后期,由于君主专制政治的加强,宗法血缘关系的纠结,小农经济难以解体,但生产力发展水平的提高终会突破封建生产关系的某些环节。这就使明朝中叶后,在某些手工业行业中,开始出现资本主义生产关系的萌芽;相应地,在意识形态方面,也开始出现一些带有反封建启蒙性质的思想观点。

明中叶后到嘉靖、隆庆、万历三朝,农业和手工业生产水平都超越前代。如发明不少新农具;利用机械灌溉,上过水槽,下入潜流,山坳河滩都开辟成耕地;还注意改土施肥,使农田"变恶为美,种少收多",据说有稻田亩产到八石;种棉、桑、甘蔗和养蚕都得到普遍发展,为纺织和制糖业提供了丰富的原料。在农业发展的基础上,棉纺业已遍及全国。寸土皆有棉布,十室必有织机。丝织业的生产工具则比以前大有改进,揽车生产效率提高三四倍,织机品种繁多,能织出各种复杂花纹,内部专业分工也很细。铁矿业冶炼技术大有提高,采矿已发明烧爆法,其他行业,如造船、制糖、榨油、制茶、造纸、印刷等都有发展。这些都为产生资本主义萌芽提供了条件。

明中叶后社会生产力的提高引起社会分工进一步扩大,出现手工业和农业初步分离的现象。如嘉兴府濮院镇居民"以机为田,以梭为耒"。王江泾镇居民则"多织绸收丝缟之利,居民可七千余家,不务耕绩多"。盛产棉花的太仓地区,"男女多轧花生业"。这种从农业分离出来的手工业者,家庭成员有的可能还从事农业,或本人仍参加农忙劳动,却如列宁所指出:"资本主义社会特有的工业同农业的分离,在这个阶段上还是以萌芽的状态表现出来,但是它毕竟已经表现出来了。"① 这样一来,过去一些村集就逐渐成为专业市镇。如上面说到的濮院镇,原来居民不多,隆庆、万历年间改进织绸技术,"濮绸之名遂著远近",万历初就成为"日产锦帛数以千计",并发展为"万家灯火"的市镇了。又如苏州吴江县(今吴江市)的盛泽镇,《震泽县志》谓其"明初以村名,居民止五六十家"。但据《醒世恒言》的描述,到嘉靖年间,镇上"络纬机杼之声,通宵彻夜","两岸绸丝牙行,约有千百余家,远近村坊织成绸匹,俱到此上市。四方商贾来收买的,蜂攒蚁集"。到隆庆、万历间据说已发展到五万人口,速度是惊人的。

手工业从农业中初步分离和专业城镇的出现,促进了商品经济与都市的繁荣,同时也改变了重农抑商的封建习俗。顾炎武在《天下郡国利病书》中引《歙县风土论》,明显地说明这种变化:该县在弘治时是"妇人纺织,男子桑蓬,臧获服劳","佃则有田",这是男耕女织,佃仆依附主人的典型封建世态。到正德末嘉靖初,则"商贾既多,土田不重"。迨至嘉靖末,变成"末富居多,本富益少"。再到万历三十年(1602)左右,却成了个"金令司天,钱神卓地"的世界。当时商人资本,"大者巨万,少者千百"。据说,江浙的丝商有的"积金如山丘"。但较为奇怪的是,如徽州地区,"商贾虽有余资,多不置田业"。吕坤也说:"条鞭法行,富商大贾不置土田。"在封建社会中,土地是命根子,明末某些商人的反常现象值得注意。

在"末富居多"的情况下,有些人既不购置土田,就会把资金投入工商业扩大再生产。当时也有独立小手工业者致富成为手工业工场主的。如《醒世恒言》讲的施复,原来家中只有一张绸机,"妇络夫织","不上十年就有数千金家事","开起三四十张绸机"。张瀚在《松窗梦语》中谈他祖上发家情况,成化末年才"购机一张",后来"增至二十余",到四祖继业时,"各富至数万金"。这些拥有数十张织机的工场主,当然要雇用一些工人。据徐一夔在《织工对》中说,杭州有"饶于财者",买"杼机四五具",请

---

① [苏]列宁:《俄国资本主义的发展》。

工"十数人",每日工钱"二百缗",工人以"日之所入",养其"父母妻子"。另说到其中有一位技艺过人的不满意拿同等工资,"求倍值者而为之佣",果然有一家用双倍工资把他请走。这个事例也许能说明当时已有自由雇佣劳动者出现。

到晚明时期,在江南某些市镇,似已出现自由劳动者市场,如蒋以化在《西台漫记》中记载:"我吴市民罔籍田业,大户张机为生,小户趁织为活。每晨起,小户百数人,嗷嗷相聚玄庙口,听大户呼织,日取分金为饔飧计。大户一日之机不织则束手,小户一日不就人织则腹枵,两者相资为生久矣。"当时苏州也有类似情况,没有雇主的织工按照不同工种聚集在一定地方,"什百为群,延颈而望","若机房工作减,此辈衣食无所矣"。此等毫无生产资料,只靠出卖劳力为生的人,看来是不少的。如《长洲县志》记载,万历时染工、织工各数千人,"此皆自食其力之良民也"。

万历年间,随着工商矿业的发展,封建统治者开始疯狂掠夺。当时朝廷派出宦官充当所谓矿监税使,四出抢劫财产,随便捕人杀人,弄到贫富尽倾,工商皆困,终于爆发了多次"民变"。如荆襄、武昌市民反陈奉,临清人民反马堂,特别是苏州纺织工人反税监孙隆,都是城镇市民反抗封建特权的斗争,其中手工业雇佣劳动者起到相当大的作用,是过去所没有的。另外值得注意的是,明末东林党人由于主张反暴政、反宦官,特别反对矿、税监的公开掠夺,因此,"罢官废吏,富商大贾之类""走集供奉者","不知其数"。① 天启年间,魏忠贤派缇骑逮捕东林党首领周顺昌、李应升等人时,也激起了苏州、江阴的"民变"。经济斗争与政治斗争紧密结合,形成市民阶层反封建的群众运动。这在中国历史上是空前的。应该说,这是资本主义萌芽出现所带来阶级斗争的新特点。

黄宗羲正是生活在这样的时代和地区。他目睹时艰,天下疮痍、民间疾苦,对封建专制的弊端不能不有所感受。加上他父亲——东林名士黄尊素,在被阉党逮捕时,统治者的爪牙也同样遭到市民的反抗,一人袒呼,"而击者云集,遂沉其舟,焚其衣冠,所得辎重,悉投之于河"②。这种反封建的群众运动给他很大的激励。后来遭逢世变,国破家亡,他对君主专制统治不能不进行历史的反思。这就是形成黄宗羲民主启蒙思想的历史条件和社会根源。

---

① 《明神宗实录》卷五一三。
② 〔清〕计六奇:《明季北略》。

二

　　黄宗羲民主启蒙思想的形成固然是晚明时期社会存在的产物，但从文化传统的角度来看，历代的思想流变对其也有相当大的影响。中国儒家有个思想传统，就是把唐、虞、三代描述为理想的治世。所以顾炎武将《明夷待访录》"读之再三"后，称赞为"百王之敝可以复起，而三代之盛可以徐还"。黄氏在该书小序中也说："则三代之盛犹未绝望也。"这是寄托于儒家传统理想的提法。

　　夏、商、周三代一般认为是属于东方型的奴隶社会，也有人认为西周是封建领主制。但不管怎样，由于宗法血缘关系织成一道温情脉脉的纱幕，会给人带来一些原始时代村社民主的气氛，因而受到后世特别是儒家的称颂。其实，这种原始民主遗风是很有限的；但亦不能否认，在秦汉统一封建大帝国建立以前，社会上是有一点相对的民主气氛。不过这主要不是来自三代遗风，而应该说，这是春秋战国时期社会变革的产物。西周的灭亡使有识之士逐渐认识到民心向背的重要性，所以在春秋的前中期就出现季梁、史嚚的重民思想。春秋末年史墨回答赵简子问及鲁侯失国的原因，认为是"民忘君矣"所带来的结果。并由此总结出"社稷无常奉，君臣无常位"是"自古以然"的规律，① 从而把重民思想提到理论高度。

　　史墨的总结是符合历史实践的，如当时齐国的陈氏由于关心"民人痛疾"，结果是"公弃其民，而归于陈氏"②，取得代齐的胜利。由于民心向背关系到统治者的存亡继绝问题，所以后来孟子才说"得其民，斯得天下矣"，"得其心，斯得民矣"，③ 并进一步提出"民贵君轻"④ 的议论。战国末年的荀子则引用舟水做比喻："君者，舟也；庶人者，水也。水则载舟，水则覆舟。"⑤ 人民的力量可以推翻统治者，后世一些比较明智的君主，如李世民、朱元璋等对此是多少有所体会的。

---

　　① 《左传·昭公三十二年》。
　　② 《左传·昭公三年》。
　　③ 《孟子·离娄上》。
　　④ 《孟子·尽心下》。
　　⑤ 《荀子·王制》。

以上所说，即儒家"民为邦本，本固邦宁"的民本主义思想。当然，这并不等于民主。不过，在封建社会中，敢于公然批评君主的并不多。孟子在齐宣王面前，既讲"诛一夫纣"，不承认是"弑君"，① 又说"君有大过则谏，反复之而不听，则易位"②。孟子对君主敢于大胆批评，这种带有一点民主作风的传统，看来对黄氏的《原君》篇有所影响。春秋战国时的君臣关系看来也不像后世那么严格。如孔子虽讲忠君，但不是无条件盲从。

现在学术界有一种说法，认为法家韩非是提倡绝对君权的。其实韩非也有主张君臣合作共事的一面，如说："君操其名，臣效其形，形名参同，上下和调也。"③ 又说："至治之国，君若桴，臣若鼓，技若车，事若马。"④ 先秦儒法两家虽是对立的学派，但都主张君臣的对等合作关系，要君主奉公法而反对行私，这些合理的思想主张，在《原臣》《原法》等篇中，看来有为黄氏所接受。

秦汉以来形成了集权统一的封建大帝国，君主专制已成为不可逆转的趋势，封建王法就是一家之法，当然不可能限制君权。汉初贾谊虽劝告"明主"，要求做到"如鉴之应，如衡之称"。还说，"人主公而境内服矣"，"人主法而境内轨矣"。⑤ 他还强调"民无不为本"，并对君主提出警告，"与民为敌者，民必胜之"。⑥

秦汉以后，君权不断上升。如原来丞相三公还可以坐而论道，宋朝宰辅就只能侍立朝班，到明清更非跪拜不可。君臣成了主奴关系，"臣罪当诛号天王圣明"，恰是君臣关系的写照。在这种情况下，反对封建专制的除农民起义进行武力的反抗外，也有用道家思想批判封建君权的，最著名的是鲍敬言的无君论。但农民起义不可能推翻封建制度，而起义农民本身最终还会走上皇权主义的道路，或是取而代之，或是充当改朝换代的工具，并不能彻底反掉君权。至于鲍生那种"古者无君"的乌托邦式理想国，是违反社会历史发展规律的，因而也是行不通的。

在我国漫长的封建社会中，统治阶级内部也有想对君权做出某种限制的。如董仲舒既论证王权神授，但又提出"谴告"论，所谓"屈君以伸

---

① 《孟子·梁惠王下》。
② 《孟子·万章下》。
③ 《韩非子·扬权》。
④ 《韩非子·功名》。
⑤ 〔西汉〕贾谊：《新书·道术》。
⑥ 〔西汉〕贾谊：《新书·大政》。

天",想利用上天的威严给君权以一定的限制,却未收到实际效果。在封建政权内部,虽也设有职司谏议、监察等一类部门,初意可能想对封建君权起一些调节作用,但看来亦收效甚微。另外,作为封建官僚后备军的太学生也能评议朝政,形成清议即舆论上的压力。宋明时代的书院通过讲学,也有这方面的作用。明末的东林党和复社就成为评议朝政的舆论阵地,这当为黄宗羲所亲自感受。他提出限制君权的《置相》《学校》等篇,流露出历史反思的痕迹。

三

上面对产生黄宗羲民主启蒙思想的"源"与"流"的分析,我认为对比较正确评价他这方面的思想是有帮助的。黄氏在《明夷待访录》中表现出政治思想的核心,是反对封建专制君权,并对君主立宪制有点朦胧的猜测。后来,梁启超曾反复谈到此书在戊戌维新运动中对青年产生的巨大影响,说明黄氏这方面的思想对康梁主张君主立宪的维新变法确是起到先驱的启蒙作用。但要说此书类似"人权宣言",会导致彻底反封建的民主革命,这样估价则未免有所夸大。我们应该正确衡量黄宗羲民主启蒙思想所具有的历史地位。

《明夷待访录》写作的特点是,往往以"古者"与"今也"做对比。所谓"今",大体指三代以后,即秦汉直到明代。书中列举君主专制所带来的各种弊害看来是比较符合实际的,但书中所说的"古",内容则比较复杂,虽然标明说的是"三代"情况,其实较多是受到儒家大同社会的理想影响。但是透过这种复古的外衣,确也折射出一些黄氏所憧憬的新时代的曙光,从而交织成一幅具有中国特色的社会变革的理想图景。这里有一点需要指出,在近代中国资产阶级革命的历史进程中,主张君主立宪的康有为、梁启超,和从事民主革命实践的孙中山,都把大同世界和天下为公作为最高理想,所以从宏观的角度来看,黄宗羲向往的三代之治,对近代中国资产阶级革命是起到先驱的启迪作用的。

黄宗羲反对君主专制,提出"为天下之大害者,君而已矣"[①],这颇为

---

① 〔清〕黄宗羲:《原君》。

时人所称颂。其实，对君主罪恶的揭露，鲍敬言比黄宗羲更为激进。而黄氏比较高明的地方是，并不因此而要恢复到无君时代。他提出"为君之职分"，是兴公利、除公害，"毕世而经营者，为天下也"。后世的人君则"以天下之利尽归于己，以天下之害尽归于人"。① 这种对比正如嵇康所揭露的，"昔为天下，今为一身"②。按照传统的看法，为天下的只是唐、虞、三代之君，黄氏对此看法亦不例外。不同的地方是，他并不把尧舜看作天生圣人，或道德情操特别高尚。他认为，"为天下"是君主的"职分"，即作为职务上的本分工作。所以这样的君主，"必非天下之人情所欲居"，不是一般人所愿意干的，"唐、虞之世，人人能让"，也就并不奇怪了。资产阶级认为政治是管理众人之事，提出执政者要做人民的公仆。黄宗羲当然不可能有这样明确的思想，但他打掉了封建君主奉天承运的神圣光轮，而把"为天下"除害兴利作为君主应尽的职责。这种思想形式上虽复古，实际上已透露出对资产阶级政治要求的曙光，是民主启蒙思想的突破点。

黄宗羲既提出对君主职分的要求，所以对君臣关系也只看成一个合作共事的班子。他说，"缘夫天下之大，非一人之所能治而分治之以群工"，"治天下犹曳大木"，"君与臣"无非是"共曳木之人"。所以，"臣之与君"是"名异而实同"。既然君主的职分是为天下，那么大臣出仕，自是"为天下，非为君也；为万民，非为一姓也"。据此，他严厉批评那些忠君死节之士，认为"为臣者轻视斯民之水火，即能辅君而兴，从君而亡，其于臣道固未尝不背也"。在黄氏看来，臣与君是共负"为天下"之责，所以说，"吾无天下之责，则吾在君为路人"，"以天下为事，则君之师友"。③ 这就打破了"君为臣纲"的封建传统。他指斥"小儒规规焉以君臣之义无所逃于天地之间"，甚至因为孟子有君臣对等的言论，"至废孟子而不立"。④ 对此，他提出强烈的谴责。

黄宗羲发挥了先秦孟子等君臣对等和合作共事关系的思想，他否认"臣为君而设"，是君主的"私物"。这当然也用不着对君主感恩图报，从而消除了"臣要报君恩"之类的陈腐观念。他虽然承认君主的地位比较高，但总是封建"等级"中的一员，因此，"是宰相而摄天子"的职分，是顺理

---

① 〔清〕黄宗羲：《原君》。
② 〔三国·魏〕嵇康：《太师箴》。
③ 〔清〕黄宗羲：《原臣》。
④ 〔清〕黄宗羲：《原君》。

成章的事，用不着像"小儒"那样大惊小怪。黄氏为要抑制绝对君权，一方面提高宰相的地位，另一方面要建立"每日便殿议政"制度。对进呈现的奏章，天子要与各大臣"同议可否"，然后"天子批红"。批不完的"则宰相批之，下六部施行"，不用再呈给皇帝。① 既然大政要经过君臣"同议可否"，就不是君主一人说了算。他还主张宰相设"政事堂"，可以接纳"四方上书言利弊者及待诏之人"，使"凡事无不得达"。② 这样做到下情上传，集思广益，比之君主个人专行独断，在政治体制改革上是前进了一步。

对于君主与法制的关系，先秦法家是主张行法治的，认为君主也要依法行事。黄宗羲则区别出"天下之法"与"一家之法"。前者是为天下人兴利去害，故"法愈疏而乱愈不作，所谓无法之法也"；后者则为保其一家"利欲之私"，故"法愈密而天下之乱则生于法之中，所谓非法之法也"。黄氏自是肯定前者而否定后者，从而提出"有治法而后有治人"的观点，因为维护君主私利的"非法之法"会"桎梏天下人之手足"，即使有"能治之人"也无所施其技。黄氏的主张实质上是要求立公法而废私法，并把法治摆在人治之上，这可以说是君主立宪制萌芽思想的反映。

黄宗羲民主启蒙思想还有突出的一点，就是把原来属于清议场所的学校变成有点类似近世的代议机关。学校本是培养人才的地方，也是知识密集的场所，读书人喜欢议论朝政，大体也算是一种传统。黄宗羲也列举过一些事例，如说，"东汉太学三万人，危言深论，不隐豪强，公卿避其贬议；宋诸生伏阙捶鼓，请起李纲。三代遗风，惟此犹为相近"③，即对此做了充分肯定。在黄氏看来，"学校不仅为养士而设"，更重要的是对君主能起到舆论监督作用，做到"天子之所是未必是，天子之所非未必非，天子亦遂不敢自为非是而公其非是于学校"。④ 在封建社会中，当然以天子的是非为是非，而黄氏却要天子公其是非之权使归于学校，这对专制君主自是增加了很大的约束力。

黄宗羲不但要把学校变成监督朝政的舆论阵地，并且还要进一步形成制度，对各级地方的"政事缺失"有一定的督察权。按照他的设计，中央的太学祭酒要由当世大儒充任，每逢朔日，"祭酒南面讲学，天子亦就弟子

---

① 〔清〕黄宗羲：《置相》。
② 〔清〕黄宗羲：《置相》。
③ 〔清〕黄宗羲：《学校》。
④ 〔清〕黄宗羲：《学校》。

之列,政有缺失,祭酒直言无讳"。至于地方,每月朔望由"学官讲学,郡县官就弟子列","师弟子各以疑义相质难"。对"郡县官政事缺失,小则纠绳,大则伐鼓号于众"。① 这样,太学和郡县学就变成教育兼检察机关,对各级政府的政事缺失,可以"直言""纠绳",甚至"号于众",即向群众公开宣布。这种设想对近世代议制度的形成,会起到有益的启示作用。

总的来说,黄宗羲生活在明清之际"天崩地解"的时代,农民起义、市民暴动的政治风云,诸侯异政、百家异说的历史陈迹使他对当时的封建君主专制制度不能不引起深切的反思。他总结过去,展望将来,虽然由于阶级和时代的局限,不能明确看到社会变革的前途是走向资本主义,但多少有一点朦胧的感觉。如他从职、权、责的角度来批判封建君权,并提出一些有关政治体制改革的意见,对近代君主立宪运动应当是有所启迪的,但不能导致推翻帝制的民主革命。因此,对黄宗羲这方面的思想,做出评价时也要实事求是,不夸大、不缩小。本文所以先行探索他这方面思想的"源"与"流",为的是据此来帮助衡量《明夷待访录》一书其中的民主启蒙思想所能达到的历史高度。这既非民主斗士的革命宣言,也非封建遗老的复古挽歌,它是一个抱有救世安民之志的知识分子经过对历史回流的反思所能反映出时代变革精神的思想结晶。

顾炎武读过《明夷待访录》后曾给黄宗羲一封信,说到"天下之事,有其识者未必遭其时,而当其时者或无其识"。黄氏的思想到晚清时才得到强烈回应,似非偶然。我们今天的时代不同于黄宗羲的时代,也不同于梁启超的时代,但当前对于政治体制改革的议论,不少人都发出要加强民主的强烈呼声。我国是个源远流长的封建传统的国家,能否从《明夷待访录》提出的问题中得到一些借鉴,似还可以进一步研究。

(原载《求索》1987年第5期)

---

① 〔清〕黄宗羲:《学校》。

如何理解戴震启蒙思想的近代意义

戴震思想对近代是否具有启蒙意义？这在我国学术界是一个有争议的问题。研究思想史的老一辈学者杜国庠、侯外庐等人认为，戴震所著《孟子字义疏证》是披着"经言"外衣的哲学。侯老还将戴氏收入《中国早期启蒙思想史》，认为他"复活了十七世纪清初大儒的人文主义统绪，启导了十九世纪的一线曙光"。近年，姜广辉、方利山等人的文章基本接受了这种提法。

针对上面的观点近来引起了争论。如舒凡认为近代西方启蒙运动主张个性的自由发展，这才是近代思想启蒙的本质特征。而戴震对后儒之理的批判，使用的武器不是个人主义与民主主义，而是"无私"之欲。他既未否定人治思想，也未否定无私观念，这决定了他缺乏近代启蒙的思想基础。另外，舒凡还认为戴震是以孔孟儒学来反对宋儒理学，这种复归的意识只能使中华民族变得更加封闭保守，那根深蒂固的儒学又怎能产生任何具有近代启蒙意义的思想？

舒凡的异议引起姜广辉、胡发贵的驳难，但问题似乎并未解决。本文拟就这些问题发表一点个人意见，以供讨论。

一

戴震写《孟子字义疏证》，以批判程朱理学作为中心主题，但他批判的武器，是以孔孟，特别是孟子的思想作为参照系，这是不争的事实。如果说这就是复古思想、复归意识，也未尝不可。不过值得注意的是，为学术界所认同作为西方启蒙运动前奏的早期意大利文艺复兴，也是打着复古的旗号开路的。也许有人会说，古希腊、罗马曾存在过民主共和的政体，但从马克思主义的观点来看，民主只是奴隶主内部才享有的，共和不过是奴隶主专政的一种形式，与后来的资本主义社会是挂不上钩的。可是文艺复兴确是利用古人理性智慧的启发，去冲击中世纪蒙昧的神学殿堂，从而掀起一场反封建、反神学的新文化运动。因此从形式上看，欧洲的文艺复兴是复希腊、罗马之古，而实质上却在创近代资本主义之新。复古与创新固然有矛盾，但在当时人们普遍受到宗教神学思想禁锢的情况下，要宣扬个性解放和反对宗教禁欲主义的人文主义思想，复古就是解脱现实的一条途径，正是要借用古代哲人理性的巨流，去冲破当前禁锢人们思想的堤防，这样才能超越向前，完成创造性的思想转化。这可以说是退一步进两步的问题，也表明历史是"回流式"向前发展的。

中国的国情与当时欧洲有所不同。秦汉以来中国基本上是个统一的封建集权国家，特别到宋、明、清时期更是强化中央集权的专制统治，哲理化的儒家理学则成为官方的统治思想。理学中程朱一派由于宣扬客观唯心主义的天理符合中央王权的需要，因而受到统治者的尊奉和利用。如早在元仁宗皇庆二年（1313），朝廷诏行科举条例，明经规定自《四书》内出题，并以朱熹的《章句》《集注》为准。经义一道，《诗》以朱熹为主，《易》以程颐、朱熹为主。到明太祖时更严格规定用八股文开科取士。据《明史·选举志》记载，考试"专取'四书'及《易》《书》《诗》《春秋》《礼记》五经命题"，并规定"'四书'主朱子《集注》，《易》主程《传》、朱子《本义》"。到明成祖永乐年间，又命胡广等人编纂《四书大全》《五经大全》《性理大全》颁行天下，采集宋儒经说及其所谈的义理，奉为定式，并且不许任何时人反对。

永乐二年（1404），《明史·成祖本纪》有一条记载："秋七月壬戌，鄱阳民进书毁先贤，杖之，毁其书。"这里讲的是江西人朱季友，因他所著书中有诋斥宋儒的地方，结果被拘捕杖责一顿，书也被禁毁了。自是宋儒所宣扬的天理成为封建王权的化身。程朱理学由于得到封建王权的政治护法，因而就成为我国社会向近代转型时的主要思想障碍。

不过，程朱理学在明清时期虽然成为官方统治思想，他们自身也成为不可冒犯的先贤，但其崇高地位除得到封建王权庇护外，还要加上先圣孔孟的权威做护法。他们只能用章句、集注的形式来阐扬孔孟之道，这就是所谓代圣人立言，孔孟仍然是儒家的教主。

正是在这种情况下，人们要想反对程朱，就不能像朱季友那样率直，以免招来棍棒加身。至于像李贽那样的"异端"，虽自称所著书于圣教"有益无损"，而终以"敢倡乱道，惑世诬民"的罪名被迫害致死。这也使人认识到，反对官方哲学需要讲究策略和方法，特别在清代的康、雍、乾时期，文字狱的淫威使知识分子动辄得咎。因此，戴震披着"经言"的外衣来批判程朱，在当时的政治气候之下，应该说是有其必要。同时，这样做还可以减少那些具有正统保守思想的人的阻力。如到晚清，康、梁变法仍然借助于托古改制，以此来堵塞顽固派之口。看来，按照中国的国情，梁启超认为清代思潮具有"以复古为解放"的特点不无道理。

我认为，戴震披着"经言"的外衣来批判程朱，并非单纯是斗争策略问题，亦非只是为着避祸，他确认为程朱有违背孔孟的地方。他通过疏证《孟子》，正显示出作为经学大师和考据家的功夫。他对孟子思想的阐发并非纯粹是层外衣，亦有认为孟子思想高于程朱的一面。

对于这一点也许有人提出，那不正好说明戴震思想的复古和复归，不是距离近代启蒙更远吗？我认为，如何看待孟子的思想也是一个比较复杂的问题。如在明太祖时就出现过一种奇怪现象：一方面，"四书"取得了崇高的地位，这当然包括《孟子》在内；另一方面，朱元璋对孟子的某些言论却感到非常恼火，如讲民贵君轻以至君臣对等的一些话，"君之视臣如土芥，则臣视君如寇仇"①，在专制帝王听来，当然非常刺耳。因此，朱元璋要删节《孟子》书，甚至想把这位"亚圣"的牌位迁出孔庙。

这说明，孔孟的时代虽比程朱为早，但对君民关系、君臣关系的看法不是更加专制保守，反而可以说相对开放一些。现有人写文章，说孟子讲"民贵君轻"是民主思想。唐君毅、牟宗三等人在20世纪50年代曾发表《中国文化与世界》长篇宣言，声称儒家所肯定"道德上之天下为公、人格平等之思想，必然发展至民主制度之肯定"，这称为"返本开新"之论。

我并不同意说先秦儒家孔孟本身已具备民主思想，或者说他们的道德人格必然会开出民主制度。但是相对来说，君臣对等观念确是胜过后世程朱等人。如孔子提出要"君使臣以礼"，才"臣事君以忠"。②孟子则认为臣如何待君，先取决于君待臣的态度，可以以德报德，也可以以牙还牙。他不承认桀纣是君主，说"闻诛一夫纣矣，未闻弑君也"③。荀子也说，"桀、纣者，民之怨贼也"，"诛暴国之君若诛独夫"。④孟、荀将暴君比之独夫民贼，称赞汤武革命的上下易位。

先秦儒家既有君臣对等的思想，故以臣事君也有所选择。如孔子就讲

---

① 《孟子·离娄下》。
② 《论语·八佾》。
③ 《孟子·梁惠王下》。
④ 《荀子·正论》。

"以道事君，不可则止"①，又说"天下有道则见，无道则隐"②，即对君主可以采取不合作态度。荀子更明确提出"从道不从君"③的命题，这是对"无道则隐"思想的进一步发挥。

中国封建社会随着向专制集权方面的发展，君臣关系犹如主仆，正如黄宗羲所指出，"后世骄君自恣"，将大臣"跻之仆妾之间而以为当然"，"而小儒规规焉以君臣之义无所逃于天地之间，至桀、纣之暴，犹谓汤、武不当诛之"。针对这种谬论，他用批判的笔调说："是故武王圣人也，孟子之言圣人之言也；后世之君，欲以如父如天之空名禁人之窥伺者，皆不便于其言，至废孟子而不立，非导源于小儒乎！"④

这里黄宗羲肯定孟子，批判想废孟子而不立的朱元璋。程颐曾说："父子君臣，天下之定理，无所逃于天地之间。"⑤朱熹也说："君臣父子，定位不易。"⑥这就类似小儒言论。戴震所指后儒"以理杀人"，亦当属此辈。由此可见，戴震批判后儒，即使要复归于孟子，亦不能单纯看作思想上的复古倒退。由于程朱以孔孟之徒自居，戴震则通过疏证《孟子》加以驳斥，可谓以其人之道还治其人之身，如此而已，岂有他哉！

二

关于戴震思想有无近代启蒙意义，还有一个比较复杂而有争议的问题。虽然戴震反对后儒的"无欲"之说，但主张"无私"，并认为无私不同于无欲。他说："人之患，有私有蔽；私出于情欲，蔽出于心知。无私，仁也；不蔽，智也；非绝情欲以为仁，去心知以为智也。是故圣贤之道，无私而非无欲。""此以无私通天下之情，遂天下之欲者也。"⑦

戴震这段区分"无私"与"无欲"的话，有的论者认为是属于强辩。

---

① 《论语·先进》。
② 《论语·泰伯》。
③ 《荀子·臣道》。
④ 《明夷待访录·原君》。
⑤ 《河南程氏遗书》卷五。
⑥ 《朱文公文集·奏札一》。
⑦ 《孟子字义疏证·权》。

如何理解戴震启蒙思想的近代意义

既然私是出于情欲，要做到无私就应该无欲，否则逻辑上就不通，怎能说无私而非无欲呢？同时，还认为西方启蒙学者反对禁欲主义，就是要满足个人的私欲，如像戴震说的无私之欲，与具有近代意义的启蒙思想，就更加挂不上钩了。

具有近代意义的启蒙思想是否一定要"私"字当头，在西方可能是这样，但中国的情况却有些不同。大体从明代后期以来，一般认为起到过进步作用或具有启蒙思想的人，对"公"与"私"问题就发表过不同言论。其中肯定"私"最为直率的是李贽。他说："夫私者，人之心也。人必有私，而后其心乃见，若无私，则无心矣。如服田者私有秋之获，而后治田必力；居家者私积仓之获，而后治家必力。……此自然之理，必至之符，非可以架空而臆说也。"① 李贽提出"人必有私"的观点，他所举种田的和做生意的人都有发展私有经济的愿望。有的论者认为李贽描绘出现实社会中市民阶层对自由私产的追求，是当时资本主义萌芽的思想反映，他的思想对近代是有启蒙意义的。

但是在明朝末年一些进步的思想家中，并非全都赞成"人必有私"的观点，有的区别不同情况来谈论公与私的问题。如一般认为具有民主启蒙思想因素的黄宗羲对这个问题就做了具体分析。他在《明夷待访录·原君》篇的开头就说："有生之初，人各自私也，人各自利也；天下有公利而莫或兴之，有公害而莫或除之。"这里提出"私利"与"公利"的问题。他认为，人生从来就是自私自利的，但是对公利没有人提倡，对公害却不能消除，这样对整个社会是不利的。如果有人出来，"不以一己之利为利，而使天下受其利，不以一己之害为害，而使天下释其害"，这种能为天下人兴利除害，而并不谋一己私利的事，是一般人所不情愿干的。接着他举了一些例子："去之而不欲入者，许由、务光是也；入而又去之者，尧、舜是也；初不欲入而不得去者，禹是也。岂古之人有所异哉？好逸恶劳，亦犹夫人之情也。"

黄宗羲认为，一般人情都是自私自利和好逸恶劳的，但是作为君主就要"勤劳"过人而自己"又不享其利"，故为人所难为。如许由、务光就避而不干，尧、舜干了一段时间就让位了，大禹原来并不想干而后来却脱不了身。所以总的看来，愿意兴公利除公害而不谋私利的人是少有的，而尧、舜等人在这方面做出了榜样。可是后来的人君却与此相反，"以天下之利尽

---

① 《藏书·德业儒臣后论》。

归于己，以天下之害尽归于人"，即把整个国家当作自家的"产业"，"传之子孙，受享无穷"。这些暴君甚至"屠毒天下之肝脑"，"敲剥天下之骨髓，离散天下之子女，以奉我一人之淫乐，视为当然"，以此作为个人"产业之花息"。对这样的人君，黄宗羲斥之为"天下之大害"，他还不无感叹地说："向使无君，人各得自私也，人各得自利也。"由于各人的私利都为君主所剥夺，所以有君不如无君。

从上面的分析可见，黄宗羲并非反对个人私利。他所反对的是君享其利，民受其害，君主一人享乐是建筑在万民痛苦之上，"视天下人民为人君橐中之私物"，即反对统治者的以权谋私。他自称出仕做官，"为天下，非为君也；为万民，非为一姓也"①，即认为做臣子的亦要为天下人民谋利益，而并非为君主个人谋私利。王夫之曾强调"天下非一姓之私"，"必循天下之公"，②亦是这个意思。

黄宗羲等人对"公"与"私"关系的剖析中，对人民群众来说，"公利"与"私利"并不对立，而是一种包容性的统一。如社会上的公利非常丰富，群众的个人利益自会不同程度地得到满足。封建社会中提出的公天下，是为着适当满足群众的个人私利，二者是不矛盾的。对天理与人欲的关系也是这样，如王夫之就说："人欲之各得，即天理之大同。"③从每个人来说，所要得到的欲望自然是私欲，但如果每个人都能满足自己的欲望，那就成为人类合理的共同欲望了，所以说是天理之大同。这里公欲与私欲也就成为一种包含关系了。

通过上面的阐发，对公私问题、理欲问题的复杂性，都能使人们有所启迪。宋代理学家如程、朱等都主张去欲存理，戴震是同意王夫之的观点的，说"理者，存乎欲者也"④，因而反对"无欲"说。但既然承认有欲，那就是私，何以又主张"无私"呢？讲"无私之欲"是否陷入矛盾？

我认为，戴震主张"无私"并非反对人民群众的私欲。他批判佛道，说老氏讲"长生久视"，释氏讲"不生不灭"，这是出于忧虑个人的生灭问题，无非是一种自私，所以说释老是"以无欲成其私"⑤。戴震将"无私"与"无欲"分开，认为老庄释氏，是"无欲而非无私"；而圣贤之道，则是

---

① 《明夷待访录·原臣》。
② 《读通鉴论》卷末《叙论》。
③ 《读四书大全说》卷四。
④ 《孟子字义疏证·理》。
⑤ 《答彭进士允初书》。

"无私而非无欲"。无私是对圣贤的要求，为的是"此以无私通天下之情，遂天下之欲者也"。对此他还举例说："夫尧舜之忧四海困穷，文王之视民如伤，何一非为民谋其人欲之事！惟顺而导之，使归于善。"由此可见，戴震讲无私，是要求圣贤和当政的人君用无私的精神去"体民之情，遂民之欲"①，就是要体察民情，满足人民的欲望。另外，戴震讲无私亦不是要无私的人都无欲，他主张"以情絜情"，即要人人都按照自己的情欲去推度别人的情欲。这样，"以我之情絜人之情，而无不得其平，是也"。推己及人，就会公平无私，大家的情欲都能得到满足。戴震引用孟子告齐、梁之君的话，要做到"与民同乐"，要"省刑罚，薄税敛"，从而使人人能够"仰足以事父母，俯足以畜妻子"，使整个社会达到"居者有积仓，行者有裹粮"，"内无怨女，外无旷夫"，这就是理想的"王道"政治。②

戴震由于主张"无私"而反对"无欲"，让人不大好理解。因为一般人总是容易把"私"与"欲"联系起来，既然是"无私"，自然也就"无欲"了。戴震的思想理路并不是这样，他反对的只是当政者以权谋私和损害群众利益的一己之私，以及那些以个人意见为理的个人专断。他要求公正无私地来尽量"遂民之欲"。当然从整体来说，是要满足社会的公欲，但其中也包括个人的私欲。现在有些论者总认为中国传统思想文化只重群体而不重个体，抹杀个人的欲望、利益和价值；亦有说戴震的价值观和程、朱一样，缺乏近代启蒙的思想基础。但如果我们仔细分析戴震所讲"无私而非无欲"这句话的内涵，和他所讲要以无私遂天下之欲的用意，我认为对他这方面思想的误解，应该是可以避免的。

三

戴震所讲的义理之学，对时人和后人产生过什么影响？这对探讨他的思想是否具有启蒙意义，从社会效果方面来衡量，亦是一条可供参照的途径。

有的论者认为，戴震生前享有的名声，主要是来自考据学方面的成就，

---

① 《孟子字义疏证·权》。
② 《孟子字义疏证·理》。

而不是他自鸣得意的《孟子字义疏证》中的思想。他书中这套理论,"乾隆年间未尝有其学识,是以三四十年中人,皆视为光怪陆离,而莫能名其为何等学"①。这是章学诚谈到的情况。戴震这套理论,当时可能不大为人所理解。江藩在《国朝汉学师承记》中亦说:"戴氏所作《孟子字义疏证》,当时读者不能通其义,惟(洪)榜以为功不在禹下,撰东原氏行状,载《与彭进士尺木书》,笥河师(朱筠)见之曰:'可不必载,戴氏可传者不在此。'榜乃上书辩论。今《行状》不载此书,乃东原子中立删之,非其意也。"这里说明戴震义理之学在社会上的复杂反响。当时有些读者弄不清楚他书中的含义,但也有服膺戴学像洪榜那样的人,可是又碰上朱筠的干扰。朱筠在学术上虽说提倡汉学,但在政治思想上却尊奉程朱。他认为,戴震既是汉学家,就应该搞训诂考据,而《与彭进士尺木书》却批评程朱,所以反对将这封信收入《行状》里面。洪榜虽然不同意朱筠的意见,但在戴震身后,他的儿子还是将这封信删掉了。

朱筠的态度反映出儒学中相当部分人的意见。朱筠并非完全反对戴学,而是主张汉宋分途。他说,"经生贵有家法,汉学自汉,宋学自宋,今既详度数,精训故,乃不可复涉及性命之旨",何况"性与天道不可得闻,何图更于程朱之外复有论说乎"。②这是说,汉学家不应插手宋学,至于离开程朱别发议论就更加不对了。持类似观点责难戴震的,如翁方纲说:"戴震一生毕力于名物象数之学,博且勤矣,实亦考订之一端耳,乃其人不甘以考订为事,而欲谈性道以立异于程朱。"③姚鼐亦指责戴震说:"言考证岂不佳,而欲言义理以夺洛闽之席,可谓愚妄不自量之甚矣。"④

前面讲到的章学诚,对戴震义理之学还算比较理解,说:"时人方贵博雅考订,见其训诂名物有合时好,以谓戴之绝诣在此。及戴著《论性》《原善》诸篇,于天人理气,实有发前人所未发者,时人则谓空说义理,可以无作,是固不知戴学者矣。"但他虽肯定戴震讲的天人理气,却反对攻击朱熹,认为戴学"实自朱子道问学而得之",不应该"饮水而忘源","至斥以悖谬,诋以妄作"。⑤还有戴震的弟子段玉裁,既称赞《孟子字义疏证》是

---

① 《文史通义补遗续·与史余村》。
② 《国朝汉学师承记》。
③ 《复初斋文集·理说驳戴震作》。
④ 《惜抱尺牍·与陈硕士》。
⑤ 《章氏遗书》卷二《书朱陆篇后》。

如何理解戴震启蒙思想的近代意义

"正人心"的第一要著，又尊奉朱熹，赞誉其为"二千年圣贤之可法者"。①因此，他曾建议将戴震配享朱熹，为的是调和矛盾。

上述几个人对戴学在不同方面和程度上都有所肯定，但都反对批评程朱。由此可见，在当时的历史条件下，要想批判这一封建专制王权的精神支柱是多么不容易，一般是难以得到全面理解和支持的。至于那些顽固的封建卫道士，更是将戴学视同洪水猛兽而恶意诋斥，如方东树写的《汉学商兑》就是一例。

方东树对当时流行的汉学的不满，可能是出于门户之见。但他对戴学，特别是对理欲论的攻击，非一般汉宋之争。他稍微意识到戴学的流行会引起人民对封建统治的不满，甚至造成社会动乱。在《汉学商兑》中，在引述戴震主张"体民之情，遂民之欲"是"为得理"的观点后，他就反复加以诋斥，说："若不问理，而于民之情欲，一切体之遂之，是为得理，此大乱之道也。"又说，"顾民之为道也，生欲既遂，邪遂又生"，如果不加节制，"则私妄炽"，"犯上作乱，争夺之祸起焉"。他指责戴震"谓不当以义理为教，而第惟民之欲是从，是率天下而乱也"。值得注意的是，方东树对戴学的攻击非因学术分歧，而将戴学说成是扰乱甚至颠覆封建统治的罪魁祸首。固然，当时双方并未意识到封建社会将被资本主义社会所代替，戴震的理欲论对旧世界最多只起到一点"破"的作用，还谈不上有对新世界"立"的设想，但已足以引起卫道者的恐慌，如方东树诋斥戴学的罪名是"邪妄炽结，任意乱道"，还说，"虽天下之大，无所不有，不应诞肆至此"。我们知道，统治者加给李贽的罪名是"敢倡乱道，惑世诬民"，并迫害其致死，而方氏指戴学是"任意乱道"，当然犯的更是大罪了。

不过戴学在当时虽不易为人所理解，并受到某些人的恶意攻击，但拥戴者亦不乏人。不像有些论者所说，戴学在当时是没有什么影响的。方东树也说到，对戴震"其徒尊之，谓之集群儒之大成，浩气同盛乎孟子，精义上掩乎康成"。这是说，有的弟子尊奉戴震，将他的地位看得比程、朱还要高。对戴学讲人欲不当去的观点，则"诸家著书，纷然祖述。益推而衍之，以蔑理为宗"。另据章学诚记述，戴震逝世后，他的思想仍在江南一带传播，形成"不驳朱子，即不得为通人"的风气，甚至"诽圣诽贤，毫无顾忌"，② 由此可见其影响。

---

① 《经韵楼集》卷八《朱子小学恭跋》。
② 《章氏遗书》卷二《书朱陆篇后》。

戴学真正起到一些启蒙作用不在当时，而是在近代资产阶级产生以后。如主张君主立宪而参与戊戌变法的梁启超在《清代学术概论》中，首先肯定戴氏少年时锲而不舍的学习态度，称"此种研究精神，实近世科学所赖以成立"。他还引用钱大昕对戴震的评价，谓其"实事求是，不主一家"。余廷仙则谓其"胸中所得，皆破出传注重围"。据此，梁氏称"此最能传写其思想解放之精神"。对戴著《孟子字义疏证》，则称赞是"字字精粹"，谓"综其内容，不外欲以'情感哲学'代'理性哲学'。就此点论之，乃与欧洲文艺复兴时代之思潮之本质绝相类"。他认为戴震"其志愿确欲为中国文化转一新方向，其哲学之立脚点，真可称二千年一大翻案，其论尊卑顺逆一段，实以平等精神，作伦理学上一大革命。其斥宋儒之糅合儒佛，虽辞带含蓄，而意极严正，随处发挥科学家求真求是之精神，实三百年间最有价值之奇书也"。①

梁启超对戴震思想的体会是，认为既有求真求是而为近世科学所赖以成立的研究精神，又有解放思想做伦理学上一大革命的平等精神。这等于说，梁氏从戴学那里，在科学、民主与自由思想上，是受到一些启迪的；而戴学能促使晚清人士有这样的认识和觉悟，就可以说戴震思想对近代是具有启蒙意义的。

梁启超对戴学过去的遭遇是相当了解的。戴震曾说："仆生平著述之大，以《孟子字义疏证》为第一。"但实际情况如梁氏所指出的，"戴氏学派虽披靡一世，独此书影响极小"。主要是当时人不大理解，甚至戴门诸子都有所误会，如唐鉴谓，"先生本训诂家，欲讳其不知义理，特著《孟子字义疏证》以诋程朱"②，即将对戴氏的攻击看成汉学与宋学之间的门户之争。梁氏认为，"鉴非能知戴学者"，"然可以代表当时多数人之心理也"。这说明，能否接受戴学的启蒙是一个时代问题。梁氏所以能从戴学中领会到科学精神、思想解放以至自由平等精神，并受到启迪，是由于当时已产生近代意识，而戴震的时代还难以出现具有近代意识的觉悟。因此，梁氏的感受并不完全取决于他个人的认识水平，其中亦有时代的因素。另外，由于戴震写的是学术研究著作，没有提出政治上的某种主义，用梁启超的说法，是"清代学派之运动，乃'研究法的运动'，非'主义的运动'"，因此，其"收获"就不如"欧洲文艺复兴运动"的"丰大"，因而戴震此书的

---

① 《清代学术概论》。
② 《国朝学案小识》。

如何理解戴震启蒙思想的近代意义

"反响当在今日以后"。①

梁启超对戴学所起到的启蒙作用的估计,我认为基本上是正确的。戴书的反响到近代后与过去明显不同,如与梁氏同时的章太炎,认为戴震"舍名分而论是非"的批判精神,其思想解放的意义,不亚于卢梭和孟德斯鸠。他称赞戴氏遗书"规模闳远,执志故可知"②。刘师培则认为,"东原之说,名为伸孟子,实则与孟子相庚也"③,即是说,戴震对孟子思想不是复归,而是突破。胡适也说戴震哲学"是宋明理学的根本革命"④。这里章、刘、胡等人是以近代意识来理解戴学,是戴震的同时代人难以办到的,即使戴震本人也未必意识到他的思想内涵具有近代科学和思想解放以至平等革命等方面的精神。所以,我认为戴震并不是一个自觉的启蒙思想家,他并没有要改变封建制度的认识,也没有预见到资本主义社会的到来,只是在客观影响上,他的某些观点对近代学者起到一些启蒙作用。我们应该实事求是地评价他这方面的历史地位。

本文通过上面三个部分的论述,表达我对戴震思想是否具有启蒙意义的看法。这里关于以孔孟之道批判后儒和公与私、理与欲的关系问题,我想补充谈点情况。在19世纪下半叶到20世纪初,长期生活在香港的两位近代思想家何启和胡礼垣曾发表过一系列以"新政"为主题的政论文章,后被汇编成《新政真诠》一书。对何、胡一般都承认他们具有近代意识和早期民主主义思想,并以此激烈地批判和抨击封建专制文化。

值得注意的是,何、胡肯定孔孟思想的精义是情理和公论,并和封建专制的"三纲"学说对立起来。他们说:"三纲之说,出于礼纬,而《白虎通》引之,董子释之,马融集之,朱子述之,皆非也。"⑤据此,他们批评"汉宋之学"说:"夫学必期于正者,公理也。汉学宋学,其理则私。先存一公之心以求理,其理必通;先存一私之心以求理,其理必塞。"⑥何、胡并不反对私欲,但认为学者要处以公心,汉宋儒学讲存理去欲,否定人们合理的欲望追求,恰是符合统治者的私利,这就不是正学所倡导的公理了。他们承认个人私欲的合理性,但是不要损害别人,所以又说:"能不以

---

① 《清代学术概论》。
② 《检论·学隐》。
③ 《刘申叔文钞·东原学案序》。
④ 《戴东原在中国哲学史上的地位》。
⑤ 《劝学篇书后》。
⑥ 《新政真诠:何启、胡礼垣集·后总序》。

己之私夺人之私，不为人之私屈己之私，则国家无患其不富，并无忧其不强，而天人大合之旨亦庶几其可望。"① 这样人人各得其私，各遂其欲，也就合乎公理了。

由上可见，何、胡的思想与戴震有相似之处。他们都认为孔、孟的思想较合乎情理，不像后儒那样推行蒙昧的禁欲主义。由于生活的年代不同，各人经历和所处环境亦不同，何、胡有条件接受西方的资产阶级民主意识，这是戴震难以比拟的。但对待儒家传统文化的取舍与评价，却不无相似之处。我认为这并非巧合，而是说明中国历史上的启蒙思想自有其特点，不能全以西方作为参照系，对此应予注意。

（原载《天津社会科学》1992年第3期）

---

① 《劝学篇书后》。

从中国走向近代化的进程中看龚（自珍）、林（则徐）、魏（源）思想的历史地位

在中国近代化的进程中，鸦片战争的失败是一个转折点，往后中国虽然没有成功地进入资本主义社会，但当时一些进步的思想家、政治家已开始放眼世界，并企图促进中国走向近代化的进程。在鸦片战争前后，龚自珍、林则徐、魏源等人，就做过这方面的努力。本文拟对他们的思想做出分析，即在这个历史转折的关头，看他们的思想在促进社会的发展中能起到什么样的作用。我们今天也在进行改革和开放，因此，通过对历史的反思，在如何应对中西文化的交流问题上，当可以给我们借鉴和启迪。

一

龚自珍（1792—1841）是我国封建社会走向解体、半殖民地半封建社会行将到来，即处在历史矛盾的转折时期的进步思想家和诗人。他生当乾隆末年，经历了嘉庆到道光。他死的时候（道光二十一年）鸦片战争已经爆发，但还未看到战争最后失败的结果。本来从明朝中后期开始，随着商品经济的发展，在我国封建社会中已出现了资本主义生产关系的萌芽，但在中央集权封建专制的高压下，与当时的欧洲相比，我国的社会发展呈现缓慢甚至停滞的状态。清朝前期虽号称有所谓的康乾盛世，其实这只不过是我们古老封建帝国的回光返照，从社会发展进程来说是落后了。但当时清朝的统治者却仍是夜郎自大，以天朝上国自居，既不体察国内社会的群情，更无知海外世界的大势。在龚自珍的青年时代，虽算赶上了这称为太平盛世的尾巴，但他不像那些醉生梦死的贵族官僚，只会过骄奢淫逸的生活。他青年时即随父走南闯北，了解"田夫、野老、驵卒"等下层百姓的"世情民隐"，因此能透过升平的面纱，以一种特有的敏锐的眼光，看出清王朝已经到了日薄西山、气息奄奄的"衰世"。他写了《明良论》《乙丙之

际箸议》《尊隐》《平均篇》等富有战斗性的文章,对腐朽黑暗的现实政治社会进行了深刻的揭露,并断言"乱亦竟不远矣"①。

龚自珍依据今文经学的"三世"说,将社会划分为治世、衰世和乱世。衰世在表面上还维持虚假的太平,但实际有如"将萎之华(花)",无可避免地走向凋落。他眼见到民生日益穷困,"自京师始,概乎四方,大抵富户变贫户,贫户变饿者"②,而那些自称为民做主的封建官僚,却只会搜刮民脂民膏,只知谄媚固宠以保持禄位。他眼见当时的官场,"官益久,则气愈偷;望愈崇,则谄愈固;地益近,而媚亦益工"③,可以说尽是一些无耻无能之辈。所以出现这种情况,他认为首先与选拔人才的科举制度有关。他在《对策》中指责八股取士使广大考生"疲精神耗日力于无用之学",而对"兵刑钱谷之事"一无所知,一旦进入仕途,则"凡典礼乐者,举未尝学礼乐也","凡典兵者,皆未尝知兵也"。这样的人即使不贪污腐化,也无法为人民办点好事。

龚自珍在殿试的对策中,从施政、用人、治水、开边等方面提出改革主张,并写了《御试安边绥远疏》。他一心想报效朝廷,结果却使"阅卷诸公皆大惊",反而引起这些封建官僚的不满。其后近十年他担任过宗人府主事、礼部主客司主事等小京官,始终无法施展改革政治的才能。由于他在官场中抨击时弊,并支持禁烟派的活动,故受到官僚大地主顽固派的排挤。道光十九年(1839)四月,他终于辞官南归。回到杭州后,曾在紫阳书院和江苏丹阳县的云阳书院任教。1841年夏秋间却猝死于丹阳,年仅50岁。

纵观自珍的一生,虽然没有机会施展其抱负,但他仍存忧时报国之心。他深感当时的社会危机严重,甚至说,"各省大局,岌岌乎皆不可以支月日,奚暇问年岁"④。这里估计是有点朝不保夕的味道,但他并不愿意让清王朝就此灭亡,认为出路是要主动进行改革。据此,他提出说:"一祖之法无不敝,千夫之议无不靡,与其赠来者以劲改革,孰若自改革!"⑤又说:"我祖所以兴,岂非革前代之败耶?前代所以兴,又非革前代之败耶?"⑥这里搬出历史上的经验教训,希望统治者在改革中争取主动。

---

① 〔清〕龚自珍:《乙丙之际箸议第九》。
② 〔清〕龚自珍:《西域置行省议》。
③ 〔清〕龚自珍:《明良论二》。
④ 〔清〕龚自珍:《西域置行省议》。
⑤ 〔清〕龚自珍:《乙丙之际箸议第七》。
⑥ 〔清〕龚自珍:《乙丙之际箸议第七》。

从中国走向近代化的进程中看龚(自珍)、林(则徐)、魏(源)思想的历史地位

至于怎样进行改革,龚自珍认为,"贫富不相齐"的结果会"丧天下",因而提出"有天下者,莫高于平,之之尚也"①的主张,即认为治理天下的最高理想,是能够使人民得到平均的分配。他所谓"革前代之败",也无非是整顿吏治,主张引用能够承担改革任务的各类人才,还有要限制土地兼并,提出复井田和按宗法等级授田等办法,以缓和阶级矛盾。龚自珍这些改革措施,明、清时一些进步学者也多有此主张,从总体上来说,并没有突破儒家仁政思想的藩篱。对此,他自己也承认:"何敢自矜医国手,药方只贩古时丹。"②他想用古代的丹方治理中国社会走向近代所面临的问题,当然难以奏效;并且在他之前,历史实践证明,这些改革是行不通的。

那么,龚自珍在中国社会走向近代的进程中能起到什么样的作用呢?我认为主要是破而不是立,是揭露而不是修补,是开风气而不是干实事。他利用今文经学的"三世"说,梁启超称其"往往引《公羊》义讥切时政,诋排专制","晚清思想之解放,自珍确与有功焉。光绪间所谓新学家者,大率人人皆经过崇拜龚氏之一时期,初读《定庵文集》,若受电然"。③光绪年间所以会掀起一股崇拜龚氏的热潮,梁启超说到"今文学派之开拓,实自龚氏"④。康梁变法就是以今文经学作为理论依据,而自珍却开其端绪,这可能是其受崇拜的一个原因。另外,龚自珍推尊自我创世说和极度夸张"心力"这种主观精神,后来康有为、谭嗣同等人就深受影响。这当对晚清思想的解放起到促进作用。

"一事平生无齮齕,但开风气不为师。"⑤这两句诗可以说是龚自珍的自白。他开的什么风气?可以说是通过否定乾嘉时所流行脱离现实政治的考据学和空谈心性的程朱理学,而积极倡导主张变革的经世致用思想,从而开出近代中国的学术新风。虽然由于阶级和时代的局限,他没有开出近代的民主与科学,但他提出人类社会历史是"众人自造,非圣人所造"⑥的观点。同时,还批评儒家"乃曰天下之大分,自上而下"的成说,从而提出"先有下而渐有上"⑦的主张。他还反对君权神授与天命迷信,这都有助于

---

① 〔清〕龚自珍:《平均篇》。
② 〔清〕龚自珍:《己亥杂诗》。
③ 梁启超:《清代学术概论》。
④ 梁启超:《清代学术概论》。
⑤ 〔清〕龚自珍:《己亥杂诗》。
⑥ 〔清〕龚自珍:《壬癸之际胎观第一》。
⑦ 〔清〕龚自珍:《农宗》。

近代人文主义思潮的发展。

关于龚自珍与西方文化的接触问题,虽有说他到晚年"尤好西方之书",但这里指的是西天佛教并非已熟悉西方的资产阶级近代文明。不过,他从鸦片烟毒的泛滥中,似已预感到西方资本主义国家会侵略中国。如在鸦片战争前就曾指出:"维海之西,有英吉利,隆鼻高眲,环伺澳门,以窥禺(指番禺,即广州)服。"① 又说:"近惟英夷,实乃巨诈,拒之则叩关,押之则蠢国。"② 正因为他有此预感,所以当林则徐被派去广东禁烟时,他主张"此行宜以重兵自随",并且"大器宜讲求",即要做好战争准备。事实证明,自珍对西方资本主义的侵略本性认识是比较深刻的,他目睹时艰,从对内忧外患的关注中表现出爱国主义精神,虽然他还不可能摆脱忠君思想。

总的来说,龚自珍仍然是站在地主阶级改革派的立场,但他的思想在自觉和不自觉地寻求打破缺口。梁启超称他"性跌宕,不检细行,颇似法之卢骚,喜为要眇之思",又说其所学"病在不深入,所有思想,仅引其绪而止"③。这里指出他思想上的优点与缺点,他喜欢放开思路想问题,却又钻研不深,但作为开风气之先者,总可以给后来者以启迪。光绪年间的维新志士所以一度崇拜他,恰可说明其具有的历史地位。

二

林则徐(1785—1850)年稍长于龚自珍,而去世却较迟。他在1811年中进士后就进入官场,历官40年间曾位至封疆大吏,又曾因鸦片战争而负屈被贬谪。但他勤政爱民、忧时报国之心始终如一。"苟利国家生死以,岂因祸福避趋之?"④ 这是他生平的自白,只要对国家民族有利,就不计较个人的死生祸福,他在行动上也实践这番诺言,做到言行一致。

由于林则徐毕生是个实干的政治家,因此学术思想史对他多没有提及。

---

① 〔清〕龚自珍:《涿州卢公神道碑铭》。
② 〔清〕龚自珍:《阮尚书年谱第一序》。
③ 梁启超:《清代学术概论》。
④ 〔清〕林则徐:《赴戍登程口占示家人》。

从中国走向近代化的进程中看龚(自珍)、林(则徐)、魏(源)思想的历史地位

其实他是龚自珍经世致用思想的积极推行者,如他在江浙一带当地方官时,修海塘,兴水利,"凡民生疾苦,吏治废坠,人才贤否,无纤悉不知,知无不行",故时人称他"朝夕孜孜不倦者,国政民瘼两大端而已"①。解除民间的疾苦是为求得国家的安宁。所谓民为邦本,本固邦宁,这是儒家传统民本思想的发挥。

不过,林则徐在中国社会走向近代的过程中所能起到的促进作用,主要还不是他的民本思想,更可贵的是他打破了封建社会长期的闭关自守,而成为中国近代史上主张开眼看世界的第一人。

林则徐之所以主张开眼看世界,并且躬行实践,是由于他从来在推行政务活动中有一个指导思想,就是要按照客观实际情况办事。如他被任命为河东河道总督时,就提出"必须明晓工程",才能"胸有把握","既不明于形势,即不审于机宜"。所以要治河、防河,就得要"先周知其弊",才能"化险为平"。这里他提出要认识河防形势,主张要"学而后入政",这个"学"就是对客观实际的"研求",由于他对"河工全未谙悉",所以表示"不敢贸然从事"。② 他这种求实的精神,在哲学上是符合唯物论反映论的认识路线的。

按照上述林则徐从政的指导思想,要办好事,首先要了解客观实际,自己才能做出对策。无论对内还是对外,他都把握着这条原则,这也可以说是他所以主张开眼看世界的理论依据。林则徐被派往广东清查鸦片是他一生从政中的大事。当时,以英国为首的西方资本主义国家正在向外扩张势力。它们贩卖鸦片,牟取暴利,毒害广大人民,当时中国就深受其害。林则徐到广东后,就碰到一场如何对付外国侵略者的复杂斗争。他的办法就是先了解外情,由于对西方文字有隔阂,所以首先组织翻译班子,有计划地搜集和编译外国书报,内容包括军事、政治、经济情报,世界各地社会知识、法律和军事技术,还有外人对华评论等方面的资料。除积累这些文献材料外,他还找寻机会亲自向外国人了解情况。1839年6月,林则徐在虎门接见美国商人经氏和《中国丛报》主编、美国传教士裨治文时,就向他们询及英国海军力量及如何同英国女王以至其他欧洲君主通信等问题。当时他之所以积极开眼看世界,为的是知己知彼,了解外情,从而更好地制定抵抗侵略的"制夷之策"。这既是他经世致用思想的实践,也是他对推

---

① 〔清〕金安清:《林文忠公传》。
② 〔清〕林则徐:《补授河督谢恩并陈不谙河务下忱折》。

行唯物论反映论思想路线的积极发挥。

林则徐由于开眼看世界,从而熟悉一些外情,故对禁烟问题能制定出较为正确的斗争策略。他了解到"外夷英吉利、花旗、荷兰、法兰西、大小西洋、俄罗斯、大小吕宋等国,吸食鸦片各有例禁",而当时英美等国际舆论也有批评鸦片走私是"有犯中国之法律"。① 据此,他在致英国女王的照会中理直气壮地提出,既然"别国人到英国贸易,尚须遵英国法度",那么来华英商,"欲图长久贸易,必当懔遵宪典,将鸦片永断来源,切勿以身试法"。他对鸦片走私和正常外贸做了严格区分,对外商一再宣布"奉法者来之,抗法者去之"。当时有个曾望颜,向朝廷上条陈主张封关禁海,对外来"无论何国夷船,概不准其互市",对内地"大小民船,概不准其出海"。林则徐不同意这种主张,认为禁海实际上是行不通的,封关则不公平。他提出要"揆理度势",既然犯法与不犯法的国家,客观实际的情势不同,如一律禁止贸易,"未免不分良莠,事出无名"。他还进一步指出,如果与各国贸易采取区别对待的政策,促成它们之间"逐利"的矛盾,就会争与我们交好;反之,如全部禁绝贸易,它们"转易联成一气",与我为敌。因此,只有区别对待,才是"以夷治夷"的善法。林则徐不搞一刀切,"揆理度势",具体问题做具体分析的思想方法是正确的。

林则徐禁烟的另外一手就是加强战备。他了解到当时"英吉利在外国,最称强悍",所以禁绝鸦片贸易,英国是不会善罢甘休的。后来英国兵船在虎门外穿鼻洋面一带挑衅时,他即提出要"静则严防,动则进剿,总不稍示柔弱",亦"不因其恫喝刁难,稍为摇动",否则"松一步则越畔一步"。② 这是说,我方如稍加退让,对方就会得寸进尺;只有进行针锋相对的斗争,才能打击侵略者的气焰。这又是一种揆理度势的对策,应该说是符合辩证法观点的。

林则徐开眼看世界不仅是为应付一场鸦片战争,他是在中国社会走向近代的转折关头,为闭关锁国打开了缺口,惊醒了天朝尽善尽美的迷梦。在他的引领下,一批进步分子开始来了解世界。如魏源等人在开放思潮的影响下,总结出"师夷长技以制夷"的主张。正是由于林则徐的开放态度并提供研究西方的条件,从而开创了中西文化比较的先河。

---

① 中国史学会主编:《鸦片战争》(第6册),神州国光社1954年版,第412、507页。
② 〔清〕林则徐:《覆奏曾望颜条陈封关禁海事宜折》《会奏英国趸船奸夷现已驱逐并饬取切结情形折》。

从中国走向近代化的进程中看龚(自珍)、林(则徐)、魏(源)思想的历史地位

三

魏源(1794—1857)比龚自珍只小两岁,去世却晚了十多年,故他的一生曾经历了鸦片战争前后两个不同的历史阶段。他与龚、林一样都重视经世之学。鸦片战争失败,他目睹清朝政府的腐败无能,认为双方对阵,"夫力不均,技不等而相攻,则力强技巧者胜"①。即是说,军事技术不如人是战争失败的一个重要原因,由是他产生了"师夷长技"的思想。但是他主张学习西方并不是投降,而是借用由余谏秦穆公的话指出:"善师四夷者,能制四夷;不善师外夷者,外夷制之。"② 这里师夷是手段,制夷才是目的。既然己方技不如人,就应该先向对方学习,从而争取超过对方并战之胜之。而当时的顽固派却不是这样。他们反对学习外国的先进技术,认为是"奇技淫巧",是"靡费"。这种人当政除了让清朝被动挨打之外,不会有什么好的结果。

不过魏源所主张的师夷长技,虽然重点是指军事技术,但也不仅限于引进武器。他曾批评那些另走一端的唯武器论者,指出,"但知船炮为夷之长技,而不知西夷之所长不徒船炮也",如"无其节制,即仅有其船械,犹无有也;无其养赡,而欲效其选练,亦不能也"。③ 这是说,西方的长处不单是在坚船利炮和选练兵卒,还在管理体制和后勤给养方面。魏源这样认识问题应该说是比较全面的,后来的洋务派却只求引进坚船利炮,而对官兵的素质包括管理、训练以及文化知识等各方面都没有提高,甲午战争终于落得个"有器无人终委敌"的失败下场。

魏源对西方的认识不是靠道听途说或是心血来潮,而是踏踏实实地做大量研究工作。林则徐开眼看世界,为了解外情,曾领导编译《四洲志》一书。魏源则是受他的委托,以此书为底本,同时广泛参考了"历代史志及明以来岛志",特别是还取材于西方的史地著作,从而扩编成《海国图志》这部巨著。书中既介绍了当时世界各主要国家的地理和社会、历史情

---

① 〔清〕魏源:《海国图志》卷二《筹海三·议战》。
② 〔清〕魏源:《海国图志》卷三《大西洋欧罗巴各国总叙》。
③ 〔清〕魏源:《海国图志》卷二《筹海三·议战》。

况，也考察了西方的经济和政治制度等问题，同时又提出如何对付西方的策略。对编撰这部书的材料来源和意图，他在该书序言中也做了表白，认为与过去海图之书不同的地方，"彼皆以中土人谭（谈）西洋，此则以西洋人谭（谈）西洋也"。至于写作该书的目的，"为以夷攻夷而作，为以夷款夷而作，为师夷长技以制夷而作"。① 从这里可以看出，魏源开眼看世界和学习西方是站在欲挽救民族危机的爱国主义立场上的。同时，他在研究西方的过程中，对一些已经成为近代资本主义国家的政治体制以至社会文化各方面，都进行对比观察，使视野更加开阔。

魏源对西方君主立宪和总统选举这两种类型国家的议会制度都做了肯定。如说到英国，"国中有大事，王及官民俱至巴厘满（parliament，指议会）衙门公议乃行"，"设有用兵、和战之事，虽国王裁夺，亦必由巴厘满议允"。② 对美国总统制也做出了评议，认为："公举一大酋总摄之，匪惟不世及，且不四载即受代，一变古今官家之局，而人心翕然，可不谓公乎！"又说："议事听讼、选官举贤，皆自下始，众可可之，众否否之，众好好之，众恶恶之，三占从二，舍独徇同，即在下预议之人，亦先由公举，可不谓周乎！"③ 魏源认为，美国的总统选举及其代议制是做到公正与周全的。虽然这是看表象，而并未深入洞悉资产阶级民主制的内幕，但比之中国君主世袭的封建专制制度，当然是胜之一筹。因此，魏源的开眼看世界，在对比之下认识到近代社会的优越性，并且有确实的材料做具体表述，这给封建士大夫们不少新鲜的启迪。

中国的士大夫多少年来都有大国主义思想，自诩为文明礼仪之邦，而把边境在经济文化上相对落后的民族称为夷狄。魏源对西方各国，虽仍称之为夷，但承认它们在文化方面并不落后。他说："夫蛮狄羌夷之名，专指残虐性情之民，未知王化者言之。""非谓本国而外，凡有教化之国皆谓之夷狄也。""诚知夫远客之中，有明礼行义，上通天象，下察地理，旁彻物情，贯串古今者，是瀛寰之奇士、域外之良友，尚可称之曰夷狄乎？"④ 据此，他批评国内那些闭关自守，对外界情况毫无认识的人，谓"彼株守一隅，自画封域，而不知墙外之有天，舟外之有地者，适如井蛙蜗国之识见，

---

① 〔清〕魏源：《海国图志·序》。
② 〔清〕魏源：《海国图志》卷五十《大西洋英吉利国总记》。
③ 〔清〕魏源：《海国图志》卷五十九《外大西洋墨利加洲总叙》。
④ 〔清〕魏源：《海国图志》卷七十六《西洋人玛吉士〈地理备考〉序》。

从中国走向近代化的进程中看龚（自珍）、林（则徐）、魏（源）思想的历史地位

自小自菲而已"①。魏源尖锐地批评这些井底蛙，是从反面证明开眼看世界的重要性。

魏源编写的《海国图志》在国内外曾产生过重大影响，如梁启超就说，"中国士大夫之稍有世界地理知识，实自此据"②。后来张之洞也称此书"是为中国知西政之始"③。历史学家萧一山评价这部著作，则指之为"开西学之先声，为维新之动力"④。该书后来流传到日本，就被翻译成日文，梁启超谓"日本之平象山、吉田松阴、西乡隆盛辈，皆为其书所激刺"⑤，由此亦可见其对日本影响之一斑。

魏源由于编纂《海国图志》的需要，接触西方资料比较多，了解也比较全面，虽然认识还不够深入，如把"不设君位""不立王侯""推择乡官理事"的瑞士称赞为"西土桃花源"，⑥ 这就有点拟于不伦了。不过，他对西方资产阶级民主制度虽有点误解，但他的基本态度是对此表示向往和肯定。后来康、梁搞变法，是沿着君主立宪这条路向。由林则徐开眼看世界到魏源掀起向西方学习的思潮，这就是他们在中国走向近代的过程中，在促进社会变革这一主题曲内所能够起到积极的历史作用。

龚自珍、林则徐、魏源作为中国近代史开端时期的先进人物，他们的思想有其对外开放的一面，但也不能不带有阶级和时代的局限性。按时下学术界的观点，多认为他们的思想仍属于地主阶级改革派。他们对封建统治的专制和黑暗虽然表示不满，如龚自珍曾比之为"虎豹沈沈卧九阍"，可是想到天恩祖德时，却又变成"终是落花心绪好，平生默感玉皇恩"了。他曾以"落红"自比，但又认为不是"无情"之物，即使化作"春泥"，也要滋养和维护封建的皇"花"。⑦ 在这种思想支配之下，他所要改革的就只能是"补天"而不是"翻天"。与龚氏相比，林则徐是个封疆大吏，自然更难摆脱忠君思想。所谓忠君爱国，就成为不可分割的关系。林则徐与魏源在反对外国侵略时是站在爱国主义立场的，但当农民起义威胁到清王朝的统治时，他们就会站到地主阶级的一方去。

---

① 〔清〕魏源：《海国图志》卷七十六《西洋人玛吉士〈地理备考〉序》。
② 梁启超：《中国近三百年学术史》。
③ 〔清〕张之洞：《劝学篇·外篇》。
④ 萧一山：《曾国藩传》，海南出版社2001年版，第67页。
⑤ 梁启超：《论中国学术思想变迁之大势》。
⑥ 〔清〕魏源：《海国图志》卷四十七。
⑦ 〔清〕龚自珍：《己亥杂诗》。

在中国近代史上，由于受到帝国主义和封建主义的双重压制，民间资本主义工商业和民族资产阶级的成长都很缓慢。并且往往是地主经营工商业，而有的原来虽不是地主，但做生意赚钱后就购买田地，将来失败可以留作后路。地主兼工商业或工商业兼地主，这种情况到"土改"时还有不少，更不要说在19世纪中叶了。因此，在19世纪中叶，即使是一些进步的政治家、思想家，他们也不大可能有资产阶级民主革命的意识，像魏源那样对西方的民主政制有所认识和肯定就相当不错了。魏源的思想是属地主阶级改革派还是资产阶级前身派，广东学术界有过激烈的争辩。我认为这两者并非完全对立的。如认为龚、林、魏的思想属于前者，他们所提出的改革，一般都具有历史进化的观点。虽然没有明确指出建设新社会的蓝图，但从开眼看世界到向西方学习，这就有思想开放的一面。如魏源说，"墨利加北洲之以部落代君长，其章程可垂奕世而无弊"①。这里讲美国以部落代君长，在提法上是不符合近代社会的，但实质上已承认西方的民主政制优于中国的君主制度。他们开了这种风气，虽然不能及身而行，但为后来的变法维新派提供了思想导向，所以从这个意义上，也可以说是资产阶级前身派。

龚、林、魏等人思想上还有一个弱点，即还未完全摆脱封建士大夫的心态。如魏源虽承认西方"有教比之国"，但又说英国是"不务行教而专行贾"，②即认为在维护纲常名教方面仍然不如中国。这就产生了所谓"变器卫道"论，并成为"中体西用"论的思想滥觞，从而表明他们的思想仍然带有矛盾的两重性。

---

① 〔清〕魏源：《海国图志·后叙》。
② 〔清〕魏源：《海国图志》卷三《大西洋欧罗巴各国总叙》。

托古改制与变法维新

——读康有为《孔子改制考》《大同书》
兼论中国近代化进程的历史特点

由康有为、梁启超等领导的戊戌变法,是促进中国走向近代的一场社会改革运动。变法的目标是想实行君主立宪,这应该说与日本明治维新的性质相类似。但康、梁所领导的这场变法却是用"托古改制"作为理论依据。如康有为写出的《新学伪经考》《孔子改制考》《大同书》等一系列著作,都是要阐明用"托古改制"作为变法的指导思想。后来,梁启超总结清代的学术思潮,做出"以复古为解放"的概括。要从"复古"中寻求解放,要经过"托古"才能"改制",这就是中国社会走向近代过程中出现的一种思潮。

戊戌变法为什么要用"托古改制"作为指导思想?这与受中国传统思想文化的影响有关。这种思想对于历代社会的变革,特别是在封建社会走向近代的过程中,起到什么样的历史作用,是一个值得研究的课题。当前,国内外学术界正在开展"中国传统思想文化与现代化关系"的讨论。我认为,研究康、梁对戊戌变法的指导思想,研究这种思想与传统文化的关系,对于我们今天在现代化的进程中如何看待传统的问题,有着重要的启迪意义。

一

托古改制思想在我国源远流长。康有为正是在充分研究历史情况后,结合当时社会现实的需要,才将托古改制作为变法的指导思想。他写的《孔子改制考》就为他这套理论提供了历史根据。

其实,在中国历史上流行的托古改制,并非康有为的创造,早在战国时期人们已有评论。如韩非说:

> 孔子、墨子俱道尧、舜，而取舍不同，皆自谓真尧、舜。尧、舜不复生，将谁使定儒、墨之诚乎？殷、周七百余岁，虞、夏二千余岁，而不能定儒、墨之真。今乃欲审尧、舜之道于三千岁之前，意者其不可必乎。无参验而必之者，愚也，弗能必而据之者，诬也。故明据先王，必定尧、舜者，非愚则诬也。①

战国是一个"诸侯异政，百家异说"的时代。儒、墨是当时的"显学"，但两家的思想观点并不相同，为加强己方言论和主张的说服力，往往托古人以自重。儒、墨两家都称道尧、舜，但取舍不同，韩非发现了这个矛盾，认为这种言论均属托古之言，是不可信的。

先秦诸子喜欢托古的不单限于儒、墨两家，当时托古成风，并且所依托的人物和时代越来越早。梁启超在概述康有为改制考的内容时指出，谓"孔子改制，恒托于古。尧舜者，孔子所托也"，"又不惟孔子而已。周秦诸子罔不改制，罔不托古。老子之托黄帝，墨子之托大禹，许行之托神农，是也"。② 梁氏这里所举事例当然有一定的历史根据，如战国时期的孟子在和许行辩论时，指出对方是"有为神农之言者许行"③；儒家称道尧舜，而许行却搬出更古的神农作为己方立论的依据。后来，韩非除揭露儒、墨俱道尧舜的矛盾外，还特别指出："今世儒者之说人主，不言今之所以为治，而语已治之功；不审官法之事，不察奸邪之情，而皆道上古之传，誉先王之成功。"④ 即认为道上古、誉先王已成为儒者的风气。但令人奇怪的是，先秦法家本来是揭露和批评托古思想和方法的，并且具有一些历史进化观点，可是碰到要为自己的立论找根据时，对托古也未能免俗。如商鞅就说："黄帝作为君臣上下之仪，父子兄弟之礼，夫妇妃匹之合，内行刀锯，外用甲兵。"⑤ 对提出什一、什二、什四而税之说，则托称是"先王制土分民之律也"⑥。韩非却托黄帝有言曰："上下一日百战，下匿其私，用试其上，上操度量，以割其下。"⑦ 他还托借舜杀先令，禹斩防风之君，说明"先令者

---

① 《韩非子·显学》。
② 梁启超：《清代学术概论》。
③ 《孟子·滕文公上》。
④ 《韩非子·显学》。
⑤ 《商君书·画策》。
⑥ 《商君书·徕民》。
⑦ 《韩非子·扬权》。

杀，后令者斩，则古者先贵如令矣"①。从这里可以看出，商、韩假托的黄帝和舜、禹，与道、儒、墨不同，表露出一副法家的形象。可见，诸子托古都是为自己的思想观点做论证，各家概莫能外。

对于先秦诸子托古成风，汉代司马迁、刘安等人均有感受。如司马迁在《史记·五帝本纪》中指出："学者多称五帝，尚矣。"他还谈到战国时的"谈士辩人"由于不能"以一言说（悦）人主意，故言必称先王，语必道上古"，"以恐喜人主之志，以求其欲"，因而"多言夸严，莫大于此矣"。② 本来韩非讲今之儒者喜欢道上古、誉先王，而司马迁则认为这种情况带有普遍性，当时之所以各家争相托古，为的是在说服人主时可以加强自身立论的根据。

至于当时诸子何以会形成托古之风，《淮南子》解释说："世俗之人，多尊古而贱今，故为道者必托之于神农、黄帝而后能入说。"③ 这种"尊古贱今"的世俗观念大概在战国时已成为一种民族心理。在后来长期的封建社会中，这种传统心理可能还继续起作用。

战国以后，在中国历史上有些执政者，也曾企图对社会进行所谓的改革。如西汉末王莽"改制"，要复"井田"和推行所谓"五均""六管"，托古的依据就是《周礼》。宋代王安石变法也是以此为依托。他曾撰写《周官新义》，清人纪昀评论说："安石以周礼乱宋，学者类能言之。然周礼之不可行于后世，微特人人知之，安石亦未尝不知也。安石之意，本以宋当积弱之后，而欲济之以富强，又惧富强之说，必为儒者所排击。于是附会经义，以钳儒者之口，实非真信周礼为可行。迨其后用之不得其人，行之不得其道……其弊亦非真缘周礼以致误。"④

这段评论认为，王安石变法依托周礼，只是"以钳儒者之口"，避免遭受攻击。而后来搞托古的人并非只以此作为应付别人攻击的挡箭牌。如明清之际社会发生激烈的震荡，同时也产生一些带有民主启蒙性质的思想，黄宗羲的《明夷待访录》可以算是这方面的代表作，但书中仍然贯穿着托古改制的思想，全书的结构特点往往是以"古者"与"今也"做对比。书中所谓"今"，大体指三代以后，即秦汉直到明代，书中列举了君主专制所

---

① 《韩非子·饰邪》。
② 《史记·日者列传》。
③ 《淮南子·修务训》。
④ 《四库全书总目》。

带来的各种弊害；而所谓"古"，则指唐、虞、三代之治，依托的还有儒家大同社会的理想。所以，顾炎武将该书"读之再三"后，称赞道："百王之敝可以复起，而三代之盛可以徐还也。"① 黄氏在书前小序中也说："则三代之盛犹未绝望也。"从这里可见顾、黄等人对儒家传统思想的向往。

值得指出的是，黄、顾等人所以向往三代，意不在复古，而是想通过托古达到改制的目的。如黄宗羲提出古时君主是把"为天下"除害兴利作为应尽的职责，而后世的君主却只会以权谋私，他肯定三代之君，形式上虽似复古，但他从职、权、责的角度对君主提出的要求，② 已透露出民主启蒙思想的曙光；他还发挥了先秦孟子等人君臣对等和合作共事关系的思想，③ 并提出"有治法而后有治人"的观点，④ 把法治摆在人治之上。这可以说是君主立宪制的萌芽思想。另外，他要把学校变成监督朝政的舆论阵地，并形成制度，使对中央及各级地方的"政事缺失"有一定的督察权。⑤ 这种设想对近世代议制度的形成是一种有益的启示。黄氏此书在托古改制的思想探索中有一些新的突破，也可以说对君主立宪制有点朦胧的猜测。后来，梁启超曾反复谈到此书在戊戌维新运动中对青年产生的巨大影响，称"实为刺激青年最有力之兴奋剂"，还说："我自己的政治运动，可以说是受这部书的影响最早而最深。"⑥ 这说明黄氏这方面的思想对康、梁主张君主立宪的维新变法确实起了启蒙作用。

二

中国历史上托古改制这一思想传统到了近代仍然继续发生作用。汉代以后，由于儒学逐步取得独尊地位，经学就往往成为政治决策的指导思想。由于传授系统的不同，在汉代已产生今古文之争。在清朝所谓康乾盛世时，许、郑、贾、马的东汉经学居于正统地位。据梁启超在《清代学术概论》

---

① 〔清〕顾炎武:《顾宁人书》。
② 参见〔清〕黄宗羲《明夷待访录·原君》。
③ 参见〔清〕黄宗羲《明夷待访录·原臣》。
④ 参见〔清〕黄宗羲《明夷待访录·原法》。
⑤ 参见〔清〕黄宗羲《明夷待访录·学校》。
⑥ 梁启超:《中国近三百年学术史》。

中的论述,谓自"嘉(庆)道(光)以来","人心已渐获解放"。"鸦片战役"以后,志士引为大辱,自是"经世致用观念"得以复活;加上"海禁既开","西学"逐渐输入,于是向"正统派公然举叛旗",这就是今文经学的再起。

清代今文经学大师,梁氏先列举了庄存与和刘逢禄,他们发挥了何休在《公羊传》注中所谓非常异议可怪之论,如"张三世""通三统""受命改制"诸义,都次第加以发挥。对龚自珍,梁氏称其"好今文,说经宗庄、刘","往往引公羊义讥切时政,诋排专制","晚清思想之解放,自珍确与有功焉"。对魏源,梁氏则称赞其所著《诗古微》与《书古微》有排击古文经说之功,提出"今文学之健者,必推龚魏"。梁氏认为,龚、魏"虽言经学,而其精神与正统派之为经学而治经学者则既有以异","故后之治今文学者,喜以经术作政论,则龚、魏之遗风也"。

龚、魏之后,沿着"以经术作政论"的路子走得更远的则是康有为。康氏当时也想学习西方,推行政治改革,但在国内碰到强大的阻力,一些有保守思想的人坚持反对变更祖宗之法,于是康氏只好从经书和孔子那里找寻变法的依据。由于今文经学有三世、三统和受命改制等一些内容,变法时易于比附,于是康氏就重新树起托古改制的大旗,并且在舆论上做了一系列的准备。

康有为要替变法找根据,先后写了三部著作。梁启超在《清代学术概论》中有比较详细的评介。对最初所著的《新学伪经考》,梁氏归纳出如下要点:"一、西汉经学,并无所谓古文者。凡古文皆刘歆伪作。二、秦焚书并未厄及六经。汉十四博士所传,皆孔门足本,并无残缺。三、孔子时所用字,即秦汉间篆书,即以文论,亦绝无今古之目。四、刘歆欲弥缝其作伪之迹,故校中秘书时,于一切古书多所羼乱。五、刘歆所以作伪经之故,因欲佐莽篡汉,先谋湮乱孔子之微言大义。"康氏此说出后,梁氏认为影响有二:第一,清学正统派之立脚点根本动摇;第二,一切古书皆须重新检查估计,此实思想界之一大飓风也。

康有为对今古文之争,将古文经说成都是刘歆伪作,这就消除了今文经的对立面,进而写出第二部著述《孔子改制考》。下面看梁启超的评述:

> 有为之治《公羊》也⋯⋯专求其微言大义,即何休所谓非常异义可怪之论者。定春秋为孔子改制创作之书。⋯⋯又不惟春秋而已,凡六经皆孔子所作,昔人言孔子删述者误也。孔子盖自立一宗旨而凭之

以进退古人去取古籍。孔子改制，恒托于古。尧舜者，孔子所托也。……经典中尧舜之盛德大业，皆孔子思想上所构成也。……近人祖述何休以治公羊者，若刘逢禄、龚自珍、陈立辈，皆言改制。而有为之说，实与彼异。有为所谓改制者，则一种政治革命社会改造的意味也。故喜言"通三统"，"三统"者，谓夏商周三代不同，当随时因革也。喜言"张三世""三世"者，谓据乱世、升平世、太平世，愈改而愈进也。有为政治上"变法维新"之主张，实本于此。

梁氏这一大段话说得很清楚，康有为先是论证古文为伪经，并进而否定孔子述而不作的旧说，认为"六经"皆孔子所作，并成为托古改制的依据。康氏则以孔子为先例，依托今文经学"三统""三世"之说，作为"变法维新"的根据。所谓孔子改制，其实是康有为的托古。他说，尧舜之盛德大业皆孔子理想所构成；然则，孔子改制之大业也无非是康氏个人理想而已。

康有为搞"变法维新"，为什么要走"托古改制"之路？他对此做了两方面的解释："荣古而虐今，贱近而贵远，人之情哉！……耳目所闻睹，则遗忽之；耳目所不睹闻，则敬异之，人之情哉！慧能之直指本心也，发之于己，则捻道人、徐遵明耳；托之于达摩之五传迦叶之衣钵，而人敬异矣，敬异则传矣！……汉高之神丛狐鸣，摩诃末、西奈之天使，莫不然。……古之言莫如先王，故百家多言黄帝，尚矣，一时之俗也。"[①] 康氏一方面发挥了《淮南子》"世俗之人，多尊古而贱今"的观点，从世俗心理方面，说明只有托古才能取得人们的敬意和信赖。另一方面，他从《孝经纬·钩命诀》中找到一段说是孔子与曾子的对话："子曰：'吾作孝经，经素王无爵禄之赏，斧钺之诛，故称明王之道。'曾子避席复坐。子曰：'居，吾语汝，顺孙以避灾祸，与先王以托权。'"在这后面，康氏加了一段按语说："孔子改制托古大义，全见于此。一曰素王之诛赏，一曰与先王以托权。……无征不信，不信民不从，故一切制度托之三代先王以行之。……布衣改制，事大骇人，故不如与之先王，既不惊人，自可避祸。"

康氏这里说明他要搞托古改制的另一个原因，与上面说的王安石变法依托周礼的用意有点类似。不过，王氏"附会经义"只是"以钳儒者之口"；而康有为的变法维新则遇到更大的阻力，面临的形势更加严峻，所以

---

① 康有为：《孔子改制考·诸子改制托古考》。

想依孔子这尊护法神"避祸"。但历史事实证明，反对派并不因此而同意变法。我们从这场托古改制的悲剧中，可以总结这种思想传统所带来的历史教训。

三

康有为领导的戊戌变法维新运动最终虽然失败了，但他用托古改制作为指导思想，对今天能产生什么样的历史作用，对我们又有什么启迪，这是一个值得研究的问题。

康有为虽然热衷于托古改制，但他在思想上也有矛盾。一方面，他并不相信这些托古的真实内容。如在《孔子改制考》的首篇《上古茫昧无稽考》中，他就指出："吾中国……文明最先矣。然六经以前，无复书记，夏、殷无征，周籍已去，共和以前，不可年识……而谯周、苏辙、胡宏、罗泌之流，乃敢于考古，实其荒诞，崔东壁乃为《考信录》以传信之，岂不谬哉！夫三代文教之盛，实由孔子推托之故。……然夷考旧文，实犹茫昧，虽有美盛，不尽可考焉。"康氏在此承认上古的事迹茫昧无稽，所谓三代之盛无非由孔子推托而来，真实性并不可靠。但另一方面，他虽然明知虚假，却对孔子儒家推托出的理想乐园非常向往，如他写出的《大同书》，就是将《礼运》篇描述的大同世界作为理想社会的最高阶段。

上面我们说过，康有为领导的戊戌变法，目标是想实行君主立宪，促进中国向资本主义社会发展。因此，这次变法应该师法西方，以求实现资产阶级民主、平等与自由。但是由于康氏热衷于托古改制，比附公羊家说，将社会的发展分作据乱、升平、太平三世，谓升平世为小康，太平世为大同。他认为，中国当时还没有脱离据乱世，而欧美一些先进国家则已进入升平世并接近太平世。梁启超在《清代学术概论》中，对康氏当时的思想主张有所评述，同时也揭露了一些矛盾："大同书……其重要关键在毁灭家族……谓私有财产为争乱之源，无家族则谁复乐有私产。若夫国家，则又随家族而消灭者也。有为悬此鹄为人类造化之极轨……在三十年前，而其理想与今世所谓世界主义社会主义者多合符契，而陈义之高且过之。"

康氏在《大同书》中也说：

太平之世，人人平等，无有臣妾奴隶，无有君主统领，无有教主教皇，孔子所谓"见群龙无首"，天下治之世也。

大同无邦国故无有军法之重律，无君主则无有犯上作乱之悖事，无夫妇则无有色欲之争，奸淫之防……无宗兄弟则无有望养、责善、争分之狱，无爵位则无有恃威、怙力、强霸、利夺、钻营、佞谄之事，无私产则无有田宅、工商、产业之讼，无尸葬则无有墓地之讼，无税役关津则无有逃匿、欺吞之罪，无名分则无欺凌、压制、干犯、反攻之事。……故太平之世无讼，大同之世刑措，盖人人皆有士君子之行，不待理矣。①

按照上面的描述，进入康有为所谓太平之世的大同世界，不但没有国家、阶级、等级的界限，而且没有任何刑律的约束，同时也没有私有财产的家庭。他认为，"家者，据乱世、升平世之要，而太平世最妨害之物也"，"故欲至太平独立性善之美，惟有去国而已，去家而已"。既然没有家庭，所以主张"凡妇女生育之后，婴儿即拨入育婴院以育之，不必其母抚育"。以后随着年龄的增长，入怀幼院、蒙学院、小学院、中学院、大学院。以后"凡人之有疾者"入医疾院，"六十以后不能自养者"入养老院，直到最后"凡人之死者入化人院"。总之，人之生老病死都由各种"公立"机构包起来，结论是"故必天下为公而后可至于太平大同也"。②

按照康氏这种彻底"为公"的设计，也就不需要维护家庭的婚姻关系。他主张男女可听其"立交好之约，量定限期，不得为夫妇"，"婚姻限期，久者不许过一年"，但"欢好者许其续约"，这样"一切自由，乃顺人性而合天理"。这种主张，康氏称为"去形界保独立"。另外，康氏还主张用"男女交合之法"以改良人种，"奖励杂婚"，"凡有男子能与棕、黑人女子交，女子能与棕、黑男子交者，予以仁人徽章"，从而达到"杂婚者众而人种易变"的目的。这种"行化千年，全地人种，颜色同一，状貌同一，长短同一，灵明同一；是为人种大同"。以上就是康氏"去种界同人类""去级界平民族"的主张。最后则是发挥孔子仁民爱物精神，对牛、马、犬、猫也要亲之、爱之。他认为，"乱世亲亲，升平世仁民，太平世爱物"，"是故食肉杀生"是据乱世，"电机杀兽"是升平世，"禁杀绝欲，大同之太平

---

① 康有为：《去乱界治太平》。
② 康有为：《去家界为天民》。

世也"。所谓"大同之世,至仁之世也,可以戒杀矣"。这就类似于庄子说的回到"同与禽兽居,族与万物并"的所谓"至德之世"了。

以上是康有为从托古改制中导引出的社会进化观念,特别是进到所谓大同世界。对此应如何评价?梁启超提出"至其当由何道乃能致此,则未尝言","所谓男女同栖当立期限者,是否适于人性,则亦未甚能自完其说"。即通过什么途径才能到达大同世界,康氏并没有说清楚。至于男女同栖要立期限,也未必符合人性。康氏当时也意识到了这一点,说自己"所论专为将来进化计。若今女学未成,人格未具,而妄引妇女独立之例以纵其背夫淫欲之情,是大乱之道也"①。因此,他当时所写《大同书》既"秘不以示人,亦从不以此义教学者"。"始终谓当以小康义救今世。对于政治问题,对于社会道德问题,皆以维持旧状为职志。自发明一种新理想,自认为至善至美,然不愿其实现,且竭全力以抗之遏之,人类秉性之奇诡,度无以过是者。"② 梁启超这段讨论揭露了康有为由于托古改制所带来的思想矛盾。

从这里我们可以得出一点启示。托古作为中国的思想传统,总是想将古代加以美化,愈是茫昧无稽的远古,愈是被描绘成为理想的盛世,如儒家讲的天下为公的大同世界,千百年来都为人们所向往。康有为写出《大同书》,也是有着相同的心境。他先是列举了现实社会中人们遭受的种种苦难,写下《入世界观众苦》一章,然后提出去国界、级界、种界、形界、家界、产界、乱界、类界、苦界等各种界限。认为只有这样,全人类才可以过平等、民主和自由、幸福的生活。但这种所谓大同理想只能说是康氏的一厢情愿,并无可行的事实根据,所以有人说他是一个空想社会者。

有一点还要指出,中国历来搞托古改制的人虽然动机不是复古,但由于托古的内容如儒家大同世界的最高理想,也无非是原始社会的再现,所以改制的人愈是把这种理想推向极点,却往往使社会退回到历史的起点。如果康有为所设想的"为公"和"平等"混灭了任何界限,甚至人和动物界限的社会变为现实的话,两性关系只能回到"男女杂交、不媒不聘"的原始时代,整个社会则回到庄子寓言中的"混沌"世界。这当然是行不通的,亦不符合社会进化的规律。

康有为的"天下为公"的大同思想对孙中山也有影响。孙中山在进行

---

① 康有为:《去形界保独立》。
② 梁启超:《清代学术概论》。

民主革命时也有"毕其功于一役"的想法,所以在应该促进资本主义经济发展的时候,就考虑节制资本的问题。孙中山虽然没有托古,但天下为公的影子还是在他的思想里游荡,这在他的著作中不难找到例证。

孙中山领导的国内革命没有成功,由中国共产党推行的新民主主义革命,其性质是资产阶级的民主革命。这一指导思想在当时是明确的,但民主革命取得胜利后,只经过短期的经济恢复,就不停顿地超前进行社会主义革命,表现为过早过快地全盘向公有制过渡,如人民公社搞"一大二公","大跃进"要求跑步进入共产主义。"欲速则不达",实际上,用穷过渡、搞平均主义和刮"共产风"的办法,不可能进入真正的共产主义社会,并且可能不自觉地蹈过去托古改制者的覆辙。因为这种天下为公的大同世界是原始共产社会的翻版,不能引导人们实现科学的社会主义。

通过托古进行改制,在中国特定的历史条件下,在排除反对派的阻力方面,是会起到一些积极作用的。但是托古也会给人带来消极的影响。这些虚构的理想会使有的人想入非非,如康有为的《大同书》提出了大同理想,却无法开出一条通往大同之路;而"一大二公"的公天下,也不是只凭意气风发就可以来临。因此,托古改制作为我国的思想文化传统在我国社会从传统走向近代的变革过程中,究竟起了什么样的作用,值得深入研究,特别是对当前的社会改革有一定的借鉴意义。

(原载《天府新论》1989年第4期)

中国传统文化与近代解放潮流

——读梁启超《清代学术概论》与《中国近三百年学术史》

梁启超是戊戌维新运动的中坚，立宪派领袖；晚年对中国传统文化进行研究，又是一位卓有成就的国学大师。这种政治活动家兼学者的双重身份，使他对我国近代思想解放潮流产生过一定影响。但由于梁氏思想复杂、矛盾而多变，往往不容易把握其中心。本文拟通过梁氏对中国近300年（清代）学术史的研究，也就是主要对中国传统文化的研究，了解他对近代思想解放潮流所持的看法，从而探索他在这个时代思潮中所处的地位和作用，作为研究梁氏思想的一个侧面。

一

梁启超对中国近300年学术思想发展的性质和趋势有一个总的估计。他说："'清代思潮'果何物耶？简单言之，则对于宋明理学之一大反动，而以'复古'为其职志者也。其动机及其内容，皆与欧洲之'文艺复兴'绝相类。而欧洲当'文艺复兴期'经过以后所发生之新影响，则我国今日正见端焉。"① 又说："综观二百余年之学史，其影响及于全思想界者，一言而蔽之曰：'以复古为解放。'第一步，复宋之古，对于王学而得解放；第二步，复汉唐之古，对于程朱而得解放；第三步，复西汉之古，对于许郑而得解放；第四步，复先秦之古，对于一切传注而得解放。夫既已复先秦之古，则非至对于孔孟而得解放焉不止矣。"②

对晚清时期出现反对君主专制的革命思潮，梁启超也持类似的观点。

---

① 梁启超：《清代学术概论》，见《饮冰室合集》，中华书局1989年版，第3页。
② 梁启超：《清代学术概论》，见《饮冰室合集》，中华书局1989年版，第6页。

他认为,"残明遗老"黄梨洲、顾亭林、朱舜水、王船山等人,"他们许多话,在过去二百多年间,大家熟视无睹,到这时忽然像电气一般把许多青年的心弦震得直跳。他们所提倡的'经世致用之学'……能令学者对于二百多年的汉宋门户得一种解放,大胆的独求其是","他们有些人曾对于君主专制暴威作大胆的批评,到这时拿外国政体来比较一番,觉得句句餍心切理,因此从事于推翻几千年旧政体的猛烈运动。总而言之,最近三十年思想界之变迁……最初的原动力,我敢用一句话来包举他,是残明遗献思想之复活"。①

以上是梁氏对中国近300年学术思想变迁的总看法。他承认思想解放的思潮愈演愈烈,但形式上却愈来愈复古。梁氏在清末所写《中国学术思想变迁之大势》一书中,认为清代学术"可命为中国之文艺复兴时代"。在他看来,欧洲文艺复兴复的是希腊之古,中国清代解放思想最终复的是先秦之古。他对双方虽没有做比较研究,但比附文艺复兴的观点是很清楚的。

清代学术思想的变迁能否与欧洲文艺复兴相比附,或者可以从什么角度或意义上做比较,这是一个值得考虑的问题。梁氏所写《清代学术概论》,本意是为蒋方震的《欧洲文艺复兴史》作序,用类似时代相印证,"以校彼我之短长",后因"下笔不能自休,遂成数万言",只好"独立"成书,反索序于蒋方震。蒋氏在序言中虽也说到"清学之精神,与欧洲之文艺复兴实有同调",但又提出疑问数端,其中谈到中国"民族富于调和性。故欧洲之复古为冲突的;而清代之复古,虽抨击宋学,而凭圣经以自保,则一变为继承的,而转入于调和"。蒋氏以双方民族性不同,所以中西虽同属复古,而性质和结果却不一样。近人包遵信也说:"梁启超讲的'以复古求解放',用来说明西方文艺复兴或许可以,用来论断中国明清之际思潮则未必恰当。'复古'只能作为封建社会内部调整社会关系,进行思想批判的武器,不可能成为人们从中世纪解放出来的途径。"包氏还断言,"'文艺复兴'固然是西方文化,但它在科学上的成就,文化上的建树,社会生产力上的发展,已经超越了创造它的民族和地域的范围。正是这个缘故,它才可能成为从中世纪文化过渡到近代文化的历史标志",而中国"以儒家为主体的传统文化,是个封闭性的自足系统。它有广阔深厚的土壤,连绵悠久的历史,与宗法封建社会有着相互适应的紧密联系。正如中国封建社

---

① 梁启超:《中国近三百年学术史》,北京市中国书店1985年版,第29页。

会商品经济无论怎样发展也摆脱不了自然经济的脐带一样,传统文化也不可能靠它的自我批判来进行形态上的更新"。①

上面所谈牵涉到以下问题:梁启超提出的"以复古为解放",其性质、途径、结局如何?是否具有反封建的启蒙性质?能不能通过这个途径导引出近代思想解放潮流,使中国走上民主革命之路?这些问题有待进一步研究。

二

梁启超所以将"清代思潮"比作欧洲的"文艺复兴",并用"以复古为解放"做出概括,当然有他的根据。梁氏认为,"晚明理学之弊,恰如欧洲中世纪黑暗时代之景教。其极也,能使人之心思耳目皆闭塞不用。独立创造之精神,消蚀达于零度"②。他还指出,"宋元明以来之谈理学者","宁得罪孔孟,不敢议周程张邵朱陆王,有议之者,几如在专制君主治下犯大不敬律也。而所谓理学家者,盖俨然成一最尊贵之学阀而奴视群学"。在这种情况下,他认为,从事于"黎明运动"者,顾炎武是第一人,"炎武对于晚明学风,首施猛烈之攻击","而此学阀之神圣,忽为革命军所粉碎,此实四五百年来思想界之一大解放也"。③

对黄宗羲,梁氏认为,"其最有影响于近代思想者,则《明夷待访录》也"。该书《原君》《原法》等篇批判小儒的"君臣之义"与封建"一家之法","此等论调,由今日观之,固甚普通甚肤浅,然在二百六七十年前,则真极大胆之创论也"。还说到梁氏本人与"谭嗣同辈倡民权共和之说,则将其书节钞,印数万本,秘密散布,于晚清思想之骤变,极有力焉"。④ 对王夫之,梁氏认为"其治学方法,已渐开科学研究的精神",其言"天理即在人欲之中","可谓发宋元以来所未发,后此戴震学说,实由兹衍出"。⑤

---

① 包遵信:《关于明清之际文化性质问题》,载《光明日报》1986 年 6 月 23 日。
② 梁启超:《清代学术概论》,见《饮冰室合集》,中华书局 1989 年版,第 7 页。
③ 梁启超:《清代学术概论》,见《饮冰室合集》,中华书局 1989 年版,第 8—9 页。
④ 梁启超:《清代学术概论》,见《饮冰室合集》,中华书局 1989 年版,第 14 页。
⑤ 梁启超:《清代学术概论》,见《饮冰室合集》,中华书局 1989 年版,第 15 页。

对颜元,梁氏称其"明目张胆以排程朱陆王","其对于旧思想之解放,最为彻底"。还说:"'劳作神圣'之义,(颜)元之所最信仰也。""舍做事外别无学问,此元之根本主义也。以实学代虚学,以动学代静学,以活学代死学,与最近教育新思潮最相合。"①

明清之际,顾、黄、王、颜四大家,梁氏将他们列为启蒙期的代表人物。对他们的思想评价,梁氏认为从学风、研究方法以至政治、教育各方面,对封建的藩篱都有不同程度的突破,并直接影响到近代解放思潮。如前面谈到,最近30年思想界之变迁,梁氏就把最初原动力说成是残明遗献思想之复活。他还说到黄宗羲的《明夷待访录》,"在三十年前,我们当学生时代,实为刺激青年最有力之兴奋剂。我自己的政治运动,可以说是受这部书的影响最早而最深"②。这可以说梁氏是从自己的切身感受中得出的结论。

依上所述,梁氏肯定这些残明遗老的思想具有反封建启蒙性质,"复古"不是不可能成为将人们从中世纪解放出来的途径。他对颜元及其门人李恭就说,"其所树的旗号曰'复古',而其精神纯为'现代的'",认为颜、李"举朱陆汉宋诸派所凭借者一切摧陷廓清之,对于二千年来思想界,为极猛烈极诚挚的大革命运动"③。沿着这个思想路子,梁氏对清学全盛期的戴震,称赞其晚年最得意之作《孟子字义疏证》一书,谓"综其内容,不外欲以'情感哲学'代'理性哲学',就此点论之,乃与欧洲文艺复兴时代之思潮之本质绝相类"。他认为,欧洲"当时人心,为基督教绝对禁欲主义所束缚痛苦无艺","文艺复兴之运动乃采久阒室之'希腊的情感主义'以药之,一旦解放,文化转一新方向以进行,则蓬勃而莫能御。戴震盖确有见于此,其志愿确欲为中国文化转一新方向,其哲学之立脚点,真可称二千年一大翻案。其论尊卑顺逆一段,实以平等精神,作伦理学上一大革命"。④ 以戴学的理欲论与文艺复兴作比是否恰当尚可研究,但颜元、戴震打着孔孟"复古"的旗号来批判程朱,这是比较清楚的,而梁氏称之为"大革命"。可见,他对"以复古为解放"说,在清代前期仍给予高度评价。

---

① 梁启超:《清代学术概论》,见《饮冰室合集》,中华书局1989年版,第16—17页。
② 梁启超:《中国近三百年学术史》,北京市中国书店1985年版,第47页。
③ 梁启超:《中国近三百年学术史》,北京市中国书店1985年版,第105页。
④ 梁启超:《清代学术概论》,见《饮冰室合集》,中华书局1989年版,第30—31页。

鸦片战争轰开了中国近代的大门,但并没有促进我国资本主义的正常发展,从而取得资产阶级革命的胜利。相反,帝国主义与封建主义相勾结,使我国一步步沦为半殖民地半封建国家。在这种社会形态下,近代解放思潮从何而来呢?在梁氏看来,主要方面还是沿着"以复古为解放"的路子向前发展。他很重视今文春秋公羊学在近代的复兴,即通过庄存与、刘逢禄到龚自珍得到复兴。他称赞龚自珍"颇似法之卢骚",并"往往引公羊义讥切时政,诋排专制",故"晚清思想之解放,自珍确与有功焉"。①

龚自珍、魏源之后,梁氏认为今文学运动之中心在康有为。他将康著《新学伪经考》称为"思想界之一大飓风"。对《孔子改制考》和《大同书》,则谓"此二书者,其火山大喷火也,其大地震也"。梁氏这些形象化的比喻,对其师康有为的思想作用和影响,可谓极尽夸张之能事。其实,康氏当时最重要的思想是宣扬托古改制。梁氏也看出这一点,他说,"有为之治《公羊》也","专求其微言大义","定《春秋》为孔子改制创作之书"。谓"孔子改制,恒托于古","又不惟孔子而已,周秦诸子罔不改制,罔不托古"。梁氏又说:"有为所谓改制者,则一种政治革命社会改造的意味也。故喜言'通三统'。'三统'者,谓夏商周三代不同,当随时因革也。喜言'张三世'。'三世'者,谓据乱世升平世太平世,愈改而愈进也。有为政治上'变法维新'之主张,实本于此。"②

梁氏认为,康有为政治上"变法维新"的主张是根源于思想上的"托古改制"。这个论断是对的。而康氏所谓"托古改制",也可以说是"以复古为解放"思想的发展归结。因为当时康、梁搞变法维新为封建顽固派所反对,于是复先秦孔孟之古,打着托古改制的旗帜,来塞顽固派之口。同时也借此来解放人们的思想,争取更多知识分子对变法的支持。但这里牵涉到一个问题,即如何看待戊戌维新运动的性质。过去有的认为是属于资产阶级改良主义,不能算是革命;也有的认为是封建统治者内部帝后之争,维新派是属于帝党保皇派。现在看来,戊戌变法虽是打着复古、托古的招牌,其实是一场君主立宪运动,应该属于近代资产阶级革命范畴。如果这个论断能够成立,那么,梁氏讲的"以复古为解放"不仅能作为封建社会内部调整社会关系,进行思想批判的武器;而且能进入近代,成为人们从

---

① 梁启超:《清代学术概论》,见《饮冰室合集》,中华书局1989年版,第54页。
② 梁启超:《清代学术概论》,见《饮冰室合集》,中华书局1989年版,第56—57页。

中世纪解放出来的一种途径。同时,清代思潮的"复古",是离不开以儒家为主体的传统文化的。所以这里也说明,中国的传统文化可以经过自我调节、自我批判进行形态上的某种程度的更新。

三

从上文的论述可以看出,梁启超是通过对中国近 300 年学术思想演变的研究,才得出"以复古为解放"的结论,并与欧洲文艺复兴相比拟的。但是梁氏这个观点,当时已引起蒋方震的怀疑,后又招来包遵信的异议。因为欧洲的文艺复兴虽然复的是希腊罗马之"古",但反封建的作用是明确的,带来的是近代资产阶级革命的胜利。而梁氏虽把晚明理学之弊比之为欧洲中古的黑暗教会,但他首先搬出顾炎武的"通经致用"作为反理学的旗帜,并把顾氏作为"黎明运动"第一人。固然,梁氏谓"清学自当以经学为中坚",这话原也不错。他把疑经作为思想解放的一种标志,也不是没有根据。如他对阎若璩、胡渭、刘逢禄、魏源到康有为的疑经,特别对康氏立"孔子改制"说,认为"实极大胆之论,对于数千年经籍谋一突飞的大解放,以开自由研究之门"①。疑经与通经致用相结合,导致康梁的戊戌变法,这确是近代中国"以复古为解放"思想所带来的政治成果。但不管疑经还是通经,正如梁氏自己所供认,"有为、启超皆抱启蒙期'致用'的观念,借经术以文饰其政论",即还是不能摆脱儒家经术的羁绊。这一点正如蒋方震所指出:"清代之复古,虽抨击宋学,而凭圣经以自保。"因而从"继承"而转入"调和"。简言之,就是反封建不能彻底,因而与欧洲文艺复兴有别。

从上可以看出我国近代思想解放潮流的一个特点,就是不能摆脱传统儒家文化的制约。康有为算得上是向西方求真理的先进中国人之一,但他要实行变法维新,还得凭借儒家"圣经"以自保。我国在明清之际,随着资本主义的萌芽,虽也产生了早期启蒙思想,但是进展非常缓慢。由于所谓"以复古为解放",实际上是对儒家思想进行自我调整,这就使启蒙学者

---

① 梁启超:《清代学术概论》,见《饮冰室合集》,中华书局 1989 年版,第 5 页。

不可避免地具有矛盾的两重性,既显露出"新的突破旧的"时代锋芒,也仍保持着"死的拖住活的"的传统桎梏。进入近代,从龚、魏到康、梁,能够提出君主立宪式的变法,这无论在政治上还是思想上,当然是一个大的突破,但也只能到此为止,最终却不能走上民主革命之路,有的甚至会出现反复甚至倒退。如康有为在变法失败后仍坚持保皇,在民国成立后还图谋清帝复辟,那只能说是思想倒退了。

梁启超也曾跟随康有为推行戊戌变法,但思想与其师稍有不同,即不赞成依附孔子的托古改制作为变法的根据。他谈到"中国思想之痼疾,确在'好依傍'与'名实混淆'"。他认为,"康有为之大同,空前创获,而必自谓出孔子。及至孔子之改制,何为必托古,诸子何为皆托古,则亦依傍混淆也已。此病根不拔,则思想终无独立自由之望"。由于"持论既屡与其师不合,康梁学派遂分"。①

从上面梁氏的自述看,他是反对思想上的"依傍混淆",而主张"独立自由"的。在政治上,他也说,"启超既日倡革命排满共和之论,而其师康有为深不谓然,屡责备之",似乎两人分歧颇大。但梁氏倡民主共和之论亦非彻底,他承认,"启超亦不慊于当时革命家之所为,懲羹而吹齑,持论稍变矣。然其保守性与进取性常交战于胸中,随感情而发,所执往往前后相矛盾","而其言论之效力亦往往相消,盖生性之弱点然矣"。② 这里他自认思想上有复杂、矛盾而多变的弱点,当然会影响他在近代思想解放潮流中所起到的促进作用。

总的来说,在半封建半殖民地的旧中国,梁启超仍然是一个深受中国传统文化熏陶的旧知识分子。他虽有志于维新变法,但当时西方的民主革命思想并未真正传入,所以对文艺复兴也只是一知半解。据梁氏自供:"康有为、梁启超、谭嗣同辈,即生育于此种'学问饥荒'之环境中,冥思枯索,欲以构成一种'不中不西即中即西'之新学派,而已为时代所不容。盖固有之旧思想,即深根固蒂;而外来之新思想,又来源浅觳,汲而易竭,其支绌灭裂,固宜然矣。"③ 在这种情况下,他只有从清代学术思潮的演变中来寻求近代思想解放之路。而他所谓"以复古为解放",却无非

---

① 梁启超:《清代学术概论》,见《饮冰室合集》,中华书局1989年版,第65页。
② 梁启超:《清代学术概论》,见《饮冰室合集》,中华书局1989年版,第63页。
③ 梁启超:《清代学术概论》,见《饮冰室合集》,中华书局1989年版,第71页。

是我国传统文化的自我调节运动，不可避免会出现两重性的思想矛盾。梁氏谓其自身，"保守性与进取性常交战于胸中"，可以说是必然的结果。我们今天的历史条件当然不同于康、梁的时代，但传统的思想文化仍会有相当的影响。对此，我们虽定下了批判继承的方针，但问题并未得到很好的解决。因此，对梁启超"以复古为解放"思想进行研究，了解它在近代变法思潮中起到的作用，对我们今天如何解放思想进行改革可能会有一定的借鉴意义。

（原载《学术研究》1987年第1期）

洪秀全学习西方思想的历史评价

中国近代史上的太平天国运动，是在洪秀全思想的指导下展开的。毛泽东在《论人民民主专政》一文中，曾把洪秀全与康有为、严复和孙中山称为代表了在中国共产党出世以前向西方找寻真理的一派人物，是先进的中国人。这个评价近年来引起了争议。有人认为洪秀全学的不是中国近代需要的西方资本主义真理，而是西方千百年的历史陈迹基督教，所以他没有，也不可能站在时代前头指引历史潮流前进，因而算不上是近代先进的中国人。① 但也有人为之辩解，认为洪秀全在当时新的历史条件下，已经超越过以往的农民，开始睁眼看世界，迈开向西方探求真理的脚步，不愧为近代先进的中国人。②

对这个问题，我认为不能简单地做出肯定或否定的判断，应当根据我国的国情和历史实际，研究洪秀全向西方学到些什么，是怎样学和如何运用的，并通过实践检验其效果，然后给他的学习西方思想以历史的实事求是的评价。

洪秀全接触西方思想确是从基督教开始的。据说，1836年他第二次应考科举时，在广州龙藏街得到一本华籍传教士梁发写的《劝世良言》，并带回阅读。这部书作为通俗性的宗教宣传品，思想格调并不高。它肯定上帝是唯一真神，提出"除了这至尊独一真活神天上帝称父子圣风者外，其余人类所立之神佛菩萨，皆不是神，亦不该奉拜"，宣扬信奉上帝，"死后有天堂永福可享"，但劝人生前"遇了艰难"要"忍耐顺受""安贫乐业"。③

洪秀全从基督教这份宣传品中学到些什么呢？现在看来他最感兴趣的是把上帝奉为唯一真神这一条。他在《原道救世歌》中说："开辟真神惟上帝，无分贵贱拜宜虔。"在《原道觉世训》中更加以发挥说："予想夫天下凡间人民虽众，总为皇上帝所化所生，生于皇上帝，长亦皇上帝，一衣一

---

① 参见钟卓安《洪秀全不是近代先进的中国人》，见《洪秀全思想研究论文集》，广东人民出版社1985年版。
② 参见段云章《洪秀全不能向西方国家寻找真理吗？》，见《洪秀全思想研究论文集》，广东人民出版社1985年版。
③ 《劝世良言》，载《近代史资料》1979年第2期。

食并赖皇上帝，皇上帝天下凡间大共之父也，死生祸福由其主宰，服食器用皆其造成。仰观夫天，一切日月星辰雷雨风云，莫非皇上帝之灵妙；俯察夫地，一切山原川泽飞潜动植莫非皇上帝之功能，昭然可见，灼然易知，如是乃谓真神，如是乃为天下凡间所当朝朝夕拜。"

洪秀全为何这样崇奉上帝？说穿了是要为我所用。据韩山文《太平天国起义记》载，洪秀全1837年再到广州应试失败，回家后得了一场大病，"病时神游四方"，做了一场异梦，梦见"天上至尊的老人"命他降世救人，还封他为"天王大道君王全"，从此便改名为洪秀全。还说他作诗两首，中有"手握乾坤杀伐权，斩邪留正解民悬""我今为王事事可""龙虎将军将辅助"等句。[①] 这里，洪秀全所谓"异梦"，当然是他自己制造出来的。他在考试失败后本已产生像刘邦、项羽那样的反叛思想，如上面所引的诗句就表露出他当时的心态。但清朝皇帝早已宣布享有天命，为了与之相对抗，于是引进西方全能的上帝，因为它是造化天地人万物的主宰，有赐给他作为君王的权力。他后来还自称上帝的第二个儿子，作为兄弟的杨秀清等跟着依次排列。他学习西方引进上帝的目的很清楚，也可以说是洋为中用。

至于基督教义中一些不符合革命需要的，他则坚决拒绝并提出批评。如他说，"过于忍耐或谦卑"，是"殊不适用于今时"。[②] 这种批评应是针对梁发劝人生前要"忍耐顺受"的论调而发的。至于说信奉上帝死后有天堂永福可享，洪秀全则对此做了重要的补充。如解释"天国"的含义说，"天上有天国，地下有天国，天上地下同是神父天国，勿误认单指天上天国"，而"地下天国"就是"今日天父天兄下凡创开天国"。[③] 这里所谓天上天国是虚的，而代表天父天兄下凡，由洪、杨兄弟创开的天国才是实的，要享受天福，就要跟随他们起来反清闹革命。可见，洪秀全向西方学习，一切都从他们的革命需要来做出取舍的。

在西方基督教义中，《劝世良言》除宣称上帝是唯一真神外，还说到在上帝面前人人平等："在世界之上，则以四海之内，皆为兄弟一般，并无各国之别。"原始基督教则更是主张土地要按人口平均分配和一切财产公有。如《旧约·民数记》中记载，主告诉摩西，要他按照登记的名额，"用抽签

---

① 中国史学会主编：《太平天国》（六），上海人民出版社1957年版，第842、843页。
② 中国史学会主编：《太平天国》（六），上海人民出版社1957年版，第641页。
③ 《钦定前遗诏圣书批解：马太传福音书》，见《太平天国史料》，中华书局1959年版，第77页。

方式来分地,人多就多分,人少就少分"①。《新约·使徒行传》中又记载道:"使徒又行了很多神迹奇事。信徒聚在一起,财物公有,共同享用。人人都变卖了田产家业,照需求分配。"② 又说,"当时所有信主的人,都是同心合意的。而且凡物公用,没有人说某样东西是自己的","人人都一无所缺,因为大家都卖掉房产田业,把得到的钱交给使徒,照各人的需要分配"。③

将洪秀全起义前写的《原道救世歌》《原道醒世训》《原道觉世训》,对照上述的原始基督教义,其中对平均、平等思想的表述就显露出学习西方的痕迹。如提出"一丝一缕荷上帝""一饮一食赖天公",这是从财富来源是由上帝所赐而来的。所以起义时宣布要"人人不受私,物物归上主",就是主张财物公有,共同享用,并且付诸实践。如从金田团营时起,参加起义的群众就"将一切所有缴纳于公库,全体衣食俱由公款开支,一律平均"④。起义后则规定:"凡一切杀妖取城,所得金宝绸帛宝物等项,不得私藏,尽缴归天朝圣库。"⑤ 太平天国的"圣库"制度是"物物归上主"的具体实施,也是与《新约·使徒行传》所记情况相一致的。

这种主张财产公有的平均平等思想是符合原始基督教义的,对此,恩格斯曾有所论述。如讲到路德在德国开始鼓吹教会改革时,常说他的目的是在学说上和做法上都要恢复基督教的本来面目,而农民也希望这样。他们要求不仅在教会生活中,而且在社会生活中,都要恢复基督教的最初做法。农民们不满所处受压迫受奴役的境遇,认为男爵和伯爵这些人把他们当作牲畜看待,"这种情况和最早的基督徒的公社原则以及《圣经》上阐述的基督学说,是截然对立的,因此农民就起来反对他们的老爷们的战争"。路德后来背离了人民。但作为农民公认的领袖托马斯·闵采尔传教士却发表了一项宣言,其中包括这样的原则:"按照圣经,任何一个基督徒都没有权利私自占有任何财产;只有财产共有才适合于基督徒的社会……既然一切人在上帝面前都是平等的,那末在人间也应该是平等的。"⑥

---

① 《圣经·旧约》,中国圣经出版社1980年版,第272页。
② 《圣经·新约》,中国圣经出版社1980年版,第243页。
③ 《圣经·新约》,中国圣经出版社1980年版,第246页。
④ 中国史学会主编:《太平天国》(六),上海人民出版社1957年版,第870页。
⑤ 《天命诏旨书》。
⑥ [德] 恩格斯:《大陆上社会改革运动的进展》,见中共中央马克思恩格斯列宁斯大林著作编译局译《马克思恩格斯全集》(第1卷),人民出版社1956年版,第584—585页。

根据这个宣言，恩格斯对闵采尔的政治纲领做了评述，说："这个纲领要求立即在地上建立天国，建立早经预言的千载太平之国。……闵采尔所了解的天国不是别的，只不过是没有阶级差别，没有私有财产，没有高高在上和社会成员作对的国家政权的一种社会而已。所有当时政权，只要是不依附和不加入革命的，都应推翻，一切工作一切财产都要共同分配，最完全的平等必须实行。"① 这是16世纪德国农民战争的政治纲领，而300年后中国的太平天国起义却似步其后尘。我认为这并不奇怪，因为他们都是站在农民的立场来寻求原始基督教义，并且还要付诸实践，所以双方确是有其相似之处。

如上所述，洪秀全向西方寻求真理，确是没有学像有些论者提出的"资产阶级民主主义"，或者叫作"建设资产阶级共和国的思想武器"之类的东西。中国封建社会后期由于专制主义的加强和发展的缓慢，不像西方有些国家那样，通过资产阶级革命而进入近代社会。中国是在鸦片战争失败后，外有列强的入侵，而国内则仍然维持着腐朽的封建专制统治，从而使中国走向近代时，逐渐沦为一个半封建半殖民地的畸形社会。在这种情况下向西方学习，会出现两种动机和产生不同的社会效应，应该具体分析。

关于中国近代向西方学习问题，论者多认为肇端于林则徐的开眼看世界和魏源提出的"师夷长技以制夷"②，这主要是学习西方的军事技术以抵抗外来侵略，其中的爱国主义思想值得肯定。但要注意的是，林、魏的爱国思想中潜藏有"保皇"的内核。当然，对"保皇"也要做具体分析。如康有为在维新变法期间，他要保的"皇"是推行君主立宪制度，因此他当时是向西方求真理的先进中国人。但变法失败后，他反对孙中山领导的革命，甚至清朝被推翻后仍然坚持保皇，这就不是先进而是保守走向反动了。至于林、魏的师夷长技的思想后来演变为洋务派，他们仰慕西方的坚船利炮，在创办中国的军事工业连带到矿冶和机器制造业等方面，对发展近代工业不能说没有一点成绩，但其用意是企图借此保住封建王权的名教。正如张之洞所主张的中体西用论，辜鸿铭曾明确指出其用意："文襄之效西法，非慕欧化也；文襄之图富强，志不在富强也。盖欲借富强以保中国，

---

① 〔德〕恩格斯：《德国农民战争》，见中共中央马克思恩格斯列宁斯大林著作编译局译《马克思恩格斯全集》（第7卷），人民出版社1959年版，第414页。
② 〔清〕魏源：《海国图志·叙》。

保中国即所以保名教。"①

众所周知，名教就是指三纲五常，这是维护封建专制统治的命根子。参加维新变法的谭嗣同就极力反对名教。他说："以名为教，则其教已为实之宾，而决非实也。又况名者，由人创造，上以制其下，而不能不奉之，则数千年来，三纲五伦之惨祸烈毒，由是酷焉矣。"② 又说："三纲之慑人，足以破其胆而杀其灵魂。"③ "二千年来君臣一伦，尤为黑暗否塞，无复人理，沿及今兹，方愈剧矣。夫彼君主……果何所恃以虐四万万之众哉？则赖乎早有三纲五伦字样，能制人之身者，兼能制人之心。"④

以上从张之洞与谭嗣同相比，即使都有效西法的一面，但用意在保名教还是反名教却截然不同，而这一点正是维护还是反对封建专制统治的分水岭，也是保守与革命思想的分界线。如以此作为参照系，在太平天国起义初期，洪秀全学习西方，按照基督教义，宣传在上帝面前人人平等。曾国藩就感到不能容忍，说这是"举中国数千年礼义人伦、诗书典则，一旦扫地荡尽"，"乃开辟以来名教之奇变，我孔子、孟子之所痛哭于九原"。⑤ 很明显，洪、曾之间进行的是反名教与保名教的斗争。洪秀全当时虽没有学到"资产阶级民主主义"，或者叫作"建设资产阶级共和国的思想武器"，但"平等"二字却足够使卫道者破胆，他们同声责难，说什么"权既下移，国谁与治？民可自主，君亦何为？是率天下而乱也。平等之说，蔑弃人伦，不能自行，而顾以立教，真悖谬之尤者"。⑥

平等之说既然为卫道者所深恶痛绝，这就从反面说明这种思想的反封建性质。按照恩格斯的论断，认为"它是对极端的社会不平等，对富人和穷人之间、主人和奴隶之间、骄奢淫逸者和饥饿者之间的对立的自发的反应——特别是在初期，例如在农民战争中，情况就是这样；这种自发的反应，就其本身而言，是革命本能的简单的表现"⑦。由于中国近代社会的特殊情况，到19世纪50年代，民族资产阶级尚未形成，还不能起来领导革

---

① 辜鸿铭：《张文襄幕府纪闻》。
② 谭嗣同：《谭嗣同全集》，中华书局1981年版，第299页。
③ 谭嗣同：《谭嗣同全集》，中华书局1981年版，第348页。
④ 谭嗣同：《谭嗣同全集》，中华书局1981年版，第337页。
⑤ 〔清〕曾国藩：《讨粤匪檄》。
⑥ 〔清〕苏舆辑：《翼教丛编》卷五。
⑦ 〔德〕恩格斯：《反杜林论》，见中共中央马克思恩格斯列宁斯大林著作编译局译《马克思恩格斯全集》（第20卷），人民出版社1971年版，第117页。

命，所以农民仍然是反封建的主力。在这种情况下，正如列宁所指出："在反对旧专制制度的斗争中，特别是反对旧农奴主大土地占有制的斗争中，平等思想是最革命的思想。"①

因此，我认为要评价洪秀全学习西方思想，需要结合中国的国情。尽管当时已进入近代，但由于社会的落后，在反对腐朽清王朝的封建专制统治时，这种从"上帝儿女的平等"推论到各阶层社会地位平等、财产平等的思想，渊源虽是来自原始基督教义，却仍是一种革命的社会政治理论。我国民主革命先行者孙中山就曾以承接太平天国的革命正统自居，称赞洪秀全为反清英雄；黄兴、章太炎等人也曾说到受太平天国运动的影响。这都说明洪秀全思想曾经起过进步的历史作用。

据此，对洪秀全向西方寻找真理问题，就该做历史的、具体的分析。虽然他学到的只是革命的宗教观点，但他对基督教义并非完全照搬，而是对其中不利于革命的加以扬弃，即经过批判吸收变成为我所用。并且不是停留在理论上，而是付诸实践，从而取得较好的社会效应。下面说明两点。

第一，上文讲过，洪秀全接受基督教义时，反对忍耐或谦卑。他并不重视死后才入天堂享福，而是号召信徒通过战斗推翻人间的邪恶势力，把天堂即天国在现世上建立起来。洪秀全这种言行说明他并非近代西方基督教的真正信徒，而是它的叛逆者。当时有不少外国传教士把拜上帝会视为神学异端，有的甚至叫嚣说："天主教教皇如有权治他，早就把他烧死了。"② 可见，洪秀全创立拜上帝会形式上虽来自西方，内容却经过改造而为他所用。恩格斯评论德国农民战争时指出："一切革命的社会政治理论大体上必然同时就是神学异端。"③ "这种异教乃是农民和平民的要求之直接表现，并且几乎总是和起义结合着的。"④ 这种异教代表人民利益并起到革命的作用。

第二，洪秀全倡导的革命宗教观，实践证明在起义过程中是行之有效的。如推行的圣库制度，连外国人也承认是"共同生产的实现"⑤。在国内

---

① 中共中央马克思恩格斯列宁斯大林著作编译局译：《列宁全集》（第13卷），人民出版社1959年版，第217页。
② 中国史学会主编：《太平天国》（六），上海人民出版社1957年版，第950页。
③ 中共中央马克思恩格斯列宁斯大林著作编译局译：《马克思恩格斯全集》（第7卷），人民出版社1959年版，第401页。
④ 中共中央马克思恩格斯列宁斯大林著作编译局译：《马克思恩格斯全集》（第7卷），人民出版社1959年版，第403页。
⑤ 《华北先驱周报》第174号。

则受到群众的拥护。有人写过一首诗:"浪说弟兄皆一律,诳称贫富总均匀。博施济众尧犹病,哀此捐生受惑民。"① 这位作者无疑是站在反对立场,但不能不承认有那么多人受到"迷惑",这是从反面证明,太平军推行平均平等的政策措施收到了良好的社会效应。

这里还想补充一点,洪秀全向西方寻求真理,虽然没有学到建设资产阶级共和国的方案,但对近代西方主权国家的观念还是有所接受。太平天国起义时,洪秀全宣称所谓四大平等,对民族、国家之间要平等相处,特别是关系到民族独立和保卫国家主权时,这一条执行是比较坚决的。如太平军进入南京后,即拒绝承认帝国主义强加给中国的不平等条约,并严禁鸦片;但"并不限制通商",而推行平等互利的对外政策。当时,侵略者对此并不满意。1861年,英国又派人到南京,提出双方联合打击清朝平分中国的建议,洪秀全严词拒绝。侵略者见威逼利诱不行,就与清廷勾结共同镇压革命,太平军却毫不畏惧地进行回击。这固然表现出中国人民的崇高民族气节和爱国主义精神,同时,这也是学习近代西方国家的主权观念的具体体现。

总的来说,洪秀全向西方找寻真理的问题,由于中国社会的落后和资本主义的难产,他受到时代和阶级的局限,不可能完全学到近代西方资产阶级的整套东西。加上当时西方列强总是侵略中国,所以学习西方时碰到的是如毛泽东所指出的"为什么先生老是侵略学生呢?"② 的问题。因此,学习西方不能照搬,需要做批判性吸收和创造性的转化,有时还得要"以其人之道,还治其人之身"。洪秀全学习西方,没有接受那些麻痹中国人民斗志的宗教宣传,相反却以此为武器进行反帝反封建的斗争,并成为辛亥革命的先导。就凭这一点,他可以归到先进中国人的行列的。当然,这并不等于说,洪秀全的一生都是先进的,并且完美无缺。他的思想既有革命性,也有封建性的一面。孙中山肯定他的前一面,对他的帝王思想则提出严厉的批评,并且引以为戒。我认为,要做这样的具体分析,才能对一个人的思想做出符合历史主义的评价。

(原载《学术月刊》1992年第1期)

---

① 周邨:《太平军在扬州》。
② 毛泽东:《论人民民主专政》,见《毛泽东选集》(第4卷),人民出版社1966年版,第1407页。

孙中山的国情观

"国情"是指一个国家的经济、政治、文化乃至社会各方面的综合情况,"观"指观点看法。孙中山作为民主革命的先行者,他指导革命的思想和斗争策略,不是凭空得来,而是根据当时中国的国情认识形成的。孙中山如何看待中国的国情,在思想认识上有什么变化?下面谈点个人意见,以供讨论。

一

一个人如何认识当时的国情,亦要看这个时期和他本人所经历的主客观条件。1905年同盟会成立,孙中山在《民报》发刊词中提出"三民主义",并明确主张用武装斗争手段推翻清朝的统治,这标志着他民主革命思想的成熟。这段时间孙中山思想的提高与他对国情认识的深化应该是基本同步的。

从孙中山出生(1866)到同盟会成立,大约经历了40年。这段时间西方帝国主义列强继续向亚洲扩充殖民地,东邻日本、北邻沙俄也把侵略矛头指向中国。经过中法战争、中日战争和八国联军之役,中国已陷入被列强瓜分的亡国险地。1894年马建忠对当时外国侵略势力有一段描述,谓"其公使傲睨于京师以陵我政府,其领事强梁于口岸以抗我官长,其大小商贾盘踞于租界以剥我工商,其诸色教士散布于腹地以惑我子民"[①],即指出其政治、经济、文化多方面侵略的事实。在这种情况下,一些忠君爱国之士,仍寄希望于清朝政府能够变法图强,如康有为发动的戊戌(1898)维新运动就是一例。但事实证明这场变法是失败了,以慈禧为首的封建政权,为要维护其专制统治,连君主立宪制度也不能接受,却采取对外投降、对

---

① 〔清〕马建忠:《适可斋记言》,中华书局1960年版,第89页。

内镇压的政策,所谓"宁赠友邦,不给家奴",这就迫使革命者只能把反帝与反封建斗争结合起来,要革命就要推翻清朝政府,否则就无法走上救亡图存之路。

以上所述是这段时间国情变化的客观条件,但一个人主观上怎样才能认识这种国情的变化,可以说也并不容易。因为封建传统对人们的思想教育,多是将忠君爱国联结在一起,所以对现政权的"造反",对受过传统思想教养的知识分子及学而优则仕的官僚,是不容易做到的。如曾国藩就是以维护封建伦理纲常为号召,来对付太平天国的农民起义的。

孙中山对这个时期国情变化的认识也有一个过程。由于他出身于一个贫苦农民家庭,在早年艰难生活的亲身体验中,对中国农民的苦难深表同情,加上太平天国起义时广东农民也纷起响应,这些故事孙中山幼年时会有所听闻。他后来称道洪秀全"为反清第一英雄",很可惜"没有成功"。①说明他思想上曾经受到影响。另外,他先后在檀香山和香港求学,接受西方近代科学及先进的政治经济学问。据他的同学关景良追忆,说孙中山在大学时代最喜欢看法国革命和达尔文进化论,这些对他后来的反清思想的形成可能也有所启示。

孙中山在香港学医期间,很关心国内情况,对现状有所不满,但仍想用实业救国和教育救国的方法,"以期用世"。如1890年写信给家乡香山的郑藻如,提出振兴农桑、禁绝鸦片和普及教育等三项建议,建议在地方上逐步推行。1894年他还和陆皓东到天津上书给李鸿章,提出要人尽其才、地尽其利、物尽其用、货畅其流四大改革纲领,以求达到民富国强的目的。孙中山这些建议当然是对的,他要求充分发挥社会生产力,改善人民的物质生活与文化生活,是代表广大群众的利益提出要求,但问题是清朝统治者能否接受这些建议,而事实证明孙中山上书是徒劳的。

不过,孙中山此时对国情的了解,对清朝政治的腐败,亦非无所觉察。如他在香港读书时,曾进而为政治之研究,认识到"中国官员以贪赃纳贿为常事,而洁己奉公为变例也",因而想到"曷为吾人不能改革中国之恶政治耶"。到1893年他在广州行医,对官场的耳闻目睹,更感到"欲救国救人,非锄去此恶劣政府不可",此时"即决计抛弃其医人生涯,而从事于医国事业"。②

---

① 陈少白:《兴中会革命史要》,中国文化服务社1941年版,第5、8页。
② 许师慎编著:《国父革命缘起详注》,正中书局1947年版,第5-6页。

因此，孙中山向李鸿章上书时，思想上已有两手准备。后来他自己讲，上书的目的在窥探清廷虚实，但当时还是有"求知于当道"的愿望，并要求李鸿章能"玉成其事"，似乎对朝廷还未完全绝望。不过他当时确也做了第二手的准备，一旦上书无效，1894年11月即组成兴中会，以"振兴中华，挽救危局"为宗旨，并积极准备反清的武装起义。兴中会成立后经过十年的艰苦战斗，一方面宣传民主革命思想，让人们逐步认识到维新变法已经此路不通，抛弃对清朝政府的幻想；另一方面则开始进行用武力反清的尝试，如1895年秋广州起义和1900年的惠州起义，两次起义虽然流产和失败，但锻炼了队伍和扩大了社会影响。1905年成立同盟会，决定以"驱除鞑虏，恢复中华，创立民国，平均地权"十六字作为民主革命的纲领。毛泽东同志说："中国反帝反封建的资产阶级民主革命，正规地说起来，是从孙中山先生开始的。"① 而孙中山决心革命则是他对中国国情认识深化的结果。

二

孙中山的国情观有他正确的一面，但受时代和思维方式的局限，对社会上的阶级矛盾，却没有做出正确的分析，有时自己造成矛盾和混乱。他承认有阶级这个前提，但如何划分他没有做科学界定。如把知识分子称为"知识阶级"；帝王公侯等称为政治阶级。又说经济阶级虽早已存在，但只有到了近代，才产生出贫富悬殊的阶级。他说："现在资本家有了机器，靠工人来生产，掠夺工人的血汗，生出贫富极相悬殊的两个阶级。"但是触到中国的国情，他却极力掩盖工人和资产阶级的矛盾，宣称"中国实业尚未发达"，社会上虽有贫富不均现象，但"没有大富的特殊阶级"。他说："所谓贫富不均，不过在贫的阶级之中，分出大贫与小贫。"又说："中国工人现在还不受本国资本家的害，本国还没有大资本家来压迫工人。"他还说："中国工人现在不但是不受本国资本家的压迫，并且反想种种方法来压迫本国的资本家。""自从发生了工团风潮以后，那些小实业反要受工人的害，被工人来压迫。""中国工人所处的地位，是驾乎本国资本家之上。""所受最大的压迫，还是外国的资本家。""外国工人是受本国资本家压迫，不受

---

① 毛泽东：《青年运动的方向》，见《毛泽东选集》（第2卷），人民出版社1966年版，第527页。

外国资本家的压迫;中国工人恰恰是相反,不受本国资本家的压迫,要受到外国资本家的压迫,这就是中外工人不同的情形。"①

孙中山这里反复论证,亦有正确的地方,如说中国人要受外国资本家的压迫,当然是对的;但反过来说不受本国资本家的压迫,那就不对了。虽然孙中山提出的理由,认为中国的实业还没有发达,机器的生产还没有盛行,所以没有像外国一样的大资本家,只有大贫与小贫的差别。但即使是这样,资本家无论大小,对工人总是剥削的,就是用压迫手段得来的。事情要看本质,不能用"量"的多少做衡量标准。至于工人用罢工等手段来反对资本家,更不能说成是资本家受到工人的压迫,这样就把事情的是非弄颠倒了。

三

以上对孙中山国情观的分析,虽然指出他有正确和局限的两个方面。但从总体上看,毛泽东所以说中国反帝反封建的资产阶级民主革命是从孙中山开始的,表明他认为孙中山对帝国主义侵略和清朝封建政权的性质是有正确的认识,而这一点则是经得起历史的验证的。

孙中山指出:"自义和团战争以来,许多人为满清政府偶而发布的改革诏旨所迷诱,便相信那个政府已开始看到时代的征兆,其本身已开始改革以便使国家进步;他们不知道,那些诏旨只不过是专门用以缓和民众骚动情绪的具文而已。由满洲人来将国家加以改革,那是绝对不可能的,因为改革意味着给他们以损害。实行改革,那他们就会被中国人民所吞没,就会丧失他们现在所享受的各种特权。"②

孙中山为要证明对当时的封建政权非推翻不可,他还指出"在满清二百六十年的统治之下,我们遭受到无数的虐待",并列举主要者如下:"(一)满洲人的行政措施,都是为了他们的私利,并不是为了被统治者的利益。(二)他们阻碍我们在智力方面和物质方面的发展。(三)他们把我们作为被征服了的种族来对待,不给我们平等的权利与特权。(四)他们侵

---

① 孙中山:《中国工人所受不平等条约之害》,见《孙中山选集》(下册),人民出版社1956年版,第841—845页。

② 孙中山:《中国问题的真解决》,见《孙中山选集》(上册),人民出版社1956年版,第59页。

犯我们不可让与的生存权、自由权和财产权。（五）他们自己从事于或者纵容官场中的贪污与行贿。（六）他们压制言论自由。（七）他们禁止结社自由。（八）他们不经我们的同意而向我们征收沉重的苛捐杂税。（九）在审讯被指控为犯罪之人时，他们使用最野蛮的酷刑拷打，逼取口供。（十）他们不依照适当的法律程序而剥夺我们的各种权利。（十一）他们不能依责保护其管辖范围内所有居民的生命与财产。"

列举这些事实后，孙中山还说："虽然有这样多的痛苦，但我们曾用了一切方法以求与他们和好相安，结果却是徒劳无效。在这种情况之下，我们中国人民为了解除自己的痛苦，为了普遍地奠定远东与世界和平，业已下定决心，采取适当的手段以求达到那些目标，'可用和平手段即用和平手段，必须用强力时即以强力临之'。"①

孙中山的这番议论，可以说是摆事实、讲道理，绝非感情冲动和意气用事，而是冷静地理性分析。他深刻揭露了清朝封建政权的阶级本质，指出"由满洲人来将国家加以改革，那是绝对不可能的"，还说"我们曾用了一切方法以求与他们和好相安，结果却是徒劳无效"。这里所讲都是历史事实，表明只能用革命手段来推翻清王朝。这是从实际出发正确认识国情后得到的结论。

由于这种认识，孙中山要坚决划清革命与保皇的界限，他对那种"以为革命、保皇二事，名异而实同，谓保皇者不过借名以行革命"的观点，加以驳斥，谓"此实大误也"。他坚称"革命与保皇，理不相容，势不两立"。"革命、保皇二事，决分两途，如黑白之不能混淆，如东西之不能易位。革命者志在倒满而兴汉，保皇者志在扶满而臣清，事理相反，背道而驰，互相冲突，互相水火，非一日矣。"② 对国情认识不同，正如孙中山所说，他与梁启超"私交虽密，一谈政事，则俨然敌国。然士各有志，不能相强"③，只好各奔前程了。

对帝国主义的认识，孙中山也只是看到其侵略本质，他说："辛亥以前，满洲以一民族宰制于上，而列强之帝国主义，复从而包围之，故当时民族主义之运动，其作用在脱离满洲之宰制政策与列强之瓜分政策。辛亥

---

① 孙中山：《中国问题的真解决》，见《孙中山选集》（上册），人民出版社1956年版，第60 - 61页。
② 孙中山：《敬告同乡书》，见《孙中山选集》（上册），人民出版社1956年版，第52页。
③ 孙中山：《敬告同乡书》，见《孙中山选集》（上册），人民出版社1956年版，第53页。

以后，满洲之宰制政策，已为国民运动所摧毁，而列强之帝国主义则包围如故，瓜分之说，变为共管，易言之，武力之掠夺，变为经济的压迫而已，其结果足使中国民族失其独立与自由则一也。""盖民族主义，对于任何阶级，其意义皆不外免除帝国主义之侵略。其在实业界，苟无民族主义，则列强之经济的压迫，致自国生产永无发展之可能。其在劳动界，苟无民族主义，则依附帝国主义而生存之军阀及国内外之资本家，足以蚀其生命而有余。故民族解放之斗争，对于多数之民众，其目标皆不外反帝国主义而已。"① 这是孙中山坚持反帝思想的明确表述。

综上所述，孙中山通过对国情的认识，终于成为反帝反封建的民主斗士，这是无可争辩的历史结论。但是，孙中山的历史地位近来似乎也受到了挑战。有人怀疑中国近代史推行反帝反封建的民主革命路线是不是搞错了，因为从效果看以为比不上日本搞君主立宪的明治维新。最近还有人提出辛亥革命是否有必要，似乎保留清朝比推翻清朝在实现现代化方面更为有利一些。持这种观点的人，认为晚清曾有四次实现现代化的机遇，总是由于最高统治者的愚昧无知，不愿进行政治体制的改革，经济改革也就不能成功，而现代化的机遇也都一一落空。持这种观点的人，因而进一步提出：近代中国，唯一正确的救国道路是以开放的心志，学习西方的先进文化，改革宗法专制制度，发展经济，实现民富国强的目标，这是反抗外来侵略，捍卫国家独立的最有效途径，也是现代爱国主义的真谛及它与传统爱国思想的差别所在。

我认为持上述观点的人，其动机可能是好的，所提出的现代爱国主义内容也不错，但问题是脱离了对中国各个时期国情的认识。因为这种称之为现代爱国主义的只能适用于现代，具体点说要在党的十一届三中全会后才能推行，在此之前尚难做到，何况在晚清时期。试问以慈禧为首的清朝贵族集团，能自动进行政治体制改革，拱手将政权奉送出来吗？孙中山以他的亲身经历，揭穿当时清政府发布的改革诏旨是为了迷惑人，寄希望于清廷将国家加以改革是绝不可能的，这不仅仅是由于这些权贵们的愚昧无知，应该说是由其阶级利益所决定的，这是问题的实质。如果回避这个问题，只讲清朝权贵的愚昧无知，只能是皮相之见。至于说晚清有多少次实现现代化的机遇，更属无稽之谈，而由此作为保留清政府的理由，并连带

---

① 孙中山：《中国国民党第一次全国代表大会宣言》，见《孙中山选集》（下册），人民出版社1956年版，第525页。

否定辛亥革命和孙中山的历史地位,甚至否定中国近代史上推行的反帝反封建民主革命路线,则是更加没有根据了。

由于不考察具体国情,拿现在能做到的事去套历史,这种今为古用的做法是行不通的。如实行对外开放,在今天是平等互利,但晚清时在不平等条约的控制下,开放是丧失国家主权。现在有些年轻人不懂历史和国情,如对三元里的抗英斗争,有位大学生说是干了蠢事,理由是当时英国是资本主义国家,是进步的,而清王朝是封建政权,是落后的,因此人家到来应该欢迎,不要反抗。这种抽象的先进带动落后论,就是不懂得当时的国情,如抗日战争时日帝也讲建立大东亚共荣圈,但我们亲身经历过这段历史的人,有谁相信这种鬼话吗?

关于发展经济问题,我们今天的对外开放,引进外资,当然对我国发展经济有利,但在孙中山那个时代,由于列强的经济压迫,对实业界来说,致自国生产永无发展之可能。对这种情况连梁漱溟也有所认识,他说:"这世界上个个俱是工商业的先进国,拼命竞争,有你无我;我们工商业兴发之机早已被堵塞严严地不得透一口气。正不是愿步他们后尘或不愿的问题,而是欲步不能了。"① 由此可见,孙中山提出民族主义对付列强的经济压迫,保护国内生产的发展,是根据当时国情拟定的决策。

总之,我们研究孙中山思想及他在革命过程中的斗争策略等问题,是需要了解他的国情观,因为这是形成他在思想上进行决策的基础。同样,我们现在研究孙中山,也要了解他所处那个时代的国情,比如说革命还是保皇,何者适合当时国情的需要?又如改革开放,在不平等条约控制下的晚清与我们现在的主权国家国情不同所取得的社会效果当然也不相同。所谓现代爱国主义在晚清时期是行不通的。不能说如果当时统治者不是愚昧无知,早点搞改革开放,就可以实现现代化,并由此否认反帝反封建的民主革命,否定孙中山领导辛亥革命的历史功绩。因为历史不能假定,亦不能用现在的标准去要求古人,否则要是否定中国近代史上的传统爱国思想,对年轻一代将会起到误导作用。

(原载《中山大学学报论丛》1995年第5期)

---

① 梁漱溟:《中国民族自救运动之最后觉悟》,中华书局1933年版,第238页。

对中国近代史几个问题评价的再评价

目前的"国学"讨论以及此前的"文化热"均涉及对中国近代史的几个问题的评价,例如对辛亥革命的否定性意见(与此相对应的对清王朝这个"形式"的肯定性看法),对西方殖民主义的盲目推崇,等等,一时间竟被一些人所"认同"。我认为对这些评价应进行再评价,以还原历史的本来面目。

一

马克思主义认为研究分析问题,应该是历史的、具体的,但现在有的人不这样看,结果把问题的讨论带入误区。

比如,有文章讨论岭南近代文化问题。认为近代中国唯一正确的救国道路是,以开放的心态,学习西方的先进文化,改革宗法专制制度;发展经济,实现民富国强的目标,这是反抗外来侵略,捍卫国家独立的最有效的途径。其实,从历史上看,这是不可能的。试问在当时清王朝的专制统治下,掌权的封建贵族,能自动去改革宗法专制制度吗?当时一些忠君爱国之士,确曾寄希望于清朝政府能够变法图强,如康有为发动的戊戌(1898)维新运动就是一例,但事实证明这场变法是失败了,以慈禧为首的封建政权,为要维护其专制统治,连君主立宪制度也不能接受,却采取对外投降、对内镇压的政策,怎么会自行改革宗法专制制度呢?

关于晚清政府能不能自行改革,孙中山是最合适的历史见证人。孙中山领导辛亥革命亦不是开始就要推翻清朝政府,如他在香港学医期间,很关心国内情况,对现状有所不满,但仍想用实业救国和教育救国的方法,"以期用世"。1890年他曾写信给家乡香山的郑藻如,提出振兴农桑、禁绝鸦片和普及教育等三项建议,要求在地方上逐步推行。1894年他还和陆皓东到天津上书给李鸿章,提出要人尽其才、地尽其利、物尽其用、货畅其流四大改革纲领,以求达到民富国强的目的。孙中山这些建议当然是对的,他建议充分发展社会生产力,改善人民的物质生活与文化生活,是代表广大群众的利益提出的要求,但问题是清朝统治者能否接受这些建议,事实证明上书是徒劳的。

孙中山向李鸿章上书时,思想上已有两手准备:一方面当时还是有"求知于当道"的愿望,并要求李鸿章能"玉成其事",似乎对朝廷还未完全绝望。不过,另一方面也做了第二手的准备,一旦上书无效,1894年11月即组成兴中会,以"振兴中华,挽救危局"为宗旨,并积极准备反清的武装起义。这种变化是他对清朝政权认识逐步深化的结果。

孙中山指出:"自义和团战争以来,许多人为清政府偶而发布的改革诏旨所迷诱,便相信那个政府已开始看到时代的征兆,其本身已开始改革以便使国家进步;他们不知道,那些诏旨只不过是专门用以缓和民众骚动情绪的具文而已。由满洲人来将国家加以改革,那是绝对不可能的,因为改革意味着给他们以损害。实行改革,那他们就会被中国人民所吞没,就会丧失他们现在所享受的各种特权。"①

孙中山为要证明对当时的封建政权非推翻不可,他还指出:"在满清二百六十年的统治之下,我们遭受到无数的虐待。"② 他列举一些事实之后还说:"虽然有这样多的痛苦,但我们曾用了一切方法以求与他们和好相安,结果却是徒劳无效。在这种情况之下,我们中国人民为了解除自己的痛苦,为了普遍地奠定远东与世界和平,业已下定决心,采取适当的手段以求达到那些目标,'可用和平手段即用和平手段,必须用强力时即以强力临之'。"③

孙中山这番议论,可以说是摆事实、讲道理,绝非感情冲动和意气用事,而是冷静地理性分析。他由表及里,通过多种具体事例来深刻揭露清朝封建政权的阶级本质,借以说明寄希望于清朝政府的改革是不可能的。

二

一般认为中国在鸦片战争以前是闭关自守的。由于这次战争的失败,

---

① 孙中山:《中国问题的真解决》,见《孙中山选集》(上册),人民出版社1956年版,第59页。
② 孙中山:《中国问题的真解决》,见《孙中山选集》(上册),人民出版社1956年版,第60页。
③ 孙中山:《中国问题的真解决》,见《孙中山选集》(上册),人民出版社1956年版,第60–61页。

《南京条约》规定,清政府将"沿海之广州、福州、厦门、宁波、上海等五处港口贸易通商"①。这可以说是一"开放",但这是在不平等条约之下丧失主权的开放。我们现在的开放,正是借鉴了近代史的反面教训才获得成功的。1993年11月2日,江泽民同志在学习《邓小平文选》第三卷报告会上的讲话中指出:"邓小平同志强调一定要实行对外开放,不要把自己孤立起来,搞成封闭的国家,同时又强调一定要坚持独立自主,自力更生,把国家的主权和安全始终放在第一位。"他还引用邓小平同志的话:"任何外国不要指望中国做他们的附庸,不要指望中国会吞下损害我国利益的苦果。"据此他强调说:"必须紧紧抓住邓小平同志反复强调的爱国主义精神,深刻领会关于民族自尊心、民族自信心和民族自豪感的重要论述,关于维护国权、国格的重要论述,关于用中国的历史教育青年、教育人民的重要论述。……任何时候都要维护我国的独立自主,不信邪,不怕压,不怕威胁,百折不挠地把我们的伟大民族振兴起来。"

晚清时,美国曾提出要中国"门户开放,机会均等"。现在国外就有人说,当时中国所以免被列强瓜分,是因为美国大概没有占到地盘,所以要求开放门户,以便在华的利益均等。这一点孙中山也是看得非常清楚的。他认为,不过是"瓜分之说,变为共管,易言之,武力之掠夺,变为经济的压迫而已,其结果足使中国民族失其独立与自由则一也"②。

孙中山提倡民族主义以对付外来侵略。他说:"盖民族主义,对于任何阶级,其意义皆不外免除帝国主义之侵略。其在实业界,苟无民族主义,则列强之经济的压迫,致自国生产永无发展之可能。其在劳动界,苟无民族主义,则依附帝国主义而生存之军阀及国内外之资本家,足以蚀其生命而有余。故民族解放之斗争,对于多数之民众,其目标皆不外反帝国主义而已。"③ 这是孙中山坚持反帝思想的明确表述。毛泽东同志说:"中国反帝反封建的资产阶级民主革命,正规地说起来,是从孙中山先生开始的。"④ 反帝反封建和反霸权主义反侵略在今日的开放中也是理所当然的。

---

① 黄月波、于能模、鲍釐人编:《中外条约汇编》,商务印书馆1935年版,第5页。
② 孙中山:《中国国民党第一次全国代表大会宣言》,见《孙中山选集》(下册),人民出版社1956年版,第525页。
③ 孙中山:《中国国民党第一次全国代表大会宣言》,见《孙中山选集》(下册),人民出版社1956年版,第525页。
④ 毛泽东:《毛泽东选集》(第2卷),人民出版社1966年版,第527页。

三

前些年国内学术界研究历史,不提近代史的反面教训和改革开放的现代经验,反而抓住一些表面现象,责怪革命不对,大讲改良,这可以说在研究方法上是一种错位,把是非弄颠倒了。

最近有人说:"我认为,辛亥革命是搞糟了,是激进主义思潮的结果。清朝的确是已经腐朽的王朝,但是这个形式存在仍有很大意义,宁可慢慢来,通过当时立宪派所主张的改良来逼着它迈上现代化和'救亡'的道路;而一下子痛快地把它搞掉,反而糟了,必然军阀混战。所以,自辛亥革命以后,就是不断革命:'二次革命''护国、护法''大革命',最后就是1949年的革命,并且此后毛泽东还要不断革命。直到现在,'革命'还是一个好名词、褒词,而'改良'则成为一个贬词。现在应该把这个观念明确地倒过来:'革命'在中国并不一定是好事情。"[①]

这里否定辛亥革命,理由无非是两条。第一,清王朝虽然腐朽,但它的存在有稳定社会的作用,所以要由当时的立宪派慢慢迫使它走上现代化和"救亡"的道路。第二,由于痛快地搞掉清朝,必然导致军阀混战和后来的不断革命,即是说革命必然带来社会动乱。这两点理由能否成立,下面做点分析。

第一,当时立宪派能否逼使清王朝走上现代化和"救亡"的道路,这不是有没有可能的问题,因为历史已经得出结论。日本明治维新与中国的戊戌变法是同一种性质的君主立宪运动,但结果成败不同,用当事人梁启超的话说,谓"日本变法,则先变其本;中国变法,则务其末,是以事虽同而效乃大异也"。所以事同而效异,这是由于中日两国国情的不同,也可以说变法一方力量不占优势。有的文章虽然肯定"由开明帝王和士大夫推动的同(治)光(绪)中兴乃是当时历史条件下进行现代化努力的正确选择",但所以"未能成为现实,则是因为这种与道合一的力量在当时政治权

---

① 李泽厚、王德胜:《关于文化现状、道德重建的对话》,载《东方》1994年第5、6期。

力结构中没有取得优势"。① 另有篇文章,虽是肯定曾国藩等"富有生机的汉族地主阶级掌握了实权,这对中国近代化的起动具有重大意义",但也不得不承认说,"他维护的封建制度退出历史舞台已在逻辑之中","社会改良因而成了死路一条。中国的近代化只有走一条政权更替、战争频仍的社会革命道路"。② 这两篇文章的作者本是赞成改良的,但也认识到这种力量不占优势,因而此路不通,而封建制度也不能不退出历史舞台,中国近代化只有走他们不喜欢的革命之路。由此可见,只能用革命手段推翻清王朝,不能寄希望于立宪派的改良,这不是人们愿不愿意的问题,而是由当时国情即客观形势所决定的。今天还有人要保清朝而否定辛亥革命,既无事实根据,道理上也说不通,只能是主观主义思想的大暴露。

第二,辛亥革命是否必然带来军阀混战?这个问题比较复杂。辛亥革命虽然推翻了清王朝,但用孙中山的话说是"革命尚未成功"。由于大野心家袁世凯趁清帝退位之机夺了国家权力,先是迫孙中山让位,当了总统,继而公然复辟做皇帝,这就当然会引起主张民主革命人士的反对,"二次革命""护国、护法"就是在这种情况下掀起的讨袁运动。从成功的一面来说是粉碎了袁世凯的皇帝梦;但不足的地方可能由于力量对比的关系,没有能扫除多数属于袁氏旧部即北洋军阀的势力。孙中山有鉴于此,认识到革命不能没有强大的武装,他筹建黄埔军校,培养革命军事人才,并实行国共合作,大革命北伐,从而取得扫除军阀促进国内统一的胜利。

孙中山逝世后,打着总理信徒招牌的蒋介石背叛了革命,特别在抗日战争胜利以后,更是排除异己,想要独占人民的胜利果实。在国共谈判中共产党一方做了很大的让步,表达出要求实现和平民主建国的诚意,但国民党方面却一意孤行,撕毁协议,悍然向解放区进攻,蓄意发起内战,终于出现1949年的革命,蒋介石被赶出大陆。经过1949年的革命,成立了中华人民共和国,之后的工作虽然也有失误,但从总体上看我国在世界已经成为一个独立强大的国家。那么,1949年的革命为什么就不是好事情呢?至于"文化大革命"可以说不是好事情,这是由于毛泽东同志对当时形势估计错误造成的。他认为党内有大量走资派,因而过分夸大两个阶级、两

---

① 陈明:《中体西用:启蒙与救亡之外——中国文化在近代的展现(上)》,见《原道》(第1辑),中国社会科学出版社1994年版,第11页。

② 辛岩:《无本者竭,有本者昌——湘军、太平军与文化传统》,见《原道》(第1辑),中国社会科学出版社1994年版,第57、60、61页。

条路线的斗争。总之，对于革命的历史作用要具体分析，随便将"革命"从褒义词倒过来成为贬义词，并不是严肃的治学态度。从研究方法说，则表现为思想认识上的片面性。

四

鸦片战争爆发，岭南首当其冲，战后不平等条约的订立，岭南也深受其害，人们心态上不平衡及情绪化的余波仍然存在，这应该是不奇怪的，如广州人民反入城斗争就是这方面的表现。对此誉之者赞为爱国精神，毁之者斥为排外情绪，其实这是大有区别的，看评论者站在哪方面说话罢了。

前几年广州有个大学生就说过：鸦片战争时三元里抗英是干了蠢事，因为当时英国是先进的资本主义国家，中国是落后的封建王朝，人家进来应该欢迎，何必抵抗呢？与此相联系，广州人反入城斗争是否也是干了蠢事呢？也可能有这种看法。有的文章认为，反入城斗争使广州在出口对外贸易中所形成的一些优势逐渐消失。还说，岭南这个曾是中国唯一内外交通的孔道不但没有成为现代化赖以起步的基地，反让排外情绪占了上风，这是历史大转折关头难以挽回的迟滞和失误。该文还说到从鸦片战争结束至太平天国覆灭、洋务运动兴起的20多年中，岭南文化显示出难以想象的封闭性，给广东乃至全国带来灾难性的后果。在此期间，中国存在着实现现代化的机会，但都令人痛心地成了过眼烟云。言下之意，当时中国实现现代化的机会由于反入城斗争而断送了。

对这个问题我有点质疑。第一，广州人反入城斗争是否就是岭南文化显示出难以想象的封闭性和排他性？我认为，当时广州人的心理还是要维护国家的主权。其实我们现在对外开放，外国人进来从事商贸或其他活动，亦要遵守规定，不能任意自作主张。至于当时能否让外国人进城，据陈恭禄的解释说："其时五口开港，中英南京条约载明其为港口，并未提及外人住于城中，港口指江河之口而言，条约未许缔约国人入城也。会上海、宁波等相继许外人入城，英国政府曲解条约，谓当入城。粤人独持异议，拒其进入广州。"①

---

① 陈恭禄：《中国近代史》（上卷），商务印书馆1935年版，第93页。

对中国近代史几个问题评价的再评价

有文章说，通商口岸不准外国人进城，在法理上没有根据。既然条约没有规定，准与不准应该协商议定，因为这两方都没有法理根据。而且当时不让外国人进广州城，即使属排外情绪也是政治性的，由此联系到整个岭南文化的封闭性，甚至成为当时抗拒西学东渐的逆流，未免有点言过其实吧！

第二，关于外国人入广州城与现代化的关系。按照上面所举有的文章的说法，广州反入城斗争使中国断送了现代化的机会，那么反过来，当时如果欢迎外国人入城，是否就像某个大学生所说，先进的资本主义列强就能帮助中国实现现代化呢？其实当时五口通商拒绝外国人入城的只有广州，其他都不禁止，那么这几个"开放"城市为什么没有先行实现现代化呢？把断送现代化的罪名归咎于广州人和岭南文化的封闭性，似乎也不那么公平吧！

前些时候宣讲近代史，听说讲到鸦片战争失败将香港岛割让给英国时，有个小青年说，当时为什么不把广州也割让给英国，如果这样做广州今天也像香港那样繁荣了。小青年这样说是由于对历史无知，但这里也隐含一种观点，就是要先当殖民地，然后容易现代化。近来由于所谓亚洲四小龙经济上的起飞，而新加坡、韩国和中国香港、中国台湾原来都受殖民统治，因此也会产生不当殖民地就难以现代化的思想。不过，以丧失国家主权的殖民地化来换取现代化，恐怕是我们所不能接受的。

要说对外开放，就能够发展经济，实现民富国强的目标，在研究方法上，也要分清是什么时代、什么性质的开放。在半殖民地半封建社会的晚清时代，在不平等条约束缚下的开放，我看是难以救中国的。在中华人民共和国成立前提倡教育救国和实业救国的人不少，并且也曾经实践过，但效果并不理想。正如孙中山说的："其在实业界，苟无民族主义，则列强之经济的压迫，致自国生产永无发展之可能。"①

民族主义就是指维护民族独立的国家主权。在列强经济压迫下，梁漱溟也看到中国要想独立发展经济已是此路不通。他说："这世界上个个俱是工商业的先进国，拼命竞争，有你无我；我们工商业兴发之机早已被堵塞严严地不得透一口气。正不是愿步他们后尘或不愿的问题，而是欲步不能

---

① 孙中山：《中国国民党第一次全国代表大会宣言》，见《孙中山选集》（下册），人民出版社1956年版，第525页。

了。"① 至于说学习西方先进文化,旧中国的人也并非没有去学,毛泽东同志有段话就说得非常清楚:"自从一八四〇年鸦片战争失败那时起,先进的中国人,经过千辛万苦,向西方国家寻找真理。洪秀全、康有为、严复和孙中山,代表了在中国共产党出世以前向西方寻找真理的一派人物。那时,求进步的中国人,只要是西方的新道理,什么书也看。……我自己在青年时期,学的也是这些东西。这些是西方资产阶级民主主义的文化,即所谓新学,包括那时的社会学说和自然科学,和中国封建主义的文化即所谓旧学是对立的。学了这些新学的人们,在很长的时期内产生了一种信心,认为这些很可以救中国……要救国,只有维新,要维新,只有学外国。那时的外国只有西方资本主义国家是进步的,它们成功地建设了资产阶级的现代国家。日本人向西方学习有成效,中国人也想向日本人学……这就是十九世纪四十年代至二十世纪初期中国人学习外国的情形。"②

依上所述,中国人学习西方的效果如何呢,毛泽东同志接着说:"帝国主义的侵略打破了中国人学西方的迷梦。很奇怪,为什么先生老是侵略学生呢?中国人向西方学得很不少,但是行不通,理想总是不能实现。"③ 历史事实证明,只要不改变半殖民地半封建的屈辱地位,中国人即使以开放的心态去学习西方的先进文化,也是救不了中国的。

(原载《哲学研究》1995 年第 10 期)

---

① 梁漱溟:《中国民族自救运动之最后觉悟》,中华书局 1933 年版,第 238 页。
② 毛泽东:《论人民民主专政》,见《毛泽东选集》(第 4 卷),人民出版社 1966 年版,第 1406−1407 页。
③ 毛泽东:《论人民民主专政》,见《毛泽东选集》(第 4 卷),人民出版社 1966 年版,第 1407 页。

近现代中国哲学创新历程的反思

要反思近现代中国哲学创新的历程，本应对中国近现代的时限先做出界定，但这是一个有争议的问题。20 世纪 50 年代以来，较为流行的说法是：从鸦片战争到五四运动为近代史，即旧民主主义革命时期；五四运动至 1949 年中华人民共和国成立称为现代史，即新民主主义革命时期。后来有种意见，认为无论旧民主主义还是新民主主义革命时期，社会性质都属半封建半殖民地社会，因而主张将近代史延后到 1949 年。中华人民共和国成立后改称现代，也有称为当代。我这里不准备讨论这个问题，也不将下限定在 1949 年，在此前或稍后的近现代中国哲学创新历程，进行反思讨论。

一

近代作为历史发展的一个时期，在欧洲是比较明确的，就是进入资本主义社会阶段。但在中国情况比较特殊，并没有经历过一个完整的资本主义社会来取代封建社会，而由于外来帝国主义的入侵，丧权辱国，使鸦片战争后在中国出现一个半封建半殖民地的社会，反侵略反封建革命成为政治斗争的主题，而启蒙与救亡则成为思想上的双重变奏，所谓哲学创新大约与启蒙思想的发展历程有着相当的关系。

这里有个问题，近代欧洲是资本主义社会，在此之前思想上有文艺复兴运动为先导。中国情况比较特殊，近代是半殖民地半封建社会，但在此之前有没有类似文艺复兴那样的早期启蒙思想出现，这就是一个有争议的问题。

明确主张以中国启蒙思想与欧洲文艺复兴相比附的是梁启超。他在《清代学术概论》中，认为"清代思潮"的动机及其内容皆与欧洲之"文艺复兴"绝相类。他还"以复古为解放"作为清代思潮的特点，将明清之际顾（炎武）、黄（宗羲）、王（夫之）、颜（元）四大家列为启蒙期的代表人物，认为他们在学风、研究方法以至政治、教育各方面，对封建藩篱都有不同程度的突破，并直接影响到近代解放思潮。

对上述四大家的创新成就，梁氏认为，从事"黎明运动"者，顾炎武其第一人也。凡启蒙时代之大学者，概能创革研究之方法，而以新锐之精神贯注之。顾炎武其能建设研究之方法，约举有三：一曰贵创，"凡炎武所著书，可决其无一语蹈袭古人"；二曰博证，"论一事必举证，尤不以孤证自足，必取之甚博"，"此所用者，皆近世科学的研究法"；三曰致用，"其标'实用主义'以为鹄，务使学问与社会之关系增加密度"，"最近数十年以经术而影响于政体，亦远绍炎武之精神也"。

对黄宗羲，梁氏认为最有影响于近代思想者，则《明夷待访录》也。书中《原君》《原法》等篇的论调，在两百六七十年前，则真极大胆之创论。而后梁启超、谭嗣同辈倡民权共和之说，认为"于晚清思想之骤变，极有力焉"。

对王夫之，谓其治学方法已渐开科学的精神，其言"天理即在人欲之中，无人欲则天理亦无从发现"，可谓发宋元以来所未发，后此戴震学说，实由兹衍出。

对颜元，谓其学有类罗马之"新多噶派"，其对于旧思想之解放最为彻底，曰"生存一日，当为生民办事一日"，舍做事外别无学问，此元之根本主义也。以实学代虚学，以动学代静学，以活学代死学，与最近教育新思潮最相合。

四大家之后，梁氏对戴震给予很高的评价，特别对《孟子字义疏证》，谓综其内容，不外欲以"情感哲学"代"理性哲学"，就此点论之，乃与欧洲文艺复兴时代之思潮之本质绝相类。盖当时人心为基督教绝对禁欲主义所束缚，痛苦无尽，既反乎人理而又不敢违，乃相与作伪，而道德反扫地以尽。文艺复兴运动乃采久阂室之"希腊的情感主义"以药之。一旦解放，文化转一方向以进行，则蓬勃而莫能御。戴震盖有见于此，其志确欲为中国文化转一新方向，其哲学之立脚点，真可称两千年一大翻案，其论尊卑顺逆一段，实以平等精神，实三百年间最有价值之奇书也。

进入近代，梁氏谓嘉（庆）、道（光）之还，积威日弛，人心已渐入解放，又海禁即开，所谓"西学"者逐渐输入，于是对外求索之欲日炽，对内厌弃之情日烈，于是以其极幼稚之"西学"知识，与清初启蒙期所谓"经世之学"者相结合，别树一派，向于正统派公然举叛旗矣。

晚清启蒙思想，梁氏着意于春秋公羊学在近代的复兴。他指出，今文学启蒙大师庄存与、刘逢禄，治经寻求所谓"微言大义"，并发挥其中"非常异义可怪之论"。龚自珍说经宗庄、刘,梁氏称他颇似法之卢梭,往往引公羊义讥切时政,诋排专制,谓晚清思想之解放,"自珍确与有功焉"。

晚清治公羊学并应用到政治实践方面的是康有为,他著有《新学伪经考》《孔子改制考》《大同书》,倡托古改制之论。梁氏称有为所谓改制者,则是一种政治革命社会改造之意味也。有为政治上"变法维新"之主张,实本于此。现在看来,戊戌变法虽是打着复古、托古的招牌,其实是一场君主立宪运动,应该属于近代资产阶级革命范畴。对此也可以说,托古改制是"以复古为解放"思想发展在实践上的归结。结合康有为"道可变"的主张,那么梁氏所概括的"以复古为解放"似乎可以说是反映近代中国哲学创新的一条思路。

梁启超所概括的"以复古为解放"这条思想理路似仍为港台地区被称为"现代新儒家"的人所接受。他们提出"返本开新"之论,对此后面再做反思、评论。

二

对启蒙思想问题,侯外庐亦做过系统的研究,写有《中国早期启蒙思想史》(后改名为《中国思想通史》第五卷)。他这里所以标明是"早期",因为所写的人物是从17世纪的王夫之、黄宗羲到鸦片战争前的龚自珍,即没有写到近代,但也有人不承认这段时期有启蒙思想。

侯外庐在《中国早期启蒙思想史》中,认为"中国丰富的哲学遗产必须依据马克思主义的观点方法,作出科学的总结",即是要用唯物史观基本原理对社会存在和社会意识的关系做出分析。

社会存在决定社会意识,作为马克思主义的基本原理当然是对的。但这里有个问题,由于中国没有出现资本主义社会,但是否出现过资本主义萌芽,学术界有过长期的争论,并没有取得一致意见。尚钺、侯外庐、萧萐父等都主张明中叶后期个别地方和行业开始出现资本主义生产关系的幼芽;而坚决反对的则有顾准,他认为资本主义只能在英国产生,其他国家只能从外面传入,在中国自是舶来品。亦有承认有资本主义萌芽,但对出现的时间有不同看法。我这里不准备讨论这个问题,只能按照侯外庐的观点进行分析。

侯著指出,"从十六世纪中叶至十七世纪初叶,也就是从明嘉靖到万历年间,是中国历史上资本主义萌芽最显著的阶段",而"中国启蒙思想开始于十六七世纪之间,这正是'天崩地解'的时代。思想家们在这个时代富有'别开生面'的批判思想"。这里是说,中国早期启蒙思想的产生是与出现资本主义萌芽这一社会经济基础相适应的。

侯著举出中国的早期启蒙者如何心隐、李贽、王夫之、黄宗羲、顾炎武和颜元等人,认为他们"是历史的觉醒者,他们在哲学、历史、政治、经济和文学诸方面的'别开生面'"。又说:"十七世纪的中国启蒙学者,还写出了将来社会全面图景的理想著作,如《天下郡国利病书》《明夷待访录》《潜书》等。然而,另一方面,在他们的真挚的理想背后,也包含着叛变的不彻底性。新生的东西既然在旧社会的母胎内是微弱的,所以在他们的理论中常保留着旧的内容,而且常显出矛盾的体系。他们的哲学思想和他们的现实主张之间虽然隔着许多层环节,使人难以捉摸,但二者的联系是存在的。"

据此,侯著又认为:"历史的转变反映于思维活动,并不是一开始就采取直接的政治形态,因为社会矛盾是或明或暗地错综交织着,人类思想也就不可能深入到社会的历史分析,通常是由自然史和自然人出发,采取抽象理论还原到古代的形式,例如复古改制的意识、人性倾向的认识、知行先后的思想等。并且他们所代表的阶级意识,也常是通过自然哲学与人性论的绝对概念体现出来。西洋的宗教改革便是这样的。明末清初的学者们,都以各种偏颇的观点,为历史的人类与人类的历史绘出他们理想的美妙的图谱。我们应从他们的代数学似的绝对概念中来分析他们的抽象语句的背后实质,而不能直截了当地来看出他们的语言与实质之间的统一。王夫之的《易传》哲学(如自然哲学),颜元的'三物三事'的哲学(如劳动生产的世界观),就是例子。他们的思想反映了中国封建制社会的解体过程和资本主义萌芽阶段的先进阶级的要求,但他们所强调的人性概念和世界观的要求,是用中古神学的方式来表现的。"

侯著又指出:"启蒙的历史必然使启蒙者的思想对过去作诅咒,并对将来作幻想,这样的思想是不调和的。不但如此,启蒙学者所使用的语言大都是古色古香的,他们爱好的是古代语言的形式,而想说出近代的内容,表里是极不一致的。……十七世纪的中国学者也类似这样。他们一方面几乎都善于运用经学和子学的古代语言,而推崇古代世界,但另一方面,又把过去历史和将来的历史割裂开来。例如颜元,一方面复古气味无以复加,另一方面，却把过去和将来用'文墨'世界和'实物'世界间隔起来，主观上要求'文衰而返于实'的世界。又如顾炎武，一方面高举着人所不能怀疑的'六经之旨'，他方面又提倡那断绝千古的'当世之务'。再如王夫之，虽然有进化观点，但一方面说'六经责我开生面'，他方面说'七尺从天乞活埋'，旧的和新的既和平共处，而又不共戴天。从这里可以看出，他们的历史观点的幼稚正反映着资本主义萌芽阶段的矛盾。"这种情况表明，"十七世纪中国学者们的思想，在中世纪长期的冬眠中，既有适应历史发展的进步的因素，又有受传统的思想所束缚的因素"，即具有矛盾的两重性。

梁启超将清代思潮的创新思路概括出一条规律："以复古为解放。"侯外庐声称依据马克思主义的观点方法，做出科学的总结，但也说启蒙学者"爱好古代语言的形成，而想说出近代的内容"，亦即从复古中寻求创新。对这个问题，他还与欧洲对比，并做出解释："为什么像欧洲的启蒙哲学要回到希腊，像中国的启蒙哲学要回到先秦呢？这自然是由于他们企图摆脱封建统治阶级的迫害，不得不托古改制，但更重要的原因却在于，在古代哲人的思想体系里，曾出现过后世的思想方法的胚胎形态。"他引用恩格斯的话说："在希腊哲学的多种多样的形式中，差不多可以找到以后各种观点的胚胎、萌芽。因此，如果理论自然科学想要追溯自己今天的一般原理发生和发展的历史，它也不得不回到希腊人那里去，而这种见解愈来愈为自己开拓了道路。"① 据此，他认为，中国的先秦哲学也类似于这样。中国的启蒙学者为了追求自己当时的一般命题，并为自己开拓道路，也就不自觉地回溯到古代中国的经学和子学。他列举顾炎武的"理学即经学"的命题、傅山的"五经皆王制"的命题、颜元的"性命之作用为诗书六艺"的命题、黄宗羲的"古者以天下为主，君为客"的命题等，都回到所谓"三代"的黄金世界，追求自己的当时的一般命题，这是进步的思想。由此，他得出结论说："这种情形也证明了一个特点，即思想史的变化，不是依存于基础而创造意识形态，而是依存于基础而改变过去的传统意识。"

---

① ［德］恩格斯：《自然辩证法》，人民出版社1955年版，第26页。

三

全面认同早期启蒙学术思想的有萧萐父、许苏民所著《明清启蒙学术流变》,这是继梁、侯之后,为中国早期启蒙思想做出较为完整的理论分析和概括的一部力作。

该书将明清启蒙学术划分为三个时期。

第一阶段:从明代嘉靖到崇祯,约16世纪30年代至17世纪40年代。这是中国社会的商品经济蓬勃发展、明王朝被迫实行一系列有利于资本主义萌芽生长的有限的改革和开放政策的阶段。这是中国早期启蒙学术蔚为壮观的发展阶段,更多地具有西方文艺复兴时期"人的重新发现"与"世界的重新发现"的特征。其主要特点可概括为抗议权威,冲破囚缚,立论尖新而不够成熟。这一时期的启蒙学术包括以李贽为代表的重新估定一切价值、呼唤个性解放的人文主义思想,以何心隐和东林党人为代表的"以友朋代君臣""以众论定国事"的初步平等观念与早期民主思想,以赵南星、冯应京、王徵为代表的"工商皆本"的经济思想,以朱载堉、徐光启、陈第等一批晚明科学家、历史考据学家所代表的科学的知性精神的觉醒。

这一时期思想领域的中心一环是"人的重新发现"的近代人文主义,以人文觉醒对抗伦理异化,崇真尚奇,蔚为风气,成为这一时期思想启蒙的主要特色。

第二阶段:从南明弘光、永历到清康熙、雍正,即17世纪40年代至18世纪30年代,这是中国资本主义萌芽在战火中备遭摧残而后又艰难恢复和发展的阶段,是清王朝重建专制主义的政治和文化统治的阶段。这是早期启蒙者"鸡鸣不已于风雨"的时期,新旧矛盾与民族矛盾复杂纠葛,使思想启蒙的中国特色特别显著。其主要特点可概括为深沉反思,推陈出新,致思周全而衡虑较多。就思想而言,有以黄宗羲、唐甄为代表的反对专制主义的政治思想和"工商皆本"的经济思想,以顾炎武、颜元为代表的经世致用的"实学"思想,以方以智、方中通、梅文鼎为代表的"缘数以寻理"的科学思想,以傅山为代表的个性解放思想等。这一时期的思想带有对晚明思想进行反思的性质。

这一时期思想史的中心环节是批判君主专制制度的初步民主思想。黄宗羲、唐甄等皆从个体出发肯定人的自然权利，批判专制主义，设计民主政治方案，以使人人"各得自私""各得自利""各得自为"为归宿。王夫之、吕留良等则从群体出发肯认人的自然权利（主要是生存权和发展权），反对"私天下"而主张"公天下"，以"保其族、卫其类"为归宿。他们的出发点和归宿虽各有不同，但一致认为国家是抽象的共名，"万民之忧乐""百姓之生死"才是具体的和高于一切的。他们的共同点则反映了早期自由主义者与早期乌托邦主义者共有的初步民主要求。

第三阶段：从清乾隆到道光二十年，即18世纪30年代到19世纪40年代，是资本主义萌芽获得较大发展，但又是清王朝实行闭关锁国政策、思想专制十分严酷的阶段。这一时期学术的主要特点可概括为执着追求、潜心开拓，身处回流而心游未来。这一时期启蒙思想的中心环节是学术独立和学术研究中的知性精神的发展，实有一种超越现实利害的纯粹求知务实的精神。戴震的重"心知""察分理"的知识论，袁枚对道统论的批判和要求史学、文学脱离道统的呼声，郑燮对于"学者当自树其帜"的呐喊，以及戴震和袁枚、俞正燮、龚自珍从尊重人类自然权利之公理出发对名教"杀人""吃人"，强迫妇女"节烈"，扭曲人性的伦理异化的批判等，都是知性精神在理性和感性层面上的表现。

萧著还认为早期启蒙学术的三大主题——个性解放的新道德、批判君主专制制度的初步民主思想、科学精神，均为中国近代学者所认同。如对黄宗羲的《明夷待访录》，梁启超认为是"对于三千年专制政治思想为极大胆的反抗"，谭嗣同则说是"三代以后"万不得一的最好的书，章太炎称黄宗羲为"立宪政体之师"。另到戊戌维新时期在道德观上与早期启蒙学术接轨。如严复为李贽等一批晚明的"名教罪人"鸣不平；谭嗣同痛斥"三纲五伦之惨祸烈毒"；梁启超作《新民说》，批判旧道德，提倡新道德，又在其学术史论著中充分肯定王夫之、费密、戴震等关于理欲关系的论说。此外，宋恕揭露礼教压迫妇女之惨祸、康广仁禁缠足等都与早期启蒙思想相呼应。往后到"五四"学者揭露礼教吃人，主张男女平等、婚恋自由、个性解放以及文学创作中的唯情主义等，都是早期启蒙思潮的延续。

萧著最后认为，从晚明到"五四"，历时300多年，中国的启蒙思潮经过漫长而曲折的发展，就其思想脉络的承启贯通而言，可视为一个同质的文化历程。由此可得到三点启示。

（1）从明嘉靖到清道光中的三个世纪，在我国社会发展史上是一个特殊的历史阶段，明清启蒙学术思潮正是这一历史时期思想文化的主流。中国走出中世纪、迈向现代化及其文化蜕变,是中国历史发展的产物;西学的传入起过引发的作用,但仅是外来的助因。

(2)从传统文化中衍变化生出的早期启蒙文化,衍生了现代化的新文化,这是一个自我发展又不断扬弃自身的历史过程。明清早期启蒙学术的萌动,作为中国传统文化转型的开端,乃是传统与现代化的历史结合点。

(3)中国近代的启蒙学者,既普遍接受西学,又充分肯定明清早期启蒙学术的地位,兼顾民族性与时代性的认同,鲜明地显示启蒙思潮的一贯性,同时表明人类文化固有的趋同性。

以上是论述和总结中国启蒙学术的历史地位和作用。

四

最近,我看到张芝联写的《关于启蒙运动的若干问题》①。文中谈到的问题比较广泛,先是说到20世纪60年代是欧美民主民权运动高涨的年代:启蒙运动在18世纪提出的天赋权利、自由平等、理性、人道等原则概念被认为是人类的共同遗产,应发扬光大。1967年由法、英、美等国学者发起成立"国际18世纪研究会",中国在1996年正式参加这个国际组织,至今已有30多个国家被吸收为会员国,会员有6000余人。张芝联因此有机会参加几次会议并做了发言,才提出这个问题讨论。

张文认为,历史证明启蒙运动是多样性的而不是单一性的进程,不是沿着一条道路前进,而是有多种启蒙运动在各处兴起和发展,各有其自身的特点与目标、手段与节奏。不仅俄罗斯不同于法国,英国与法国也大异其趣,甚至英格兰与苏格兰也差别很大,更别提中国、日本和土耳其了。

这样看来,要从正面给予启蒙运动一个统一的定义似乎存在相当大的困难,不如从反面加以界定,即把它作为一个挣脱、排除、批判一切人为在意识形态上妨碍政治、经济、社会、文化发展的枷锁和束缚的思想运动,其具体内容必然随各国的历史特点和文化政治背景的不同而异。

张文持这样的观点,对日本与中国,有种说法认为,到19世纪末叶至20世纪初叶才出现启蒙运动的苗头,可能不大同意,因为他对梁启超、侯

---

① 载《东方文化》2001年第6期。

外庐、萧萐父等人对启蒙思想的研究,似乎做肯定的叙述。

张文承认,早在19世纪末和20世纪初,以梁启超为代表的改革派曾对西方启蒙运动和思想家做过不少介绍,梁启超还第一个把明末清初的四大思想家(黄宗羲、顾炎武、王夫之、颜元)称为最早的启蒙学者。后来历史学家侯外庐著有《中国早期启蒙思想史》一书,进一步阐发中国启蒙运动的性质和特点。1995年出版《明清启蒙学术流变》(萧萐父、许苏民著)更系统地评述了从16世纪30年代到19世纪30年代这300年的中国启蒙思想演变史,从而突破了把启蒙运动局限于五四运动前后的传统观点。同时,研究五四运动这场所谓"典型的启蒙运动"的著作则更多,研究更深入,每隔十年举行一次的五四运动纪念会上都有新著推出。

张芝联在肯定梁、侯、萧、许等著作的同时,对中国启蒙运动提出总的看法,其在1999年7月在德国召开的18世纪启蒙运动研讨会上做了题为"中国的启蒙运动——事实与思考"的报告,提出把中国启蒙运动分为两个阶段的设想,即明末清初17世纪中到19世纪初为第一个阶段,称之为"内源时期",指未受外来影响的土生土长时期;19世纪中到20世纪中为第二阶段,称之为"外源时期",指受外来思想与强权冲击时期。人们过去往往重视乾嘉考据对学术的贡献,而忽视17世纪至18世纪杰出思想家对传统观念、习俗的批判以及他们在政法、经济、社会、学术方面的创见,他们的名字应该像孟德斯鸠、伏尔泰、卢梭、狄德罗那样为人所知,受到尊敬。

五

从上面几家研究中国启蒙思想的情况看,虽然论证角度和方法不同,但都承认17世纪中叶后,随着资本主义萌芽的产生,开始出现有"早期"启蒙思想,这两者可谓相辅而行,这种观点到今天似仍为学术界所认同。如最近报载"泰州学派"国际学术研讨会于日前在江苏泰州召开。来自中共中央党校、中国社会科学院、南京大学、台湾东华大学、香港孔教学院、美国亚洲大趋势研究所的80多位专家学者济济一堂,交流学术研究成果,探讨名贤创新精神。"泰州学派"产生于中国资本主义生产关系处于萌芽状态的明朝中后期,创新精神是其最大的闪光点。正是因为有这种创新精神,泰州才有了像王艮、施耐庵、郑板桥、梅兰芳这样的文化巨匠和新泰州的巨大变化。① 这也是承认中国的启蒙创新精神是伴随资本主义生产关系的萌芽才开始出现的。

对中外文化的关系，梁、侯二人都把中国早期启蒙思想与欧洲文艺复兴相比附。因为文艺复兴也打着复古的旗号开路，利用古人理性智慧的启发，去冲击中世纪蒙昧的神学殿堂，从而掀起一场反封建反神学的新文化运动。因此，从形式上看，欧洲的文艺复兴是复希腊、罗马之古，而实质上却在创资本主义之新。中国走向近代也出现社会转型，但没有转变成资本主义社会。康有为以托古改制来进行维新变法，虽然根据是传统文化，但君主立宪还是来自西方。后来，五四运动引进"德先生"和"赛先生"，而民主、科学也是西方近代社会的产物。中国由于没有完成近代社会的转型，所以哲学创新的思路多是走中西文化结合之路。中国传统文化最有影响的是儒家思想，走向近代就是要将儒学革新。到20世纪三四十年代，对这个思潮从不同角度和方位起过推动作用的有熊十力、贺麟、冯友兰等人。

熊十力对现代儒学思潮做出的贡献，虽然主要是承接发扬宋明理学的"内圣"心性论，但对"外王"学也有创新之处。如胡秋原指出："先生之学，盖以易经有科学，春秋有民主，周礼有社会主义。"所以说，熊十力是"欲以儒家思想为主，参与诸子，西洋思想，亦当和会，以为人类将来之需"。徐复观则认为，"熊的哲学思想，实归结于政治思想之上，此乃中国文化传统及所处时代使然"。又说熊先生特别彰显民之穷苦中的志气与品德，并对所谓"庶民史观"赋予历史以新的解释，还说，"他的政治思想是民主政治与社会主义的结合"。熊的老友梁漱溟后来写了篇《读熊著各书书后》的未刊手稿，认为熊在发掘孔子的"革命""民主""社会主义"的思想上，颇能自成其说，还认为熊是主张从世界各地不同文化和学术的比较上，而不是仅仅从儒家的立场上来把握儒学的特征和价值。

由上可见，熊是主张从内圣开出外王的科学、民主和社会主义。后来，港台地区新儒家，除社会主义不合当地政治需要不提之外，都认为孔孟之道能够开出科学与民主，而这一点20世纪50年代以后成为现代新儒家思潮创新的理论核心。作为思想路向应该承认是梁漱溟、熊十力他们所开创的，这亦是他们在推动现代新儒学思潮的发展中所起到的历史作用。

沿着梁、熊开创的路向，20世纪40年代在推动现代新儒学思潮的发展中，贺麟于1941年8月在《思想与时代》杂志上发表《儒家思想的新开

---

① 参见《光明日报》2001年11月24日相关报道。

展》。文中既对"新儒学"概念做出现代意义的诠释，同时对其内涵也做了系统的阐述。文中还断言新儒学是现代思潮的主流，要在社会上掀起一个"新儒学运动"。文中明确提出"以儒家思想为本体，以西洋文化为其用"的主张。这虽似是中体西用论的再版，但强调要把西方文化儒化、华化、中国化，这与把体用分成两截亦有所不同。贺麟当时对国粹主义和全盘西化持反对态度，这也是现代新儒家们的共同立场。他并不反对五四时期的新文化运动，认为只是"破坏和扫除儒家的僵化部分的躯壳的形式末节，及束缚个性的传统腐化部分，它并没有打倒孔孟的真精神、真意思、真学术，反而因其洗刷扫除的功夫，使得孔孟程朱的真面目更是显露出来"。据此，他把五四新文化运动看成促进儒家思想新发展的一大转机，这种观点当然不同于国粹派。至于全盘西化，他认为这样"中国将失掉文化上的自主权，而陷于文化上的殖民地"。贺麟将振兴民族与复兴民族文化联系起来，这种融会西方文化而以我为主，不忘维护民族尊严的精神，思想路向还是可取的。

贺麟在哲学上的创新倡导"新心学"，那是西方新黑格尔主义和中国陆王心学相结合的产物。与此同时还有冯友兰鼓吹的"新理学"。冯在抗战时期连续写了《新理学》《新事论》《新世训》《新原人》《新原道》《新知言》等书，称为"贞元六书"。他声明自己不是"照着讲"，而是"接着讲"，即从继承和发展程朱理学而来，因此将自己的哲学称为"新理学"。由于冯受过西方哲学方法论和逻辑学的训练，他所吸收的西方哲学，主要是用新实在论的逻辑分析方法，改铸中国传统哲学，把新实在论与程朱道学融合起来，建构一个新的形上学体系，这是通过研究方法进行思想体系的创新。

冯友兰的新理学强调要提高人的精神境界，以天地境界为最高层，认为"人不但应在社会中，堂堂地做一个人，亦应在宇宙间堂堂地做一个人"，这与梁漱溟、熊十力所追求的宇宙精神和人生境界可以说是殊途同归。

对中西文化的比较，冯友兰认为中国文化需要现代化，但不是全盘搬西洋的一套，他对近代崇洋思想提出过批评，如说，"相传有人以为美国的月亮比中国的月亮圆"，"此事实使我们知道，当时有许多人盲目地崇拜西洋人"，"这一部分人的贵远贱近，是由于他们的心理，是殖民地人的心理"。① 那么，怎样看中西文化的关系呢？他认为，"组织社会的道德是中国人所本有底，现在所须添加者是西洋的知识、技术、工业，则此话是可说底"。他提出，"若把中国近50年的活动，作一整个看，则在道德方面是继往，在知识、技术、工业方面是开来"②。这里说的继往开来，可能是后来港台地区新儒家提出"返本开新"的张本。

在20世纪50年代间，最为集中反映港台地区现代新儒学思潮观点的，可推《民主评论》与《再生》二杂志在1958年的元旦同时发表的《中国文化与世界》这一长篇论文。该文是由唐君毅与张君劢商议后起草初稿，再与徐复观、牟宗三"往复函商"后认定的。该文副标题为"我们对中国学术研究及中国文化与世界文化前途之共同认识"，并声称该文所要阐明的，"是我们对中国文化之过去与现在之基本认识及对其前途之展望，与今日中国及世界人士研究中国学术文化及中国问题应取的方向，并附及我们对世界文化的期望"。这篇宣言在中国儒学发展史上是有划时代意义的。

唐君毅等人在宣言中，一方面承认在"中国文化历史中，缺乏西方之近代民主制度之建立，与西方之科学，及现代之各种实用技术，致使中国未能真正的现代化工业化"；但另一方面又说，"不能承认中国之文化思想，没有民主思想之种子，其政治发展之内在要求，不倾向于民主制度之建立。亦不能承认中国文化是反科学的，自来即轻视科学实用技术的"。那么，民主思想之种子从何而来？宣言认为由于儒家肯定，"天下非一人之天下，并一贯相信在道德上，人皆可以为尧舜为贤圣，及民之所好好之，民之所恶恶之等来看，此中之天下为公、人格平等之思想，即为民主政治思想根源之所在，至少亦为民主政治思想之种子所在"。至于天下为公、人格平等之思想，何以发展为民主建国思想，是由于"以此思想之发展，必与君主制度相矛盾"，"如君主与人民在道德人格上，真正平等"，"则君主制度必然化为民主制度。故道德上之天下为公、人格平等之思想，必然当发展至民主制度之肯定"，并由是得出结论："民主宪政，亦即成为中国文化中之道德精神自身发展之所要求"，而"从中国历史文化之重道德主体之树立，即必当发展为政治上之民主制度"。这称为"返本开新"之论。

现代新儒学所标榜的是，既要保持中国传统文化的主导地位，又要以此为基础来融合、汇通西学，从而谋求实现现代化，这是梁、熊、贺、冯

---

① 《新事论》。
② 《新事论》。

等人所定下的基调,亦是现代新儒学之所以称为"新"的实际意义所在。

六

关于近现代中国哲学创新的历程,从本文上引的几家论述中可以得知其大概,对此我有以下认识和体会,也可以说是反思。

第一,从历史发展的影响来看,一个时期哲学创新的思路总是与社会历史变化发展的路向相辅而行,也可以说是与时俱进。中国封建社会延续了两千多年,到宋明时已走向下坡。明中叶后期在江南商品经济比较发达的地区,在纺织等少数行业中出现资本主义关系的萌芽,这就标志着封建社会有向近代转型的迹象。但是由于中国是个封建统一的大国,明代又是一个高度集权的专制王朝,虽然社会经济发展的客观趋势是难以回避的,明王朝也被迫实行有限的改革开放政策。同时仍然利用政权的力量对工商业者进行掠夺,禁止自由讲学和迫害所谓思想异端,如何心隐、李贽都被迫害致死,政治思想上的专制仍严重阻碍着社会的进步。

明清之际,"天崩地解",明清易代震撼着士大夫学子的心灵,黄宗羲、顾炎武等不免要对这场大变故进行反思。他们一方面认为晚明的学风只会空谈心性而并无实学,封建皇帝的专制淫威只是残害人民。由是天下者非一人之天下,而有德者归之。"天下兴亡,匹夫有责"这类传统箴言触发着他们的思考,但需要的是经世致用之才,不是那些"平时袖手谈心性,临危一死报君王"的愚忠人物。大臣出仕是为天下、为万民,而不是为一君一姓。这样反思的结果,黄宗羲写出了《明夷待访录》,并得到顾炎武的认同。他们虽然表面上是向往"三代",但对君主职、权、责的规定初步透露出近代政治体制的曙光。

明末清初,批判专制君权似乎成为一股浪潮,成为早期启蒙人物的核心思想。中国启蒙思潮和欧洲文艺复兴不同,他们说是复希腊、罗马之古,为的是反对中世纪宗教神学对思想的垄断,从而启发近代人文思想复兴,而在中国封建时代,皇帝之上没有教皇,王权之上没有最高的神权。中国是有个没有宗教组织的最高神,那就是"天",但皇帝是天子,是奉天承运、天命所归,所以打倒皇帝就是打倒天,哲学上是唯物主义。不过,当时还没有革命的民主共和思想,但黄宗羲的书,到梁启超搞维新变法时仍产生很大影响,他的创新作用可以说是超越前人了。

明清易代之际,批判君权给思想自由留下一点空间。但满人入主后,初期推行落后的经济政策,使资本主义萌芽一度受到摧折。后来经济虽有恢复,但政治上仍是个集权专制的封建王朝,思想文化严禁异端,甚至用各种借口大兴文字狱,于是顾炎武提倡的经世致用被转移到研读古书的功夫里去。在这样严酷的政治环境下,启蒙思想再不能直接批判君权,所以到戴震就转变创新思路,转而批判宋儒"理欲之辨"成为"忍而残杀之具"。封建统治者自以为合天理、顺人情,而戴震则指称:"无欲无为,又焉有理!"他通过理欲论批判封建社会尊卑贵贱的不平,从伦理启蒙通向政治启蒙,这种适应时势的创新当然需要哲学上的思考。哲学是时代精神的精华,戴震批判封建伦理是"以理杀人",在理论上是体现出创新的时代精神。往后到谭嗣同以至鲁迅等人,批判封建伦理是"吃人"的礼教,仍然是受到戴震思想的深远影响。

鸦片战争前后,由于国际形势的变化,一些想有点作为的臣僚和关心国事的人,如林则徐、魏源等人不能不开眼看世界。鸦片战争的失败,有识之士觉得应该学习西方,从"师夷长技"到逐渐认识西方政治体制的优越性,再到康有为提出变法维新,理论上的根据虽然是"托古改制",而事实上的借鉴是源自西方的君主立宪制度,具体例子是日本的"变政"取得成功。由于历史条件不同,康有为变法失败了,但他变法的理论似是有点"古为今用"与"洋为中用"的结合,也可以算是一种"综合创新"吧。

中国封建社会由于向近代转型并不彻底,因而启蒙思想的创新也不是段落分明。虽然张芝联有将中国启蒙运动分为两个阶段的设想,即分为"内源时期"和"外源时期",其实也并不那么绝对,并且毋宁说后一阶段,即鸦片战争后的一段,内源与外源即中外结合比较符合实际一些。如康有为之后,20世纪三四十年代的熊十力、贺麟、冯友兰,以至50年代后的港台地区现代新儒家,他们的哲学创新也多是沿着中外结合这条思路。

近几年,张岱年提出中国哲学发展要走"综合创新"之路。有学者解释是将马克思主义哲学、中国传统哲学和现代西方哲学,这三者进行良性互动并综合成为"新"的哲学,似乎还可以进一步研究。

第二,从逻辑推论的导向来看,一般认为中国传统哲学除先秦墨、名绝学外多缺乏逻辑思维,往往做无类比附的推论,如早期启蒙思想的黄宗羲,他拿"三代"与当时做古今对比,可能谈得有历史根据,但三代历史的真实性却众说纷纭,难以究诘清楚,所以黄氏拿来做古今对比,在很大程度上属于逻辑推论。

后期启蒙思想者康有为倡导有名的维新变法，以"孔子改制"和春秋公羊"三世"说为历史依托。其实孔子只是讲三代礼制有所损益，并无政体上的改制。公羊三世说只不过做历史进化的推论。康有为却拿来做维新变法的根据。他写的《大同书》，有人说是乌托邦思想，这种思想大概也不会凭空想出来，亦是从某些社会历史的传说中受到启发，再加以逻辑推衍的结果。日本"变政"当然是历史事实，但他不顾中日的历史条件不同，其实也只是逻辑推理的比附。维新变法是创新思想，但创新实践是失败了。

20世纪50年代后港台地区新儒家提出的"返本开新"，根据是"从中国历史文化之重道德主体之树立，即必当发展为政治上之民主制度"。"内圣"必然开出"外王"，这又是一种逻辑推理。树立道德主体是"本"，开创民主制度是"新"，实质上以道德文化决定论作为理论依据。这个问题学术界有争议，这种理想看来是不现实的，但作为对传统儒学的改造和扬弃来看也有创新之处。

冯友兰由于受过西方哲学方法论和逻辑学的训练，主要用新实在论的逻辑方法来改铸中国传统哲学，把新实在论与程朱道学融合起来，建立一个新的形而上学体系。他把自己的哲学称为"新理学"，这方面的创新似乎是比较成功的。最近，张立文在《超越与创新——20世纪朱子学研究的回顾与展望》①一文中说到他在《朱熹思想研究》中提出逻辑结构论是新方法、新结构。他还说，用"数字化方法，创造了虚拟空间，这种思维中介的变革，将使哲学领域引起革命变革"，"科技的革命，最终要推进哲学思维革命，哲学思维、思路的创新"。

《哲学研究》2001年第9期发表刘烈《今日哲学该如何?》一文。该文似乎不看重用抽象逻辑思维创新的现代西方哲学。作者说："西方哲学已经看不到人的存在了！他们侈谈'存在''认识''逻辑''科学'，将哲学的思想和实践完全分开，中国哲学中的孔子和老子的实践精神是值得西方学习的。"又说："西方哲学近二三百年以来的狂妄无知……他们如果以'行'作为重要的出发点之一，就不会那么的令人发噱了，也不会将西方的人文拱手让于资本而形成了真空人文世界。"据此他认为，"我们方面，则必须要更新'行'，在经济开放中中国'行'，在西方的新资本主义中'行'，在发展中国家的痛苦挣扎中'行'。我们需建立新的理论与自己的'行'，

---

① 载《中华文化论坛》2001年第1期。

建立与他人的'行'磨合而行的理论。我们正在走先哲走的和他们没有走的路"。他的结论是:"哲学必须从理性与行的精神分裂中脱出,先搞一点'为万世开太平'的东西出来。"

以上简单介绍近现代中国哲学创新的各种思路,看来没有一致意见,但值得我们反思。我认为,哲学不能没有抽象理论思维的概括,但也不能完全脱离实践,否则容易变成单纯的概念游戏。因为哲学总是反映人的思想,人的理论思维不是凭空产生的,是来源于实践并受实践所检验的,那种"看不到人的存在"的哲学是不能指导人生的。当然,在研究方法上可以创新,但研究方法现代化不等于可以把古人思想现代化,在 20 世纪 60 年代已经讨论过这个问题,如果创新把古人的思想超越为今人的思想,那就未必符合古人思想的原意了。

总之,在历史与逻辑、理论与实践关系的问题上,我还是主张要做到历史与逻辑的统一、理论与实践的统一,哲学创新仍然要遵循这项原则。这是我从近现代中国哲学创新历程的反思中得到的一点不算"创新"的体会。

民族文化能与现代社会接轨吗？
——传统文化与现代化问题的一点思考

中国传统文化是封建社会农业文明的产物，想与现代社会接轨有个时代差问题；中国传统文化又是中华民族精神文明的产物，具有自身民族文化的特色。怎样看文化民族性与时代性的关系，当前是一个有分歧且需要讨论的问题。

有人认为，讲文化多元主义以至东方主义，有阻碍中国现代化的危险。某些青年也说东方主义等话题与民族情结有密切关系，可能会重演以民族化压现代化的悲剧。这里所谓东方主义是指东方国家的民族文化，认为对现代化只能起"阻碍"和"压"的作用，得到的效果既属"危险"又是"悲剧"，可谓一无是处。

也有人认为讲中国本位文化论的人，有表露民族主义情绪之嫌，是维护文化专制主义，用以反对外来先进文化，从而阻碍中国文化的自我更新。

持上述观点的人不承认东方民族文化包括中华民族的传统文化是可以自行进入现代化，出路就得承认西方描绘的图式，承认自己的前现代性，从而自己融入世界的现代化进程。这种把东方文化的民族性与时代性对立起来的观点，我是不同意的，这是用凝固的偏见来看问题，即认为东方文化只能停留在"前现代性"，只能被排除在全球的"主流文化"（市场经济、民主、法制）之外，出路只能抛弃自身文化的民族性而投入西方文化的怀抱，即中国传统文化要与现代社会接轨只能全盘西化。

我之所以说这种观点有偏颇，是因为现代化的西方国家，各国文化都有它的民族性，如德国和法国的文化都保留有不同的民族特色，为什么东方文化的民族性却会阻碍现代化呢？要说主流文化的内涵是市场经济、民主和法制，这也非西方文化的专利品，某些西方国家可以先走一步，但东方国家也可以通过改革开放而与现代社会接轨。如我们的目标是要建成中国特色社会主义现代化国家，这里就有我们民族文化的特色。如果说只有东方国家的民族文化不能进入现代化，这只能是一种偏见。

提出中国本位文化，是否就必然反对外来先进文化？我看未必。因为每个国家的民族文化都有定位，无论是中国还是日本、朝鲜，都有它的文化定位。在中国，以"严华夷之辨"为借口抗拒接受外来先进文化的人是有的，如思想上的顽固派和国粹主义者。但1935年正式提出中国本位文化的十位教授，亦不能说他们都是反对外来先进文化，其实没有本位文化的只有殖民地，因为宗主国要推行文化殖民主义，但是收效并不大。如日本对台湾实行殖民统治多年，除培养出少量像李登辉那样具有"皇民情结"的人外，大多数台湾民众并不为日本文化所同化。

我认为文化具有民族性，与承认有中国本位文化，对吸取外来先进文化并不矛盾。本位文化是根，吸取外来先进文化是增加营养，不过这也有个选择问题，如西方的民主和人权观念，由于国情不同，民族文化的背景不同，有的东方国家就表示不能接受西方的观念，不能说这是和全球的所谓主流文化唱反调。

中国传统怎样和现代社会接轨，过去的提法有"古为今用""批判继承""弃其糟粕，取其精华"等，但都说得比较抽象，如何操作可能理解不同。我认为关键是个"用"字，通过实践检验其效果。如中国传统价值观讲义利关系，孔子讲"见利思义"，墨子讲"交相利"，董仲舒却说"正其谊不谋其利"，还有陈亮讲的"义利双行"。总的来说，陈亮的观点是可以和现代社会接轨，因为有成功的经验可以作证。如被称为"日本企业之父"的涩泽荣一提出"道德与经济合一"（即《论语》和算盘一致）的思想，以此构成其企业文化的核心。他一生创立了500多家近代企业，并取得成功。涩泽所讲的"道德与经济合一"，其实就是吸取我国传统价值观"义利双行"的精神，这是说明我国民族文化能够与现代社会接轨的例证，亦是说明东方文化同样可以走向现代化。

关于现代工业文明的道德建设问题，与古代农业文明比较，科学技术方面当然有明显进步，但道德的承传却比较容易接轨。如过去一个小商店，能够做到"货真价实，童叟无欺"，而"诚招天下客"亦为人所共识，现代一些大的经营方针能够取得成效似乎仍在继承这个传统。如曾宪梓说勤、俭、诚、信四个字，是他办金利来的指导思想。杨钊也说，他事业成功的经验是"信、勤、智慧"，他认为要解决精神问题，还是靠东方的智慧，而中华优秀传统文化就是东方智慧的结晶。他还热切地期待我们的国家、我们的民族将向世界贡献出一种涵盖东方文化神韵的物质与精神相一致的中国现代化。杨钊在香港是个青年企业家，他主张把东方智慧和西方先进技术有机地结合起来从事现代企业的管理,并且获得成功。这对研究中国传统文化与现代社会接轨问题,我认为应该可以得到启示。

(原载《粤台港澳文化交流研讨会论文集》,1995年版)

正确对待传统文化道德遗产和建设社会主义精神文明的关系

中国传统文化与现代化的关系,是大家普遍关心的问题。当此新旧体制变革的转折关头,在精神文化方面如何对待传统,以适应建设中国特色社会主义精神文明的需要,这是一个有现实意义的课题,值得认真研究。本文只是谈点探索意见,以供讨论。

一

我国传统思想文化的内涵是什么?一般多认为是以道德伦理为核心的儒家思想。当然,作为道德伦理观念,并非有了儒家才产生的,在我们这个文明古国中,可以说是源远流长。如早在原始社会中,当时还没有阶级剥削和压迫,所以道德的起源是在全体民族成员共同劳动中逐步形成的。原始道德是用以维护氏族和部落的共同利益,并依靠习惯和传统的力量,使之成为全体成员共同遵循的准则。关于我国原始社会的道德风貌,在先秦典籍中有一些追述。如《礼记·礼运》篇对"大同"世界的描绘,其中说到的公有观念和平等、互助观念,可以作为原始社会道德的基本特征。

从原始社会进入文明社会以后,由于社会分裂为对立的阶级,道德也就带上了阶级的性质。随着人类文明的发展,为各种不同阶级的道德做说明和辩护的伦理学说也就产生了。在阶级社会中,劳动人民由于被剥夺了学习文化知识的权利,所以不能把自己的道德观念加以系统化、理论化,形成完整的伦理学说。但是,从《墨子》和《太平经》等著作中还可以部分反映出当时劳动者的道德风貌。这些人包括奴隶、农民和下层小生产者,他们较多地继承原始社会的道德观念,以公有观念和平等观念来反对剥削与压迫,以互助观念团结自身力量与统治者做斗争。热爱劳动和勤劳俭朴更是我国历史上劳动人民的传统美德。我们今天讨论传统文化中的道德遗产问题,这一点应该给予足够的注意。

不过,在阶级社会中占统治地位的仍然是剥削阶级的道德观念和伦理思想。如在我国的殷、周奴隶社会里，奴隶主阶级的道德观念已经形成，但还没有完全从宗教、政治中分离出来，形成独立的伦理思想体系。在殷商的卜辞中已出现"德""礼""孝"等字，但还没有作为道德规范来使用。由于商人"尚鬼""尊神"，故商代的道德观念还是从属于宗教意识。到了西周，虽然周人还未能摆脱传统的天神崇拜和祖宗神崇拜，但已重视人的作用。如周初已出现"以德配天"的思想，甚至提出"皇天无亲，惟德是辅；民心无常，惟惠之怀"①。只有敬德保民，才能配天受命，自是把"有孝有德"作为"君子"必备的品格。而"君令臣共"的"德"和"父慈子孝"的"孝"，却又用以维护分别上下尊卑的"礼"，因而"礼"也具备了道德属性。由此可见，德、孝、礼作为道德规范使用，到周代已相当明确了。

春秋战国是我国古代社会大变动时期，基本上实现了由奴隶制向封建制的转变，学术思想上则出现"百家争鸣"的局面。孔子创立的儒家是一个建立以"人"学为中心的学派。他把"仁"作为处理人与人关系的基本准则，又是个人修身立命的根本。他阐发了仁、义、礼、智、孝、悌、忠、信等许多道德规范，从而建立起一个以"仁"为中心的伦理思想体系。儒家"序君臣父子之礼，列夫妇长幼之别"②，并提倡仁政、德治和礼教等一套，将道德规范与政治措施结合起来，形成儒家特有的政治伦理哲学。中国传统文化在很大程度上就是由儒家这套伦理哲学产生作用。

孔子之后，经过孟子、荀子、董仲舒到东汉初年成书的《白虎通义》，儒家的道德伦理观念越来越为稳定封建王朝的秩序服务。如突出"君为臣纲，父为子纲，夫为妻纲"，称之为"王道之三纲"，③ 从而把"忠""孝"作为社会伦理的基本规范，所谓"忠孝大节"就成为封建社会衡量人们道德的主要标准。董仲舒还依据孔、孟，把仁、义、礼、智、信列为"五常之道"，以此作为处理人际关系的基本道德准则。自是"三纲五常"便成为封建道德的核心，而所谓"纲常名教"在我国长期的封建社会中就成为占统治地位的伦理形态。

儒家的道德伦理观念到宋、明时发展得更加完备。宋儒创造了"天理"论，将封建纲常上升到宇宙观的高度，完成了道德伦理观念的哲理化。宋、

---

① 《尚书·蔡仲之命》。
② 《论六家要旨》。
③ 《春秋繁露·基义》。

明时期，无论是程、朱学派还是陆、王学派，都把"存天理，灭人欲"作为共同纲领。他们提倡要做所谓忠臣、孝子、节妇、义夫，凡是违反封建纲常的就被骂为伤天害理，在社会上为人所不齿。至于"灭人欲"，虽然一方面要求居上位的不要有过分纵欲行为，但更重要的一方面是反对劳动者要求改善生活的物质欲望。另外，地主阶级内部要求变法改革的主张，或是不满封建束缚而有点个性解放的思想，都被理学家们视为私欲而加以排斥。

宋明理学家虽然给封建纲常戴上了"天理"的神圣光环，但并不容许人们做理性思考。由于名教纲常的核心是维护封建等级制度，所以在"天理"面前也不是人人平等的。如朱熹公然主张在审理诉讼时先讲名分的上下尊卑，然后再管事理的是非曲直。所以实际上只有尊者、长者、贵者才有理，而卑者、幼者、贱者则无理可诉，清代戴震正是深刻揭露了这种不平等现象，从而发出"后儒以理杀人"①的慨叹。这是把对封建道德的批判提到一个新的高度。后来谭嗣同也指出"数千年来，三纲五伦之惨祸烈毒，由是酷焉矣"②，即认为封建名教为祸是非常酷烈的。鲁迅则干脆揭开仁义道德的画皮，斥其本质就是"吃人"，这是对封建旧礼教做出的最深刻的批判。

二

上面列举了中国传统文化中道德伦理观念的发展过程及其在历史上发挥过的主要功能。由此我们不难看出，五四运动时提出"打倒孔家店"的口号就不是偶然的了。但传统的道德是否就一无是处呢？看来也非如此。如孔子的"仁"学，固然有维护君臣父子等级制度的一面；但从处理人际关系而言，他提出要正己正人。所谓"修己以安人""修己以安百姓"，③"其身正，不令而行；其身不正，虽令不从"④，这就是先要以身作则，才能

---

① 《与某书》。
② 《谭嗣同全集》。
③ 《论语·宪问》。
④ 《论语·子路》。

带动他人。这种思想成为儒家政治伦理哲学的重要组成部分,到今天仍有它的积极意义。

根据上述原则,孔子提出"夫仁者,己欲立而立人,己欲达而达人"①,"己所不欲,勿施于人"②。处理人我关系时,则要"躬自厚而薄责于人"③,这些都体现平等待人的思想。孔子对人格的完善、道德的修养,在要求上是人人平等的,即如正己正人、立己立人、达己达人,这是对任何人都适用的普遍命题,并没有高低贵贱之分。儒家讲自天子以至庶人,都要以修身为本,这样要求应该是合理的。

孟子、荀子继承和发挥孔子这方面的思想。孟子在修身问题上,提出"行有不得者,皆反求诸己,其身正而天下归之"④。他对士的要求:"得志,泽加于民;不得志,修身见于世。穷则独善其身,达则兼善天下。"⑤ 他与齐宣王对话,主张"老吾老,以及人之老;幼吾幼,以及人之幼",能做到这一点,就"天下可运于掌"。⑥ 这里仍然是发挥正己正人、推己及人的思想,同时推广到政治上的运用。

荀子也强调"正己"和"修身",但特别要求居上位者以身作则,因为"主者,民之唱也;上者,下之仪也","上公正则下易直矣"。⑦ 这是从上行下效的角度着眼,否则上梁不正就会下梁歪。荀子还提出"庶人安政,然后君子安位"的论点,并引《传》曰:"君者舟也;庶人者,水也。水则载舟,水则覆舟。"⑧ 这是说,为君的能做人民表率,人民安定了,君主才能坐稳自己的位置,否则就会有"覆舟"之祸。这是从正反两方面说明正己正人的重要性。

上面儒家所讲的正己正人、推己及人,固然有为统治者打算的味道,但也可以从反面看出一点,做臣民的不单纯是君主的奴才。如为君不正,臣下也可以采取行动,像桀、纣一类就不被承认是君主。孟子说:"闻诛一夫纣矣,未闻弑君也。"⑨ 荀子也说:"桀纣者,民之怨贼也。""诛暴国之

---

① 《论语·雍也》。
② 《论语·卫灵公》。
③ 《论语·卫灵公》。
④ 《孟子·离娄上》。
⑤ 《孟子·尽心上》。
⑥ 《孟子·梁惠王上》。
⑦ 《荀子·正论》。
⑧ 《荀子·王制》。
⑨ 《孟子·梁惠王下》。

君若诛独夫。"① 据此还发挥说："夺然后义，杀然后仁，上下易位然后贞……汤武是也。"② 孟、荀将暴君比之独夫民贼，称赞汤武革命的上下易位。这里虽然没有反对君主制度，但儒家主张天下者非一人之天下也，唯有德者居之，这种思想也应该是可取的。

儒家称赞汤武革命，那是比较特殊的例子，但在一般情况下，他们还是有君臣对等思想和主张进退出处有相对的自由。如孔子提出要"君使臣以礼"，才"臣事君以忠"③。孟子则说得更清楚，"君之视臣如手足，则臣视君如腹心""君之视臣如土芥，则臣视君如寇仇"④。这样君臣关系虽然不是平等，但臣子对君主，却是可以采取投桃报李或者以牙还牙的态度，也可以消极地不予合作。如孔子就讲"以道事君，不可则止"⑤，又说："天下有道则见，无道则隐。"⑥ 孟子对齐、梁的国君，也是合则留，不合则去。看来儒家对以臣事君，从言论到行动上都有相对自由。其后荀子提出"从道不从君"⑦，对无道之君不予侍奉。甚至到宋代程颐也说："大人当否，则以道自处，岂肯枉己屈道，承顺于上。"⑧ 明末黄宗羲则明确提出大臣出仕，是"为天下，非为君也；为万民，非为一姓也"。他把君臣共治天下，比喻为共同拉木头的人，是合作共事的关系，而不是做君主的"仆妾"，所以他说："吾无天下之责，则吾在君为路人。""以天下为事，则君之师友也。"⑨ 这里就是发挥了先秦儒家君臣对等和从道不从君的思想。

这里有一个问题：儒家的道德伦理能不能培养出有独立人格精神的人？当前有一种观点，认为儒家所倡导的伦理道德，由三纲五常构成一个完整的关系网，其中没有个人的独立价值和地位，即每个人只是当作一个从属物而存在，这样将人变成道德的工具，使人不成其为人。所以，儒家无论主张性善还是性恶，其归宿都是要实现社会群体对个人的约束，强调的只是个人义务而不是个人价值。据此有人认为从人格角度看，只能形成"自我萎缩型人格"，个人的价值和人格的独立尊严无法得到实现。

---

① 《荀子·正论》。
② 《荀子·臣道》。
③ 《论语·八佾》。
④ 《孟子·离娄下》。
⑤ 《论语·先进》。
⑥ 《论语·泰伯》。
⑦ 《荀子·臣道》。
⑧ 《二程集·伊川易传》。
⑨ 《明夷待访录·原臣》。

正确对待传统文化道德遗产和建设社会主义精神文明的关系

我认为在君主专制政体和封建等级制度的历史条件下,要讲个人独立人格只能从相对的意义上来理解。其实儒家并非完全不讲个人的独立意志,如孔子就说过:"三军可夺帅也,匹夫不可夺志也。"① 孟子则更加以发挥,说:"居天下之广居,立天下之正位,行天下之大道。得志,与民由之;不得志,独行其道。富贵不能淫,贫贱不能移,威武不能屈,此之谓大丈夫。"② 孔、孟还讲可以不惜牺牲性命以成仁取义。我认为这里所强调的就是独立人格精神。当然,所谓仁义也是以封建道德为标准,如文天祥的成仁就义就摆脱不了忠君思想。不过,一个人在生死荣辱之间、出处辞受之际,在选择时完全没有个人独立意志在起作用,也是说不过去的。

三

从上面两部分的论述中,对传统文化的儒家道德遗产,我们应当如何评价?对建设现代化的社会主义精神文明,又能得到什么样的启示?这是值得深入研究的问题。

40年来,我国的社会主义建设不能说没有成绩,但也确实有失误。从精神文明的建设来说,过去有时提出的口号是脱离实际的,有的则徒具形式走过场,因而收效不大。

近几年来,随着改革开放和商品经济的发展,人们的价值观念改变了。现在各行各业都在讲究经济效益,连学校与研究所也要搞有偿劳动和创收。既然对社会做出贡献,获取报酬当然是应该的。过去儒家讲重义轻利,这种价值观念确实不能适应商品经济的发展,而应该加以改变,但是也不能走向极端。据报载,有的人见小孩子溺水,得不到要求的钱时就见死不救。这类思想和行为,难道能说是符合等价交换这一商品经济的价值观念吗?

所以,从义利的关系来看,"重义轻利"的儒家传统固然不对,但也不能"见利忘义",甚至为个人私利而"多行不义"。经商固然要赚钱,但也不能不讲职业道德。否则只知唯利是图,一切向钱看,对社会主义精神文明建设就会起消极作用。因而,义利之辨不能各走一端,义利双行,才是

---

① 《论语·子罕》。
② 《孟子·滕文公下》。

持平之论。

目前社会上还有一种突出的现象就是以权谋私,这与传统的思想文化以至道德伦理有没有关系呢?我认为与儒家传统的尊尊、亲亲观念有关。在封建等级制度下,权力是按官位的高低分配的,官与民是"牧民"的关系,像管理牛羊一样,说好听一点是为民做主,但这个"主"却是官而不是民。虽然古代也有人将县令称为"父母官",知府称为"公祖",而民是"子民",官民比喻为一家人,但在中国古代家国同构的政治体制中,君父一样是统治者。推翻清王朝以后,换上了"民国"招牌,做官的有称为"公仆",但实际上主仆的地位是颠倒的。中华人民共和国成立以后,我们确立各级人民代表大会为中央到地方的权力机关,并规定各级人民政府的干部都要做人民的勤务员。当然,真正为人民服务的干部是有的,但不同程度以权谋私的人也不少,关键还是因为做官的才有权。据报载,洛阳市某区委书记横行霸道,被称为"小国之君";而有的群众却称我们的领导人为"青天",希望能为民做主。可见这里"尊尊"的观念并没有彻底改变,原因是我们做官的不论是好是坏,手中都有权,而权力正是一些人谋私的资本。

说到谋私,在通常情况下,好像说的"私"是个人,但在我们的社会中,"亲亲"的观念不容忽视。因为这些以权谋私的人不是只为他个人,而多是着眼于子女、儿孙以至有关亲属。在现代西方国家,青年喜欢独立奋斗,以依靠父母为耻,并已形成社会风气;而我们的青年,却多以炫耀家庭权势为荣,而社会上流传的"学会数理化,不如有个好爸爸",似乎成为社会的通则。这也可以说是亲亲观念带来的流毒。

要克服以权谋私的痼疾,当然可以用加强民主与法制的办法来整治。但从道德伦理的角度来考虑,我们绝不能损公肥私和损人利己,这是各行各业都应该有的职业道德。身居官位的,也不能要别人廉洁奉公,而自己却以权谋私,否则就会为人们所鄙弃。现在有些领导之所以没有威信,言行不一是一个重要原因。治理的方法可以回到好传统的一面,就是要做到正己正人,以身作则。范仲淹还提出,要"先天下之忧而忧,后天下之乐而乐",这在道德精神上达到更高一层境界。现在我们常说,共产党员要吃苦在前,享乐在后,要起先锋模范作用。我认为这种要求与正己正人的传统道德精神是一致的。另外,儒家还主张要"慎独"和"不欺暗室",即在无人监督的情况下也不做坏事,在任何情况下做到诚信无欺,这种自觉的道德修养、这种精神到今天也应该吸取。

正确对待传统文化道德遗产和建设社会主义精神文明的关系

对亲亲观念,我前面对其消极方面的影响曾给予批评,但作为传统的从家庭到社会的道德伦理,经过扬弃和补充新的内容,到今天还是可以适用的。如封建时代提出的父慈子孝、兄友弟恭、夫义妇顺等要求,我们当然不能照搬,但从家庭里父子中长幼的关系来看,尊老爱幼,在现代社会中还是应该提倡的。作为兄弟,彼此间也应友好相处。至于夫妇,当然反对夫为妻纲和要妇女片面守贞的封建道德;但双方也要互助互让,做到爱情专一,不要受什么性解放之类的腐朽生活方式的影响,也不要做破坏别人家庭幸福的第三者,这是缺乏社会公德的行为。我认为对传统儒学中,凡是有利于稳定家庭和社会秩序,有利于创造和谐的生活环境,能用群体道德来调节好人际关系的,所有这些思想因素,在剔除其中的封建糟粕后,还是可以发扬的。我们建设社会主义精神文明也需要有更多的和睦家庭,如尊敬父母、教育子女、和睦邻里、守望相助、疾病相扶之类的传统美德,还是应该提倡的。当然对那些一心为子女营造安乐窝,甚至扩大到亲朋好友,还有什么老上级、老同事、老战友、同乡、同学等,你来我往,互相包庇掩护,这种不正之风就应该坚决反对,并要划清"邪"与"正"两种社会道德风气的界线。

还有关于气节问题。封建性的成仁取义应当扬弃,但爱国的民族气节应当保存。现在提倡对外开放,引进国外的先进设备当然是必要的,但有些人认为什么东西都是外国的好。如蛇口有位青年说:深圳的特色就是外国的特色!它的建筑,它的街道,它的城市构造,它的企业经营方式,完全和外国一样。对报上宣传说什么深圳走的是中国特色社会主义道路,表示非常反感。也有人认为在目前开放的主题下,没有一点外国的东西是落后的表现。当然,作为经济特区的小青年,有点"崇洋"思想并不奇怪,但颇令人奇怪的是,我们有些由国家经营的宾馆和友谊商店,却不许中国人进入,这与中华人民共和国成立以前租界内挂着"华人与狗不得进入"的招牌的公园,又有什么区别呢?香港企业家霍英东在广州筹办白天鹅宾馆,就主张大开方便之门,他的观点是"先有人气,后有财气"。如果在中国的土地上办企业,却将中国人拒之门外,怎么能发财呢?"先有人气,后有财气",这种思想才是符合商品经济的价值观念,而我们某些官商的决策者,对商品经济是真的不懂,还是媚外的洋奴思想在作怪,才干出这种有损国格、人格的蠢事,那只有他们自己才知道。

总之,为了促进我国社会主义精神文明的建设,需要正确对待传统思想文化中的道德遗产,要分析其中矛盾的两重性,如义利关系、公私关系、

· 289 ·

群体与个体关系、理想与现实关系等，都要进行正确处理。既要适应商品经济发展的需要，也要提倡社会主义公德和献身精神。中国科学技术协会这几年来倡导了"献身、创新、求实、协作"的科学精神和职业道德，并开展了"讲理想、比贡献"的竞赛活动，认为这对整个社会的精神文明建设发生了良好的影响。我觉得这对提高全民族的道德水平也应该有所帮助。

[原载《中山大学学报》（哲学社会科学版）1990年第1期]

中国民族文化向何处去？

——兼论多元民族文化与世界文化的关系

这些年来，随着改革开放和对外进行经济文化交流，其中经济活动应该按"国际惯例"办事，似已为人们所共识，但在文化领域能否这样，有人心存疑虑。但是，随着世界市场的形成和发展，世界各国的经济逐步进入一体化阶段，这时有没有形成共同的时代精神？答案又似乎应该予以肯定。但由于文化有不同民族性的特点，走向世界的趋势是不会变的，可是如何走向却有很大的意见分歧，并且多年来都没有解决。这里还牵涉到中国文化将来在世界文化中的地位和作用问题。本文只是提点个人意见，以供讨论。

一

中国民族文化如何走向世界？大概在近代史上才开始出现这个问题。鸦片战争的失败，西方列强的入侵，开始打破清王朝闭关锁国的迷梦。在这种被迫开放的情势下，除那些仍要"严华夷之辨"的顽固派外，一些有识之士不能不开眼看世界。不过当时只看到敌人的坚船利炮，感到自己技不如人。为了对抗敌人，林则徐委托魏源编的《海国图志》提出"师夷长技以制夷"[①]的战略决策。但严格说这算不上是文化开放，当然更谈不上走向世界，不过比那些顽固派和投降派还是要胜一筹，虽然是被迫，但还是打开了一面开放的窗户。

也许是沿着这条思路，后来洋务派也开始学习西方，它办了一些工厂和学堂，修了铁路和煤矿，设立了电报和轮船公司，但重点还是引进一些坚船利炮，但由于无习战之方，后在甲午战争中一败涂地，落得个"有器

---

① 《海国图志·叙》。

无人终委敌"的可悲下场,这对师夷长技的理解更为片面了。

清政府由于坚持宗法封建专制的统治,所以在物质文化层面,师夷长技还容许引进一些,但到制度文化层面就不行了。鸦片战争的失败,只是承认军工技术不如人,但仍自诩为文明礼仪之邦,而认为外夷则不识教化,士大夫中具有这种心态的还相当普遍。如1861年(咸丰十一年)冯桂芬撰写《校邠庐抗议》,在提出"采西学""制洋器"时,就明确主张要以"中国之伦常名教为原本,辅以诸国富强之术"。薛福成也说要"取西人器数之学,以卫吾尧舜禹汤文武周孔之道,俾西人不敢蔑视中华"。他还进一步提出:"吾知尧舜禹汤文武周孔复生,未始不有事乎此,而其道亦必渐被乎八荒,是乃所谓用夏变夷者也。"①

以上魏源、冯桂芬、薛福成等人的思想理路,开始是想学习西方的军事技术以抵抗外来的侵略,进而想用西方的科学技术来维护中国的伦理纲常,这可称之为"变器卫道";再进则想用周孔之道来同化外邦,即所谓"用夏变夷"。从中外经济文化交流的角度来看,物质层面如科学技术的引进在一定程度和范围内,中国是可以接受的;但牵涉到政治以至精神文化方面,中国固有的伦理纲常就不容许外来文化的干扰了。如太平天国运动初期,按照基督教义,宣传在上帝面前人人平等,其实起义队伍本身并没有完全做到。但曾国藩已感到不能容忍,认为是"举中国数千年礼义人伦、诗书典则,一旦扫地荡尽","乃开辟以来名教之奇变,我孔子、孟子之所痛哭于九原"。② 张之洞写《劝学篇》,强调说:"三纲为中国神圣相传之至教,礼政之原本,人禽之大防。""五伦之要,百行之原,相传数千年,更无异义,圣人所以为圣人,中国所以为中国,实在于此。"对来自西方的则谓"民权之说,无一益而有百害",认为"民权之说一倡,愚民必喜,乱民必作,纲纪不行,大乱四起"。当时持这种观点的人,也是同声责难,如说什么"权既下移,国谁与治?民可自主,君亦何为?是率天下而乱也。平等之说,蔑弃人伦,不能自行,而顾以立教,真悖谬之尤者"。③ 对西方传来的民权、平等之说,可谓深恶痛绝。

张之洞把封建纲常作为立国的根本而称之为"体",而外来科技可作富强之资故谓之"用"。他在1898年(光绪二十四年)的奏折中提出:"以中

---

① 〔清〕薛福成:《筹洋刍议·变法》。
② 〔清〕曾国藩:《讨粤匪檄》。
③ 〔清〕苏舆辑:《翼教丛编》卷五。

国（学）为体，以西学为用，既免迂陋无用之讥，亦杜离经叛道之弊。"这就是有名的"中体西用"论。其用意正如辜鸿铭所指出："文襄之效西法，非慕欧化也；文襄之图富强，志不在富强也。盖欲借富强以保中国，保中国即所以保名教。"①

曾国藩、张之洞等人推行的洋务运动，对外战争虽然失败，但内政方面得到某些论者的肯定。如有篇文章认为，"由开明帝王和士大夫推动的同（治）光（绪）中兴乃是当时历史条件下进行现代化努力的正确选择"②，另有篇文章也肯定曾国藩等"富有生机的汉族地主阶级掌握了实权，这对中国近代化的起动具有重大意义"③。因此，曾国藩也被称赞为中国近代化的先驱。

上面提到，曾国藩、张之洞都是要维护封建纲常的专制政体不变的，何以说他们能促进中国近代化的发展？做这种评价的论者显然是从物质层面着眼，因为洋务派是办了一些近代装备的工业和邮电水陆等交通事业。不过，只靠物质文化的引进是不能实现近代化的。没有政治体制的转型和思想文化的更新，要实现近代化或现代化都是不可能的。从晚清当时的情况看，中国政治体制可能有三种选择：一是清王朝正在实行的宗法封建制度，二是康、梁领导变法要实现的君主立宪制，三是孙中山领导革命要求的民主共和制。现在学术界有一种观点认为孙中山领导的辛亥革命是搞糟了。说清朝虽然腐朽，但可以通过立宪派的改良来迫着它迈上现代化；而革命却必然军阀混战，所以说"革命"在中国并不一定是好事情。④ 对革命的好坏可以另外讨论，但说可以通过立宪派的改良来迫使清朝迈上现代化，历史事实证明并不成功，因为康梁立宪派的改良是失败了。

这里也许有人会说戊戌政变后经过义和团运动和八国联军侵占北京的事变，慈禧不是也主张变法和推行新政吗？有学者认为1890年以后，清帝国文化教育、经济、政治等方面都在进行改革，不同意孙中山说这些改革是"骗人的具文"。其实所谓晚清新政，是否真能改革宗法封建专制制度，从光绪二十六年十二月十日（1901年1月29日）清廷发布的上谕中就看得

---

① 辜鸿铭：《张文襄幕府纪闻》。
② 陈明：《中体西用：启蒙与救亡之外——中国文化在近代的展现（上）》，见《原道》（第1辑），中国社会科学出版社1994年版，第11页。
③ 辛岩：《无本者竭，有本者昌——湘军、太平军与文化传统》，见《原道》（第1辑），中国社会科学出版社1994年版，第57页。
④ 李泽厚、王德胜：《关于文化现状、道德重建的对话》，载《东方》1994年第5、6期。

很清楚。这里一边说:"法积则敝,法敝则更,要归于强国利民而已。""取外国之长,乃可补中国之短;惩前事之失,乃可作后事之师。""事穷则变,安危强弱全系于斯。"① 这里变法的大道理讲得还是不错的。另一边却又不忘问罪康有为,说"康逆之谈新法,乃乱法也,非变法也"。理由是"世有万古不易之常经,无一成不变之治法"。"不易者三纲五常,昭然如日星之照世。而可变者令甲令乙,不妨如琴瑟之改弦。"② 这里就暴露了所谓行新政的本来面目。三纲五常作为宗法封建专制制度的根本是不能变的,可变的只是某些方法或一些具体的规章条例。当时对康、梁不过用和平手段来推行君主立宪尚不肯放过,更谈不上引进西方的民主制度。所谓取外国之长,如废科举、兴学堂,或制订公司章程,等等,这都没有触动专制统治的根本。有学者认为鸦片战争后到清末,有几次实现现代化的机会,但由于统治集团愚昧无知不思改革而白白丢掉了。统治集团之所以愚昧无知,并不是因为缺乏文化知识。他们坚持用维护封建专制的纲常名教作为立国的根本,而不愿接受民主、民权等西方现代文化,这是由他们自身的利益所决定的。

二

辛亥革命推翻了清王朝,成立中华民国,从理论上来说已经建立了民主共和制度。但由于以孙中山为首的民主革命派没有掌握实权,而别有用心的袁世凯却由当上总统再上演帝制自为的丑剧。接着又是张勋上演复辟闹剧,北洋军阀混战。虽然当时还打着民国的招牌,其实已成为封建割据势力,在思想领域占统治地位的也还是封建思想。如袁世凯在称帝前已经提倡祭天祭孔,并且通令全国恢复"尊孔读经"。一些前清遗老也纷起组织"尊孔会""孔教会",提倡以"孔教"为"国教",鼓吹封建主义的纲常名教,诋毁民主共和以至平等自由的观念。这种逆时代的思潮是和袁世凯称帝、张勋复辟相呼应的,同时也有利于封建军阀的统治。

值得注意的是,孔子思想是怎样被后世利用的问题。以康有为为例,

---

① 故宫博物院明清档案部编:《义和团档案史料》,中华书局1959年版,第914-916页。
② 故宫博物院明清档案部编:《义和团档案史料》,中华书局1959年版,第914-916页。

他要进行变法时孔子被打扮成改革家,他参与张勋复辟时孔子又成为保皇派。五四运动时提出"打倒孔家店",这指的是封建时代的圣人孔子,即后来被封建统治者利用的儒学,和孔子思想的原型也是有区别的。

以《新青年》为代表的五四新文化运动,举起民主和科学的旗帜,宣传民主主义的新思想、新道德、新文化,这要进一步从制度层面和思想观念上来学习西方。如陈独秀提出:"欲建设西洋式之新国家,组织西洋式之新社会,以求适今世之生存,则根本问题,不可不首先输入西洋式社会国家之基础,所谓平等人权之新信仰,对于与此新社会新国家新信仰不可相容之孔教,不可不有彻底之觉悟,猛勇之决心;否则不塞不流,不止不行。"①

这里从学习西方到建设西洋式之新国家,已经进入制度文化的层面;对平等人权之信仰,则是进入思想观念层面了;对维护封建伦理纲常的孔教,则是作为对立面而予以否定。

五四运动前后,中国知识分子在接受西方民主与科学的同时,由于1917年俄国十月革命的胜利,传来了马克思主义。当时《新青年》主要撰稿人李大钊、陈独秀先后表示接受,还带动毛泽东、周恩来、蔡和森、邓中夏、恽代英等一班青年知识分子。马克思主义的传入,为中国社会增添了一个新的时代思潮。

在倡言西化和马克思主义思想传入中国的情况下,传统儒学受到很大的冲击,但也有学者为之辩护。梁漱溟在1922年出版的《东西文化及其哲学》,可以算是这个时期的代表作。梁本人声言"这书的思想差不多是归宗儒家",任务是把中国人和西洋人导向"至美至好的孔子路上来",②但他也批评孔子和宋儒。如说:"孔子不但耽误了中国的科学,并且耽误了中国的德谟克拉西(民主)。"又说:"自宋以来,种种偏激之思想,固执之教条,辗转相传而益厉,所加于社会人生的无理压迫,盖已多矣。"③他还指出:"中国文化最大之偏失,就在个人永不被发现这一点上,一个人简直没有站在自己立场说话机会,多少感情要求被压抑被抹杀。"④相反,他承认"西方文化有两样特长……一个便是科学的方法,一个便是人的个性申展,社会性发达"⑤。他认为这两大特长,中国无法与西方相比。对于民主与科学

---

① 陈独秀:《宪法与孔教》,载《新青年》第二卷第三号,1916年11月1日。
② 梁漱溟:《东西文化及其哲学》第八版自序,上海书店1989年版。
③ 梁漱溟:《东西文化及其哲学》,上海书店1989年版,第150页。
④ 梁漱溟:《中国文化要义》,学林出版社1987年版,第259页。
⑤ 梁漱溟:《东西文化及其哲学》,上海书店1989年版,第21页。

则肯定"这两种精神完全是对的,只能为无批评无条件的承认"①。

梁漱溟的中西文化观发表后,受到各方面的指责。国粹派不满意他批评孔子和宋儒,西化派和马克思主义者在社会发展道路上与他有根本分歧。他宣称,"我们政治上的第一个不通的路——欧洲近代民主政治的路""我们政治上第二个不通的路——俄国共产党发明的路"。②

梁漱溟认为中国不同于欧洲和俄国,是一个伦理本位、职业分途的社会。对改造中国社会,他提出要走乡村文明之路,"要使经济上的'富'政治上的'权'综操于社会,分操于人人"③。即要把中国建设成一个在儒家伦理覆盖下,充满人情味、理性与和谐的社会。他看到帝国主义战争所暴露的人类文明的危机,认为西方物质文明已趋破产,东方精神文明将重起而代之,所以得出结论说:"世界未来文化就是中国文化的复兴,有似希腊文化在近世的复兴那样。"④

这里可以回顾前述薛福成的论调,想用周孔之道"被乎八荒"来"用夏变夷"。这是想用中国的封建文化来同化西方的资本主义文明,这只是一厢情愿的妄想。梁漱溟与此不同,他承认孔子和宋儒思想的失误,对科学与民主,说"引进这两种精神实在是当今所急"⑤,但他又想用所谓东方精神文明来代替西方物质文明,说明他自身思想也有矛盾。虽然他的用意是想补救西方物质文化带来的弊病,但由此推论出世界未来文化就是中国文化的复兴,就带有东方文化救世论的味道了。

从五四运动前后到1949年,中国大体上出现三种文化思潮。其中一种由学习西方导致的自由主义西化派,但各人提法稍有不同。如陈序经提出"全盘西化",认为文化是整体不可分的,并把西化与现代化之间画上等号。⑥胡适后来想避免用"全盘"二字,认为用"充分西化"和"充分世界化"表述更为恰当。⑦张佛泉则主张"根本西化",对枝节问题认为可以不用讨论。⑧还有张熙若提出"我们今日大部分的事物都应该'西化',一

---

① 梁漱溟:《东西文化及其哲学》,上海书店1989年版,第206页。
② 梁漱溟:《中国民族自救运动之最后觉悟》,中华书局1933年版,第117、163页。
③ 梁漱溟:《中国民族自救运动之最后觉悟》,中华书局1933年版,第248页。
④ 梁漱溟:《东西文化及其哲学》,上海书店1989年版,第199页。
⑤ 梁漱溟:《东西文化及其哲学》,上海书店1989年版,第206页。
⑥ 陈序经:《全盘西化的辩护》,载《独立评论》1935年第160号。
⑦ 胡适:《充分世界化与全盘西化》,载《大公报》1935年6月23日。
⑧ 张佛泉:《西化问题之批判》,载《国闻周报》1935年第12卷第12期。

切都应该'现代化'"①。

与自由主义西化派对立的可称之为中国本位文化派。1935年1月10日,王新命等10位教授发表了《中国本位文化建设宣言》,宣称"中国在文化的领域中是消失了,中国政治的形态、社会的组织和思想的内容与形式,已经失去了它的特征。由这没有特征的政治、社会和思想所化育的人民,也渐渐的不能算得中国人"。但在胡适等西化论者看来,中国的现实不是文化失去特征,而是"中国的旧文化的惰性实在大的可怕,我们正可以不必替'中国本位'担忧",并进一步指出所谓"'中国本位的文化建设'正是'中学为体西学为用'的最新式的化装出现"。②王新命则指责全盘西化"就是中国固有的文化,纵有可存,也不应存,西方文化,纵有可舍,也不应舍"③,即完全投靠西方,搞的是民族文化虚无主义。

至于马克思主义传入后所产生的社会思潮和思想流派,并没有过多参与中西文化优劣之类的学术论争,而是和反帝反封建的群众运动相结合,终于完成了领导新民主主义革命胜利的历史使命。

三

1949年后,中国境内文化思潮出现一些变化。有文章认为值得研究的是:马列主义成为中国法定的指导思想后,为何变成了严格封闭的思想堡垒。又在几十年间把其他外来学术文化拒之门外,视为资产阶级的思想,称之为"精神污染之源",甚至宣布要在上层建筑领域实行"全面专政"。该文认为这种现象产生的重要原因是文化民族主义。曾经广泛流行的社会心理:中国人已经成为世界上最正确、最革命的科学的代表,我们的责任就是捍卫和在全世界宣传、扩广这种科学。这种傲视人类的心理其实就是祖传的天朝大国心理的20世纪修订版,而由此产生的东方文化救世论,或说21世纪是东方文化的世纪,这一于事无补的思潮居然大受赞赏,看来只

---

① 张熙若:《全盘西化与中国本位》,载《国闻周报》1935年第12卷第23期。
② 胡适:《试评所谓中国本位的文化建设》,载《独立评论》1935年第145号。
③ 王新命:《全盘西化论的错误》,载《晨报》1935年4月3日。

能从民族自大心理的孽根未断去得到合理的解释。①

上面这种严厉的批评,虽然指出一些事实,如宣布要在上层建筑领域实行"全面专政",在"文化大革命"期间确是这样,但把原因归结为文化民族主义和祖传的天朝大国心理在起作用,那就未必准确。由于1949年新民主主义革命的胜利,接着宣布进行社会主义革命,我国当时认为已经跨越了资本主义社会阶段,如组建人民公社和提出"大跃进",就意味着向共产主义过渡进军。当时并不认为西方资本主义文化是先进的,相反还要警惕外国资本主义对我国搞和平演变和复辟。"文革"时期把革命领袖的教条视为最先进的无产阶级文化的代表,要说向世界宣传就是宣传无产阶级先进的革命文化,是世界革命的组成部分。这不是以中国传统思想为基础的文化民族主义在起作用,也不是什么祖传的天朝大国心理的反映。因为作为传统民族文化重要代表的儒家孔学在当时是受到猛烈抨击的,所谓"封、资、修"都在为无产阶级革命文化所扫荡之列。

改革开放这些年来,像"文革"时期那样,用所谓无产阶级革命文化来横扫一切的情况不复存在了。新近的提法是:"只有深深植根于人民群众的历史创造活动,继承发扬民族优秀文化和革命文化传统,积极吸收世界文化优秀成果,我们的文化事业才能健康发展,愈益繁荣。"② 这里把民族优秀文化和革命文化传统并列要加以继承发扬,对世界文化优秀成果则要积极吸收,同时把文化归于群众的历史创造。如果以此作为社会主义新文化来定位,这里的内容既有民族性,也有世界性,从连续古今来说兼有时代性。如果从多元民族文化与世界文化的关系来看,我们要创造的新型民族文化,与世界文化要取长补短,互相促进,共同提高。

当前,对中国民族文化的世界走向,学术界有两种相反的观点,我认为都带有片面性。

一种观点认为:把自有人类起到哥伦布发现新大陆为止的历史看成一体多元化的历史,而把以后的历史看成多元一体化的历史。所以中国参加文化多元主义以至东方主义大合唱,是故意与全人类的(也就是全球的)主流文化(市场经济、民主、法制)唱反调,因而有阻碍中国现代化的危险。③ 类似

---

① 参见袁伟时《建立适应全球化时代的文化心态——敬复李慎之先生》,载《现代与传统》1995年第1辑(总第6辑)。
② 《中共中央关于加强社会主义精神文明建设若干重要问题的决议》。
③ 参见李慎之《当代中国的文化问题——致袁伟时教授》,载《现代与传统》1995年第1辑(总第6辑)。

的观点也是反对东方主义的提法,认为东方主义或文化殖民主义等话题与民族情结有密切关系,其反动性将远大于进步性,或者说其落后作用远大于其文明作用。原因就在于它可能会重演以民族化压现代化的悲剧。因此,东方国家乃至所有非西方国家要想发展自己,走向世界,首先就得承认西方描绘的图式,承认自己的前现代性,从而开始自己融入世界的现代化进程。①

这种观点认为世界文化已进入一体化时代。只有西方主流文化才可以实现现代化。而讲文化多元则被看成民族主义情绪化的表现。要东方乃至所有非西方国家承认自己的前现代性,若要现代化即所谓融入世界实质是走西方化的进程。这里说的是反对东方主义,实质上是宣扬西方(欧洲)文化中心主义,用全球化来代替西化。

另外一种观点,就是认为21世纪是东方文化的世纪。理由是西方的物质文明、西方科学技术的发展,导致了对自然的破坏、对生态平衡的破坏,还有伴随现代化而出现的种种问题。而东方人后起,可以不走过去人走过的错路,因此主张提倡东方化,说是"西方不亮,东方亮"②,与西化论针锋相对。

其实这两种观点都有片面的地方。前者凝固地看东方的民族文化,认为只能停留在前现代性,要想现代化只有西化,这是要用一体化来否定和代替多元民族文化;后者则过分看重西方文化在实现现代化过程中所带来的弊端,因而发出东方文化救世的论调。持这两种观点的人都是把东西方文化看成难以共存的,不是我吞掉你,就是你征服我;不是西风压倒东风,就是东风压倒西风。讲多元一体的实质是宣扬西方文化霸权主义,讲东方救世的则认为对西方文化是彼可取而代之。两者的思路是一致的,都未跳出两极对立非此即彼的窠臼。

我认为从世界视野来看各民族的文化,既是一体多元,又是多元一体,不存在什么时候划分界线的问题。在世界范围内既然存在着多种民族,都有各自的文化特点,这不限于东西方的划分,即使同属东方民族,如中国、日本、朝鲜都有自身文化的特点,虽然中国古代文化对后两者影响很深,

---

① 转引自庞朴《文化的民族性与世界的多元化》,载《现代与传统》1995年第1辑(总第6辑)。

② 季羡林:《西方不亮,东方亮——季羡林在北京外国语大学中文学院的演讲》,载《中国文化研究》1995年第4期。

但是不能代替其文化，始终存在着多元民族文化，这是突显出文化的民族性。至于西方英、法、德的民族文化也莫不如此。要消除多元民族文化来实现所谓一体化是不可能的，都是以各民族本位文化为主进入一体化。

但是，如果各个民族认为世界上既存在多元民族文化，那么就可以自身固守不变，这也是错误的。正如马克思所指出：随着时代的发展，"过去那种地方的和民族的自给自足和闭关自守状态，被各民族的各方面的互相往来和各方面的互相依赖所代替了。物质的生产是如此，精神的生产也是如此。……民族的片面性和局限性日益成为不可能"[1]。这就是说，各民族之间要互相开放，从事经济文化交流，才能赶上时代的步伐。民族文化应该是动态的、发展的，这就是文化的时代性。如果说当前全人类的主流文化是市场经济、民主、法制，各民族也应该以此为取向。但同是推行市场经济、民主和法制，不同政治体制的国家内涵也不尽相同，如我们是建设中国特色社会主义现代化国家，与资本主义国家的要求就有区别。从民族文化的走向来说是从多元归于一体——同属一个时代精神，但从世界视野来看各个民族文化，这个世界一体又是寓于多元之中。这里从多元民族文化与世界文化的关系来看，形象地说，则有如百川众流之归大海。但这个大海既不属于西方，也不属于东方，是世界各民族人民群众的历史性创造，是人类共同智慧的升华。这里不应该存在文化霸权主义、文化殖民主义和文化救世主义。

因此，从整个世界文明发展的趋势来看，我认为当今所谓发达国家和发展中国家，其差距主要表现在物质财富的积累和科学技术的水平方面。至于精神生活，特别在道德伦理、人际关系等方面，则并无明显的先进与落后的差别，只能说是互有短长。所以，中西文化冲突可能将来形成"互补"的格局，即经过互相吸收、扬弃、输送外来血液，使自身的文化发展进入良性循环。中华民族既有优秀的历史文化遗产，现在又能以日益富强的面貌自立于世界民族之林，那么，在改革开放和建设社会主义精神文明总方针的指导下，我们的民族文化必将得到发扬，在世界文化发展的长河中总会占有一席之地，并以新的面貌出现而走向世界。

［原载《亚文（第二辑）：全球化时代的民族文化》，中国社会科学出版社1997年版］

---

[1] 《共产党宣言》，见中共中央马克思恩格斯列宁斯大林著作编译局编《马克思恩格斯选集》（第1卷），人民出版社1972年版，第255页。

全球化与中国传统文化的世界走向

21世纪进入新千年,由于经济全球化的扩大发展,全球信息革命成为不可阻挡的趋势。如中国申请加入世界贸易组织,经济活动按"国际惯例"办事,都已为人们所理解。但在政治思想文化领域,是否存在决定意识,随着世界市场的形成和发展,可以形成共同的时代精神?看来这不能用简单的逻辑推理。由于世界上各民族国家都要走向现代化,这是精神文化的时代性;但是人们深层的思想意识,如人生观、价值观以至伦理道德习俗、思维方式等,受到各自传统文化的影响而各有特点,这是精神文化的民族性。这就是说,进入21世纪,即使随着经济全球化的发展会出现共同的时代精神,但思想文化方面仍然会表现出不同民族的特点。因此,世纪之交中国哲学如何走向世界,既能体现文明走向的时代精神,又能保留自身传统文化的持续发展,仍然是一个有待探索的问题。这里谈点个人意见,以供讨论。

一

中国哲学要想走向世界,就要了解当前的国际大势和时代主题,这关系到我们民族文化今后的走向和定位,也是所遇到的客观条件。

世纪之交,国际形势总体上趋向缓和,和平与发展仍然是时代主题,这是基本判断的一面。但是,某些自恃强大的国家及其领导人不肯放弃"冷战"思维,新霸权主义还在扩张,这与和平和发展的趋势相背离,也与人类的文明要求相矛盾,这也成为基本判断的另一面。

维护世界和平,不管哪个国家及其领导人,似乎谁也不会反对,那些搞霸权主义的人可能还叫得最响。他们扩军备战,又做什么战略转移,以遏制包围所谓假想敌人,又称别人是"无赖"国家,称自己处于"防御"地位。联合国组织维持和平部队,不能说是动机不好,但实际效果并不佳,原因在于不是公平地处理矛盾,如南斯拉夫解体后的问题,维和反而挑起矛盾。

妨碍和平的还有暴力问题。不少国家有所谓防暴警察，说是对付暴力活动。暴力可能有两种：一种是恐怖凶徒的袭击，防暴警察恐怕无能为力；另一种由于所谓民主国家的人民有游行示威的自由，但引起冲突时，政府也有用"防暴"警察拘捕镇压示威者的自由。上面所说的无论"维和"还是"防暴"，说明社会存在复杂的矛盾，世界并不安定。

世纪之交还有一种趋势，就是经济全球化。江泽民在"博鳌亚洲论坛"成立大会上说："当今世界，经济全球化趋势不断发展。一方面，它给世界经济的发展提供了机遇和可能，另一方面也带来了更多的风险和挑战。尤其是在旧的经济秩序没有根本改变的情况下，发展中国家在经济全球化进程中总体上处于非常不利的地位。""为了有效应对经济全球化的挑战，亚洲国家有必要加强合作，以提高整体竞争能力和抵御风险的能力。"① 这表明中国即使加入世界贸易组织，融入世界，仍要面临严峻的挑战，若要得到应有待遇还要经过不懈的斗争。

如上所述，进入新千年经济全球化既成为不可逆转的趋势，同时也带来发达国家与发展中国家的矛盾、富人与穷人的矛盾，并且贫富差距越来越大。据一份统计资料：20年前，联合国确定最不发达的国家有29个，今天增加到48个。1965年世界上7个最发达国家人均收入是7个最贫穷国家的19倍，而1995年为38倍。全世界最富有的1/5人口与最贫穷的1/5人口之间的收入差距，从1960年的30：1扩大到1997年的74：1。在1960年到1993年间，工业化国家同发展中国家的人均收入差距几乎增大了2倍，从5700美元增加到15400美元，更让人震惊的是，世界上最富有的3个人拥有的财产，已超过了48个最不发达国家的国民生产总值的总和。②

最近古巴外长佩雷斯·罗克在北京猛烈抨击目前的国际经济体系，他说这个体系是"不合理和不可持续的"。他说全球化加剧了穷国与富国的差距，世界20%的人口消费的东西占了全球总产量的86%。他在谈到拉美的外债时说，1993年拉美外债达到4500亿美元，从1993年到2000年付还本息8000亿美元，而现在的外债还有8100亿美元，这是"让第三世界国家大量出血"。③

---

① 《光明日报》2001年2月27日报道。
② 参见《羊城晚报》2001年1月14日报道。
③ 参见《参考消息》2001年3月3日载引埃菲社北京3月1日电。

从上面这些数字看来，世界贫富差距矛盾的激化能不引起社会动乱吗？近几年来，世界经济高层会议开到哪儿，反对全球化的抗议示威就跟到哪儿。如 2000 年 9 月 26—28 日，国际货币基金组织和世界银行第 55 届年会在捷克首都布拉格举行。据说鉴于西雅图和华盛顿年会的教训，捷克警方准备出动 11 万名警察，参加抗议活动的达到近两万人，结果爆发了大规模的冲突，双方都有流血受伤。①

2001 年 4 月 21 日，有关自由贸易区的美洲国家首脑会议在加拿大魁北克举行。3000 多人徒步穿过美加边界参加抗议活动。美洲民间组织的第二次美洲人民峰会发表一项声明，指出自由贸易协议将会加剧富国与穷国、北方国家与南方国家之间的不平等，是为投资者制定的自由，它把资本凌驾于劳动之上，它把人的生命和世界变成了商品，它否认人的基本权利，同时还践踏了民主，破坏了国家主权。②

据法、英报刊载文：全球化的反对者破坏哥德堡欧盟首脑会议，2001 年 6 月 15 日引发严重的暴力冲突，造成近 600 人被拘禁，43 人受伤。有人说今天"年轻人中正在出现一种新的反资本主义思潮"，还有扬言说"等到热那亚（7 月 20—22 日将在此召开八国集团会议）你们就会看到，将有 10 万到 15 万人参加游行"。也有组织扬言说要把这次八国集团首脑会议"搅得天翻地覆"，热那亚可能将爆发一场最严重的骚乱。哥德堡的血腥暴力事件让意大利当局深感震惊，因而迫使八国首脑会议转移到出海军舰上举行。③

这些反对全球化的暴力，有人归咎于无政府主义者，但欧洲领导人也承认欧盟缺乏民众支持。这也可以说经济全球化是普遍不得人心的，由于它要维护的是富国富人的利益，所以连发达国家的普通群众亦不满意。由于各种矛盾交织，在世界和平发展的大氛围内，小的动乱还会不断，这是我们面临的国际形势。

---

① 参见《光明日报》2000 年 9 月 26 日报道。
② 参见《参考消息》2001 年 4 月 23 日埃菲社加拿大魁北克 4 月 21 日电。
③ 参见《参考消息》2001 年 6 月 21 日引法国《世界报》、英国《金融时报》文章。

二

进入新千年,经济全球化既然具有不可阻挡的趋势,而主导却是以美国为首的发达国家,在这一背景下,经济全球化对国际政治关系究竟会产生怎样的影响?有学者认为"冷战"终结后的国际政治关系变得更加微妙、错综复杂并潜藏着深层次的危机。当今世界存在一系列矛盾与纷争——从民族矛盾、宗教矛盾到领土纠纷,制度与理念的抗争,而殖民遗患、"冷战"旧伤则是这一系列矛盾与纷争的温床。一些大国或大国集团试图借全球化之势将自己的价值观念、社会制度强加于人,则是旧矛盾升温、新矛盾产生的重要原因。全球化必须是一个开放融合、自主融合和差异融合的过程,否则文化、传统、制度以及经济发展水平的差异,有可能以新的矛盾形式表现出来。①

"冷战"时期和"冷战"终结后的矛盾形式不同,我认为前者主要表现为两个超级大国的两极对立,后者则由于苏联解体、美国独霸,而逐渐形成单极霸权与多极对抗的矛盾,这是当前国际政治矛盾的焦点。特别是布什上台以后奉行的政策,对和平与发展的时代主题给予更大的冲击。

今年6月4日,美国《旗帜周刊》发表题为《布什主义》的文章说:今天,美国仍然是杰出的经济、军事、外交和文化强国,从规模上讲是自罗马帝国垮台以来未曾见过的。法国人已经发明了"超强国"(hyperpower)这个词来称美国的新地位。在21世纪伊始,新政府的任务是制定一项与我们所处的压倒之势的统治地位相称的军事和外交政策。在上任后的头四个月,布什政府已经开始了这项任务:改变了克林顿外交政策的假设前提,采取了承认新的单极化和保持这种单极化所必需的单边主义政策。通过断然拒绝《京都议定书》,布什政府从根本上重新阐明了美国外交政策的方向:拒绝多边束缚;把美国从认为它将能够从得到国际上支持的条约中获得真正的安全和利益的概念中解放出来,并明确阐明新的美国单边主义。这是一种适合21世纪世界的单极状态的态势,它的目的是要恢复美国的行为自由。"全球化"流派赞成进行积极有力的干预和动用武力来促进我们的

---

① 参见许坚《从全球化背景看国际政治》,载《光明日报》2001年5月6日。

价值观的传播。美国压倒之势的力量不仅有利于美国,而且有利于世界。布什政府是"冷战"后时代赞成这个前提并且照着做的第一届政府,它对美国的"超强国"的作用表示欢迎。在它上任后的头几个月中,它的政策已经反映出对今天世界的单极化感到自在,希望保持并加强它,同时愿意单方面来这么做。

以上是我对文章的摘录,连串起来对所谓"布什主义"的阐释是十分清楚的。它是倚靠美国"超强国"的新地位,用压倒之势的力量推行新的单极化和保持单边主义的政策。它还通过拒绝《京都议定书》以表明拒绝多边束缚,目的是要恢复美国的行动自由,如进行积极有力的干预和动用武力来促使其价值观的传播。其实美国所要的行动自由,就是要利用它无与伦比的力量上的优势,把世界各国都置于单极统治之下,即通过扩大美国式民主和自由制度来扩大和平,认为这是一个无可争议的目标,也是促进持久和平最持久的办法。应该说这是布什政府所谓为维护世界和平,实质上是实现霸权所推行的单边主义政策。

不过,美国想实现单极霸权也可能是一厢情愿,就是讲"布什主义"的文章也承认:俄罗斯和中国在它们的首脑会议上从未断过毫不含糊地谴责目前世界结构的"单极化",并且保证要尽一切努力来彻底改变它。①

中、俄等国抵抗美国的单极霸权也是说到做到的,日本《产经新闻》5月21日文章题:中国以多极化外交对抗美国。说在以联合国为中心的国际舞台上,中国的多极外交是争取得到多数国家的支持,如美国提出的谴责中国人权状况的议案被否决,美国遭到了惨败,中国的"多极化外交取得了胜利"。但是如今多极化的特点是,在战略上与超级大国对立,而在战术上则与之合作。因此对美关系可能在对立与协调这两个方面摇摆。文章后面还列举中国领导人今年展开多极化外交的活动情况。②

今年6月14、15日,俄通社、路透社、德新社相继报道中、俄等"六个友好邻邦"参加上海峰会的情况。新加坡《联合早报》6月15日的文章,指出"上海峰会之所以深受瞩目,多半还有一个外在因素,就是在目前世界面对美国超强独霸的时刻,峰会所体现的是多极的发展方向,特别是因为这个组织中包括了美国仍然在战略上模糊定位的中俄两国,加上其他独联体国家"。因此,"对美国来说,上海峰会是一个异类,因为美国政府以

---

① 《参考消息》2001年6月21—25日连载。
② 《参考消息》2001年5月22日转载。

分化的手段对待中俄两国,可是峰会却导致中俄走在一起,并把周围一些国家团结起来"。"这说明该组织如果不是'反美'的话,至少也是'非美'的。"①

日本《产经新闻》6月15日也报道了上海峰会,认为俄罗斯的战略意图是,希望从俄罗斯的欧洲部分经过中亚,一直到与中国接壤的南部边境一带,建立一个以"反国际恐怖主义"为杠杆的大安全地带,进而打破"冷战"后的美国单权霸权。②

不过,美国自恃强大的经济、政治、军事力量,推行单极霸权是不会轻易罢手的,特别是布什政府上台后,更显得咄咄逼人;多极一方,当然也不轻易屈服。进入新千年后的相当一段时期,这场国际政治上的复杂斗争,看来还得继续下去。

三

进入新千年,由于经济全球化、国际环境和国际政治斗争的复杂多变,相应地带动了思想文化和精神领域的变化。各国经济实力的不同,在一定程度上造成了不同类型文明生存的基础和传播力量的差异,因而世界上会出现所谓强势文化与弱势文化的矛盾。

关于文明的起源,它是人类漫长的历史过程中逐步创造的。由于各民族国家形成的时间不同,如中国就是一个文明悠久且绵延至今的国家,是文明礼仪之邦。中国是个多民族国家,各民族都有自己的文化习俗和思维方式,但不妨碍彼此求同存异,融会成中华传统文化。即使是古代的佛教和近代的马克思主义,传入中国后也与中国实际情况相结合,成为中国文化的佛教和指导中国革命实践的马克思主义。

因此可以说世界上各民族国家,由于自然环境、经济条件、政治制度乃至生活方式的不同或差异,如现在就有发达国家和发展中国家,有强势文化和弱势文化,但应该承认它们在不同时期对人类的共同文明都做出过贡献。我们主张建立国际政治经济新秩序,坚持和平共处五项基本原则,

---

① 《参考消息》2001年1月16日转载。
② 《参考消息》2001年1月16日转载。

尊重世界文明的多样性，求同存异，共同发展，取长补短，相互提高。但是以美国为首的西方国家却用西方标准衡量一切，把全面推行西方价值观作为战略目标之一，以西方价值观作为整合世界秩序的基础。西方敌对势力多少年来一直对社会主义国家进行意识形态的渗透，以各种方式施行西化、分化的政治策略，近年来还不断利用所谓人权、民主、自由、民族、宗教等问题向我们发难，这些不同的主张和矛盾斗争，已经不仅仅限于政治经济问题，而是深入到精神文化和人类文明的层面。西方某些人抱有根深蒂固的"西方文明优越论"，企图以自己的所谓"优秀文明"取代其他民族、国家的所谓"落后文明"，实质上是从单极政治霸权向意识形态领域伸延，为推行文化霸权主义找寻借口和依据。

我们认为各民族国家由于政治经济发展不平衡，综合国力强弱不同，发达国家与发展中国家，如对人权、自由等问题的价值观念就有差别。关于人权如何理解，给予什么定位，当前就有分歧意见。2000年2月17日，中国国务院新闻办公室通过新华社发表《中国人权发展50年》。同日，法新社介绍说：这份报告重申了中国一贯坚持的观点，即必须把13亿人民的温饱和生活改善放在比西方所说的人权更重要的地位；"中国不能照搬西方发达国家的人权发展模式"，"生存权和发展权"必须放在首位，将不断改善人权状况，但不能以社会稳定和经济发展为代价；此外，还承诺将努力推进法治建设，"要从法律和制度上保障人权"。①

这是在人权定位上的分歧。我认为，西方发达国家较为重视个人思想和政治上的自由，可以发表反政府的言论和发动示威的活动，然而不能过激，否则防暴警察就会不客气；在中国发表颠覆政府的言论是不允许的，这会引起社会动乱和妨碍经济建设，所以主张提高人民的物质生活水平，实现共同富裕，以此来维护个人权益。这种对人权的不同价值取向，我认为还是由不同国情决定的。

两种人权定位的不同价值取向，我认为中国式的对穷人比较实惠，因为生存和发展毕竟是人身的基本权利，否则让你天天示威游行也对解决世界贫富分化对立的问题无补。本文前面引述反对全球化的大规模群众暴动，虽是搞到"天翻地覆"，结果还是与防暴警察两败俱伤，何曾为穷国穷人求得更好的生存条件？可见所谓提倡民主自由的人权价值观，无非给人民一张空头支票罢了，对生存和发展有什么实惠呢？

---

① 参见《参考消息》2000年2月19日报道。

中国传统哲学是很重视人生价值观的，立德、立功、立言是人生三不朽，先天下之忧而忧，后天下之乐而乐，因民之所利而利之，这也是对人民生存权和发展权的重视。但是西方的某些人却坚持他们的人权价值观，如美国国务院每年发表"国别人权报告"，主要批评一些发展中国家的所谓人权问题。由于它有意歪曲甚至无中生有地进行批评，因而引起有关国家的强烈反应。今年美国在联合国人权会议上，又抛出谴责北京人权状况的提案。对其结果，美联社日内瓦4月18日电中无奈地说："今天，联合国人权监察机构通过了中国提出的一项不考虑美国提案的动议，美国促使国际社会谴责中国人权记录的企图再次遭到失败。"接着还哀叹："在一年一度的人权会议上，这已经是一个西方国家的政府第10次试图谴责中国的提案遭到失败了。"原因是发展中国家对"发达国家把自己的人权观强加于人表示强烈不满"，① 当然不会支持美国侵犯别国主权的提案了。

美国屡次谴责发展中国家的人权问题，这是别有用心的，无非想通过干涉别国的主权来推行自己的霸权而已。关于人权与主权的关系，2000年9月6日，江泽民在联合国千年首脑会议的讲话中说："人权领域内的对话与合作，必须在尊重国家主权的基础上开展，这是保护和促进人权事业最根本最有效的途径。只要世界上还存在国界，人们分别在各自的国家中生活，维护国家的独立和主权就是每个国家政府与人民的最高利益。没有主权，也就谈不上人权。"②

对新千年世界文明的走向，江泽民也谈了原则性意见："世界是丰富多彩的。如同宇宙间不能只有一种色彩一样，世界上也不能只有一种文明、一种社会制度、一种发展模式、一种价值观念。各个国家、各个民族都为人类文明的发展作出了贡献。应充分尊重不同民族、不同宗教和不同文明的多样性。世界发展的活力恰恰在于这种多样性的共存。应本着平等、民主的精神，推动各种文明的相互交流，相互借鉴，以求共同进步。"③

各个国家、各个民族的文明的多样性，能够本着平等、民主精神相互交流，共同进步，那当然是好事。我国学者也大都持这种观点。由于中国儒家提倡"致中和"精神，因而看重这个"和"字，认为进入新千年，中国哲学、中国传统文化将以和谐、和合的精神走向世界。提倡"和合学"

---

① 《参考消息》2001年4月20日报道。
② 《光明日报》2000年9月7日报道。
③ 《光明日报》2000年9月7日报道。

的知名学者张立文,就主张"使各民族、各国家在'和而不同'和'求同存异'的规则下,走向文化融突的和合"。还说"在融突中应根据和生、和处、和立、和达、和爱五大中心价值或文化原理,处理各方面及各类型的冲突,以便由融突而形成新的和合体。人类文化在多元民族文化的全球化与全球文化的多元民族化中,达到和合"。①

中国哲学、中国传统文化进入世界,能通过融突在多元民族文化中达到和合,当然是好事,这是符合和平与发展的时代主题的。但目前世界上有那么多矛盾冲突,政治、经济以至文化领域,霸权主义的幽灵还在游荡。如中国加入世界贸易组织,还是挑战与机遇并存,应付挑战就得自身有经济实力,还要有正确的斗争策略,才能获得胜利的机遇;政治上对付单极霸权,就要联合多极力量进行遏制;同样在思想领域内如人权价值观的争议,美国以人权压主权的霸道行为所以不能得逞,一方面在国际上我们是得道多助,但更重要的另一方面是我们有了比较强大的综合国力,他们才不敢轻举妄动,侵犯中国主权。

因此,我认为中国哲学走向世界,要求达到和合的效果,这个文明方向是对的,但如果我们是弱势文化而与西方强势文化有较大的差距,要求平等对话是困难的,这就要有综合国力作为后盾。

对中国传统哲学,我认为并非只有一个"和"字。如先秦有儒、道、墨、法各家,一般认为有激进和保守两种趋向。儒家多被视为保守,但"自强不息"和"厚德载物"还是相辅而行;墨家虽讲兼爱、非攻,但也主张非命、尚力;道家讲柔弱胜刚强,实质上后发制人;至于战国末年,代表先进思想文化的荀子,提出"制天命而用之";持历史进化论的法家集大成者韩非,主张"当今争于气力"。这就说明中国传统哲学所具有的进取性和斗争性,并重视发挥主观能动精神。只是在宋、明以后,特别是走向近代,综合国力下降,中国传统哲学在国际上也就成为弱势文化。我们今天仍然是个发展中国家。而如前所述,当前世界的各种矛盾冲突普遍存在,我们必须增强综合国力和民族凝聚力,要有自强不息的主观能动精神,迎接挑战,才能使中国哲学在世界文化发展的长河中顺流前进。

不过,中国哲学走向世界不可能是保持不变的原生形态。随着经济全球化的趋势和信息时代的到来,封闭是不可能的,总得对外进行思想文化

---

① 张立文:《民族文化的存在何以可能?》,见《亚文(第二辑):全球化时代的民族文化》,中国社会科学出版社1997年版。

交流。有人认为传统的和谐哲学、和合学可以派上用场,也就是"厚德载物"。我认为中国哲学走向世界,开放与包容是必要的,但应该以我为主,是冲突与包容互动,矛盾与互补并存。发达国家不能以强势文化推行文化霸权主义、文化殖民主义,双方要平等对话,取长补短,即经过相互吸收、扬弃、输进外来血液,使自身文化发展进入良性循环。中国哲学走向世界,既要保持自身的民族性,同时又要吸收人类的共同智慧,从承传中创新,从而体现新的时代精神,是民族性与时代性的矛盾统一,是终使中外文化进入和谐、和合的精神境界。

  自强不息与厚德载物相辅而行,是中国哲学的优良传统。没有前者,中国传统文化就不能随着时代的步伐向现代转化,没有力量与强势文化平等对话,对后者的开放与包容则会丧失主导而被消融。但是只有前者没有后者也不行,在全球化大趋势之下,一个民族、国家的文化不能孤立地发展,不能孤芳自赏与夜郎自大。如不能与世界现代化的发展潮流相适应,就难以独立于世界民族之林。只有自强不息与厚德载物相辅而行,才有助于中国哲学循文明途径走向世界。

  (原载《现代哲学》2001年第3期,有删节,本文按原稿刊印。全文收入第12届国际中国哲学大会论文集《21世纪中国哲学走向》,商务印书馆2003年版)

李锦全学术编年
——已刊文稿目录索引

1956年

1. 《批判古史辨派的疑古论》,《中山大学学报》(哲学社会科学版,下同)1956年第4期;收入陈其泰、张京华主编《古史辨学说评价讨论集(1949—2000)》,京华出版社2001年版,第16～50页;收入《古史考》第五卷《古典学批判》,海南出版社2003年版,第41～65页。

1958年

2. 《陈白沙哲学思想是唯物论的吗?》(与陈玉森合作),《理论与实践》(广州)1958年第4—5期合刊。

3. 《再论陈白沙哲学》(与陈玉森合作),《理论与实践》(广州)1958年第11期。

1959年

4. 《也谈历史上对曹操的评价》(用流泉笔名),《羊城晚报》1959年3月18日。

5. 《从曹操的历史时代看曹操》(与杨荣国合作,李锦全执笔),《光明日报》1959年6月2日;《中山大学学报》1959年第3期转载;收入《曹操论集》,生活·读书·新知三联书店1960年版,第346～364页。

6. 《试论中国农民起义的"目的"问题》(用流泉笔名),《光明日报》1959年9月17日《史学》双周刊第170号。

1962 年

7. 《简明中国思想史》（杨荣国主编，陈玉森、李锦全、吴熙钊编著），中国青年出版社 1962 年版。

1963 年

8. 《中国思想史上的"天人关系"问题：兼与刘节先生商榷》，《学术研究》1963 年第 3 期；收入《唯心主义历史观和方法论批判》论文集，《中山大学学报》编辑部 1964 年版。

1964 年

9. 《评刘节先生的"天人合一"史观》（与陈华合作），《学术研究》1964 年第 1 期。

10. 《方以智的"合二而一"是对立统一的光辉思想吗?》，《学术研究》1964 年第 4—5 期合刊。

1965 年

11. 《也谈怎样理解董仲舒的自然观问题——与李民同志商榷》，《新建设》1965 年第 10 期。

12. 《不能用形而上学的观点来看待封建统治阶级的"让步政策"》，《中山大学学报》1965 年第 4 期。

1966 年

13. 《学习杜国庠同志研究哲学史的革命精神》（与杨荣国合作），《学术研究》1966 年第 1 期。

1973 年

14.《怎样看待劳动人民思想在哲学史上的地位》（与吴熙钊合作），《新中大》1973 年第 2—3 期合刊。

15.《简明中国哲学史》（杨荣国主编，李锦全、吴熙钊编著），人民出版社 1973 年版。

1974 年

16.《论法家在中国历史上的进步作用》，《中山大学学报》1974 年第 3 期。

17.《儒法斗争是两条路线的激烈斗争》（用钟哲文笔名），《南方日报》1974 年 7 月 17 日。

18.《春秋战国时期的儒法斗争》（与黄佳耿合作），人民出版社 1974 年版。

19.《春秋战国时期的儒法斗争》（朝鲜文版），延边人民出版社 1975 年翻译版。

1975 年

20.《简明中国哲学史（修订本）》（杨荣国主编，李锦全、吴熙钊编著），人民出版社 1975 年版。

21.《试论张居正在哲学上的尊法反儒思想》，《中山大学学报》1975 年第 1 期。

1976 年

22.《太平天国哲学思想初探》（合作，由吴熙钊执笔），《中山大学学报》1976 年第 4 期。

1977 年

23.《"盗跖"思想试探——兼论如何看待古文献中劳动人民的思想资料问题》,《中山大学学报》1977 年第 6 期。

1978 年

24.《我校某教授"古为帮用"的拙劣表演》(与冯达文、屈志清合作),《中山大学学报》1978 年第 2 期。

25.《提倡照辩证法办事——批判"四人帮"在史学中的一些形而上学观点》,《中山大学学报》1978 年第 3 期。

26.《试论李自成思想——兼与姚雪垠商榷封建社会中有关农民革命的几个理论问题》,《学术研究》1978 年第 3 期。

27.《阶级阵线不容混淆——评我校某教授鼓吹法家与劳动人民"都反孔"的所谓"共同点"》(用流泉笔名),《中山大学学报》1978 年第 5 期。

1979 年

28.《邓析、惠施、公孙龙思想初探——试论名法两家的思想关系,兼评罗思鼎战国末期名归于法的观点》,《中山大学学报》1979 年第 2 期。

29.《太平天国革命农民思想的再探索——答黄彦同志兼评当前哲学史研究中的一种思想倾向》(与吴熙钊合作),《中山大学学报》1979 年第 3 期。

1980 年

30.《从中国历史上农民起义的纲领口号看劳动人民思想的两重性》,1980 年 5 月在四川成都召开的"中国农民战争史研究会首届成都年会"论文;收入《史学论文集》,广东人民出版社 1980 年版,第 232～242 页。

31.《宋钘、尹文思想初探》,收入《中国哲学史研究集刊》第一辑,上海人民出版社 1980 年版,第 92～106 页。

32.《对封建社会中有关农民革命几个理论问题的再商榷——答黄彦同

志》,《中山大学学报》1980 年第 3 期。

33.《对历史上哲学和阶级斗争关系的几点看法》,1979 年 10 月在山西太原召开的"中国哲学史方法论讨论会"论文;收入《中国哲学史方法论讨论集》,中国社会科学出版社 1980 年版,第 240～250 页。

34.《怎样看待哲学史上阶级斗争与哲学斗争的关系问题》,《中国哲学》第四辑,生活·读书·新知三联书店 1980 年版,第 29～50 页。

35.《陶渊明无神论思想试探——兼论中国古代无神论与有神论的思想界限及其通向》,1980 年 10 月在湖北武汉召开的"中国无神论学术会议"论文;《中国哲学史研究》1980 年 12 月创刊号;收入《中国无神论文集》,湖北人民出版社 1982 年版,第 166～174 页。

1981 年

36.《试论洪秀全的思想及太平天国政权的两重性》,1981 年 3 月在广州召开的"太平天国史学术讨论会"论文;《南方日报》1981 年 3 月 30 日,《新华文摘》1981 年第 6 期转载;收入《洪秀全思想研究论文集》,广东人民出版社 1985 年版,第 89～110 页。

37.《刘节先生的治史态度和方法》(与曾庆鉴、刘继章合作),《学术研究》1981 年第 2 期。

38.《当前批判封建主义思想流毒中的几个问题》,《晋阳学刊》1981 年第 3 期。

39.《论汉代正宗神学奠基者董仲舒的哲学思想》,《学术研究》1981 年第 6 期。

40.《中国近代哲学史研究中需要注意的问题》,1981 年 8 月在广州召开的"中国近代哲学史与马克思主义哲学座谈会"论文;《哲学研究》1981 年第 10 期。

41.《关于庄子的哲学性质及其评价》,《哲学研究》1981 年第 12 期。

1982 年

42.《关于阶级社会中历史发展的动力问题》,《中国农民战争史研究集刊》第二辑,上海人民出版社 1982 年版,第 1～8 页。

43.《实事求是评价先秦儒法两家的思想》,《四川大学学报》1982 年

第1期。

44.《董仲舒的政治思想和哲学体系都是进步的吗?——与张春波同志商榷》,《中国哲学史研究集刊》第二辑,上海人民出版社1982年版,第156~171页。

45.《读〈评"两重天"与"两重性"说〉质疑》,《哲学社会科学通讯》1982年第5期。

46.《董仲舒的独尊儒术与其"天人感应观"》,《中学历史教学》1982年第5期。

47.《杨荣国同志的治史方法及中国哲学史研究的成就》(合作,吴熙钊执笔),《学术研究》1982年第6期。

48.《中国哲学史》(上卷)(武汉大学、中山大学等九院校合作,萧萐父、李锦全主编),人民出版社1982年版。

1983年

49.《中国哲学史》(下卷)(武汉大学、中山大学等九院校合作,萧萐父、李锦全主编),人民出版社1983年版。

50.《论王夫之历史观的内在矛盾》,1982年11月在湖南衡阳召开的"王船山学术思想讨论会"论文;《中山大学学报》1983年第2期;改为《论王船山历史观的内在矛盾》,收入《王船山学术思想讨论集》,湖南人民出版社1985年版,第407~422页。

51.《是吸取宗教的哲理,还是儒学的宗教化?》,《中国社会科学》1983年第3期;收入《〈中国社会科学〉哲学论文集》,贵州人民出版社1984年版,第271~293页;又收入《儒教问题争论集》,宗教文化出版社2000年版,第132~152页。

52.《老庄哲学的神学特色——与张松如、赵明同志商榷》,《中国哲学史研究》1983年第3期;收入《老庄论集》附录,齐鲁书社1987年版。

53.《试论中国封建社会上升时期地主阶级的历史地位和作用》,《史学月刊》1983年第4期;《新华文摘》1983年第10期转载。

54.《刘节传略》(与曾庆鉴、刘继章合作),收入《中国当代社会科学家》第五辑,书目文献出版社1983年版,第36~57页。

55.《"命"与"分"——从清代小说的几个事例看宋明理学对后期封建社会的思想影响》,1981年10月在浙江杭州召开的"全国宋明理学讨论会"论文；收入《论宋明理学——宋明理学讨论会论文集》，浙江人民出版社 1983 年版。

56.《评梁启超关于教育思想和人才学观点的重要遗稿》，《学术研究》1983 年第 6 期。

1984 年

57.《船山思想的启蒙性质问题》，《船山学报》1984 年第 1 期。

58.《评"以复古为解放说"——读梁启超〈清代学术概论〉》，1983 年 9 月在广东新会、南海召开的"戊戌维新运动和康有为、梁启超学术讨论会"论文；《求索》1984 年第 3 期。

59.《试论思想史与哲学史的联系和区别》，1983 年 11 月在陕西西安召开"中国思想史学术讨论会"论文；《哲学研究》1984 年第 4 期；收入《中国史研究文摘（1984 年 1—6 月）》，中州古籍出版社 1985 年版，第 105～106 页。

60.《在因果报应说的背后——读〈阅微草堂笔记〉札记》，《北方论丛》1984 年第 5 期。

61.《海瑞哲学思想述评》，《学术研究》1984 年第 6 期。

1985 年

62.《也谈如何认识儒法两家的思想——再向罗世烈同志请教》，《中山大学学报》1985 年第 1 期；收入《中国史研究文摘（1985 年 1—6 月）》，中州古籍出版社 1986 年版，第 193～194 页。

63.《海瑞评传》，收入《岭南历代思想家评传》，广东人民出版社 1985 年版，第 95～118 页。

64.《陈献章评传》，收入《岭南历代思想家评传》，广东人民出版社 1985 年版，第 119～145 页。

65.《论柳宗元思想的内在矛盾——兼论中国古代无神论者与有神论的通向问题》，在广西柳州召开的"柳宗元哲学思想讨论会"论文；《中国哲学史研究》1985 年第 2 期。

66.《从政治实践中看林则徐的哲学思想——读〈林文忠公政书〉》，1985 年 10 月在福建福州召开的"纪念林则徐诞辰 200 周年学术讨论会"论文;《中山大学学报》1985年第3期。

1986年

67.《儒家思想与现代化关系的探讨》,《现代哲学》1986年第1期。

68.《李退溪的"天人合一"思想——兼论退溪学对中国儒家思想的运用和发展》,1985年8月在日本筑波召开的"第八届退溪学国际学术会议"论文;《中州学刊》1986年第1期;收入《李退溪哲学の历史位置——第八回退溪学国际学术会议论文集》,日本昭和61年(1986)12月出版(中文全文收入该文集第326~331页,日文择要载第110~112页,英文择要载第332~335页)。

69.《试论近代中国资产阶级哲学矛盾的两重性》,1985年5月在广州召开的"中国近现代哲学史学术讨论会"论文;《社会科学战线》1986年第2期,中国人民大学复印资料《中国哲学史》1986年第6期;收入《中国近现代哲学史论集》,中国人民大学出版社1989年版,第90~107页。

70.《试论龚自珍思想的两重性矛盾——读定庵诗词》,1985年10月在安徽芜湖召开的"龚自珍诗文学术思想讨论会"论文;《浙江学刊》1986年第1—2期合刊。

71.《要正确分析我国传统文化中的道德遗产》,《哲学刊授》1986年第7期。

72.《老子政治哲学的矛盾两重性与道家思想的历史作用》,《学术月刊》1986年第11期。

73.《从理欲论看戴震思想在儒学中的历史地位》,1986年5月在安徽屯溪召开的"戴震研究学术讨论会"论文;《徽州师专学报》1986年第2期;收入《戴震学术思想论稿》,安徽人民出版社1987年版,第50~62页。

74.《儒家思想的演变及其历史评价》,1986年4月在山东曲阜召开的"孔子基金会学术委员会首届春季学术讨论会"论文;《孔子研究》1986年第4期。

75.《从老庄论"道"的性质谈到无神论与有神论的思想通向问题——再向张松如、赵明同志请教》,《中国哲学史研究》1986年第4期。

76.《论张栻的教育思想》,1986年10月在湖南长沙召开的"纪念岳麓书院创建1010周年学术讨论会"论文;收入《岳麓书院一千零一十周年纪念文集》第一辑，湖南人民出版社 1986 年版，第 103～110 页。

77.《关于孟子"仁政"思想的评价问题》，1984 年 10 月在山东邹县召开的"孟子学术讨论会"论文；收入《孟子思想研究》，山东大学出版社 1986 年版，第 110～119 页。

1987 年

78.《传统思想文化与现代精神文明》，《广州日报》1987 年 2 月 6 日《探索与争鸣专刊》。

79.《中国传统文化与近代解放潮流——读梁启超〈清代学术概论〉与〈中国近三百年学术史〉》，《学术研究》1987 年第 1 期。

80.《中国儒学与退溪学论人际关系的思想特点》，1987 年 1 月在香港召开的"第九届退溪学国际学术会议"论文；《哲学研究》1987 年第 9 期，《新华文摘》1987 年第 12 期转载。

81.《儒家论人际关系的矛盾两重性思想》，1987 年 8 月在山东曲阜召开的"国际儒学学术讨论会"论文；《中州学刊》1987 年第 5 期，中国人民大学复印资料《中国哲学史》1987 年第 11 期；收入《儒学国际学术讨论会论文集》，齐鲁书社 1989 年版，第 176～195 页。

82.《论黄宗羲民主启蒙思想的历史地位》，1986 年 10 月在浙江宁波召开的"国际黄宗羲学术讨论会"论文；《求索》1987 年第 5 期，中国人民大学复印资料《中国哲学史》1987 年第 11 期。

83.《兼综儒道佛　契合理情神——读东坡诗词论苏轼入世与出世思想的矛盾统一》，1987 年 9 月在四川眉山召开的"苏东坡 950 周年文化交流会"论文；收入四川师范大学学报丛刊第十二辑《苏轼思想探讨》，1987 年，第 1～19 页。

84."墨家、墨子、《墨子》、非命、非攻、兼爱、尚贤、尚同、三表、天志、韩愈、道统说、《原道》、《原性》、李翱、《复性书》、性善情恶、杜国庠、《杜国庠文集》、杨荣国"（共 20 个词条），收入《中国大百科全书》（哲学卷），中国大百科全书出版社 1987 年版。

1988 年

85.《论我国传统思想文化中的儒法互补问题》，《江海学刊》1988 年第 1 期；《中国哲学史研究》1988 年第 3 期；《国内哲学动态》1988 年第 7 期摘要介绍。

86.《试论中国封建社会中"农民政权"的经济基础问题》，《中山大学学报》1988 年第 1 期。

87.《论李贽入世与出世思想的矛盾统一》，1988 年 6 月在福建泉州召开的"李贽学术思想讨论会"论文；《江汉论坛》1988 年第 3 期，中国人民大学复印资料《中国哲学史》1988 年第 5 期；收入《李贽研究》，光明日报出版社 1989 年版，第 45~57 页。

88.《深明"攻守异势"的思想家——贾谊》，收入《中国一百个哲学家》，江西人民出版社 1988 年版，第 99~104 页。

89.《以烛火喻形神的无神论者——桓谭》，收入《中国一百个哲学家》，江西人民出版社 1988 年版，第 127~132 页。

90.《马克思主义哲学史家——杜国庠》，收入《中国一百个哲学家》，江西人民出版社 1988 年版，第 685~691 页。

91.《从洛学与关学的比较看二程思想的地位》，1988 年 4 月在河南洛阳召开的"洛学与传统文化讨论会"论文；《哲学研究》1988 年第 12 期；《从洛学与关学的异同比较中看二程洛学在理学中的地位》收入《洛学与传统文化》，求实出版社 1989 年版，第 20~28 页。

92.《戊戌维新运动的历史作用》，1988 年 10 月在香港召开的"康有为、梁启超与戊戌维新运动学术研讨会"论文。

1989 年

93.《张九龄思想探微》，1989 年 3 月在广东韶关召开的"纪念张九龄诞辰 1310 周年学术研讨会"论文；《广东社会科学》1989 年第 1 期；收入《张九龄研究论文选集》，广东高等教育出版社 1990 年版，第 93~104 页。

94.《读东坡诗词记苏轼的人生旨趣》，《国文天地》（台湾）第 4 卷第 11 期（1989 年 4 月）。

95.《墨者·学者·革命者——谈杜老的为人与治学》，1989 年 4 月在广东汕头、澄海召开的"纪念杜国庠诞辰 100 周年学术讨论会"论文；《学术研究》1989 年第 2 期；收入《杜国庠学术思想研究》，广东人民出版社 1989 年版，第 167~176 页。

96.《儒学传统能否适应现代化——兼对现代新儒家及反传统派思想观

点的述评》，1989 年 8 月在黑龙江牡丹江镜泊湖召开的"20 世纪中国哲学与文化思潮理论研讨会"论文；《中国哲学史研究》1989 年第 2 期，中国人民大学复印资料《中国哲学史》1989 年第 7 期。

97.《论儒家思想的包容性及其发展路向》，《中国文化月刊》（台湾）第 114 期（1989 年 4 月）。

98.《正确对待传统文化道德遗产，积极建设社会主义精神文明》，1988 年 8 月在内蒙古呼和浩特召开的"中国哲学史学会第四届年会"论文；收入《传统文化与时代》，内蒙古科学杂志社 1989 年版，第 199～208 页。

99.《两个十年的文化反思》，《法言》（香港）1989 年 7 月号。

100.《海峡两岸谈五四——专题笔谈》，《国文天地》（台湾）第 4 卷 1989 年第 12 期。

101.《陈寅恪先生治学的精神风貌》，1988 年 5 月在中山大学召开的"纪念陈寅恪教授国际学术讨论会"论文；收入《纪念陈寅恪教授国际学术讨论会文集》，中山大学出版社 1989 年版，第 159～177 页；《中国文化月刊》（台湾）第 121 期（1989 年 11 月），台湾东海大学出版。

102.《论孔子思想的包容性与中国儒学的发展》，《孔子研究》1989 年第 3 期。

103.《东方行德教，海外振雄风——论李退溪人生哲学的历史价值和现实意义》，《中国文化月刊》（台湾）第 120 期（1989 年 10 月），台湾东海大学出版。

104.《社会科学研究工作任重而道远》，《广东社会科学》1989 年第 4 期。

105.《研究中国哲学遗产必须依据马克思主义的观点方法——读侯外庐著〈中国早期启蒙思想史〉》，《广东社会科学》1989 年第 4 期；收入《纪念侯外庐文集》，陕西人民教育出版社 1991 年版，第 321～331 页。

106.《论陈白沙哲学思想的贡献和局限》，1988 年 11 月召开的"纪念陈白沙诞辰 560 周年学术讨论会"论文；收入《江门研究》增刊——纪念陈白沙诞辰 560 周年学术研讨会专辑（1989 年 3 月）。

107.《论陈白沙哲学的历史地位和作用》，《中州学刊》1989 年第 6 期，中国人民大学复印资料《中国哲学史》1990 年第 3 期。

108.《论儒家人文思想的历史地位》，1989 年 10 月在北京召开的"孔子诞辰 2540 周年纪念与学术讨论会"论文；《哲学研究》1989 年第 11 期，中国人民大学复印资料《中国哲学史》1990 年第 2 期；《论孔子、儒家人文

思想的历史地位》收入《孔子诞辰 2540 周年纪念与学术讨论会论文集》，生活·读书·新知三联书店上海分店 1992 年版，第 187～199 页。

109.《托古改制与变法维新》，1988 年 11 月在广东南海、新会召开的"戊戌变法研究国际学术研讨会"论文；《天府新论》1989 年第 4 期，中国人民大学复印资料《中国哲学史》1989 年第 10 期。

110.《试论龚自珍思想矛盾的两重性——读龚定庵诗词兼论其在中国近代文学史上的地位》，《中国近代文化问题》，中华书局 1989 年版，第 267～283 页。

111.《博取众长　断以己意——李宗桂〈中国文化概论〉读后》，《时代与思潮》第二辑《中西文化冲撞》，华东师范大学出版社 1989 年版，第 180～183 页。

1990 年

112.《正确对待传统文化道德遗产和建设社会主义精神文明的关系》，《中山大学学报》1990 年第 1 期，中国人民大学复印资料《伦理学》1990 年第 3 期。

113.《论退溪人生哲学在儒学中的历史地位》，1989 年 10 月在北京召开的"第十一届退溪学国际学术会议"论文；《天津社会科学》1990 年第 1 期，中国人民大学复印资料《中国哲学史》1990 年第 4 期。

114.《有心救世　无力回天——读龚自珍诗词志感》，《国文天地》（台湾）第 5 卷第 9 期（1990 年 2 月）。

115.《现代新儒学思潮的历史反思》，《现代哲学》1990 年第 2 期。

116.《中华民族凝聚力的重要思想源泉》，《同舟共进》1990 年第 7 期。

117.《柳宗元与"统合儒释"思潮》，1989 年 9 月在湖南永州召开的"柳宗元学术研讨会"论文；《晋阳学刊》1990 年第 6 期，中国人民大学复印资料《中国哲学史》1991 年第 1 期。

118.《道家思想在传统文化中的历史地位》，1990 年 7 月在湖北襄樊召开的"道家（道教）文化与当代文化建设学术讨论会"论文；《哲学研究》1990 年第 4 期，中国人民大学复印资料《中国哲学史》1990 年第 9 期；收入《众妙之门——道教文化之谜探微》，湖南教育出版社 1991 年版。

119.《读〈东坡新论〉》，《哲学动态》1990 年第 9 期。

120.《当代海外新儒学思潮的历史评价》，《法言》（香港）第 2 卷第 5

期（1990年10月号）；收入《时代与思潮》第五辑（1991年10月）。

121.《传统文化是增强中华民族凝聚力的重要思想源泉》，《中国文化月刊》（台湾），东海大学1990年11月出版。

122.《儒家思想哲理化的历史进程》，《学术研究》1990年第6期，《新华文摘》1991年第3期转载。

1991年

123.《鸦片战争前后的进步社会思潮——论龚自珍、林则徐、魏源思想的历史作用》，1990年12月在广州召开的"纪念中国近代史开端150周年国际学术研讨会"论文；《天府新论》1991年第1期，中国人民大学复印资料《中国哲学史》1991年第2期。

124.《中国近代社会往何处去？——对某些青年学生模糊认识的一点澄清》，《中山大学学报》1991年第1期。

125.《李退溪的人生哲学及其对建设现代精神文明的现实意义》，《浙江学刊》1991年第1期。

126.《现代新儒学思潮的历史评价》，《齐齐哈尔师范学院学报》1991年第1期，中国人民大学复印资料《中国哲学史》1991年第2期；收入台湾新鹅湖月刊社编《新儒学论文集·总论篇》，文津出版社印行。

127.《从社会向近现代转型中看儒家思想的适应性》，1990年12月在澳门召开的"儒学国际研讨会"论文；《河北学刊》1991年第2期，中国人民大学复印资料《中国哲学史》1991年第4期。

128.《"兼爱互利"思想与中华民族凝聚力》，《学术研究》1991年第3期。

129.《序〈中国文化概论〉》（台湾版），《博览群书》1991年第6期。

130.《传统文化是增强人民素质、促进民族团结的思想源泉》，《两岸合论文化建设》，台湾新学识文教出版中心1991年版，第255～264页。

131.《以言行彰显三不朽的唐君毅先生》，《法言》（香港）1991年6月号，收入《唐君毅全集》出版专辑。

132.《中国传统文化与现代化关系的探讨》，1988年12月在香港召开的"唐君毅思想国际会议"论文；收入《唐君毅思想国际会议论文集》第四辑，香港法住出版社1991年版。

133.《太平天国思想是中国传统文化学习西方相结合的产物》，《开放

时代》1991 年第 7 期。

134.《传统文化是增强中华民族凝聚力的重要思想源泉》，1990 年 12 月在广州召开的"增强中华民族凝聚力学术研讨会"论文；收入《增强中华民族凝聚力首次学术讨论会论文集》，香港汉荣书局 1991 年版，第 149～158 页。

135.《朱熹对儒家思想哲理化的贡献》，1990 年 10 月在福建、福州、武夷山召开的"纪念朱子诞辰 860 周年国际会议"论文；收入《朱子学新论——纪念朱熹诞辰 860 周年国际学术会议论文集（1130—1990）》，上海三联书店 1991 年版，第 37～48 页。

1992 年

136.《洪秀全学习西方思想的历史评价》，《学术月刊》1992 年第 1 期，中国人民大学复印资料《中国近代史》1992 年第 4 期。

137.《民族凝聚力的双向效应》，《南方日报》1992 年 2 月 3 日，中国人民大学复印资料《思想政治教育》1992 年第 3 期。

138.《关于增强中华民族凝聚力问题的反思与探索》，《广东社会科学》1992 年第 1 期。

139.《论我国传统人生的价值取向及其社会效应》，《中国哲学史》1992 年第 1 期创刊号。

140.《中国传统思想文化的回顾与前瞻》，《中华文化的过去现在和未来——中华书局成立八十周年纪念论文集》，中华书局 1992 年版，第 44～62 页。

141.《如何理解戴震启蒙思想的近代意义》，《天津社会科学》1992 年第 3 期。

142.《批判继承　古为今用——对增强中华民族凝聚力关系的探讨》，1992 年 1 月在广州召开的"增强中华民族凝聚力第二次学术讨论会"论文；《增强中华民族凝聚力第二次学术讨论会论文集》，香港汉荣书局 1992 年版，第 131～138 页。

143.《儒、佛在人生价值取向上的矛盾融合——兼评柳宗元"统合儒释"论》，《禅学研究》第一辑，江苏古籍出版社 1992 年版，第 59～65 页。

144.《学习金应熙老师的治学精神》，1992 年 6 月在广州召开的"金应熙教授学术思想研讨会"论文;《广东学术通讯》1992年第12期。

145.《儒家文化与现代化关系问题的探索与思考》,1991年1月在海南海口市召开的"儒家文化与现代化国际学术研讨会"论文;《人文杂志》1992年第5期。

146.《湛甘泉哲学思想纵横谈》,《学术研究》1992年第5期,中国人民大学复印资料《中国哲学史》1992年第11期。

147.《论中国传统人生的安身立命之道》,1991年12月在香港召开的"安身立命国际研讨会"论文;收入《安身立命与东西文化论文集》,香港法住出版社1992年版,第81~89页。

1993年

148.《从儒家思想的发展看儒学在现代化进程中的历史作用》,《哲学杂志》1993年第1期。

149.《对"墙里开花墙外香"的一点思考》,《孙子学刊》1993年第1期。

150.《〈儒家管理哲学〉序》,《广东社会科学》1993年第3期。

151.《论中国传统思想文化的矛盾两重性》,《文化与传播》,上海文化出版社1993年版,第300~310页。

152.《是启蒙思想,还是启蒙思想家?——对戴震是否具有启蒙思想的探索》,1991年8月在安徽黄山市召开的"第二次戴震学术思想研讨会"论文;收入《戴学新探》,南京大学学报编辑部1993年版,第123~136页。

153.《湛甘泉哲学思想述评》,1992年6月在广东增城召开的"湛甘泉学术思想研讨会"论文;收入《湛甘泉研究文集》,花城出版社1993年版,第19~37页。

154.《朱熹对儒学哲理化的历史贡献》,《国际朱子学会议论文集》,台湾"中研院"文哲研究所1993年5月印行,第739~747页。

155.《论中国古代"奉天法古"的传统思想》,《朱子学刊》总第三辑,福建人民出版社1993年版,第13~32页。

156.《中国价值观的现代思考》,《开放时代》专号《现代与传统》1993年第7期。

157.《是道德评价的越位干扰吗?》,《羊城晚报》1993年10月27日

《求是》副刊第 695 期。

158. 《王船山思想在中国传统文化中的历史地位和作用》，1992 年 11 月在湖南衡阳召开的"纪念王船山逝世 300 周年国际学术研讨会"论文；收入《船山学论》论文集，船山学刊社 1993 年版，第 475～487 页。

159. 《论退溪人生哲学在儒学中的历史地位》，《退溪学在儒学中的地位》论文集，中国人民大学出版社 1993 年版，第 96～109 页。

160. 《孙奇逢哲学思想新探·序》，河南大学出版社 1993 年版。

161. 《洪秀全思想略论》，1991 年 11 月在广东花县、茂名召开的"纪念凌十八起义 141 周年，纪念金田起义 140 周年，太平天国史国际学术研讨会"论文；收入《太平天国与近代中国》论文集，广东人民出版社 1993 年版，第 1～13 页。

1994 年

162. 《中国传统文化对人生道路选择的思想影响》，《中国文化月刊》（台湾）第 172 期，台湾东海大学 1994 年 2 月出版。

163. 《论周敦颐对儒学哲理化的历史贡献》，《齐鲁学刊》1994 年第 1 期，中国人民大学复印资料《中国哲学史》1994 年第 2 期。

164. 《试论中华民族精神的基本内容及其对民族凝聚力的促进作用》，1992 年 12 月在广东中山召开的"中华民族精神与民族凝聚力学术讨论会"论文；《东方文化》1994 年夏卷；《试论中华民族精神的基本内容》，收入《中华民族精神与民族凝聚力——增强中华民族凝聚力第三次学术讨论会论文集》，广东人民出版社 1994 年版，第 157～163 页。

165. 《为学与做人》，《中华文化论坛》1994 年第 3 期。

166. 《海瑞评传》，南京大学出版社 1994 年版。

167. 《中国传统文化对毛泽东的思想影响》，1993 年 10 月在湖北武昌召开的"毛泽东与中国传统文化学术讨论会"论文；收入《毛泽东与中国传统文化》，武汉出版社 1994 年版，第 71～80 页。

168. 《读〈蓝田吕氏遗著辑校〉的思考》，《书品》1994 年第 3 期。

169. 《内圣外王 各擅胜场——孟、荀思想比较及其在传统文化中的历史地位》，1993 年 8 月在山东威海市召开的"孔、孟、荀学术思想国际研讨会"论文；收入《孔、孟、荀之比较——中、日、韩、越学者论儒学》，社会科学文献出版社 1994 年版，第 61～70 页。

170.《试论李贽的人生价值取向与终极关怀》，1992 年 11 月在北京通县召开的"李贽研究国际学术研讨会"论文；收入《李贽学术国际研讨会论文集》，首都师范大学出版社 1994 年版，第 64~67 页。

171.《从陈（白沙）、湛（甘泉）理学看岭南文化在传统文化中的地位》，1993 年 9 月在广东番禺莲花山召开的"岭南文化讨论会"论文；收入《岭峤春秋：岭南文化论集（一）》，中国大百科全书出版社 1994 年版，第 296~307 页。

172.《岭南江门学派在宋明理学及中国传统文化中的历史地位》，《孔子研究》1994 年第 3 期，中国人民大学复印资料《中国哲学史》1994 年第 11 期。

173.《对外开放问题的历史反思——学习邓小平对外开放思想的一点体会》，1994 年在广州召开的"邓小平对外开放理论研讨会"论文；《广东社会科学》1994 年第 6 期。

174.《提高人们素质的反思与对策》，《光明日报》1994 年 12 月 3 日第 3 版。

1995 年

175.《论陈白沙思想的学术源流及其历史评价》，1994 年 3 月在广东江门召开的"陈白沙诞辰 565 周年纪念及陈白沙学术思想研讨会"论文；收入《陈白沙新论》，花城出版社 1995 年版，第 18~29 页。

176.《对刘节、陈锡祺老师的怀念》，《我的老师》第 1 卷，广东教育出版社 1995 年版，第 64~69 页。

177.《近代中华民族凝聚力的历史发展》，《中华民族凝聚力论纲》，广东人民出版社 1995 年版，第 91~120 页。

178.《对近代中国爱国主义思想的一点认识》，《现代哲学》1995 年第 1 期，《人民日报》1995 年 7 月 26 日 11 版转载。

179.《李贽思想非"离经叛道"说》，《河北学刊》1995 年第 2 期。

180.《民族文化素质现代的反思及提高之对策》，1994 年 9 月在广州召开的"增强民族凝聚力第四次学术讨论会"论文；《学习》1995 年第 3 期，《新华文摘》1995 年第 3 期转载。

181.《关于"爱国主义"问题的思考》，《现代与传统》1995 年第 2 辑总第 7 辑，岭南美术出版社 1995 年版，第 50~54 页。

182.《提高民族文化素质的反思与对策》,1994 年 9 月在广东珠海市召开的"民族文化素质与现代化国际学术讨论会"论文;《民族文化素质与现代化——增强中华民族凝聚力第四次学术讨论会论文集》,华夏出版社 1995 年版,第 397～404 页。

183.《读〈老子想尔注〉断想——从道家到道教思想接合点的探索》,1995 年 11 月在广州召开的"老子文化学术讨论会"论文;《华学》第 1 期,中山大学出版社 1995 年版,第 1～5 页。

184.《人文精神的承传与重建》,收入研究中国传统思想文化及与现代化关系的论文 30 篇,广东人民出版社 1995 年版。

185.《民族气节　家国情怀——岭南文化剪影漫谈议》,1994 年 12 月在广东佛山召开的"第二次岭南文化研讨会"论文;收入《岭峤春秋:岭南文化论集(二)》,中国社会科学出版社 1995 年版,第 25～37 页。

186.《孙中山的国情观》,1994 年 11 月在广州召开的"孙中山与近代中国学术研讨会"论文;《中山大学学报论丛》1995 年第 5 期,第 6～10 页。

187.《还朱熹思想以本来面目——兼论朱熹理学的历史命运》,1994 年 3 月在广州召开的"朱熹学术思想国际研讨会"论文;《东方文化》1995 年第 5 期,中国人民大学复印资料《中国哲学史》1995 年第 11 期。

188.《给朱熹思想以公正评价》,《朱子研究》1995 年第 2 期。

189.《中国近代史几个问题评价的再评价》,《哲学研究》1995 年第 10 期,中国人民大学复印资料《中国近代史》1995 年第 12 期。

190.《陈献章、海瑞、李贽思想异同述评》,《中国文化月刊》(台湾)第 194 期,台湾东海大学 1995 年 12 月出版。

191.《民族文化能与现代接轨吗?——传统文化与现代化的思考》,1995 年 10 月在广州召开的"粤、台、港、澳文化交流研讨会"论文;《粤台港澳文化交流研讨会论文集》,1995 年版,第 10～11 页。

1996 年

192.《试论宋代哲学在中国传统文化中的地位和作用》,1993 年 4 月在河南开封召开的"宋代哲学与中华文化国际学术研讨会"论文;《宋代哲学与中华文化——国际学术研讨会论文集》,河南大学出版社 1996 年版,第 24～34 页。

193.《儒家思想发展过程及其历史评价》,《金景芳九五诞辰纪念文集》,吉林文史出版社 1996 年版,第 451～456 页。

194.《团结奋进的一曲凯歌——香港九七回归与爱国思想》,《南方日报》1996 年 7 月 6 日第 1～2 版。

195.《关于"爱国主义"问题的再思考》,《中山大学学报》1996 年第 3 期。

196.《爱国主义的时代性与民族性》,1995 年 10 月在广东肇庆召开的"爱国主义与时代精神学术讨论会"论文;《中华文化论坛》1996 年第 3 期。

197.《保家卫国　勤政爱民——崔与之人生道路的剖析》,1995 年 5 月在广东增城召开的"崔与之研讨会"论文;《崔与之研究文集》,广东高等教育出版社 1996 年版,第 8～17 页。

198.《矛盾融合　承传创新》,《今日中国哲学》,广西人民出版社 1996 年版,第 876～893 页。

199.《道家与道教的思想接合点——〈老子想尔注〉》,《道教文化管窥》,江西人民出版社 1996 年版,第 45～50 页。

200.《华严原人论》(释译),台湾佛光出版社 1996 年版。

201.《怎样评价岭南文化的爱国主义传统?——兼论爱国主义研究的方法论问题》,1995 年 10 月在广东江门召开的"第三次岭南文化研讨会"论文;收入《岭峤春秋:岭南文化论集(三)》,广东人民出版社 1996 年版,第 51～63 页。

1997 年

202."天""命"等 36 条词条目,收入《中国儒学百科全书》,中国大百科全书出版社 1997 年版。

203.《此中有真味　欲辨已忘言——人生苦乐谈读书》,《当代百家话读书》,广东教育出版社、辽宁人民出版社 1997 年版,第 288～299 页。

204.《从儒家思想的发展看儒学在现代化过程中的历史作用》,1997 年 6 月在台湾台北召开的"迈向 21 世纪文化交流研讨会"论文;收入《粤、台、港、澳等第三届四地文化交流要志》,1997 年版。

205.《孟子的独立人格与救世精神》,《孟子研究》第一辑,韩国孟子学会 1997 年版。

206.《屈大均诗作的时代心声》,1996年12月在广东番禺召开的"屈大均与岭南文化研讨会"论文;收入《岭峤春秋:岭南文化论集(四)》,广东人民出版社1997年版,第215～217页。

207.《杜国庠中国思想史论集·序》,汕头大学出版社1997年版。

208.《中国民族文化向何处去?——兼论多元民族文化与世界文化的关系》,《亚文:全球化时代的民族文化》第二辑,中国社会科学出版社1997年版,第9～20页。

209.《慧能禅学对中国佛教史的贡献》,1997年1月在澳门、新兴、肇庆召开的"慧能与岭南文化国际研讨会"论文;收入《六祖慧能思想研究——"慧能与岭南文化"国际学术研讨会论文集》,学术研究杂志社1997年版,第23～32页。

1998 年

210.《朱熹理学的历史命运与陈献章的思想关系》,1998年1月在江门召开的"陈白沙与江门学派学术讨论会"论文;《齐鲁学刊》1998年第1期。

211.《历史的轨迹 时代的召唤——杜国庠〈中国思想史论集〉序》,《学术研究》1998年第1期。

212.《对慧能改革南宗教义的一点探索》,《中国哲学史》1998年第1期,中国人民大学复印资料《宗教》1998年第4期。

213.《中国传统道德能合理继承吗?——兼论传统道德民族性与时代性的关系》,《青岛大学学报·东方论坛》1998年第1期。

214.《世纪之交中华文化的前景问题》,《中华文化论坛》1998年第1期。

215.《参加培养研究生工作的几点随想》,《博士生培养纵横谈》,河南大学出版社1998年版,第18～23页。

216.《从孔、孟到程、朱——兼论儒学发展历程中的双重价值效应》,《孔子研究》1998年第2期,中国人民大学复印资料《中国哲学》1998年第8期。

217.《青史凭谁定是非——小议陈寅恪与梁启超的一场学术争论》,《东方文化》1998年第3期。

218.《听其言而观其行——湘军的爱民歌是什么货色》,《羊城晚报·

文史丛谈》第 25 期，1998 年 7 月 23 日第 19 版。

219.《儒墨杂说》，《羊城晚报·文史丛谈》第 28 期，1998 年 9 月 25 日第 15 版。

220.《传统文化是增强中华民族凝聚力的重要思想源泉》，《广东精神文明建设红皮书（1998）》，广东人民出版社 1998 年版，第 136～137 页。

221.《孟子思想的历史命运及其双重的社会效应》，《华学》第 3 辑，紫禁城出版社 1998 年版，第 38～44 页。

222.《岭南文化志》（第 2 章《岭南学术与流派》），上海人民出版社 1998 年版。

223.《世纪之交对中华文化前景的探索》，《炎黄文化研究》第 5 期（1998 年 12 月）。

224.《共惜忠君违爱国——析黄节一首凭吊岳飞的诗篇》，《羊城晚报·文史丛谈》第 31 期，1998 年 12 月 11 日。

225.《对讨论钱穆国史学的一点随想》，《书品》1998 年第 6 期，中华书局 1998 年版。

226.《陶潜评传》（中国思想家评传丛书），南京大学出版社 1998 年版。

227.《中国传统价值观能否适应现代企业的管理？》，1995 年 11 月在广东惠州召开的"中华文化与现代企业研讨会"论文；收入《改革开放与市场经济文选》，西南财经大学出版社 1998 年版。

1999 年

228.《岭南文化的生成、发展与评价》，《粤海风》1999 年第 1 期。

229.《论戊戌变法和清末新政中的慈禧》，《文史哲》1999 年第 1 期。

230.《戊戌变法维新与晚清新政》，1998 年 9 月在广东南海召开的"康有为与戊戌变法学术研讨会"论文；收入《康有为与戊戌变法学术研讨会论文集》，学术研究杂志社 1999 年版，第 205～216 页。

231.《学术研究的拓宽与深入》，《五邑大学学报》1999 年第 1 期。

232.《博而后约　杂中求专——治学杂忆散记》，《哲人忆往》，中国青年出版社 1999 年版，第 240～257 页。

233.《思空斋诗草——忧患意识、旷达人生的剪影》，花城出版社 1999 年版。

234.《从开放性与兼容性看岭南文化的发展历程》,1999年1月在广州召开的"岭南文化与现代化精神研讨会"论文;《岭南学刊》1999年第2期。

235.《中古时期道家文化的演变与分流》,《黄山高等专科学校学报》1999年第2期。

236.《鸦片战争时期岭南人士的爱国情怀》,《岭南文史》1999年第3期。

237.《从历史进程看儒学发展前景(论文提要)》,《黄山高等专科学校学报》1999年第5期。

238.《朱熹的忠君与直谏》,《朱子学刊》(总第九辑),第85~86页,黄山书社1999年版。

239.《儒家文化与商业文明》,1997年11月在广东新会召开的"儒家思想与商业文明研讨会"论文;《儒学与工商文明》,首都师范大学出版社1999年版。

240.《对开展学术研究的一点感言》,《学术研究》1999年第10期。

241.《儒学对文明社会的适应性》,1997年在新加坡召开的"儒学与世界文明国际学术会议"论文;《乐山师范高等专科学校学报》1999年第4期;收入《儒学与世界文明论文集》,新加坡国立大学中文系编,八方文化公司2003年版,第18~24页。

242.《历史的轨迹 时代的展望——从儒学发展进程看儒学的前景》,1999年10月在北京、曲阜召开的"孔子诞辰2550周年纪念国际儒学研讨会"论文;《中国哲学史》1999年第4期,中国人民大学复印资料《中国哲学》2000年第2期。

243.《下学上达 坐言起行——兼论李二曲学术思想的历史地位》,1996年9月在陕西西安周至县召开的"李二曲及明末清初学术思潮研讨会"论文;《河北学刊》1999年第5期。

2000年

244.《中国近代社会往何处去——对中国社会现代化途径和方法问题的商讨》,《中山大学学报》2000年第1期。

245.《中国传统文化对知识分子人生道路选择的影响》,《南京化工大学学报》(社会科学版)2000年第1期。

246.《世纪之交对中华文化前景的探索》,1998年12月在香港召开的"中华文化与21世纪国际学术研讨会"论文;《中华文化与二十一世纪》上卷,中国社会科学出版社2000年版,第23～35页。

247.《增强综合国力的一项基本保证》,《南方日报·新论丛》2000年3月5日A3版。

248.《爱国心声何所寄?内忧外患总关情——读蒹葭楼诗》,《书品》2000年第2期。

249.《也谈林则徐的"污点"》,《粤海风》2000年第3—4期合刊。

250.《刘节先生生平及其治学述略》,《学林往事》中册,朝华出版社2000年版,第770～784页。

251.《自成一家之言的学术专著——读黄明同〈陈献章评传〉》,《广东社会科学》2000年第2期。

252.《矛盾调合　扬弃承传——朱、陆思想对海瑞影响的个案研究》,《船山学刊》2000年第3期。

253.《阮元实学思想述评——兼论阮元对人生"三不朽"的价值取向》,《华学》第4辑,紫禁城出版社2000年版,第305～311页。

254.《〈太平杂说〉的杂说》,《学术研究》2000年第6期,《中国社会科学文摘》2001年第4期摘录。

255.《也谈"独立之精神,自由之思想"》,《学术研究》2000年第12期。

256.《儒家文化与商业文明关系的探索》,《东方论坛》2000年第4期。

257.《对近代中国"爱国主义"问题的剖析——兼论丘逢甲爱国思想的定位问题》,2000年1月在汕头召开的"丘逢甲与近代中国学术研讨会"论文;《广东社会科学》2000年第4期。

258.《李锦全自选集》,中国文联出版社2000年。选录作者已发表的学术论文30篇。

259.《李锦全自选二集》,中国文联出版社2000年版。选录作者已发表的学术论文40篇。

2001年

260.《勿以社会审判官自居》,《粤海风》2001年第1期。

261.《伍庸伯和他的〈礼记·大学篇解说〉》,《岭南文史》2001年第

1 期。

262. 《白沙与甘泉在认识方法上的异同——兼对"静坐"问题的评述》，2000 年 10 月在广东江门召开的"陈白沙与江门学派国际学术研讨会"论文；《燕山大学学报》2001 年第 2 期；收入《陈白沙研究论文集》，湖南大学出版社 2001 年版，第 262～265 页。

263. 《"一国两制"构想与中华民族凝聚力》，1999 年 5 月在广东东莞召开的"建国 50 周年与当代中华民族凝聚力学术研讨会"论文；《中山大学学报》2001 年第 3 期。

264. 《记一部〈通鉴〉记事本末体的新作——读杨悌遗著〈通鉴事纬〉》，《书品》2001 年第 6 期。

265. 《用马克思主义指导学术研究工作》，《学术研究》2001 年第 8 期。

266. 《李锦全自选三集》，中国文联出版社 2001 年版。前已选录出版的《李锦全自选集》和《李锦全自选二集》，所选文章主要是对各时期的历史人物做个案的思想研究，本集较多带有专题性或一个历史阶段的思想研究，共收录 36 篇文章。

267. 《李锦全自选四集》，延边大学出版社 2001 年版。选入学术论文 28 篇，连同其他杂文共 84 篇。

268. 《自由、人权、民族主义的历史与现实》，《高校理论战线》2001 年第 9 期。

269. 《葛洪的〈诘鲍篇〉的争论说明了什么？——兼论中古时期道家、道教思想的演变和分化》，1998 年 12 月在广东罗浮山召开的"第二届道家文化国际学术研讨会"论文；收入《道家与道教——第二届国际学术研讨会论文集》（道家卷），广东人民出版社 2001 年版，第 397～405 页。

270. "纪念朱子诞辰 870 周年"国际学术研讨会，2000 年 10 月 7—9 日在江西铅山县召开（铅山是朱熹与陆九渊进行学术辩论的鹅湖书院所在地，故这次会议又称新鹅湖之会）。接着同一会议主题，2000 年 10 月 11—14 日在福建武夷山召开。李锦全参加两地会议，分别撰写论文。

（1）《海瑞对朱、陆思想的承传与扬弃——朱、陆对后世思想影响的一个例证》，这是在江西的参会论文，收入纪念朱熹诞辰 870 周年国际学术会论文集《新鹅湖之会》（《朱子学刊》总第 11 辑），黄山书社 2001 年版，第 74～83 页。

（2）《儒学发展的两条理路及双重效应——以朱熹思想为例作个案分析》，这是在武夷山的参会论文，载《朱子研究》2001 年第 1 期。

271.《全球化与中国传统文化的世界走向》，2001年7月在北京召开的"第十二届国际中国哲学大会"论文；《现代哲学》2001年第3期；改名《世纪之交中国哲学往何处去？——冲突与包容互动、矛盾与互补共存》，收入《21世纪中国哲学走向——第12届国际中国哲学大会论文集之一》，商务印书馆2003年版，第40～52页。

272.《太平天国宗教思想剖析——兼论与中西文化的关系》，2001年8月在广州花都召开的"纪念太平天国起义150周年学术研讨会"论文；改为《洪秀全的宗教思想与中西文化的关系》，《学术研究》2001年第11期；《东方论坛》2002年第2期；《太平天国宗教思想与中西文化的关系》，收入《太平天国与中西文化——纪念太平天国起义150周年论文集》，广东人民出版社2003年版，第11～20页；收入《中国当代思想宝库（八）》，中国经济出版社2003年版，第1047～1050页。

273.《杜国庠与中国思想史研究》，收入《中国当代社科精华·哲学卷》，黑龙江教育出版社2001年版，第290～300页。

274.《李锦全与中国传统哲学思想研究》，收入《中国当代社科精华·哲学卷》，黑龙江教育出版社2001年版，第353～364页。

2002 年

275.《"全球化"与老子思想的当今价值》，2002年8月在山东青岛召开的"海峡两岸易学与中国哲学研讨会"论文；《现代哲学》2002年第2期；收入《海峡两岸易学与中国哲学研讨会论文集·中国哲学卷》，上海古籍出版社2004年版，第45～55页。

276.《增强中华民族凝聚力是增强综合国力的一项基本保证》，2002年5月在广东顺德召开的"综合国力与中华民族凝聚力学术研讨会"论文。

277.《如何正确理解"层累造史"理论在历史研究中的作用》，《广东社会科学》2002年第5期；收入《古史考》第九卷《民间论三代》，海南出版社2003年版，第305～312页。

2003 年

278.《朱熹对儒家德治的承传及其对后世的启示》，2002年7月在广西北海市召开的"朱熹思想与以德治国学术研讨会"论文；《朱子研究》2003

年第 2 期。

279.《对邪教痴迷者教育疏导问题的探索》,《科学与无神论》2003 年第 2 期。

280.《柳宗元在永州的家国情怀与爱民思想》,2002 年 8 月在湖南永州市召开的"柳宗元国际学术研讨会"论文;《船山学刊》2003 年第 2 期。

281.《宗教与社会主义相适应问题的思考》,在湛江召开的"2002 年广东高校统一战线理论研讨会"论文;《岭南学刊》2003 年第 6 期。

282.《从宗教社会功能的演变看社会主义社会如何发挥其积极性》,在肇庆召开的"2003 年广东高校统一战线理论研讨会"论文;《广州社会主义学院学报》2003 年第 3 期;收入《广东省社会主义学院学报》2003 年增刊。

283.《朱熹家庭教育思想的当今价值》,《徽州社会科学》(程朱理学专刊)2003 年第 4 期。

284.《民众思想、思想家与思想史——对中国思想史几个基本问题的思考》,《中山大学学报》2003 年第 6 期。

285.《"三纲"与孔孟之道无关吗——兼论"三纲"如何定位及产生的社会根源》,《学术研究》2003 年第 10 期,中国人民大学复印资料《中国哲学》2003 年第 12 期。

286.《慧能禅学对中国佛教史的贡献》,《〈六祖坛经〉研究》第二册,中国大百科全书出版社 2003 年版,第 89～98 页。

287.《慧能思想与中国传统文化》,2001 年 9 月在澳门召开的"六祖慧能思想第二次国际学术研讨会"论文;收入《六祖慧能思想研究(二)》,香港出版社 2003 年版,第 1～7 页。

288.《也谈太史公的"悲剧"》,《光明日报》2003 年 4 月 29 日《理论周刊·历史版》。

289.《黄节的爱国情怀——读〈黄节诗选〉》,1998 年 12 月在广东顺德召开的"黄节学术研讨会"论文;收入《岭峤春秋——黄节研究论文集》,中山大学出版社 2003 年版,第 13～23 页。

290.《阮元实学思想对广府学风的影响》,1999 年 12 月在广州召开的"广府文化与阮元对广府文化的贡献学术研讨会"论文;收入《岭峤春秋——广府文化与阮元论文集》,中山大学出版社 2003 年版,第 170～185 页。

291.《近现代中国哲学创新历程反思》,2001 年 11 月在江苏苏州召开的"全国 21 世纪中国哲学创新思路学术研讨会"论文;收入《东吴哲学(2002 年卷)》,安徽人民出版社 2003 年版,第 80～90 页。

2004 年

292.《中国古代"孝"文化的两重性》,2003 年 12 月在山东济南召开的"中华孝文化与代际和谐国际论坛"论文;《孔子研究》2004 年第 4 期;收入中国老年学学会编《中华孝文化专辑》,五洲文明出版社 2004 年版,第 112～116 页。

293.《从理欲观的演进看徽州文化与时俱进的一个侧面——以朱熹与戴震理欲观比较作剖析》,2003 年 11 月在安徽黄山市召开的"程朱理学与徽州文化国际学术研讨会"论文;《黄山学院学报》2004 年第 4 期。

294.《徜徉在入世与出世之间——葛洪儒道兼综思想剖析》,2003 年 11 月在浙江宁波市召开的"首届葛洪与中国文化国际学术研讨会"论文;《宗教学研究》2004 年第 2 期。

295.《高考期间"大仙""圣人"备受青睐》,《科学与无神论》2004 年第 5 期。

296.《冼夫人与中国古代民本思想》,《广州社会主义学院学报》2004 年第 4 期。

297.《慧能禅学在岭南思想文化史上的地位》,2004 年 2 月在云浮市新兴县召开的"六祖论坛——六祖慧能文化研讨会"论文;收入《六祖论坛——六祖惠能文化研讨会论文集》,香港出版社 2004 年版,第 16～25 页。

298.《"选学"与"诗情"——读徐信符〈文选研究〉与〈唐诗研究〉的体会》,1998 年 9 月在广东番禺召开的"徐信符学术研讨会"论文;收入《岭峤春秋——徐信符研究文献集》,广东人民出版社 2004 年版,第 262～271 页。

299.《游酢对佛学的研究会成为程门的罪人吗?》,收入《游酢新论》,中国评论学术出版社 2004 年版。

300.《无"4"要"8"是传统心理吗?——关于数字迷信问题的思考》,《科学与无神论》2004 年第 3 期,《北京晚报》《文摘报》转载;《无"4"要"8"是传统吗》,收入《2004 中国最佳杂文》,辽宁人民出版社 2005 年版,第 157～160 页。

301. 《对洪秀全太平天国历史定位的商讨》,《中山大学学报》2004年第6期,中国人民大学复印资料《中国近代史》2005年第2期。

2005 年

302. 《对儒学当代发展问题的思考》,2004年4月在浙江杭州召开的"当代儒学国际学术研讨会"论文;收入《当代儒学的发展方向——当代儒学国际学术研讨会论文集》,汉语大词典出版社2005年版,第27～36页。

303. 《从批判与承传中走向民主政治——评徐复观的儒学发展观》,《思想家》第1辑,巴蜀书社2005年版,第192～199页。

304. 《公平、公正、双赢是建构和谐社会的基本保证——从"致中和""仇必和而解"两个命题谈起》,《学术研究》2005年第6期;收入《广东社会科学》增刊《科学发展观与构建和谐广东理论研讨会论文集》,第103～109页。

305. 《从矛盾到与时俱进的丘逢甲思想——爱国与民主思想的双重变奏》,2005年在广州召开的"丘逢甲学术思想研讨会"论文;《广州社会主义学院学报》2005年第2期。

306. 《一点感言》,《船山学刊》2005年第4期。

307. 《儒学在当代的推陈出新》,2004年10月在北京召开的"纪念孔子诞生2555周年国际学术研讨会"论文;收入《儒学与当代文明——纪念孔子诞生2555周年国际学术研讨会论文集》(卷一),九州出版社2005年版,第48～56页。

308. 《"审判官"情绪的宣泄》,《粤海风》2005年第6期。

309. 《岭海千年第一相——张九龄》,广东人民出版社2005年版。

310. 《岭南爱国主义传统中的几个问题》,《广州社会主义学院学报》2006年第1期。

311. 《游酢对佛学的研究会成为程门的罪人吗》,《中州学刊》2006年第3期。

312. 《试论中国传统思想文化的承传创新》,《现代哲学》2006年第4期。

2006 年

313. 《孔子的发展理念与现代化的路径选择——从民本思想向民主理念的现代转化》,《孔子研究》2006 年第 4 期。

314. 《也谈敬畏与否之争》,《科学与无神论》2006 年第 5 期。

2008—2020 年

315. 《对郭象哲学评价的一点杂感》,《中国哲学与文化（第三辑）：经典诠释之定向》,广西师范大学出版社 2008 年版。

316. 《传统儒学对公平正义治国理念的双重效应》,《孔子研究》2010 年第 6 期。

317. 《三十而立　继往开来——四川大学道教与宗教文化研究所建所三十周年庆典祝辞》,《宗教学研究》2010 年第 S1 期。

318. 《忠而见谤　从政为民——韩愈、柳宗元、苏轼思想的比较》,《乐山师范学院学报》2012 年第 10 期。

319. 《对石峻教授的怀思》,《石峻文脉》,华夏出版社 2012 年版,第 137～143 页。

320. 《受益于张岱老三次学术交往的怀思》,《张申府张岱年研究集刊》（第 1 辑）,河北人民出版社 2013 年版,第 283～297 页。

321. 《中华文化　源远流长》（手写题词）,《寻根》2014 年第 4 期。

322. 《参加孔子基金会学术活动的联想》,《三十春秋　岁月如歌——中国孔子基金会成立三十周年纪念文集》,青岛出版社 2014 年版。

323. 《佛学、老庄与儒学》,在南京大学学术讲座上发言的简介（2003 年）,《李锦全文集》第四卷,中山大学出版社 2018 年版,第 370～371 页。

324. 《从国学经典中体现的和谐文化——发言稿（一）》《从国学经典中体现的和谐文化——发言稿（二）》,《李锦全文集》第六卷,中山大学出版社 2018 年版,第 417～421 页。

325. 《所谓"国学热""读经热"漫议》,《李锦全文集》第六卷,中山大学出版社 2018 年版,第 426～428 页。

326. 《我的哲学观——忧患意识,旷达人生》,《李锦全文集》第六卷,中山大学出版社 2018 年版,第 429～434 页。

327.《孔子思想与儒学的承传发展——李锦全教授访谈》（与李宗桂合写），《孔子研究》2019 年第 3 期。

328.《文史情怀·守正创新·道法自然——李锦全教授学术访谈》（与杨海文合写），《中山大学学报》（社会科学版）2020 年第 4 期。